邵宗海——著

蔡英文時代的
兩岸關係
（2016-2020）

書序
PREFACE

　　這本由五南圖書出版股份有限公司來負責編輯出版、有關兩岸關係領域的一書，取名《蔡英文時代的兩岸關係（2016-2020）》，是我與五南在過去近二十年合作的第四本書。之前已經出版的三本書，分別是《兩岸關係——兩岸共識與兩岸歧見》，在1998年2月初版，到2004年9月已經4刷，平心而言，學術書能夠到達這樣銷售境界也委確不易，也拜陳水扁執政的前五年的兩岸關係情勢沒多大變動之賜。接下來是2006年4月出版的《兩岸關係》，共計54萬字，是大塊頭的著作，到2007年6月尚進展到2刷。這本書一直想有二版的念頭，但最終也是因為陳水扁總統的任期即將結束而作罷。至於第三本書是《新形勢下的兩岸政治關係》，主要是因應馬英九2008年上台執政，兩岸情勢很可能「從經到政」，因此，隔了幾年的觀察，而於2011年10月初版1刷，2014年6月進展到2刷。理論上，在馬總統兩次任內，兩岸關係發展太快，變化也大，照理應該更新內容才對，也曾多次告知五南，準備二版出書，可惜最終還是以「懶」收場。

　　這次出書，已進入蔡英文時代，在驅除了「懶惰寫書」的情緒之後，但出書的困難點仍然存在：試想對執政不到一年的蔡英文當局，我又能用什麼理論或寫作方式，去評估她的兩岸政策以及她任內的兩岸關係？因此，為了解決這個問題，還是試圖去嘗試尋求些突破，一是將書的範圍只限定在蔡總統的首任期內，以求變化幅度不致太大；另一則是應用兩岸關係發展中的一些變數，來預測其未來發展的可能走向。真的非常感謝五南楊董事長及其編輯部同仁的理解與體諒，接受了我這樣寫作的方向。如果本書最後能順利的在2017年2月出版，屆時我剛跨越70歲，真的就為我從壯年50歲開始，而能與五南合作出書邁入第二十個年頭，舉杯慶祝。

　　撰寫《蔡英文時代的兩岸關係（2016-2020）》這本書期間，常見的

就是有一連串研討會論文、與雜誌報紙文章需人情交出的困擾，加上又在趕寫以及校對香港城市大學要出版另外一本新書的書稿。在2016這一年內，總共要完成包括五南這一本在內的五本專著，想在時間上能充分的掌握進度確是非常棘手。當我在2016年年底終於交出書稿之時，非常感嘆「不可能完成的任務」，竟然在我年邁之時可以完成。

當然，我也要感謝澳門理工學院給了我那麼理想的工作與研究的環境。自2016年2月我被該院聘為「名譽教授」而來此專注於研究工作後，由於這裡的工作環境真的很好，資源提供又是適當的應我所需，學院行政體系對我的照應更是備加呵護，加上研究室內大片的落地窗戶設置讓我感到不僅是光線充足，而且一眼望出去的海景又讓人心曠神怡，結果在這種感覺與視覺雙重享受的催生下，不僅是寫作靈感的頓然滋生，而且帶來專著的生產成果更是豐收。在這裡，理工學院的李向玉院長、嚴肇基副院長、陳偉翔秘書長，以及學術部李雁蓮部長，是我必須指名道謝的對象。

兩位跟隨我超過七年的研究助理董致麟與朱英嘉，在我去了澳門任職、他們都尋找到自己的另外一份工作之後，還是在協助我所有出版著作的校對與聯繫工作。對於他們的不離不棄，我心存感謝。

邵宗海
書於澳門理工學院
2017年1月

目錄
CONTENTS

第 1 章 ▶▶▶
緒　論

　　這本書既然是定名為《蔡英文時代的兩岸關係（2016-2020）》，就說明了必須敘述以及分析她任內的兩岸關係的發展狀況。但是，到本書截稿之時，距離蔡英文在2016年5月20日就任之後的期間，也不過只有短短的六個月時間。那麼短的範圍內，要想寫出一段很完整而且有條理的兩岸關係，理論上，這應該是項不太可能完成的任務；而在實際上，也發現每章在完成要收筆之時，總有些新的事務或進展逐一的出現，需要再花時間去做內容或分析的補充。但是，透過這樣的寫作方法，當它不可能會是一種很全面或很有系統的觀察之後心得，而更像是蒐集了零碎的資訊，再去找出適合需要的章節把它補白上去。常常，經過內容補充之後的章節，得每次再三的重複閱讀，希望能讀出有節奏、有次序、而且不會有突兀的讀後感覺。儘管在三校之前，這樣讀後感覺是持續存在的，但是作者還是要坦白承認：蔡英文這一屆共有四年的任期，在此新書一版，只能觀察到她任內最早半年的表現，當然整個描述以及分析結果，一定有它不完整的地方，如果是屬實，這應該是作者一個很大的遺憾。

　　當然，每本書如果有補救機會，還可以尋求二版，或接續的再版，可讓整本書中的內容，繼續進一步來更新及補充，並且希望能逐漸的切合到書名已經點出的時間2016-2020年，以及書中各個章節的主題。

　　作者對這本書最早的設計，是希望因應蔡英文的頭四年任期，能有如下列這樣內容的安排：

　　首先，是對她的「兩岸政策」做個初步評估。基本上，在蔡英文上任之後到本書截稿之時的半年之內，她的一些重大講話內容以及文件發布，再加上接受國內外重要媒體的報導，已經能夠勾劃出她「兩岸政策」的輪

廓：對兩岸之間的關係希望能做到「維持現狀」，亦即兩岸之間的對話與溝通，努力維持現有的機制，所以蔡英文說：我們的承諾不會改變，我們的善意不會改變，我們也不會在壓力下屈服，更不會走回對抗的老路，這是我們對「維持現狀」的基本態度；對於「九二共識」沒有表達認同或接受，但以「1992年兩岸兩會秉持相互諒解、求同存異的政治思維，進行溝通協商，達成若干的共同認知與諒解，我尊重這個歷史事實」來代替，同時也企求在這個既有的事實與政治基礎上，持續推動兩岸關係和平穩定發展；對「兩岸事務」的處理，則會依據中華民國憲法、兩岸人民關係條例及其他相關法律；但是光是觀察這半年的政策宣布，除了北京不會接受，蔡英文自己的承諾難以兌現，兩岸陷入僵局之外，作者其實還觀察到，蔡英文一直沒有好好去整理，從2012年第一次參與總統競選，她在「兩岸政策」內容與方向上追求的改變，有道非常清晰的軌跡，或許她自己親自的表達，對國際社會及兩岸，甚至於對台灣內部，都極具說服力。可惜她沒有傾向如此去做。

作者在這本書中則代她做了些釐清及比較的工作，這也是第二項要列出的提醒。實際上，書裡的第二章，就是再回顧過去、去剖析蔡英文在2012年的總統大選前後，她對「兩岸政策」所持的立場。平心而論，那段期間蔡英文並沒有想用「兩岸政策」一詞，而正式推出台前的則是叫「中國政策」，源出於她的「十年政綱」。在那個時候的政治氣氛下，光是那個名稱，就知道她最多只能聚集民進黨傳統的支持，但很難也不會在兩岸關係推動中可以獲得加分。蔡英文當時的「中國政策」，基本上她是基於這樣的認知：提出「和而不同、和而求同」這句「口號」，意在突顯台灣與中國在各方面制度與社會型態的差異，但同時也願意與中國保持和平而穩定的互動關係；「概括承擔」是說如果2012年民進黨贏得大選，將會考慮延續前朝（指國民黨執政時期）的大陸政策；認為「九二共識是有沒有存在的東西」，台灣應建立一個「台灣共識」去解決兩岸之間的歧見與衝突，並且多次聲明「民主」是台灣人民共識的基礎，不存在的「九二共識」不能逼民進黨接受；最令人震驚的，是與中國的關係，要有

台灣共識去凝聚力量說出「台灣就是中華民國」、「中華民國就是台灣」的這段話，認為台灣不只是個地理名詞，而是經過許多年民主洗禮跟總統直選後，這個中華民國的政府事實上已經變成是台灣人的政府。

當然在2011-2012年，蔡英文只提「台灣意識」，絕口不提「九二共識」，包括她自己在內的很多選後評估，是她沒有走完「最後一哩路」的關鍵。但實際上，蔡英文的敗選，應該還有很多因素，作者也在書中的分析裡提及。但看到2012年到2016年的四年裡，蔡英文在失敗中努力爬起，改變她自己，改變民進黨，當然更是把「中國政策」改成「兩岸政策」，把「台灣就是中華民國」、「中華民國就是台灣」這段話，改成「依據中華民國憲法」處理兩岸事務，也必須承認蔡英文是有過努力，尋求一個突破。只是，更多人包括對岸對她仍持有期待，希望她能在大陸政策上的改變，跨出更大的一步，但在本書截稿之時，沒有看到她想要跨越的傾向。這也是作者在書中提到的，「到了即將結束2016年的時間點後，似乎兩岸關係並沒有進展到像蔡英文原先的預期：會建立具有一致性、可預測性、可持續的兩岸關係」。

所以，有些觀察的結果，就傾向去懷疑「蔡英文的兩岸政策的推動，到底是政策推動，還是策略推動？」或者說，「蔡英文兩岸政策，語意上是著重在善意輸出，但策略上卻是要雙方相互付出」，甚至於都有種感覺：「蔡英文在兩岸政策的推動，實在有太多策略的構想在其內」。這是作者書中第三項的布局，特別在第五章中，作者因感受到蔡英文在不願認同「九二共識」，兩岸政策的推動又「時左時右」的情況下，開始回頭過來重新檢視蔡英文的兩岸政策，思考它將會產生多大的「兩岸關係效應」？主要的比較重點就放在就職前與就職後的政策宣示，看得出是有言詞與用詞上的轉變，但看到最後作者的結論，也是發現「蔡英文無意建立兩岸和諧及穩定政策的痕跡，她只是想運用些『策略運用』，讓外界以為新政府都在努力改善兩岸關係」。

緊跟而來的分析，算是書中的第四個重點分析，在程序上，先是把自蔡英文就職前後，中共對台政策的展開做一評估，再來則是對兩岸關係

發展出的「冷和現象」，做全面性的描述。在評估「中共現階段的對台政策」，應是建立在政黨輪替後的新政府兩岸政策基礎上，所以蔡英文在就職之前或之後，她對中國大陸所採行的政策談話、或政策推行，都會影響到北京對台北看法的調整。其中最重要的部分是看蔡英文「在就任前」北京已持的政策走向，與蔡英文「在就任後」北京所提出的對台政策實質內涵，到底有多大的不同？或者再嚴格的來檢視，北京對蔡英文當局的政策處理，今後是否與台灣民間的交流有所區隔？這就是書中第六章探討的重點所在。

　　至於兩岸關係的「冷和現象」，是包括兩岸政治、經濟與社會之間互動的情況，但也有涵蓋兩岸官方與民間的往來。用「冷」一字來形容蔡英文就任之後的兩岸關係，實不為過，譬如說：兩岸官方接觸管道全面中斷、兩岸本來在國際社會中和解休兵的現象也是越來越退化、陸客來台數字急速下降、大陸民意強烈反彈波及到台灣社會，都是隨手可拾的例子。說兩岸有「和」的現象，也不是刻意塑造，譬如說，北京即使是對台北施出了「冷凍」手段，但一句對蔡英文曾說出的「未答完的考卷」，而不是一份「不及格的考卷」，還是留下了很多「北京不想完全攤牌」的想像空間；而蔡英文說出「我們也不會在壓力下屈服，更不會走回對抗的老路」：也顯示出她不完全要走兩岸對抗路線，某些方面是在尋求緩和的調節。

　　作者也發現到：北京心中雖有不滿，但尚有期待；或者說，還願意給台北空間來尋求它的改變。另方面，今後沒有「九二共識」的兩岸關係，台北的確難求積極面的發展，但是否有尋求不再倒退消極面的措施，至少可維持表象的「現狀」，也是可以觀察的。因此，是否這段期間的「冷和」，也可加上「磨合」一詞，來形容這段期間的「兩岸關係的發展」？

　　最後，對書裡的架構安排，是設定了幾個重要變數，來預測未來三年半內，兩岸關係最可能變化的走向。這個做法，主要是在彌補「只用蔡英文半年任期就來評估兩岸關係觀察」的不足。作者總共設定了五個變數，來說明它的轉變可能會影響到蔡英代時代兩岸關係的走向：一是「中共對

台政策持續與否的因素」、二是「『九二共識』擴大解讀空間的因素」、三是「中國國力及國際影響升起的因素」、四是「川普尋求兩岸、對台戰略思考的因素」、五是「『台灣意識』在台灣繼續升高的因素」。其中，有關「川普領導下的美國尋求亞洲、兩岸以及對台的戰略因素」，由於美國總統大選在11月9日才甫告揭曉，在距離本書截稿時間相當急促的前提下，資料蒐集既不是很足夠，加上川普尚未就職，因此，想要有一份很詳細內容的分析，的確有其之難。但考慮再三，仍把這個主題列入，就是因為美國一向在兩岸關係演進中扮演重要角色，真的沒有一位作者，會去冒險的捨棄對這個因素的分析。

第 2 章

2012年的蔡英文「中國政策」
（2011-2012）

　　民進黨提名的總統候選人蔡英文，給予外界的第一個印象，就是一位能言善道，並且在工作上是十分幹練的女強人。2010年在新北市長競選一役，由於採取理性問政的手法，一反民進黨過去傳統的悲情或暴力的戲碼，的確讓人耳目一新，儘管最終選舉結果，她是輸給了朱立倫，但她在基層所獲得支持實力，仍然不容忽視。

　　等到她贏得民進黨總統候選人的提名，在選舉策略上，仍然是維持她一貫的理性作風，讓她在民調的支持度上，一度與當時的總統馬英九形成拉据之戰，這對一位在野黨的競爭對手來說，是非常突出的。不過在整個選舉過程裡，蔡英文最讓外界跌破眼鏡的，還是她對所謂「中國政策」的宣示，一直有出入意料之外的內容展現，不僅折損了馬英九最令人稱道的兩岸關係之優勢，而且也讓北京以及國際社會自始迄今一直無法定論：到底蔡英文的真正意向是什麼。

　　在本章討論裡，最主要是在分析蔡英文的「中國政策」到底真正想表達什麼。作者在文中的順序排列，是先從她準備參選之後在縱向時間上的發言與動作來看，去透視蔡英文的政策動向；然後再針對她逐一提出的「政策口號」，逐項來反駁它們在現實上的可行性。

第一節　蔡英文2012年參選之後，在縱向時間上的發言與動作之探討

一、前段「政策宣示」確有存在不可預測性

　　其實，蔡英文早在2010年11月30就曾經宣布：將捐出新北市長選舉補助款中的二千萬，為民進黨創立第一個智庫，強化在野陣營兩岸政策論述，以提升和中國直接交往的能量。蔡英文覺得可從三個方向著手，來進行與對岸接觸的措施：1.只要中國不設前提，民進黨絕對很歡迎對方來進行對話，強化彼此認識，克服因誤判或不瞭解而衍生出「信任不足」的政治問題；2.民進黨在未來幾個月裡，將持續鎖定兩岸議題進行討論，整合成「十年政綱」對外政策的結論；3.新成立的智庫，功能設定在強化中國政策的轉型，無論是論述、回應、還是直接與中國交往的能量，都是智庫著力的重點。[1]同時再向前追憶蔡英文也曾經說過的一句語：如果2012年民進黨贏得大選，將會考慮延續前朝（指國民黨執政時期）的大陸政策。[2]暫且不論她談話的動機或採行時機的爭議，至少她已表明有意去認同現階段台北當局的部分大陸政策。

　　接著在2011年2月23日「新境界文教基金會智庫」宣告成立，蔡英文身兼基金會董事長，希望透過民進黨智庫協助民進黨制定出更務實、具可行性的政策建議，更重要是為民進黨於2012年重返執政做準備。智庫下分別有「經濟與社會研究中心」及「安全與戰略研究中心」。前者主要著力於台灣內部各項社會與財經議題；後者則負責處理國際及安全議題，包括台灣與世界主要國家，備受各界關注的兩岸關係其也在其中。「十年政綱」是透過智庫擬定，並邀請外界人士進行互動、對話，提出見解。「和

---

[1] 〈選舉補助金蔡設智庫 強化中國論述〉，《聯合報》，2010年12月1日，A4版。

[2] 2011年9月26日，新台灣國策智庫訪問蔡英文，蔡英文提及：「對於國際最為關切民進黨會否延續包括ECFA在內的兩岸協議，蔡英文也明確保證會有政策的延續性，但是會重新檢討這些協議的執行成果。」資料來源：〈蔡英文訪問華府之總檢視〉，《新台灣國策智庫》，第57期，http://www.braintrust.tw/epaper/61。

而不同、和而求同」這句「口號」是在智庫成立當天首次提出，意在突顯台灣與中國在各方面制度與社會型態的差異，但同時也願意與中國保持和平而穩定的互動關係。[3]

等2011年5月4日民進黨召開第十四屆第十二次中執會，當日宣布由蔡英文當選為2012年第十三任總統候選人，產生方式是以「全民調」的結果為依據，蔡英文擊敗了黨內競爭者許信良和蘇貞昌。隨後蔡英文發表聲明稿表示，2012年大選對台灣而言，將是台灣價值的重建，是施政軸線的翻轉，是新世代力量的召喚。

經過一段時間與國民黨的論辯，特別是「九二共識到底有沒有存在」的爭執之後，蔡英文在2011年9月14日至20日前往美國進行六天的訪問，從美國東岸紐約到美國西岸加州，先後在國會山莊、哈佛大學、美國智庫與各地華僑進行專題演講。這次蔡的美國行主要目的是宣傳2012年總統選舉的政策主張，並且說明民進黨的兩岸關係立場，她認為台灣應建立一個「台灣共識」去解決兩岸之間的歧見與衝突，並且多次聲明「民主」是台灣人民共識的基礎，不存在的「九二共識」不能逼民進黨接受，與中國的關係，要有台灣共識去凝聚力量。這趟美國之行，聚焦在蔡英文身上，便是那句「台灣共識」的口號。[4]

稍後2011年10月3日至5日，蔡英文前往日本進行三天的訪問，主要目的是與日本官員談及區域安全議題，並繼續維持台日關係的友好發展。而在兩岸關係層面，她則重提「台灣共識」的內涵，希望找出最有利於台灣面對世界與面對中國的立場。而依照民主程序形成的共識，才能代表台灣主流民意，才能維持兩岸長期穩定的關係。[5]不過，在這趟日本之旅，

3　〈大選前提出最新兩岸論述 蔡英文：兩岸「和而不同、和而求同」理解並認同，維持台灣對中國關係穩定與和平的重要性〉，《聯合晚報》，2011年2月23日，A2版。

4　〈未來十年台灣的國家安全挑戰與戰略〉，民進黨中央黨部網站，2011年9月14日，http://www.dpp.org.tw/news_content.php?kw=%E5%8F%B0%E7%81%A3%E5%85%B1%E8%AD%98&m1=09&y1=2016&menu_sn=&sub_menu=43&show_title=%E6%96%B0%E8%81%9E&one_page=10&page=8&start_p=1&act=&sn=5343&stat=&order_type=desc&order_col=add_date&data_type=%E6%96%B0%E8%81%9E。

5　〈蔡英文訪日結束前記者會新聞稿〉，民進黨中央黨部網站，2011年10月4日，http://www.

給予外界深刻印象的是，蔡英文在國際記者會上表示：如果兩岸雙方有誠意建立和平穩定的互動架構，眼前的難題將會逐一化解；蔡也認為目前兩岸僵局是歷史產物，未來不盡然會是零和局面，與中國的關係上不排除任何可能性。蔡英文進一步強調：對於兩岸之間存在的差異，民進黨不能太天真去面對。她願意和北京領導人一同以互利、明智、負責的方式，用和平發展的共同語言，推動兩岸關係。到此為止，蔡英文的「中國政策」，是給了外界一種「不可預測性」。[6]

二、後段「政策宣示」，開始突顯台獨本質

在這樣連串闡述她的「中國政策」之際，就算被外界批評是「模糊性」或「沒有具體性」，至少還維持在對北京釋出「和解不對抗」的善意。但是2011年10月8日蔡英文在高雄國政演講時，說出「台灣就是中華民國」、「中華民國就是台灣」的這段話，認為台灣不只是個地理名詞，而是經過許多年民主洗禮跟總統直選後，這個中華民國的政府事實上已經變成是台灣人的政府。[7]所以蔡英文說無論是叫中華民國或是叫台灣，都是我們台灣的政府，都可以包容。儘管她一直認為大部分的台灣人民對這樣的說法是認同的，但這種說法卻讓她的政策底線露底，原來她早先不接受「九二共識」，並不是在「有沒有存在」有所爭論，而是她仍然在民進黨的傳統思維下，以兩國關係來檢視兩岸關係。

從蔡英文縱向的語言與動作來檢視，就會發現她最早所說「和而不同，和而求同」，所謂「和」，就是她在日本所說：她願意和北京領導

dpp.org.tw/news_content.php?kw=%E5%8F%B0%E7%81%A3%E5%85%85%B1%E8%AD%98&ml=09&y1=2016&menu_sn=&sub_menu=43&show_title=%E6%96%B0%E8%81%9E&one_page=10&page=6&start_p=1&act=&sn=5443&stat=&order_type=desc&order_col=add_date&data_type=%E6%96%B0%E8%81%9E。

6　〈蔡英文訪日結束前記者會新聞稿〉，民進黨中央黨部網站，2011年10月4日，http://www.dpp.org.tw/news_content.php?kw=%E5%8F%B0%E7%81%A3%E5%85%85%B1%E8%AD%98&ml=09&y1=2016&menu_sn=&sub_menu=43&show_title=%E6%96%B0%E8%81%9E&one_page=10&page=6&start_p=1&act=&sn=5443&stat=&order_type=desc&order_col=add_date&data_type=%E6%96%B0%E8%81%9E。

7　〈蔡英文：台灣就是中華民國〉，《聯合報》，2011年10月9日，A1版。

人一同以互利、明智、負責的方式，用和平發展的共同語言，推動兩岸關係。至於「不同」，蔡英文也非常清楚的指出，兩岸之間仍存在差異，民進黨不能太天真去面對。所以最終要「求同」，而這個目標，就是建立兩岸和平穩定的互動架構，唯有如此，眼前的難題將會逐一化解。但如何「求同」，就是先讓台灣內即先建立起「共識」，這就是蔡英文口中的「台灣共識」，因為如蔡在美國所說，與中國的關係，要有台灣共識去凝聚力量。而且蔡也強調：依照民主程序形成的共識，才能代表台灣主流民意，才能維持兩岸長期穩定的關係。[8]

可惜的是，在「台灣共識」還沒凝聚之前，蔡英文就先喊出了「台灣就是中華民國」、「中華民國就是台灣」的這段話，無異讓外界更加確定：蔡早先表達不能接受「九二共識」，其關鍵不是在於「九二共識」有沒有存在，而是她仍然希望與對岸用和平發展的共同語言，來推動兩岸關係，並建立兩岸和平穩定的互動架構，是奠基在兩國的關係上，這當然就再次觸及北京最敏感的神經。

第二節　蔡英文提出的「政策口號」，有其現實上的不可行性

一、捨用「九二共識」一詞，將如何與對岸搭起橋樑？

民進黨全盤否認有「九二共識」，民進黨總統候選人蔡英文，也不認為有所謂的「九二共識」的存在。她曾強調，所有人都應該仔細想想「九二共識」真的存在嗎？蔡說：「你要去承認一個不存在的東西，那

8　〈未來十年台灣的國家安全挑戰與戰略〉，民進黨中央黨部網站，2011年9月14日 http://www.dpp.org.tw/news_content.php?kw=%E5%8F%B0%E7%81%A3%E5%85%B1%E8%AD%98&m1=09&y1=2016&menu_sn=&sub_menu=43&show_title=%E6%96%B0%E8%81%9E&one_page=10&page=8&start_p=1&act=&sn=5343&stat=&order_type=desc&order_col=add_date&data_type=%E6%96%B0%E8%81%9E。

也總有個道理」。[9]所以，這個問題引發的爭議，應該包含三個層面來解釋：

第一，到底海基海協兩會在1992年10月香港會談時，「九二共識」有無達成一個共同可以接受的結論？或者說它有沒有存在？這個問題討論了很久，兩岸也各自出書進行過還原歷史真相的辯論。嚴格來說，1992年兩岸兩會在香港會談後，只能說雙方對「一中原則」如何運用在未來的協議簽署上，起碼是有了基本的相互瞭解，但還沒達到「共識」境界。兩會起初暫行同意的方案，是台北提出的第八案：「在海峽兩岸共同努力謀求國家統一的過程中，雙方雖均堅持一個中國的原則，但對於一個中國的涵義、認知各有不同」，海基會並建議「以口頭聲明方式各自表述」。[10]而這個問題真正達成了「共識」，是在事後兩會的函件往來，1992年11日16日海協會致函海基會，表示同意以各自口頭表達的方式表明堅持一個中國原則的態度。海基會在同年12月3日的回函中沒有再爭執到一中原則，但對於「一中涵義、認知」則再度強調是「以口頭各自說明」，而且口頭說明的具體內容，是根據「國統綱領」與「一個中國涵義」文件的說明，「一個中國」就是「中華民國」。[11]這段史實充分證實台北當時的確同意支持「一個中國的原則」。也可以說，「九二共識」到了最後，的確存在有兩岸對一中支持的共同結論。

第二，過去兩岸對「九二共識」的爭執，是偏重在：到底應解讀為「一個中國，各自表述」，還是說「各自在口頭上表達體現一個中國的原則」。說起來，這二個不同的說明方式，是會產生不同涵義的結果。不過儘管有點差異，但還是看到了一個共同點，那就是對「一個中國」，雙方是沒有太多不同意見，但表述涵義，彼此就有看法分歧：北京認為既然涵義確有爭議，雙方就不要再提；但台北則是堅持：自己口頭上表述時，說

---

9 〈談兩岸 蔡英文：最重要是維持「平穩、和平」的關係〉，民進黨中央黨部網站，2011年8月16日，http://www.dpp.org.tw/news_content.php?sn=5219。

10 邱進益，〈還原「九二共識」歷史真相──「一個中國」原則的兩種解釋（二）〉，2016年9月1日，中時電子報網站，http://opinion.chinatimes.com/20160901005769-262107。

11 〈執政黨中常會通過一個中國嚴正聲明〉，《聯合報》，1992年11月3日，01版。

的就是中華民國。這樣的爭執一直到了2008年6月，才因胡錦濤與美國總統布希一通電話，同意以「九二共識」作為兩岸兩會復談的基礎，而有所突破。[12]

第三，其實最後北京之所以讓步，肯捨「一中原則」而代之以「九二共識」，也就是因為後者還是有「一中」的影子。所以，對蔡英文來說，不願接受北京的「一中原則」或台北的「憲法一中」，談不談「九二共識」有無存在或可否接受，已經沒有多大意義。這個理由就是：早先海協會會長陳雲林已經表達，民進黨如不接受「九二共識」，一旦執政，兩岸兩會將不會進行協商。[13]而2011年7月29日國台辦主任王毅在對芝加哥僑社的一場演講中，曾特別提到兩岸確認這一共識，是成為2008年後兩會恢復商談的重要前提。但是王毅也警告說：「推翻這一前提、否認這一共識，將難以想像兩會如何繼續通過平等協商解決兩岸間的各種現實問題」。[14]

當然「九二共識」一詞是國民黨人蘇起所創，蔡英文與民進黨可以很合理的捨棄不用，但她必須也能提出一個「讓兩岸可持續接觸」的基礎或用詞。否則「和而求同」如何「和」，ECFA如何「續」，沒有一個與對岸可以溝通的橋樑基礎建立，恐怕民進黨智囊也很難想得出一個良方。

二、蔡英文的「台灣共識」，過程中有艱辛，即使建立後北京也非只有接受一途

蔡英文從宣布參選到日美訪問的談話，清晰的勾劃出她的「中國政策」，是有意在尋求與中國的對話以及追求兩岸的和平發展。儘管外界對她的政策，仍覺得有其模糊的特性，不過，整體而言，應該可以大致摸索

12　〈胡錦濤：在「九二共識」基礎上恢復兩岸協商談判〉，新華網，2008年3月26日，http://big5.xinhuanet.com/gate/big5/news.xinhuanet.com/tw/2008-03/26/content_7865604.htm。

13　〈如果反對台獨沒了 九二共識沒了 陳雲林：對台經濟 恐重新考慮〉，《聯合報》，2011年11月4日，A1版。

14　〈王毅表示兩岸關係和平發展可用三個「共同」概括〉，中華人民共和國中央人民政府網站，2011年7月30日，http://www.gov.cn/jrzg/2011-07/30/content_1916841.htm。

到蔡的中國政策方向。如果真的需有批評，應該不在政策的模糊性，況且大陸政策本就具備一些「不能完全說個明白」的特性，應該是在政策的內容，去評估它是否能足夠去應對目前錯綜複雜的兩岸關係。作者願從下面二個層面來分析蔡英文的「中國政策」：

（一）尋求與中國對話的基礎

雖然蔡英文沒有承認「九二共識」，但那並不代表她要放棄與北京對話的基礎，而是她認為「九二共識」是個不存在的東西，所以她要去創造一個經過台灣民眾認同，並經過法律制定過程的「台灣共識」，作為新的台灣與中國對話的基礎。

儘管蔡英文對「台灣共識」說不出一個具體內容，其實這也是可以理解的。因為依她的邏輯，「台灣共識」是一個需要民主程序、形成共識的過程，在這過程中，尋找出台灣社會可以在哪些面向上有共識，共識若有進一步立法的必要，就到立法院立法。[15]

不過，由於蔡英文強調：因為這不是一個普通立法或公共議題，而是有關於台灣未來發展最重要的議題，牽涉到和中國協商往來，因此需要凝聚全體公民的意志，所以就不能採簡單的民主多數決程序。[16]但是到底是什麼形式的立法程序，正因為蔡英文沒有說清楚，所以才會導致外界更多的質疑。其實，對蔡英文來說，她應該只是想到：應有一個能聚集朝野與絕對多數民意認同的「台灣共識」，去與中國協商兩岸之間目前關係以及未來發展，所以她根本還沒思考到這種共識將以何種方式凝聚，當然也沒

15　〈蔡英文：「台灣共識」就是我們要走的路〉，民進黨中央黨部網站，2011年9月18日，http://www.dpp.org.tw/news_content.php?kw=%E5%8F%B0%E7%81%A3%E5%85%B1%E8%AD%98&m1=09&y1=2016&menu_sn=&sub_menu=43&show_title=%E6%96%B0%E8%81%9E&one_page=10&page=7&start_p=1&act=&sn=5365&stat=&order_type=desc&order_col=add_date&data_type=%E6%96%B0%E8%81%9E。

16　蔡英文2011年9月16日在紐約舉行首場訪美記者會。記者追問何謂「台灣共識」？蔡英文說，台灣共識是一個民主程序、形成共識的過程，在此過程，台灣社會可以在哪些面向上有共識，並指出，這不能用簡單的民主多數決一言以蔽之，這也不是一個普通的立法或公共議題，而是有關於台灣未來發展最重要的議題，不是只有一個單純國內的議題，也牽涉和中國協商往來，所需要凝聚公民的立場。請參考〈兩岸關係 蔡英文：不排除任何可能〉，《聯合報》，2011年9月18日，A1。

有辦法想到「台灣共識」到底應具備哪些重點及內容。其實，台灣民眾在最後會凝聚共議的內容，可能現在的政治人物都無法預測得到。

所以，蔡英九提出來的「台灣共識」形成過程，其實與1992年兩岸形成「九二共識」有很多相似之處，就是「求同存異，擱置爭議」。只不過，「台灣共識」是尋求內部認同在先，再求對岸的理解，不同於「九二共識」已得兩岸的認可。

而且，更有意義的是，萬一在尋求全民共識的過程裡，絕大多數的台灣民眾認同現行的「一中各表」政策，是他們願意採用與對岸協商與接觸的基礎，那麼屆時經過立法程序確立的「台灣共識」，就可能涵蓋了「九二共識」的實質，那麼尊重民意的民進黨及蔡英文，也只有「接受」的一途。

（二）追求兩岸的和平發展

蔡英文說，民進黨主張台灣發展與中國的關係，應從台灣認同出發，以台灣價值為核心，兩岸必須維持「和而不同」、「和而求同」的關係。[17]這個邏輯現在可以更加清楚解讀：就是先匯聚成「台灣共識」，在尊重台灣民意與利益前提下，並瞭解到與對岸在社會與制度存在差異的情況下，共同追求兩岸和平穩定的關係，並掌握繁榮發展的契機，因為這都是台灣與中國的責任和利益。

所以，對蔡英文來說，尋求「台灣共識」只是個過程，追求兩岸和平穩定的關係才是政策的重要目標。不過，形式上與國民黨不同的，蔡是主張採用「從世界走向中國，與中國戰略互利」的國家安全戰略，所以她在華府是尋求與美國相同的民主與人權的價值體系，希望能得到美國的支持與首肯，再來進行與北京對話。[18]但在實質上，蔡的思維只不過翻版了國

17　〈蔡英文主持新境界文教基金會智庫揭牌〉，民進黨中央黨部網站，2011年2月23日，http://www.dpp.org.tw/news_content.php?sn=4757。

18　民進黨的「十年政綱」中提到，台灣在對外經貿上，應將對中經貿視為全球布局的一環，以世界為念，以提升國際競爭力為目標，加強產業結構、企業管理與產品研發能力，永續台灣的經濟自主性。在與中國發展經貿關係時，應建立互惠而非讓利、和平而非衝突、對等而非

民黨人多年來的做法，馬英九何嘗不是以華府的態度馬首為瞻，只不過他的大陸政策從來不會提到「從世界走向中國」。

儘管如此，蔡英文在追求兩岸的和平發展的目標裡，還是提出了台灣與中國的關係；她願持開放的態度，不排除未來的選項，包括記者追問選項是否包括「統一」的選擇，這應該是北京比較高興聽到的一段敘述。[19]

不過，蔡英文的「台灣共識」，在建立的過程中，由於要整合朝野達成共識，所以必然有艱辛，而一旦內部共識得以建立，與對岸接觸，北京也不只是只有接受一途。

第三節　「中華民國就是台灣」的看法，實際上就是兩國論的再版

一、2011年蔡英文「台灣就是中華民國」與1999年「台灣前途決議文」之比較

民進黨在1999年5月8日第八屆第二次全國黨員代表大會制定「台灣前途決議文」，對於台灣國家定位的解釋，認為：自1992年國會全面改選、1996年總統直選、修憲廢省等政治改造工程後，台灣事實上已成為民主獨立國家……台灣，固然依目前憲法稱為中華民國，但與中華人民共和國互不隸屬，任何有關獨立現狀的更動，都必須經由台灣全體住民以公民投票的方式決定。[20]而蔡英文首次提到「台灣就是中華民國」的言論是

主從的關係，更應積極深化與世界的互動，尋求全球經貿戰略的平衡，從世界走向中國。資料來源：〈十年政綱總綱〉，民進黨中央黨部網站，http://www.dpp.org.tw/policy.php?data_type=%E3%80%90%E5%8D%81%E5%B9%B4%E6%94%BF%E7%B6%B1%E3%80%91%E7%B8%BD%E7%B6%B1。

19　〈蔡英文：「台灣共識」就是我們要走的路〉，民進黨中央黨部網站，2011年9月18日，http://www.dpp.org.tw/news_content.php?kw=%E5%8F%B0%E7%81%A3%E5%85%B1%E8%AD%98&m1=09&y1=2016&menu_sn=&sub_menu=43&show_title=%E6%96%B0%E8%81%9E&one_page=10&page=7&start_p=1&act=&sn=5365&stat=&order_type=desc&order_col=add_date&data_type=%E6%96%B0%E8%81%9E。

20　〈正常國家決議文專區「正常國家決議文」Q&A〉，民進黨中央黨部網站，http://www.dpp.org.tw/news_content.php?sn=334。

在2011年10月8日高雄的造勢會場，中華民國的政府事實上已經變成是台灣人的政府。[21]

　　「台灣前途決議文」對於台灣的國家定位是直接從政治體制的角度來理解，經過威權體制的改革與民主政治的檢驗，儘管憲法上的國家名稱仍是中華民國，而民進黨也認知到這個事實，但對於中華民國憲法仍不認同，希望未來公投制憲。故說台灣實質上已是一個主權獨立的國家、對外不再堅持使用「中華民國」名稱，是希望台灣與中華民國之間可以脫鉤，因此外界認為「台灣前途決議文」是一種台獨的宣傳品。

　　蔡英文在2012年總統大選提到「台灣是中華民國」的發言，和「台灣前途決議文」仍有不同之處。蔡是以台灣歷史的角度來說明台灣與中華民國的連結。依照蔡英文的說法，中華民國只有一百年的歷史，相反，台灣擁有三、四百年或更早的歷史記憶，中華民國的政府在1949年後才來台灣進行統治，因此台灣人民對中華民國的政府的情感不深，連結發生斷裂，但隨著六十幾年來民主政治逐步深化，基於民主理念的「包容」，故說「中華民國就等於台灣」，「台灣就是中華民國」，可以說蔡英文間接的也能包容中華民國憲法。

　　但對國家名稱來說，與「台灣前途決議文」相同，蔡英文並非就認定是中華民國。她說「叫中華民國或是叫台灣，都是我們台灣的政府，所以有人喜歡叫中華民國，有人喜歡叫台灣，我們都可以包容」。[22]顯示她將中華民國看成是一個政府的名稱，如同平常稱執政黨為國民黨政府或民進黨政府。故對於國家的名稱，她在嘉義競選總部上說「台灣是一個我們國

21　〈小英巴士抵高雄 邀請民眾同走台一線 蔡英文：有認同才會作夥守護台灣〉，民進黨中央黨部網站，2011年10月8日，http://www.dpp.org.tw/news_content.php?kw=%E5%AE%88%E8%AD%B7&m1=09&y1=2016&menu_sn=7&sub_menu=43&show_title=%E6%B0%91%E9%80%B2%E9%BB%A8%E6%96%B0%E8%81%9E%E7%A8%BF&one_page=10&page=18&start_p=1&act=&sn=5465&stat=&order_type=desc&order_col=add_date&data_type=。

22　〈逾三萬名台南鄉親擠爆晚會 蔡英文：用團結、和諧面對台灣下一個世代的挑戰〉，民進黨中央黨部網站，2011年10月9日，http://www.dpp.org.tw/news_content.php?kw=%E5%AE%88%E8%AD%B7&m1=09&y1=2016&menu_sn=7&sub_menu=43&show_title=%E6%B0%91%E9%80%B2%E9%BB%A8%E6%96%B0%E8%81%9E%E7%A8%BF&one_page=10&page=18&start_p=1&act=&sn=5477&stat=&order_type=desc&order_col=add_date&data_type=。

家主權意涵的地方，不只是一個地理名詞」。[23]再次說明了蔡英文認為台灣是一個主權獨立的國家。

二、提出「台灣就是中華民國，中華民國就是台灣」的看法，就是台獨借殼論

民進黨總統候選人蔡英文，在雙十國慶前夕，提出「台灣就是中華民國，中華民國就是台灣」的看法，是想把二者之間畫上等號，企圖為她的「台灣共識」先鋪上第一層內容[24]。但是這種說法實際就是台獨借殼論，台灣內部還是有人不能贊同，因此覺得有必要指出這些「久說似成真」的謬誤。

首先就法而言，中華民國的領土範圍（憲法本文第4條），或是台灣是中華民國主權下的「台灣地區」（憲法增修條文第10條），這些規範在台灣民眾心目中都非常清楚，因為歷經多次修憲，領土條款只有從國民大會調整為立法院為修法主體外，其他內容包括「疆域範圍」始終沒有變更過。若時至今，仍有民眾認同不一樣，那也只是因為他們內心認知的基礎相異，但不會涉及到憲法條文的「模糊性」。即使再談到法律，「兩岸人民關係條例」還經過民進黨執政時期（2002年）的修訂，條文中還清晰規定：「台灣地區」，指台灣、澎湖、金門、馬祖及政府統治權所及之其他地區；「大陸地區」，指台灣地區以外之中華民國領土，沒有指出「中華民國就是台灣」。

再就現實而言，中華民國政府統轄下的「台澎金馬地區」，台灣固是主體，但尚有澎湖、金門、馬祖等離島。而且金門與馬祖尚編制在福建省。所以，台灣如被認為是中華民國政府目前統轄下的領土，也只是其中

---

23 〈「一路有你！」第五天 嘉義市競選總部成立晚會〉，民進黨台北市黨部網站，http://www.dpptp.org.tw/news/newsdetail.php?pd_id=293。

24 〈逾三萬名台南鄉親擠爆晚會 蔡英文：用團結、和諧面對台灣下一個世代的挑戰〉，民進黨中央黨部網站，http://www.dpp.org.tw/news_content.php?kw=%E5%AE%88%E8%AD%B7&m1=09&y1=2016&menu_sn=7&sub_menu=43&show_title=%E6%B0%91%E9%80%B2%E9%BB%A8%E6%96%B0%E8%81%9E%E7%A8%BF&one_page=10&page=18&start_p=1&act=&sn=5477&stat=&order_type=desc&order_col=add_date&data_type=。

的一部分。即使「台灣」一詞就是「台澎金馬地區」的通稱，我們在南中國海仍有海巡署官兵駐守的「太平島」，也不能就這樣輕易的排除在外。

其次，國際社會對「台灣就是中華民國，中華民國就是台灣」的說法也會存疑：那就是在國際法上，今後將如何視待「台灣」，因為那勢必會涉及對「中華民國」的定位，譬如說，在一些非邦交國家，我們仍可設立台北經濟文化辦事處，一旦「台灣」就等同「中華民國」，給對方帶來困擾不說，甚至這種實質的外交模式也將不繼。而且對友邦國家來說，他們外交承認的「中華民國」如等同於「台灣」，那麼面對一個與中國大陸徹底撕裂的國家，除了要在它自己內部作「自圓其說」的辯調之外，也將面臨北京嚴厲的挑戰。畢竟過去對中華民國的外交承認，尚可在「一個中國」的模糊大傘下，迴避造成「二個中國」或「一中一台」的尷尬現象。

最後，值得我們警惕的是，蔡英文的說法是導引北京將祭出「通碟」的最大動力，結果「台灣共識」尚未匯聚，台灣已備受威脅與壓力，徒增台灣內部升起新的爭議。我們再仔細回憶一下2000年的「中共國防白皮書」以及2005年的「反分裂國家法」，裡面提到就算用「中華民國」名義，但因會導致「兩個中國」的實質，或是「形成把台灣從中國分割出去的事實」，北京當然被迫就採「非和平手段」來因應。[25]再回到2000年至2008年陳水扁執政時期的「烽火四起」歲月，當然沒有必要，也沒有多少人願意。

第四節 小結

蔡英文在2011-2012年的中國政策內容，如果對照2016年總統大選勝選之後或就職之後的政策宣示，就會發現在立場上以及內容上，是作了極

---

25 該論述是個人觀察的參考，如同《一個中國的原則與台灣問題》：中國政府始終如一地堅持一個中國原則，堅決反對任何把台灣從中國分割出去的圖謀。資料參考來源：《一個中國的原則與台灣問題》，中華人民共和國，國務院新聞辦公室，http://www.scio.gov.cn/zfbps/ndhf/2000/Document/307945/307945.htm。

大程度的調整。這也說明了蔡英文一旦在位子上，她原本比較狹窄的「本土」或「傾獨」的主張，不僅北京不能接受，恐怕連華府都會覺得不妥。因此，把2011-2012年的中國政策，作適度的調整，恐怕是因應整個情勢的需要，而不是來自於蔡英文本身意識型態全盤的改變。所以，把蔡英文過去所宣示過的政策重新溫習一遍，就會瞭解到台北在2016年開始推動的「兩岸政策」，為什麼對岸的回應是那麼的謹慎、保守、與充滿不信任。

當然，在2011-2012年，蔡英文只提「台灣意識」，絕口不提「九二共識」，是她沒有走完最後一哩路的關鍵。但是2016年，蔡英文捨棄了「台灣意識」，但還是不提「九二共識」，會不會是她的考卷永遠不會完成的關鍵，可能讀到之前的「中國政策」這一章，會給讀者更多的啟發。

作者個人並不喜歡要去運用來自對岸威脅的一些說法，來壓縮台灣需要「發展」或「調整」的空間，因為這不是兩岸關係發展的正途。對蔡英文及民進黨來說，如果現階段中兩岸尚可運用一些模糊的說詞，如「九二共識」，或「一中各自表述」，既對台灣內部沒有造成傷害，也可迴避來自北京的挑戰，台灣實在沒有必要直接去向北京進行宣戰。

再就「模糊論」來說，兩岸之間由於歷史原因以及長期隔閡，一旦恢復接觸，某種程度上是要對一些需要界定的原則及立場，作模糊的界說，這樣才可導致兩岸最終的「勉強接受」，這本就是「擱置爭議，求同存異」的精神所在。不過，對蔡英文及民進黨來說，當北京本來已經沒有賦予太強的信任，如果他們仍在循求傳統，尋求「擱置爭議，求同存異」的結果，就可能不宜有太清晰的「政治訴求」，如主權分割或領土獨立。可惜的是，早先一句「台灣就是中華民國，中華民國就是台灣」的說法，已讓蔡英文沒有迴旋的空間。

第 3 章

蔡英文兩岸政策的解析
——就職演說之前

在520就職之前，蔡英文在兩岸政策最重要的一次談話，是2016年1月16日在她贏得總統大選後，面對來自世界各地記者的「國際記者會」中，談到有關兩岸關係的一段說法。蔡說：她曾多次承諾，將建立具有一致性、可預測性、可持續的兩岸關係。在2016年5月20日新政府執政之後，將以中華民國現行憲政體制、兩岸協商交流互動的成果，以及民主原則與普遍民意，作為推動兩岸關係的基礎。[1]

其實，早在2015年12月22日出席台灣七大工商團體所舉辦的「台灣經濟發展論壇」中，蔡英文發表演講時就曾經強調，她說：兩岸關係中，雖然北京態度很重要，但不要忘記台灣是民主社會，台灣民意跟北京的壓力之間要取得平衡。她說，一旦有執政機會，跟國際也好、跟對岸也好，期待有好的溝通，她提出「溝通，不挑釁、不會有意外」三原則，來持續維持兩岸關係的穩定。[2]當然，蔡英文也重申：民進黨不會閃躲兩岸的議題，也不會逢中必反。[3]

但是，蔡英文的「兩岸政策」，如何能夠與北京採取「溝通」方式，並且能保證「不挑釁」北京底線，達成兩岸「不會有意外」的結果？

1　蔡英文當選之後的「國際記者會上的說明」，資料來源：〈總統當選人蔡英文國際記者會致詞中英譯全文〉，民進黨中央黨部網站，刊登日期：2016年1月16日，http://www.dpp.org.tw/news_content.php?kw=&m1=10&y1=2016&menu_sn=&sub_menu=43&show_title=&one_page=10&page=1&start_p=1&act=&sn=8770&stat=&order_type=desc&order_col=add_date&data_type=。

2　〈蔡英文出席「台灣經濟發展論壇」談話全文〉，民進黨中央黨部網站，刊登日期：2015年12月22日，http://www.dpp.org.tw/news_content.php?sn=8605。

3　〈蔡英文第二輪政見發表申論稿〉，民進黨中央黨部網站，刊登日期：2015年12月25日，http://www.dpp.org.tw/m/index_content.php?sn=8625。

目前正是個「實驗」的階段。除此之外，蔡英文又如何能建立「具有一致性、可預測性、可持續的兩岸關係」？也是目前吸引外界關注的問題。

　　作者整合了蔡英文在宣布參選之後、在520就職之前的一些「重要談話」，這包括：一、2015年12月23日「蔡英文參加七大工商團體舉辦的台灣經濟發展論壇談話全文」的內容，二、「總統大選時三場政見與電視辯論的內容」：包括2015年12月25日電視政見會、2015年12月27日第一場電視辯論，以及2016年1月2日第二場電視辯論，三、2016年1月20日「自由時報專訪蔡英文全文」的內容，以及四、2016年1月16日當選之後的「勝選聲明」與「國際記者會上的說明」，加上民進黨秘書長和駐美代表吳釗燮2016年1月19日在美國智庫「戰略與國際研究中心」（CSIS）發表題為「國民黨後的台灣──解讀2016選舉」的演講內容，以及2016年2月6日聯合報有篇報導，透露民進黨準備在立法院開議後重提「兩岸協議暨監督條例」新版草案，修改過去「兩國論」內容，改為符合「中華民國憲政體制」的版本，來解析蔡英文在就職之前，為了修正自己的兩岸政策，或許會採取下列的步驟。

第一節　認定「維持現狀」將是處理兩岸事務的核心原則

　　當時尚是民進黨總統候選人的蔡英文於2015年12月22日出席台灣七大工商團體所舉辦的「台灣經濟發展論壇」時，曾發表演講表示：台灣現在需要的是穩定的兩岸關係，她將以維持現狀作為最重要的主軸。[4]在此之後，蔡英文也曾接受自由時報專訪，她在2016年1月20日該報正式刊出專訪內容時表示，這次大選結果，顯示她所主張的「維持現狀」，就是台

4　蔡英文參加台灣七大工商團體舉辦的台灣經濟發展論壇談話全文：「我將會以『維持現狀』的『台灣共識』為核心，遵循中華民國現行憲政體制，並在過去二十多年，兩岸協商和交流互動的成果基礎上，推動兩岸關係和平穩定的發展。」資料來源：〈蔡英文出席「台灣經濟發展論壇」談話全文〉，民進黨中央黨部網站，刊登日期：2015年12月22日，http://www.dpp.org.tw/news_content.php?sn=8605。

灣的主流民意。[5]蔡英文辦公室也發布新聞稿指出同樣內容。[6]所以她如果當選總統，蔡英文說：「會致力維繫兩岸關係的穩定和發展」。她並主張以「維持現狀」作為處理兩岸事務的核心原則，也認為「這也是台灣內部的最大共識」。[7]

　　的確在當選之後，蔡英文也在她舉行的國際記者會中強調：她會秉持超越黨派的立場，遵循台灣最新的民意和最大的共識，致力確保海峽兩岸關係和平穩定的現狀。[8]

　　但是所謂「維持現狀」在蔡英文心目中到底是什麼樣的內容？雖然12月22日的演講中，她確實具體的提出看法，認為「維持現狀」應包括下列幾個重要成分：第一，維持台灣自由民主的生活方式和中華民國既有的憲政體制。第二，兩岸之間要維持和平穩定發展的關係，未來會珍惜並且維護二十多年來協商跟交流互動累積的成果，並且在這個堅實的基礎之上，持續推動兩岸關係的和平穩定發展。[9]

　　但是若與2015年12月25日電視政見會上的看法比較，這個「維持現狀」還是有企圖與「台灣共識」畫上等號，當時蔡英文說：將會以「維持

5　蔡英文接受自由時報專訪提出一樣的論調，她認為：「維持現狀」就是台灣的主流民意。資料請參考：〈蔡英文：九二歷史事實 推動兩岸關係〉，自由時報網站，刊登日期：2016年1月21日，http://news.ltn.com.tw/news/focus/paper/951154。

6　學者撰文指稱未來新政府的兩岸政策將會是「馬規蔡隨」，民主進步黨發言人王閔生今表示，沒有所謂馬規蔡隨的問題。總統當選人蔡英文主席已明確指出，我們堅持依循普遍民意，堅持遵循民主原則，堅持確保台灣人民對於未來的選擇權，我們不會襲既有的作法。資料來源：〈王閔生：蔡主席的兩岸政策沒有馬規蔡隨的問題〉，民進黨中央黨部網站，刊登日期：2016年2月15日，http://www.dpp.org.tw/news_content.php?kw=%E3%80%8C%E7%B6%AD%E6%8C%81%E7%8F%BE%E7%8B%80%E3%80%8D&m1=10&y1=2016&menu_sn=&sub_menu=43&show_title=%E6%96%B0%E8%81%9E&one_page=10&page=1&start_p=1&act=&sn=8825&stat=&order_type=desc&order_col=add_date&data_type=%E6%96%B0%E8%81%9E。

7　〈蔡英文出席「台灣經濟發展論壇」談話全文〉，民進黨中央黨部網站，刊登日期：2015年12月22日，http://www.dpp.org.tw/news_content.php?sn=8605。

8　蔡英文當選之後的「國際記者會上的說明」，資料來源：〈總統當選人蔡英文國際記者會致詞中英譯全文〉，民進黨中央黨部網站，刊登日期：2016年1月16日，http://www.dpp.org.tw/news_content.php?kw=&m1=10&y1=2016&menu_sn=&sub_menu=43&show_title=&one_page=10&page=1&start_p=1&act=&sn=8770&stat=&order_type=desc&order_col=add_date&data_type=。

9　〈蔡英文出席「台灣經濟發展論壇」談話全文〉，民進黨中央黨部網站，刊登日期：2015年12月22日，http://www.dpp.org.tw/news_content.php?sn=8605。

現狀」的「台灣共識」為核心，遵循中華民國現行憲政體制，並在過去二十多年，兩岸協商和交流互動的成果基礎上，推動兩岸關係和平穩定的發展。[10]

　　而且，再與馬英九的「維持現狀」相比，蔡英文認為，她的「維持現狀」，是民主透明、人民參與，不是黑箱作業，更不是民主倒退；她的「維持現狀」，是維持公平正義、是全民共享，不是少數人寡占，也不是權貴壟斷。最重要的是，她希望能夠澄清：蔡英文的「維持現狀」，是要確保台灣人民的選擇權，而馬總統的兩岸政策，將會限縮人民的選擇空間。[11]

　　因此從上述引述來看，這明顯的是說明：蔡英文所談的「維持現狀」，並不是在談「維持兩岸現狀」，應該更多的是暗示要「維持台灣現狀」。所以「台灣共識」才會是是核心內容，而台灣民主政治、公平正義則是主體，至於確保台灣人民的選擇權，更是突顯了1999年「台灣前途決議文」的主要精神。所以，因為有這樣的認知，蔡英文才會說她講到「台灣共識」並沒有錯，因為現在的「台灣共識」就是「維持現狀」，她提出來的「維持現狀」，台灣人民是非常非常高的比例都同意她的「維持現狀」。[12]

　　到底「維持兩岸現狀」有沒有在蔡英文的語錄中提到過？至少在她2016年5月20日就職之前有限的資訊發現：蔡英文只說過：維持兩岸關係

---

10 蔡英文曾表示，會以「維持現狀」的「台灣共識」為核心，遵循中華民國現行憲政體制，並在過去二十多年，兩岸協商和交流互動的成果基礎上，推動兩岸關係和平穩定的發展。〈蔡英文第二輪政見發表申論稿〉，民進黨中央黨部網站，刊登日期：2015年12月25日，http://www.dpp.org.tw/news_content.php?kw=&m1=10&y1=2016&menu_sn=&sub_menu=43&show_title=&one_page=10&page=1&start_p=1&act=&sn=8625&stat=&order_type=desc&order_col=add_date&data_type=。

11 〈蔡英文第二輪政見發表申論稿〉，民進黨中央黨部網站，刊登日期：2015年12月25日，http://www.dpp.org.tw/news_content.php?kw=&m1=10&y1=2016&menu_sn=&sub_menu=43&show_title=&one_page=10&page=1&start_p=1&act=&sn=8625&stat=&order_type=desc&order_col=add_date&data_type=。

12 〈蔡英文第二輪政見發表申論稿〉，民進黨中央黨部網站，刊登日期：2015年12月25日，http://www.dpp.org.tw/news_content.php?kw=&m1=10&y1=2016&menu_sn=&sub_menu=43&show_title=&one_page=10&page=1&start_p=1&act=&sn=8625&stat=&order_type=desc&order_col=add_date&data_type=。

的和平穩定發展，是她對全體人民的承諾，當選總統後，她會信守承諾，堅定不移的維持兩岸和平的現狀。[13] 這是偶而的提及，而且內容極度的空乏，一直沒有見到她想表達的具體內涵是什麼。

第二節　在「基本事實」與「既有政治基礎」上，持續推動兩岸關係

蔡英文1月20日接受自由時報專訪時曾特別表示，在1992年，兩岸兩會秉持相互諒解、求同存異的政治思維進行溝通協商，達成了若干的共同認知與諒解，她理解和尊重這個歷史事實。她認為1992年之後二十多年來雙方交流、協商所累積形成的現狀及成果，兩岸都應該共同去珍惜與維護，在這個基本事實與既有政治基礎上，持續推動兩岸關係的和平穩定與發展。[14]

媒體曾經詢問這個「政治基礎」的內涵是什麼？蔡英文指出，她所講的「既有政治基礎」，包含幾個關鍵元素，1.是1992年兩岸兩會會談的歷史事實，以及雙方求同存異的共同認知；2.是中華民國現行憲政體制；3.是兩岸過去二十多年來協商和交流互動的成果；4.是台灣的民主原則以及普遍民意。[15]

至於國民黨不斷質疑：沒有「九二共識」將如何「維持現狀」？對此，蔡英文特別強調，民進黨沒有否認1992年兩岸會談的歷史事實，也認同當年雙方都秉持相互諒解精神，求同存異。[16]而就在台灣選舉結果

---

13 〈蔡英文出席「台灣經濟發展論壇」談話全文〉，民進黨中央黨部網站，刊登日期：2015年12月22日，http://www.dpp.org.tw/news_content.php?sn=8605。
14 中央社，引用自由時報專訪內容。在2015年12月25日電視政見會上，她也認為，不需在九二共識議題上繼續內耗，應回歸到九二兩岸會談的基本事實和「求同存異」精神。
15 〈蔡英文：九二歷史事實 推動兩岸關係〉，自由時報網站，刊登日期：2016年1月21日，http://news.ltn.com.tw/news/focus/paper/951154。
16 蔡英文表示，民進黨沒有否認1992年兩岸會談的歷史事實，也認同當年雙方都秉持相互諒解精神，求同存異，希望兩岸關係往前推進的這一段協商溝通的經過和事實。這也是兩岸交流累積成果的一部分。資料來源：〈蔡英文第二輪政見發表申論稿〉，民進黨中央黨部

出爐後第三天，民進黨秘書長和駐美代表吳釗燮1月19日在美國智庫「戰略與國際研究中心」（CSIS），發表了題為「國民黨後的台灣——解讀2016選舉」的20分鐘演講，對於具體「九二共識」這個片語，他也是認為蔡英文在提倡回到作為1992年兩岸會談基礎的「求同存異」精神。吳釗燮說「未來我們會盡最大努力發現台灣和大陸雙方都能接受的互動模式，那是一種能避免對抗和防止意外的模式」。[17]

所以，蔡英文堅定主張會在以1992年兩岸兩會會談的「歷史事實」，與雙方求同存異的共同認知、中華民國現行憲政體制、兩岸過去交流成果，以及台灣民主原則與普遍民意等「既有政治基礎」上，持續推動兩岸關係和平穩定與發展。但是，她到目前為止並沒有同意認同北京能夠接受的「九二共識」。

那麼，1992年兩岸兩會會談的歷史事實，以及中華民國現行憲政體制，能不能反應是蔡英文所講的「既有政治基礎」，甚至可暗示及取代北京能夠接受的「九二共識」呢？這是本節要去探討的重點。

一、提到1992年兩岸兩會會談的歷史事實，但蔡英文沒有解釋清楚其核心內容

對於「九二共識」，我們都知道蔡英文基本上是不接受的。她曾批評2000年之後國民黨創造出來「九二共識」，認為「九二共識」的內容不僅在兩岸之間有極為不同的認知，即使在國民黨內部也有許多不同版本。譬如說，洪秀柱講的是「一中同表」，而朱立倫講的則是「兩岸同屬一中」。[18]

網站，刊登日期：2015年12月25日，http://www.dpp.org.tw/news_content.php?kw=&m1=10&y1=2016&menu_sn=&sub_menu=43&show_title=&one_page=10&page=1&start_p=1&act=&sn=8625&stat=&order_type=desc&order_col=add_date&data_type=。

17 〈吳釗燮秘書長選後赴美演說，分析勝選因素並展望執政藍圖〉，民進黨中央黨部網站，刊登日期：2016年1月20日，http://www.dpp.org.tw/news_content.php?kw=&m1=10&y1=2016&menu_sn=&sub_menu=43&show_title=&one_page=10&page=1&start_p=1&act=&sn=8781&stat=&order_type=desc&order_col=add_date&data_type=。

18 蔡英文認為，2000年之後國民黨創造出來「九二共識」，但是，「九二共識」的內容，不僅在兩岸之間有極為不同的認知，即使在國民黨內部也有許多不同版本，而且變來變去。洪

　　不過，她確實曾從另一個角度來看這個問題，在2015年6月8月蔡英文結束訪美返台的前夕，她與媒體記者之間對「九二共識」的一個詮釋，值得重視。她說：「過去我們花很多時間討論，甚至爭論這個問題，但無論如何，都不要忽略掉一個事實，也就是在1992的當年，雙方都希望可以把關係往前推進，即便有不同意見跟想法都希望能秉持相互諒解的精神，持續進行交流」。蔡英文說，自己的想法跟做法就是回歸這個基本事實，也就是她所說的累積成果的一部分，至於這個所發生的事實詮釋跟名詞的使用問題，就繼續求同存異吧。[19]

　　但重點是，蔡英文用心良苦詮釋了「九二共識」另一種說法，但卻迴避了這個名詞的核心內容：那就是兩岸是否同屬一個中國，則完全不提。就像前文也曾提到蔡英文說過的這句話：「民進黨沒有否認1992年兩岸會談的歷史事實，也認同當年雙方都秉持相互諒解精神，求同存異」。[20]但值得注意的是，這個說法只強調1992年是有「兩岸會談的歷史事實」，但這個「歷史事實」並沒有觸及到當時台北海基會與北京海協會對「九二共識」，都有認同「兩岸同屬一個中國」的看法，儘管這個「中國的意涵」，兩岸還是各有不同的解讀；再來，蔡英文強調「認同當年雙方都秉持相互諒解精神，求同存異」這個說法，又像極了陳水扁當年

秀柱副院長說「一中同表」，朱主席講「兩岸同屬一中」，馬總統則在「馬習會」公開致詞說，「九二共識」是「針對一個中國原則達成的共識」。資料來源：〈蔡英文第二輪政見發表申論稿〉，民進黨中央黨部網站，刊登日期：2015年12月25日，http://www.dpp.org.tw/news_content.php?kw=&m1=10&y1=2016&menu_sn=&sub_menu=43&show_title=&one_page=10&page=1&start_p=1&act=&sn=8625&stat=&order_type=desc&order_col=add_date&data_type=。

19 〈返台前媒體茶敘 蔡英文：訪美行程豐富多元 交流對話具高度建設性〉，民主進步黨新聞中心，2015年6月8日，http://www.dpp.org.tw/news_content.php?kw=&m1=06&y1=2015&menu_sn=&sub_menu=43&show_title=%E6%96%B0%E8%81%9E&one_page=10&page=1&start_p=1&act=&sn=7923&stat=&order_type=desc&order_col=add_date&data_type=%E6%96%B0%E8%81%9E。

20 資料來源：〈蔡英文第二輪政見發表申論稿〉，民進黨中央黨部網站，刊登日期：2015年12月25日，http://www.dpp.org.tw/news_content.php?kw=&m1=10&y1=2016&menu_sn=&sub_menu=43&show_title=&one_page=10&page=1&start_p=1&act=&sn=8625&stat=&order_type=desc&order_col=add_date&data_type=。

所說的「九二精神」。[21]其實問題就在「求同存異」這個說法，「同」是什麼？「異」又是什麼？陳水扁與蔡英文到現在一直都沒有說得清楚，北京也就一直質疑他們最後的答案。如果說，陳水扁當時在2000-2008年之間曾提過多次「九二精神」，北京最終都沒有接受，那麼蔡英文再次的重申，又能產生多大效果？

二、蔡英文的「中華民國現行憲政體制」，是否等同「中華民國憲政體制」？

蔡英文首次以明確定位「中華民國現行憲政體制」，去面對兩岸的接觸與交流。這是她在2015年6月3日於華府智庫「戰略與國際研究中心」（CSIS），以「台灣迎向挑戰──打造亞洲新價值的典範」為題發表演講時所作的表示。蔡在演講中特別提出「我將在中華民國現行憲政體制下，依循普遍民意，持續推動兩岸關係的和平穩定發展」。她說，兩岸之間應該珍惜並維護二十多年來協商和交流互動所累積的成果，她將在這個堅實基礎上，持續推動兩岸關係的和平穩定發展。[22]

不過外界很容易產生誤讀，聽到蔡英文講的「中華民國現行憲政體制」，以為就是指「中華民國憲政體制」，所以後者的解讀可能會比較廣義。但是蔡英文說的這項「用詞」，卻是叫做「中華民國現行憲政體制」，與「中華民國憲政體制」比較，兩者之間是否意義上有所差別，可能尚存在有爭議。不過，如果用蔡英文自己的話來解釋：「我所說的是中華民國現行憲政體制，我也以教授身分提供定義，包括憲法的內文、增修條例、相關憲政釋文、法官判決以及政府與人民的相關運用，只要是跟憲法有關、釋憲有關、跟運用有關，都含在我所謂的現行憲政體制裡」。[23]

---

21 〈政見會／蔡英文：沒否認九二年兩岸會談事實〉，聯合新聞網，刊登日期：2015年12月26日，http://udn.com/news/story/7741/1402327。

22 〈蔡英文於CSIS演說：台灣迎向挑戰──打造亞洲新價值的典範〉，民進黨中央黨部網站，2015年6月4日，http://www.dpp.org.tw/news_content.php?sn=7911。

23 〈蔡英文於CSIS演說：台灣迎向挑戰──打造亞洲新價值的典範〉，民進黨中央黨部網站，2015年6月4日，http://www.dpp.org.tw/news_content.php?sn=7911。

加上她的幕僚事後也補充說，憲政體制是中庸的說法，不只於憲法本文，而是依憲政精神及憲法衍生的所有法律作為施政準則。他並認為目前的兩岸關係也是在這樣的準則下進行，不過這樣說法，可能引發更多爭論。[24]

再嚴格來說，依蔡英文的想法，「中華民國現行憲政體制」應該和現行中華民國憲法仍是「一中」的架構無關，只是將兩岸關係納進到憲政體制，使兩岸政策的擬定朝制度化並接受民意監督方向邁進。說穿了，蔡英文可能根本不是用「中華民國現行憲政體制」一詞來解釋外界聯想的「一中內涵」，而只是用憲政體制來制度化兩岸關係的發展。

第三節 認為兩岸都要努力維持台海和平及兩岸關係的穩定與發展

蔡英文在接受自由時報專訪時曾說，維持台海和平及兩岸關係的穩定與發展，是各方共同的期待，但這不是單方面的責任，兩岸都要一起努力，來建立一致性、可預測、可持續的兩岸關係。[25]事實上，等到她贏得總統大選之後，她也在國際記者會上再次強調：「兩岸都有責任盡最大努力，尋求一個對等尊嚴、彼此都能夠接受的互動之道，確保沒有挑釁，也沒有意外。今天選舉的結果，是台灣民意的展現，中華民國作為一個民主國家，是2300萬台灣人民的共同堅持，我們的民主制度、國家認同、與國際空間，必須被充分尊重，任何的打壓，都會破壞兩岸關係的穩定」。[26]

而且在自由時報專訪裡，蔡英文也指出，在1992年，兩岸兩會秉持相互諒解、求同存異的政治思維進行溝通協商，達成了若干的共同認知與

---

24 〈蔡英文於CSIS演說：台灣迎向挑戰——打造亞洲新價值的典範〉，民進黨中央黨部網站，2015年6月4日，http://www.dpp.org.tw/news_content.php?sn=7911。

25 〈蔡英文：九二歷史事實 推動兩岸關係〉，自由時報網站，刊登日期：2016年1月21日，http://news.ltn.com.tw/news/focus/paper/951154。

26 〈總統當選人蔡英文國際記者會致詞中英譯全文〉，民進黨中央黨部網站，刊登日期：2016年1月16日，http://www.dpp.org.tw/news_content.php?sn=8770。

諒解，她理解和尊重這個歷史事實。但是她認為1992年之後這二十多年來雙方交流、協商所累積形成的現狀及成果，兩岸都應該共同去珍惜與維護，在這個基本事實與既有政治基礎上，持續推動兩岸關係的和平穩定與發展。[27]

　　當蔡英文認為要維持台海和平及兩岸關係的穩定與發展，兩岸應該都要一起努力時，這個「期待」、這個「邏輯」，基本上應該都沒有「錯置」的問題。但是，蔡英文卻忽略一個關鍵點未予以考慮，就是當她要維持台海和平及兩岸關係的穩定與發展，提及兩岸應該都要一起努力的呼籲時，絕對不能只是她單方面的喊話與期待，至少應求得對岸願意以雙向的溝通方式來完成。當然，蔡英文在選後是有提過與對岸要「溝通、溝通、再溝通」，可惜的是，那聽起來似乎只是口號的重複，而不是行動的實踐。當北京提出非要蔡英文接受「九二共識、反對台獨」作為兩岸接觸的政治互信基礎時，她除了拒絕之外，實際上也從沒提出過其他北京可以接受的建議。這很難讓外界相信「兩岸都要一起努力，來建立一致性、可預測、可持續的兩岸關係」這句話，具有多大的誠意。

第四節　國民黨時代已經簽署的經貿協議，民進黨政府將會繼續推動

　　早在2012年大選時，蔡英文就說過，國民黨時代已經簽署的協議，包括ECFA，她若當選，都可「概括承受」。[28]四年後，等到了2016年大選，她在台灣七大工商團體所舉辦的「台灣經濟發展論壇」會上還是這樣

---

27 〈蔡英文：九二歷史事實 推動兩岸關係〉，自由時報網站，刊登日期：2016年1月21日，http://news.ltn.com.tw/news/focus/paper/951154。

28 蔡英文談到，對於各界關切民進黨後續處理ECFA的態度，蔡英文說，ECFA已經完成簽署也開始實施，這是既成的事實，它也成為台灣對外的協議，因此2012年民進黨新政府成立後，我們將會遵循民主程序及國際規範來處理ECFA相關事宜。資料來源請參考：〈十年政綱「國家安全、兩岸經貿篇」媒體座談 蔡英文：尋求戰略互利，和世界一起走向中國〉，民進黨中央黨部網站，刊登日期：2011年8月23日，http://www.dpp.org.tw/news_content.php?sn=5261。

說，「現在（兩岸）已簽署的經貿協議，政府會繼續推動」。[29]

但是癥結好像不在有多少協議項目，民進黨政府可以「概括承受」，而是這些「協議項目」，能不能通過民進黨在立法院企圖樹立的規範才是關鍵。就像蔡英文說過，民進黨並不反對服貿、貨貿，但前提是要先通過「兩岸監督條例」，依監督條例的規定來推動後續談判，希望「兩岸監督條例」能在新國會成立後的第一個會期，列入優先法案儘速審理。她強調，任何國際經貿的推動都會有好多爭議，程序很重要，一定要有透明化，才能可長可久。[30]

對於「兩岸監督條例」的處境，蔡英文已經說得非常明白，「我們的立場很明確，在下一個新的國會列為優先法案，我們覺得這個是一個非常重要的法案」。[31]實際上，要通過這個條例，國民黨與民進黨是都有共識，北京也有期待。只是目前各方提出的版本，對於兩岸的政治定位，有相當程度的差異。像國民黨提出的行政院版本，是以《兩岸人民關係條例》的精神界定，擬具的名稱是「臺灣地區與大陸地區訂定協議處理及監督條例」草案。可是換成民進黨的版本，名稱則是擬具「臺灣與中國締結協議處理條例草案」，內中說明第2條：對於臺灣與中國締結之協議，明定兩國協議經行政院核定及立法院議決通過或備查，並經總統批准後，應與中國互換文件，始生效力；第3條：兩國協議必須適當監督；第4條：兩國協議之生效程序與其他規範，都是直接定位兩岸就是兩個國家。一旦「兩岸監督條例」進入審查程序，勢必藍綠雙方的爭辯就會導致議事停罷。[32]這明顯是說明民進黨的版本，是建立兩岸在「國與國關係」的基礎

29　〈蔡英文出席「臺灣經濟發展論壇」談話全文〉，民進黨中央黨部網站，刊登日期：2015年12月22日，http://www.dpp.org.tw/news_content.php?sn=8605。

30　〈蔡英文出席「臺灣經濟發展論壇」談話全文〉，民進黨中央黨部網站，刊登日期：2015年12月22日，http://www.dpp.org.tw/news_content.php?sn=8605。

31　〈蔡英文第二輪政見發表申論稿〉，民進黨中央黨部網站，刊登日期：2015年12月25日，http://www.dpp.org.tw/news_content.php?kw=&m1=10&y1=2016&menu_sn=&sub_menu=43&show_title=&one_page=10&page=1&start_p=1&act=&sn=8625&stat=&order_type=desc&order_col=add_date&data_type=。

32　〈立法院第八屆第四會期第7次會議議案關係文書〉，立法院網站，http://lci.ly.gov.tw/LyL-CEW/agenda1/02/pdf/08/04/07/LCEWA01_080407_00080.pdf。

上。

　　但是，選後整個兩岸趨向僵滯的氛圍，逼迫民進黨必須要調整它的兩岸政策。根據聯合報2016年2月6日報導，民進黨立法院黨團將於立院開議後重提「兩岸協議監督條例」新版草案，修改過去的「兩國論」內容，改為符合「中華民國憲政體制」的版本。民進黨團總召柯建銘也透露，黨團「已有腹案」，過去所提版本「內容會做調整」。他還強調，「會以中華民國憲政體制作為依據」。[33]

　　而當時的行政院長張善政2月5日參加POP Radio台北流行廣播電台節目時，被主持人問到：「兩岸協議監督條例是蔡英文要推動的優先法案，是否可能讓兩國論入法？」他的回應是表示：「民進黨520接手，他們要從非常務實的層面來看，什麼樣條文寫進去，對岸願意繼續談，這是實務上的考慮」。[34]

第五節　蔡英文就職前的兩岸政策修正版，其特色何在？

一、對照之前，蔡英文的兩岸政策確有大幅修訂

　　這個在比較之後，是有大幅修訂的政策方向如下面所列：

　　（一）「維持現狀」：台灣現在需要的是穩定的兩岸關係，她將以維持現狀作為最重要的主軸，她並主張以「維持現狀」作為處理兩岸事務的核心原則。

　　（二）「中華民國現行憲政體制」：提出「我將在中華民國現行憲政體制下，依循普遍民意，持續推動兩岸關係的和平穩定發展」。

33　〈綠推新版兩岸監督條例會以中華民國憲政體制為依據〉，聯合新聞網，刊登日期：2016年2月6日，http://udn.com/news/story/9263/1491165。

34　〈兩國論入法？張善政：民進黨應會更務實〉，華視新聞網，http://news.cts.com.tw/crntt/politics/201602/201602051714184.html#.WAzrcpN97R0。

（三）1992年兩岸兩會會談的歷史事實：在1992年，兩岸兩會秉持相互諒解、求同存異的政治思維進行溝通協商，達成了若干的共同認知與諒解，她理解和尊重這個歷史事實。

（四）兩岸過去二十多年來協商和交流互動的成果：但是她認為1992年之後這二十多年來雙方交流、協商所累積形成的現狀及成果，兩岸都應該共同去珍惜與維護，在這個基本事實與既有政治基礎上，持續推動兩岸關係的和平穩定與發展。

二、蔡英文論述在就職之前，經過修正後已經存在於政策裡面

不過，若從另外角度來看，就算充滿模糊色彩的蔡英文兩岸政策，嚴格來說，其實也有它清晰的走向。也許它不足以贏得北京的信任，但至少它現在經過修正後已經存在於政策面：

（一）蔡英文說：她將以中華民國現行憲政體制，作為推動兩岸關係的基礎。實際上這是不是也是在澄清：她今後將不會追求法理台獨來進一步複雜化兩岸之間的定位。1月16日勝選之後的國際記者會上，蔡英文曾多次喊出「中華民國」國號，並自許自己即將接任為中華民國的總統，多少是在「統獨之間」往中道靠攏。

（二）對於九二共識，蔡英文沒有接受，但她曾說，在1992的當年，兩雙方都希望可以把關係往前推進，即便有不同意見跟想法，都希望能秉持相互諒解的精神，持續進行交流。蔡英文說，自己的想法跟做法就是回歸這個基本事實，也就是她所說求同存異。廈大台研院院長劉國深曾指出，若蔡英文的「求同存異」為不否認九二共識，應可視為一種進步。[35]

（三）把陳水扁執政時代她所推動的兩岸措施，列為她將來執政後的政策重點。譬如蔡英文曾說：「2000年，台灣首度政黨輪替，我擔任陸委會主委。我們的團隊與對岸，進行了很多的雙向互動和溝通，最後我們

---

35 〈蔡：九二共識 求同存異〉，《旺報》，刊登日期：2015年6月9日，http://www.chinatimes.com/newspapers/20150609000947-260301。

成功的推動小三通，以及春節包機直航。接下來，我們也完成了台港航權談判、台澳航權的談判。我可以很驕傲的說，當時我們的團隊，在面對中國大陸時，都是以沉著穩健、不卑不亢的態度，來面對每一個挑戰」。[36]

　　蔡英文也進一步強調：「我們打通了小三通，我們讓包機直航上路，我們讓規劃的大陸觀光客都開始，我們也大幅去修改了兩岸關係條例，把國民黨執政的時代，全面禁止兩岸交流的這個法規結構，改變成符合WTO要求的這種交流的經貿的法規結構。這些都是民進黨打下來的基礎，在國民黨執政的時候初期，2008年執政初期的時候，不僅是當時海基會董事長江丙坤先生，那時的馬總統都公開的去肯定民進黨執政時期打下來的基礎。今天，我們所做的、所看到的兩岸交流，其實很多都是從民進黨從2000-2008年這段時間去把它累積出來、去把它做出來的事情」。[37]

　　那表示說，在那個時期，其實人民對陸委會的表現是肯定的。因此，蔡英文用另外的一種角度，來說明她一旦執政，絕對對兩岸政策提出重大品質保證：「在處理兩岸關係，或許因為我們首次執政，有一些經驗尚不足的地方，我們也去學習、也去檢討、也去反省。我們也提出非常穩健的兩岸關係主張，我們也希望在這個穩健的兩岸關係，可以縮小跟中國大陸的差距，也能保住台灣人民的自由民主的生活方式，台灣人的民意是存在的，台灣是一個民主的社會，台灣人最重要的就是說，在這個最關鍵的問題上不想缺席，他們也希望能夠在未來最關切的議題上他們也能夠參與決策的過程」。[38]

36　〈蔡英文第三輪政見發表申論稿〉，民進黨中央黨部網站，刊登日期：2015年12月25日，http://www.dpp.org.tw/m/index_content.php?sn=8626。

37　〈蔡英文第三輪政見發表申論稿〉，民進黨中央黨部網站，刊登日期：2015年12月25日，http://www.dpp.org.tw/m/index_content.php?sn=8626。

38　〈蔡英文第三輪政見發表申論稿〉，民進黨中央黨部網站，刊登日期：2015年12月25日，http://www.dpp.org.tw/m/index_content.php?sn=8626。

第 4 章

蔡英文兩岸政策的解析
——就職演說之後

在本章裡，作者選擇了2016年三篇重要演講的內容，一是520的「就職演說」，二是10月的「國慶致詞」，三是蔡英文2016年的「年終談話」，作為探討蔡英文兩岸政策的最主要依據。另外尚有一篇講稿，是在928民進黨黨慶的後二天，蔡英文公開發布出一封「致黨員的一封信」，由於內文中涉及到稱呼對岸為「中國」的轉變，導致外界恐怕會有重新調整兩岸定位的思考，因此，作者也將這一個文件列入分析。

不過，陸委會的重大政策宣示，或陸委員高層官員的發言，通常都是會反映或再強調蔡英文的兩岸政策，因此，適度的納入一些相關的資訊，有時也可幫助讀者來瞭解到台北的立場與原則。

比較有意思的，是蔡英文非常重視接受媒體的訪談，而且也往往在專訪中，不經意中透露出她在正式談話中可能較少表達的政策內涵，加上她也希望對美日這些重要國家的官員及人民，透過報導能夠理解她在兩岸關係和諧發展中所投下的用心與努力，也因而不管是外媒或台灣內部傳媒，它們的報導內容，往往超越了蔡英文在正式場合中所講的看法。所以，媒體對蔡英文的專訪，也成為作者在探詢她的政策內涵時，一個重要的參考資料來源。

第一節　就職演說中涉及到兩岸政策層面的解讀

　　蔡英文的就職演說[1]，與兩岸關係有關的部分，並沒有出現北京所期待她會說出的「九二共識」這四個字。但是綜觀演說全文，仔細來研讀她的前後內容邏輯，加上再比較她在當選後與就職前的相關看法，作者還是會說，蔡英文雖然沒有說出「九二共識」，但表達的用字遣詞方面，確有其善意，而且也非常接近過去八年的馬英九主張。這可摘錄蔡的演說中一些片段來佐證：

一、對南海及釣魚台的立場，她與馬的主張非常接近。蔡英文說：「我依照中華民國憲法當選總統，我有責任捍衛中華民國的主權和領土；對於東海及南海問題，我們主張應擱置爭議，共同開發」。在此南海風雲時刻，北京應該樂意聽到這項論述。

二、沒有「九二共識」說法，但已隱含「九二共識」內涵。蔡英文說：「1992年兩岸兩會秉持相互諒解、求同存異的政治思維，進行溝通協商，達成若干的共同認知與諒解，我尊重這個歷史事實」。這段話的重點是蔡說出了「達成若干的共同認知與諒解」，已不像過去只單說「歷史事實」。不過對「歷史事實」，也只有「尊重」，而沒有說「接受」。

三、兩岸今後的接觸與談判，新政府仍將秉持一個沒能說出口「一中原則」來推動。譬如蔡英文說：在這個既有的事實與政治基礎上，持續推動兩岸關係和平穩定發展；新政府會依據中華民國憲法、兩岸人民關係條例及其他相關法律，處理兩岸事務。這裡所提到的憲法與法律，兩岸之間不僅不是「國與國的關係」而且也只有一個國家，那就是中華民國，是典型的一中原則台灣版。

　　不過，演講全文中，還是看到蔡英文雖然提到新政府對台灣所面臨的挑戰，將「誠實以對、並解決問題」。但兩岸之間的問題已經到了她

1　〈中華民國第十四任總統蔡英文女士就職演說〉，總統府網站，2016年5月20日，網址：http://www.president.gov.tw/Default.aspx?tabid=131&itemid=37408&rmid=514。

的任內期間，但蔡英文沒有積極的要求自己，只用了「和平的積極溝通者」一詞就帶過。不像對「年金改革」，有承諾一年之內提出可行的改革方案；又如面對如228歷史的傷痛，也說出在總統府成立真相與和解委員會，在三年之內，完成台灣自己的轉型正義調查報告書；甚至針對「司法改革」，都喊出於2016年10月要召開司法國是會議。唯獨對兩岸關係的處理，沒列出解決問題的時間表。或許從另外的角度來看，需要體諒兩岸之間的複雜性，已讓蔡英文在這條路上走來備感艱辛。但是當這麼多與「九二共識」相關的用語她都已經提出，包括「九二事實」、「1992年兩岸兩會秉持相互諒解、求同存異的政治思維，進行溝通協商，達成若干的共同認知與諒解」、「依據中華民國憲法、兩岸人民關係條例及其他相關法律，處理兩岸事務」等，但是就是刻意迴避「九二共識」這四個字。平心而言，蔡英文提出問題的誠意，與解決問題的用心，顯然尚存在一道極深的心理鴻溝，未見她肯勇敢的去跨越。

　　另外，蔡英文在演講全文中，也仍有部分的自我矛盾看法，以及藏有北京可能會有隱憂的「分離意識」。譬如說，她雖然一直強調尋求依循中華民國憲政體制，卻仍無意間提出自己是「新國家」的認知：「1996年台灣第一次總統直選，到今天剛好二十年」，蔡並說「而過去二十年……我們成功渡過了許多新興民主國家必須面對的難關」。

第二節　國慶演說中涉及到兩岸政策層面的解讀

　　在國慶發表演說之前，有媒體曾說：這將是蔡英文就任總統以來，繼520就職演說之後第二份重要文告。加上最近兩岸關係急凍，蔡英文也在這個期間密集的接受「美國華爾街日報」、「日本讀賣新聞」等外國媒體採訪，而且兩次專訪均提及兩岸關係，也讓外界揣測是否為國慶文告的兩岸論述預作鋪陳。[2]

2　林河名，〈國慶文告，會是兩岸互動模式的轉折點？〉，聯合新聞網，2016年10月8日，網址：http://udn.com/news/story/1/2012093。

　　至於由民進黨新潮流系轉型的「台灣新社會智庫」，在國慶之前也策劃出版了「習近平大棋局」一書，其中有一篇「對內交代、施壓台灣──習近平全球戰略下的對台政策」的專文，不但對兩岸關係走向做了預測，還提到蔡英文的國慶演說，「可能是另一種互動模式的轉折點」。於是更吸引外界的注意。[3]

　　但是蔡英文的國慶演說[4]，大多仍延續了520以來兩岸政策的主調，並沒有特別突破性的說法。譬如說：對於兩岸關係，仍是說要「建立具一致性、可預測、且可持續的兩岸關係」。

　　蔡英文也重申：「維持台灣民主及台海和平的現狀，是新政府堅定不移的立場」，也是她「對選民的承諾」。「維持現狀」到底是什麼內涵？只見她所作的解釋，仍見有520演說的影子，她說：「新政府會依據中華民國憲法、兩岸人民關係條例及其他相關法律，處理兩岸事務。我們也會盡最大努力來維持兩岸間的對話與溝通機制，我們會尊重1992年兩岸兩會會談的歷史事實，也主張兩岸應該共同珍惜與維護1992年之後，二十多年來雙方交流、協商所累積形成的現狀與成果，並在既有政治基礎上，持續推動兩岸關係和平穩定發展」。對北京所提，只有回到「九二共識」，兩岸才有機制化的往來，蔡英文仍然維持模糊應對。

　　蔡英文提醒「維持現狀」更積極的意義，是在深化民主機制的基礎上，以更前瞻積極的作為，推動兩岸建設性的交流與對話，進而建構可長可久的兩岸和平穩定關係。這顯見未能打動北京的心，可能更複雜化北京對她的疑惑。她再重複對「華爾街日報」、「讀賣新聞」說過的話：「我們的承諾不會改變，我們的善意不會改變，我們也不會在壓力下屈服，更不會走回對抗的老路。這是我們對「維持現狀」的基本態度，也是基於對兩岸和平的共同願望」。

　　唯一蔡英文在過去從沒說過的一句話，是向北京喊話：「正視中華

3　同上註。

4　〈總統出席中華民國中樞暨各界慶祝105年國慶大會〉，中華民國105年10月10日，總統府網站，網址：http://www.president.gov.tw/Default.aspx?tabid=131&itemid=38134&rmid=514。

民國存在的事實」，結果也被很多參加國慶慶典的獨派大老打臉，他們在慶典上不但不唱國歌，也不向國父遺像鞠躬。另外，台大政治系教授張亞中還點出：「今年的中華民國國慶演說中，蔡英文總統談到自己的國家時，19次用的是台灣，僅3次使用中華民國，而用8次來稱呼『這個國家』」。[5]連自己都不肯說中華民國，改用「這個國家」來替代，當然疑問就會升起：蔡英文的喊話又具什麼意義？

因此，針對蔡英文的演說，北京連一句批評言語都沒有，當天只丟出這句話：否認「九二共識」，煽動兩岸對抗，切割兩岸經濟社會和文化聯繫，是一條走不通的邪路。[6]

第三節 蔡英文2016「年終談話」，但沒有新意突破

蔡英文總統在2016年最後一天出席一場「總統府記者聯誼會暨台灣外籍記者聯誼會歲末茶敘」，並發表年終談話，以取代往年傳統的元旦祝詞。[7]

但是新的措施，致詞卻沒有新的內容突破。幾乎其中二段有關兩岸關係的重要談話，仍是舊話重提：一、520以來，本於尊重歷史及求同存異的精神，向對岸持續釋出善意，期盼透過雙方良性互動，逐步化解對立和分歧。二、為了維護區域的和平跟繁榮，再次重申，「我們的承諾不變、善意不變，但是我們不會屈服於壓力，也不會走回對抗的老路」。

只有下面這一段是新的呼籲，只是看法並不是十分清晰，至少仍然維持蔡式的「模糊」特性。她說：「2017年的兩岸關係是不是可以峰迴路

---

5 張亞中，〈蔡英文的考驗：這個國家的那個總統〉，中時電子報網站，2016年10月12日，網址：http://opinion.chinatimes.com/20161012005621-262105。

6 〈國台辦：沒有任何力量能夠阻擋國家統——和民族復興的歷史步伐〉，來源：中共中央台辦、國務院台辦，國台辦網站，2016年10月10日，網址：http://www.gwytb.gov.cn/wyly/201610/t20161010_11588116.htm。

7 總統與中外記者茶敘並發表年終談話，2016年12月31日，總統府網站，網址：http://www.president.gov.tw/Default.aspx?tabid=131&itemid=38527&rmid=514。

轉，將取決於我們的耐心和堅定的信念，也將取決於北京當局如何看待兩岸關係的未來是否也願意承擔起責任，以新的思維和做法，共同擘劃兩岸互動新模式。」

到底「兩岸互動新模式」應是什麼？蔡英文並沒有說清楚，甚至可以說，這句話根本沒有回應習近平2017年在全國政協新年茶話會上的呼籲：「我們要堅持『九二共識』共同政治基礎，為兩岸關係和平發展、實現祖國完全統一而不懈努力。」[8]國台辦主任張志軍2017年的新年賀詞：新的一年裡，堅持「九二共識」，既是我們的原則，也是我們的最大善意，更是檢驗台灣當局所謂善意的「試金石」。[9]當然，更是排除了全國台研會副會長周志懷在去年11月30日在鄭州提出「可建立有一中原則內涵的兩岸新共識」的建議。[10]

蔡英文可能已感受到這幾個月以來，兩岸雙方在過去盡力維持理性及冷靜的立場，已經有些變化。她也指出：北京當局，正一步步地退回對台灣分化、打壓，甚至威脅、恫嚇的老路。所以她在致詞及回應媒體時，曾三度強調：「希望這些變化不是北京當局政策性抉擇」。

但以筆者對北京對台政策的瞭解，這可能正好是北京當局政策性抉擇，而且在2017年將逐步的更往前推進。目前看到的兩岸外交和解休兵現象已呈現崩盤，加上台海上空及海域的軍事動作頻繁，實際上在在說明，北京一些學界及軍方在過去一段時間的恫嚇說詞，恐怕不完全是「空穴來風」。

或許，受到12月初「川蔡通話」的鼓勵，以及稍後川普對「一中政策」的排斥，歐巴馬總統對「台海現狀」的定位，看來好像是對蔡英文和台灣有「利多」的輸送，所以蔡英文才會在這次「年終談話」更強硬的表

8　習近平談話內容，引述林庭瑤，〈回應習新年談話 陸委會重申「維持現狀」〉，2016年12月30日，聯合新聞網，網址：http://udn.com/news/story/4/2202066。

9　〈張志軍發表2017年新年賀詞〉，2016年12月31日，資料來源：中共中央台辦、國務院台辦，國台辦網站，網址：http://www.gwytb.gov.cn/wyly/201612/t20161231_11667735.htm。

10　束沐，〈周志懷：可建立有一中原則內涵的兩岸新共識〉，2016年11月30日，中評網，網址：http://hk.crntt.com/crn-webapp/search/allDetail.jsp?id=104488421&sw=%E6%9D%9F%E6%B2%90+%E5%91%A8%E5%BF%97%E6%80%80。

達了這般看法，她說：「不要忘了作為主權獨立國家，是我們集體的共識。我們要先瞭解自己的定位，再求兩岸之間發展的可能性，優先順序不要搞錯。」

這句話在台灣內部自己人聽起來應該並沒有什麼問題，在「九二共識」仍是兩岸共同政治互信基礎時，也不會產生太大的誤讀，但是兩岸情勢發展到現階段，彼此互信已完全蕩然無存時時，恐怕這段話被北京的解讀會是：蔡英文當局仍在以「國與國的關係」來定位兩岸。這樣的走向若真的在後續發展中屬實，當然前景就不容樂觀。

所以，儘管蔡英文說：「全力提振台灣的經濟，是2017年最重要的任務。」但是，當兩岸新的共識無法建立，有近三分之一出口要依賴大陸市場的經濟，又將如何健全？而英國路透社已引述北京高層的看法指出，大陸方面正在考慮必要時停止「三通」，在經濟上孤立台灣。[11]

第四節　接受外媒專訪，是將兩岸政策透由美日等國來背書

蔡英文曾說：「我們積極地走向世界，即使參與國際組織的路不好走，但是我們還會堅定地走下去。台灣從來沒有在重要的全球性議題上缺席，即使受到壓力，我們依然要跟所有主要的民主國家一起努力，希望對人類做出有意義的貢獻」。這可以來引證，她對外國媒體專訪的答覆，有一部分的意義，是希望將她的兩岸政策，透由外媒的傳播，讓美日等國為她來背書。

11　The Reuters News Agency quoted from Chinese senior officials saying that China considers pressuring Taiwan via economy, military drills and possibly stopping the Three links. China may isolate Taiwan and prevent her from possible independence. An analyst said that even many people urge for cross-strait new consensus, but the two leaders often make confrontation. 英國路透社已引述北京高層的看法指出，大陸方面正在考慮必要時停止「三通」，在經濟上孤立台灣。本文引述聯合新聞網／世界日報，2017年1月1日，網址：http://n.yam.com/udn/international/20170101/20170101037433.html。

一、蔡英文接受美國《華盛頓郵報》專訪，涉及到兩岸政策層面的分析[12]

　　蔡英文在2016年7月22日前接受美國《華盛頓郵報》（Washington Post）專訪，針對兩岸關係、台美關係及南海爭議等議題回應媒體提問。由於郵報所提的問題，不一定根據次序來發問，因此作者大致上把蔡英文的回答作一個歸類，就特別與她兩岸政策有關，或與兩岸關係發展相連的一些說法，整理成「蔡英文在520就職演說之後最重要的兩岸政策宣示」來作些分析：

（一）兩岸關係的問題，並未脫離520就職演說的範疇

1.「九二共識」的再次否認與兩岸溝通管道已被切斷的問題

　　對於「九二共識」，蔡英文再次否認，但這次她是把「九二共識」設定在「有前提」及「有時限」的條件下的「不接受」。蔡英文說，「台灣已經是一個非常民主的地方，民意的走向其實非常重要，所以設定期限，要求台灣政府違反民意去承受一些對方的條件，其實可能性是不大的」。

　　當然，《華盛頓郵報》記者的問題是被質疑的，譬如她問說：「有些學者說，習近平設定了要您同意九二共識之期限，這個正確嗎？」這種並非引述於北京官方文件而問出的問題，本身就缺乏權威性；而更有意思的是，學者出身的蔡英文能夠毫不思考就立即答覆，也透露出蔡英文內心裡自始至終，一直在排斥「九二共識」，覺得對她來說，這是種北京模式的「施壓」，她不會接受，只不過在回答中，以「民意」代替來反彈。

　　對於是否和中國大陸政府的對口尚有接觸的環節？蔡英文是這樣回答的：「現在所暫停的是兩會的管道、陸委會與國台辦的管道，這在官方的意義或許是存在的」。顯然她是忽略了，或者是刻意不願去面對國台辦發言人在2016年6月29日曾提到：由於台灣新執政當局迄今未承認「九二共

---

12 〈總統接受美國《華盛頓郵報》（Washington Post）專訪〉，總統府網站，105年7月22日，網址：http://mobile.president.gov.tw/NewsDetail.aspx?id=37751&UnID=cd0af709-b0d3-487b-85c0-20bc536e341f&page=1。

識」、認同其核心意涵，動搖了兩岸互動的政治基礎，導致了國台辦與陸委會的聯繫溝通機制、海協會與海基會的協商談判機制的停擺。[13]

當然，蔡英文有她的觀察與看法，是認為兩岸之間的溝通管道並沒完全消失。她說：雙方之間管道確實是很多元的，現在看到的兩會，也就是海基會與海協會兩會的溝通體制，只是整個多元管道中間的一部分。當我講到多元，其實它是有多層次的面向，不僅是政府在交流的過程中，很多政府機關跟他們在中國大陸的對口，也都有一定程度相互通訊息與交換意見的機制。只不過，她不能在這個階段進入太多細節。

其實，陸委會副主委林正義於2016年9月15日代表台北前往美國參加布魯金斯研究所（Brookings Institution）以「蔡英文政府的兩岸關係」為題所舉行的研討會發表主題演講時，林正義就透露說：中國大陸目前僅暫停與陸委會之間的聯繫溝通機制，但其他政府機構，如經濟部等部會的官方溝通仍然持續。[14]

即使大規模的否認兩岸已切斷所有溝通管道，蔡英文仍要強調：這幾十年來的發展，雙方的交流其實非常多元而且頻繁，在交往的過程中，其實也產生很多互相溝通的模式，這些溝通不只是在官方的層次，還包括每一個不同層級，還有民間的溝通，都在整個兩岸之間溝通的這種結構裡面。

是不是如蔡英文所言，沒有「九二共識」，兩岸官方切斷一切管道，但民間仍然「藕斷絲連」，真的還要觀察一段時間。

2. 兩岸關係進入冷凍期，台北將如何因應？

首先是來自中國大陸的觀光客減少了，台灣的觀光產業會被傷害嗎？蔡英文說：我們是看到有一些在量上面的減少，但是整體而言，對我

---

13 〈國台辦：導致兩岸聯繫溝通機制停擺的責任完全在台灣一方〉，資料來源：中共中央台辦、國務院台辦，2016年6月29日，國台辦網站，網址：http://www.gwytb.gov.cn/wyly/201606/t20160629_11495074.htm。
14 〈「蔡英文政府的兩岸關係」國際學術研討會林副主委致詞稿〉，2016年9月15日，陸委會網站，網址：http://www.mac.gov.tw/ct.asp?xItem=115531&ctNode=5650&mp=1。

們觀光產業有多大的衝擊，我們還在評估當中。但蔡英文也不否認的說，希望我們觀光客的來源是多元的。所以，會持續強化對於其他來源觀光客的爭取。

其次是兩岸經貿往來在縮小中，台灣怎麼看？蔡英文說：如果中國大陸用經濟手段加壓台灣的話，其實它也應該想像他們要付出的代價，就是可以這樣對台灣，也可以對其他周邊的國家。所以，蔡英文認為中國大陸如果要成為一個在這個區域是受尊敬的國家，相信他們會小心地考慮這件事。至於中國大陸一直是台灣最大貿易夥伴，蔡英文從沒否認，到現在為止還是，但指出兩方的經濟互補性已經開始在降低、而競爭性已經在加強，所以我們對於雙方的經濟與貿易關係必須做一個重新檢討，務必要使雙方的經貿關係是一個相輔相成且互利的關係，而不是一個過度競爭的情況。

所以中國大陸在兩岸經貿上的角色，蔡英文承認已變成台灣的競爭對手。「新南向政策」的提出，是「告別以往過於依賴單一市場的現象」？還是要推動「兩岸善意互動及合作」？已不喻而明。

3. 兩岸之間的隔閡，如何努力來把差距縮小

兩岸之間的隔閡問題，蔡英文是持這樣的看法：「這段時間以來，我們都非常謹慎地處理與中國大陸的關係，我們除了不採取挑釁的態度，防止意外的發生之外，也希望透過資訊的交流，能夠建立起雙方的互信」。

這段立場，在就職演說中也曾看到。理論上，民進黨政府自520之後，的確是小心翼翼在處理與中國大陸的關係，譬如WHA大會不提「台灣」兩字，聯合國「入聯」行動改為「請友邦代為致函聯大」。但是對關鍵用詞「九二共識」不認同，兩岸定位常有「兩國傾向」說法，可以說，只注重些細微末處的枝節，但在重大原則與立場上，還是在挑戰北京容忍的底線。

（二）台美關係：對美國持有諒解的心，但沒有把它用在對中國大陸的思考上

台灣的定位，從美國立場來看，是政治實體，而不是個國家，因

為美國自1979年之後改承認「中華人民共和國」（首都在北京）代表
「中國」，而將中華民國的台灣（首都在台北）視為一個「實體」（en-
tity）。蔡英文對這個問題回答是這樣說的：「這個『entity』有很多可以
詮釋的空間。以台灣來講，我們有一個完整的政府跟民主的機制，我們有
軍隊，我們是一個可以為自己做決定的國家」。

　　這樣的解讀，本來就沒有太多質疑的空間，因為重要的百科全書或
英漢辭典也是這樣的詮釋。但是美國為什麼沒有把中華民國看成是個「國
家」，而只是「政治實體」？學法的蔡英文本可深入一層來回答，加上她
也曾從事過「中華民國在國際社會上法律定位」的研究，足夠有智慧與能
力來駁斥美國當時的短視，但她只是輕描淡寫以一句「或許美國或者其他
國家有不同的想法或是不同的角度」帶過。

　　甚至於她尚自問「我想我不太清楚美國在講這個字——『entity』的
時候，它的意思是什麼？」其實蔡英文應該看過「台灣關係法」，該法第
2條第1款及第4條第2款第1項已非常清楚說明「entity」立法意向，[15]怎麼
會說她不清楚美國人對「entity」的定位？

　　其實換句話說，那不就是蔡英文故意不說「九二共識」，只說
「九二事實」的翻版？如果說，另一個問題：「沒有被國際社會承認，蔡
英文是否覺得不太公平」？那麼蔡英文在這次回答中say yes，但又刻意對
美國持有諒解的心，有沒有把它用在對中國大陸的思考模式裡？這就是今
天她的兩岸政策與台美政策有不同考量的地方了。

　　所以，當蔡英文認為「某些人會覺得找個女性領導人很時尚，但我覺
得人民選我當這個國家的領導人，是因為我的政策、我的價值符合現今的
台灣需要」。如果她看到現在的民調，比起520前後的高度支持，她就會
相信「人民不選我當這個國家的領導人，（也）是因為我的政策」這句話

---

15 美國「台灣關係法」第2條第1款是說：由於美國總統已終止美國和台灣統治當局（在1979年
1月1日前美國承認其為中華民國）間的政府關係，美國國會認為有必要制訂本法。第4條第2
款：當美國法律中提及外國、外國政府或類似實體、或與之有關之時，這些字樣應包括台灣
在內，而且這些法律應對台灣適用。請查美國在台協會網站，外交政策與政府文件>中美關
係重要文件>台灣關係法。網址：https://www.ait.org.tw/zh/taiwan-relations-act.html。

的意義。

二、蔡英文接受美國《華爾街日報》專訪，有幾點說法及看法是具有針對性[16]

　　蔡英文在2016年10月4日接受美國《華爾街日報》專訪，針對兩岸關係，她重申520就職演說的內容已展現最大的彈性與善意，也把台灣最大的公約數都考慮進去，希望中國大陸尊重台灣民主機制產生的立場與判斷，回到520之後那段時間，雙方盡力維持理性及冷靜的立場。蔡英文特別強調，兩岸政策中「維持現狀的承諾不變、善意也不變，但是我們不會屈服在壓力之下，也不會走到對抗的老路上去」。她並呼籲兩岸儘快坐下來談，找出一個雙方都可以解決的辦法，但是不希望在雙方有意義地會談時，受到政治框架的影響。

　　這篇專訪中，針對性很強，作者可以挑出幾個例子來說明：

　　（一）蔡英文說：「不希望在雙方有意義地會談時，受到政治框架的影響」，就是間接回答北京，台北將不會再接受「九二共識」的要求。她並補充說，在台灣這樣民主的社會，兩岸會談時需接受「前提」的這種壓力，會是所有人民一起承擔，不是政府就可以直接做決定，必須探求及探知民意之後才能做出決定，政府不可能做出違反民意的事情；

　　（二）這篇專訪實際上也是透過報導，輾轉告訴美國以及它的人民：「台灣是一個很民主的社會，即便大家對很多事情有不同的想法，但基本上都希望我們的民主，或者因為民主機制而產生的立場或判斷，中國大陸必須要尊重」。進而希望贏得它們的支持；

　　（三）蔡英文特別強調「維持現狀的承諾不變、善意也不變，但是我們不會屈服在壓力之下，也不會走到對抗的老路上去」，最重要是希望中國大陸不要誤解，也不要誤判這個情勢，以為用壓力就可以讓台灣人屈

---

16 〈總統接受美國《華爾街日報》專訪〉，總統府網站，105年10月5日，網址：http://mobile.president.gov.tw/NewsDetail.aspx?id=38112&UnID=cd0af709-b0d3-487b-85c0-20bc536e341f&page=1。

服。

其實，華爾街日報第一個問題是很有意義的，記者特別問到：「您在四個多月前的就職演說中承諾尊重與中國大陸之間的既有歷史事實與政治基礎。然而，北京方面將此稱之為不完整的答案，並在政治、外交及經濟等方面開始對台灣施壓。是您的政府錯誤解讀中國？或是北京誤解您？」

可惜，蔡英文沒有直接回答。她只是含蓄地、或者是委婉地，用一種間接說明的方式來答覆，實際上她仍存有一份「善意的解讀」，來解釋過去一百多天的兩岸互動。蔡英文的話是如此說的：「在520的演講裡面，所有的演講內容其實都是做了很好的分析與研判之後，再以我們本身台灣最大的共識，所做出來最大善意、最有彈性的表達，我相信我們在520所講的這個立場，已經大幅度拉近我們與北京方面在立場上的差距。所以，對我們來講，520的演講是一個最大的善意，也是一個最大的彈性。在520之後，我們看到中國大陸方面也表現出一定程度的冷靜與理性，所以之後我到巴拿馬訪問的時候，我們面對中國的阻礙是相對比較小的，在後面的一段時間，我們也看到了一些來自中國大陸的善意」。

但是，蔡英文沒有說出口的，就是在她強調「維持現狀」的前提下，自2008年5月起兩岸就開始達成以「九二共識」為彼此之間重大的政治互信基礎，為什麼從她執政之日起，就棄而不用？這不就是她的政府錯誤解讀中國的建議？

三、蔡英文接受日本《讀賣新聞》專訪，是拉近台日關係的說法[17]

蔡英文在2016年10月6日接受日本《讀賣新聞》專訪，在有關兩岸關係方面，其中較有新意的說法，是她強調「我們會有耐性，但是也希望對岸能夠展現更多的智慧」。蔡英文也重申「我們在520所做的承諾不會改變，也就是我們會維持現狀，我們的善意也不會改變，希望共同解決雙方

---

17 〈總統接受日本《讀賣新聞》專訪〉，總統府網站，105年10月7日，網址：http://www.president.gov.tw/Default.aspx?tabid=131&itemid=38125&rmid=514。

所面臨的一些問題」；但是她還是再一次重複二天之前在華爾街日報說過的話：「台灣跟台灣人不會在壓力底下屈服，我們不想回到過去那種對抗的關係，希望是一種和平，而且相互合作、共同解決問題的關係」。她也呼籲「中國大陸方面能回到520之後的那一段時間，雙方都可以冷靜、理性地來處理兩岸關係」。

當然，美日兩份報紙在短短二天之內訪問蔡英文，也難奢求她會有什麼突破兩岸僵局的看法。基本上蔡英文在專訪中拉攏美日，就是希望平衡兩岸之間台灣有失衡的困境。下面有幾點是蔡英文拉近台日關係的說法，值得來提醒對兩岸關係有關注的人士：

（一）蔡英文推崇日本及安倍，志在拉近台日關係，也是為疏遠兩岸關係作準備

蔡英文在專訪中，特別提到在她當選及就任的第一時間，都收到來自日本政府的恭賀，尤其是安倍首相個人的恭賀訊息。同時她覺得安倍是相當有國際視野與意志力，是熟悉區域事務與國際事務的領導人，期待與安倍合作，進一步強化雙邊關係並促進區域和平穩定。她也非常感謝日本，在最近一次「國際民航組織」（ICAO）大會上，日本官房長官菅義偉曾公開發表支持台灣參與「國際民航組織」。

這些對日本及安倍推崇的表露無遺，在在說明蔡英文志在拉近台日關係，也是為今後疏遠兩岸關係作準備，因為她不是不知道北京對日本與安倍均有不滿，台灣與日本拉近，無可避免就會和中國大陸走遠。

（二）蔡英文提出與日本合作論，是抵損來自中國大陸的經濟壓力

蔡英文提到，現今兩岸雙方之間的經濟關係，不再像以前那樣是在結構上互補的關係；而是互相越來越具競爭性。因此，台灣應該要去尋找在經濟結構上跟我們互補性比較強的國家，進而強化兩國之間的關係。她提及日本不論在研究發展上，或是科技及品牌的發展方面，對於台灣來講都是具有互補作用的國家，所以要去強化跟它的關係。

從這個角度來看，蔡英文說：「非常期待將來有機會能夠跟日本加大合作的力道。尤其是日本具有技術研發跟品牌形象的優勢，台灣則擁有完整的高科技跟製造業的供應鏈，雙方是有很大的產業合作空間」。

另外蔡英文也想跟日本共同召開「台日海洋事務合作對話」，希望在近期內共同對外宣布會議的日程跟相關的訊息，以就雙方相關的海洋事務議題，包括漁業資源養護的合作問題、海上急難救助跟海洋科學研究這些項目，廣泛交換意見。

這些合作建議，對台灣本身的生存與發展，當具意義。但在中日之間目前存在的對立與矛盾關係狀況下，又是十分的敏感。蔡英文選擇了這個方向，就很難不讓人從「準備與北京攤牌」作聯想。

第五節　從蔡英文與台媒的談話，尋找出她在兩岸政策的思維

一、蔡英文與「2016總統府府線記者」茶敘的談話[18]

蔡英文總統2016年8月20日下午在台北賓館與「2016總統府府線記者」茶敘，針對台灣社會長久累積的問題、改革議題、台灣經濟發展新模式及區域和平穩定關係等四項領域，向國人說明新政府上任後的施政作為與成果。但本段只就涉及兩岸關係及兩岸政策的層面，進行解讀與分析。

（一）強調「維持現狀」，兩岸關係卻已進入冷凍期

對於兩岸關係，蔡英文只是再一次強調「維持現狀」的重要性。然後，對兩岸政策的目標，則仍是舊調重提：就是在當前的憲政體制下，建立一個具有一致性、可預測性、可維持性的兩岸關係。

有關「維持現狀」的部分，早在就職演說中，蔡英文曾經信誓旦旦

18　〈慶祝記者節總統與媒體茶敘〉，總統府網站，105年8月20日，網址：http://mobile.president.gov.tw/NewsDetail.aspx?id=37889&UnID=cd0af709-b0d3-487b-85c0-20bc536e341f&page=1。

的說：「兩岸之間的對話與溝通，我們也將努力維持現有的機制」。[19]但是演說才剛過二個月，國台辦正式宣告兩岸官方及其授權單位的溝通機制全面中斷；[20]而她在「茶敘」中尚說：「1992年之後，二十多年來雙方交流、協商所累積形成的現狀與成果，兩岸都應該共同珍惜與維護，並在這個既有的事實與政治基礎上，持續推動兩岸關係和平穩定發展」，同樣的狀況，直至2016年6月，兩岸關係已進入冷凍期，所謂「二十多年來（兩岸）雙方交流、協商所累積形成的現狀與成果」，因為蔡英文不肯認同「九二共識」，已全無蹤影。因此，蔡英文說：要建立一個具有一致性、可預測性、可維持性的兩岸關係，又將如何實現？

（二）責任承擔、是否有過「務實而勇敢地面對問題、解決問題」的思考？

蔡英文在與「2016總統府府線記者」茶敘裡，把很多責任的承擔推到前任馬英九政府，她說：很多的問題是長期累積的，有些問題，過去政府曾經想解決，沒有成功。也有些問題，是過去政府無心也無力去解決的。

如果不去爭論責任到底應該誰扛的問題，只需提出蔡英文在「茶敘」中曾說的一段話：「人民選擇我們，是希望新政府能夠務實而勇敢地面對問題、解決問題。人民也不會希望，新政府將責任全部推給過去」。或者她也說：「有些事情，我們考慮得不夠周全，做得不夠好。當這樣的情況發生時，我們會調整，會誠實面對，我們會改變」。然後大家再冷靜的思考一下：當兩岸關係開始全面衰退，台灣正在面臨來自北京的最大挑戰之時，蔡英文與她的國安團隊，是否有過「務實而勇敢地面對問題、解決問題」的思考？或者說他們是否有過「會調整，會誠實面對，會改變」

19 〈中華民國第14任總統蔡英文女士就職演說〉，總統府網站，2016年5月20日，網址：http://www.president.gov.tw/Default.aspx?tabid=131&itemid=37408&rmid=514。
20 〈國台辦：導致兩岸聯繫溝通機制停擺的責任完全在台灣一方〉，資料來源：中共中央台辦、國務院台辦，2016年6月29日，國台辦網站，網址：http://www.gwytb.gov.cn/wyly/201606/t20160629_11495074.htm。

的嘗試？

二、蔡英文接受中國時報的專訪[21]

　　蔡英文在2016年3月21日、就任前二個月，曾經接受中國時報專訪表示，520就職之前是雙方展示善意、累積互信難得的緩衝期，沒有這段過程，520說什麼都沒有幫助。她期待大陸可以運用這個機會「展現一些善意」，並「相信中國大陸應有能力做此思考，不需要我們去指點他什麼」。蔡認為，如果雙方儘量表達善意、累積信賴，「對將來兩岸關係的處理會有比較大的空間」。

　　當時蔡英文曾特別指出，在處理兩岸關係上，大陸必須注意到台灣是一個民主社會；當然，陸方有他們的期待，但是，在台灣民意與陸方期待之間，有很大的落差，這是陸方必須面對的現實，她作為一個總統，在做決策前也必須謹慎拿捏尺度。她重申，「這個階段，我會很謹慎地來處理這個問題，各方面的聲音我也都聽到了，有些聲音是被擴大了、有些聲音沒有被完全表達，但我要再一次強調，這段期間，確實是雙方要表現善意的時間，同時希望透過表達善意，來累積信賴的基礎」。

　　曾經有過民共之間相互沒有信任度的經驗，蔡英文說的「雙方儘量表達善意、累積信賴」，應該是個值得肯定的說法。只是說，善意是怎麼來定義，如果雙方的解讀有落差，很可能就會產生誤判。譬如說，蔡英文可以耗盡心力，不顧內部深綠支持者的反彈，用所有詞彙能築成一個雖沒有「九二共識」四個字，卻隱含「九二共識」一些內涵的說詞，認為已是盡了她最大的善意。可是看在北京眼中，「九二共識」並不是大陸單方的建議，是2008年5月馬英九政府上台時的提議而達成的雙方共識，現在蔡英文上台，若北京同意繼續延用，來暫時取代「一個中國原則」，已是最大善意表達，怎會接受一個只說「九二事實」的虛假善意？因此，「善意

21 楊舒媚、管婺媛、周思宇、魏嘉瑀，〈總統當選人蔡英文接受本報專訪：期待大陸再給點善意〉，中時電子報網站，2016年3月21日，http://www.chinatimes.com/newspapers/20160321000276-260102。

論」是到處傳播，但好像始終就是沒有一方接受對方是「善意」的說法。

　　所以，蔡英文在時報專訪中表示，她無法給明確回答，因為這些問題都是衍生自陸方近來的說法，但陸方說法有很多不同的詮釋，這些詮釋會影響我們的判讀，在520之前她不打算過早回應。而且蔡英文還說，善意與否不是一時的判讀，要看整段時間、整體情勢，但這段時間還沒走完，到520還是會持續觀察，「在做最後決定前，我不會被任何一個特定的想法所主導。」

　　但是過了520後，已經有很長的時間，蔡英文還是沒有回應。看來，「九二共識」的表達，已不是她口袋裡的選擇。

第六節　陸委會兩岸政策看法，亦可視同就是代表蔡英文的發言

一、陸委會主委張小月兩岸政策的講話

（一）張小月的談話，絕對不會超越蔡英文已鎖定的政策宣示

　　討論到陸委會的談話，多數還是基於在蔡英文就職演說的基礎上，不會有特別的看法表達，更遑論會觸及「九二共識」一詞。像陸委會主委張小月典型的說法，就是說「政府的兩岸政策，最重要的就是維持現狀，維持兩岸關係的和平穩定發展。政府將根據中華民國憲法、兩岸人民關係條例與相關法律規定，推動兩岸事務」。[22]或者說：「要維持兩岸關係的和平穩定，雙方要對話、溝通、接觸、交流，我們會用最大的誠意，以穩健、務實、成熟、負責任的態度來推動兩岸關係」。[23]任何時刻、任何內

22　〈陸委會對兩岸關係之政策說明〉，民國105年10月14日，陸委會網站，網址：http://www.mac.gov.tw/public/Attachment/61014114199.pdf。

23　〈「2016大陸台商端午節座談會」主委致詞參考資料〉，日期：2016年6月8日，陸委會網站，網址：http://www.mac.gov.tw/ct.asp?xItem=114858&ctNode=5650&mp=1。

容，絕對不會超越蔡英文曾經發表的言論。

至於陸委會的談話，常會涉及到兩岸是否能捨棄「九二共識」的問題。對於這樣簡單的答案，陸委會竟然也可完全充耳不聞。譬如說，520那天，蔡英文總統未提到「九二共識」，陸委會竟然可以天真的建議：「共同努力維護現有機制，包括陸委會與國台辦溝通聯繫機制與制度化協商機制，透過良性溝通與對話，減少誤判、建立互信、妥善處理爭議，共同造福兩岸人民」。[24]陸委會也曾表示，「總統就職演說所提兩岸政策相關主張，獲得民意高度支持。政府的立場堅定而明確，將持續透過良性溝通與對話，務實面對及妥善處理兩岸關係，符合兩岸民眾及國際社會的期待」。[25]但所謂「將持續透過良性溝通與對話」，管道又是何在？陸委會並無作任何解釋。

（二）陸委會2016年終記者會中張小月的致詞稿[26]

張小月致詞稿一開始就指出：自2016年520以來，兩岸關係面對許多挑戰，但台灣始終秉持「承諾不變、善意不變、不會屈服、不會對抗」的態度，謹慎處理兩岸交流往來的各項問題，持續推動兩岸建設性交流及對話，讓台海維持安全穩定格局。

她並簡要說明過去七個多月來，陸委會所推動的工作重點：1.維持兩岸和平穩定發展；2.維繫兩岸已簽署協議正常運作；3.增進與縣市政府合作，及提升陸生與陸配權益；4.持續推動台港澳合作議題協商。在這些所謂「工作重點」上，以「維持兩岸和平穩定發展」來說，張小月可能只是單方面從台灣角度來評估，才會說出：「始終敞開溝通大門，致力維護兩

---

24 〈政府堅定維護兩岸關係和平穩定現狀，呼籲雙方透過良性溝通對話，妥善處理兩岸關係〉，2016年5月20日，陸委會網站，網址：http://www.mac.gov.tw/ct.asp?xItem=114664&ctNode=5649&mp=1。

25 〈多數民意支持政府堅持維護兩岸和平穩定的現狀，以及維護現有機制，展開兩岸良性溝通與對話〉，2016年6月8日，陸委會網站，網址：http://www.mac.gov.tw/ct.asp?xItem=114846&ctNode=5649&mp=1。

26 〈行政院大陸委員會年終記者會張主委致詞稿〉，2017年1月11日，陸委會網站，網址：http://www.mac.gov.tw/ct.asp?xItem=116252&ctNode=5650&mp=1。

岸既有機制運作。即便陸方有諸多限制性作為，我方仍主動就重要互動與緊急事項與陸方聯繫，管控及降低可能風險。」2016年年終之後，一連串陸客減少來台、台海的軍事威懾及兩岸的外交對抗等事件，已說明陸委的工作重點，特別是涉及於兩岸雙方的互動，已近乎於停頓與癱瘓。

當然展望未來一年，張小月仍充滿了期待，她說「我們將以爭取台灣最大利益為目標，持續推動兩岸和平穩定發展」。這些未來的工作重點包括：

1. 推動兩岸協議監督條例完成立法。而且待監督條例立法完成後，再審酌情勢推動兩岸已簽署協議生效，及研議後續協商議題。
2. 加強關懷陸生、陸配，促進兩岸青年交流。將在台就學陸生比照外籍生及僑生納入健保體系；並會同教育部等主管機關持續檢討陸生來台就學規定，營造就學與生活的友善環境。同時，配合時空環境檢視相關法令，保障中國大陸配偶權益。
3. 維持兩岸經貿往來穩健有序，強化服務台商。一是完備兩岸經貿往來等相關安全管理機制，以維護台灣長期利益。另是持續強化與台商的聯繫服務，降低台商在陸投資經營風險及輔導轉型升級。

其中，最值得重視的，審酌國內外情勢，研議落實兩岸互動新模式。張小月說：因應美國新總統上任的整體情勢，及2017年下半年中共的「十九屆全國黨代表大會」等重要動態，陸委會將持續研蒐資訊，掌握中國大陸情勢變化、對台策略作為，並針對兩岸關係、區域影響之可能發展，加強與各部會密切合作，研擬因應對策。此外，蔡英文總統在年終談話提到兩岸應以新的思維和做法、共同擘劃兩岸互動新模式，陸委會也將配合情勢研議。

問題是：蔡英文在「年終談話」提到兩岸應以新的思維和做法、共同擘劃兩岸互動新模式，她並沒有提出一個清楚的輪廓與架構，只能配合總統步伐的陸委會，又如何能針對這個「兩岸互動新模式」，做出研議？

（三）「蔡英文政府的兩岸關係」國際學術研討會林副主委致詞稿[27]

陸委會副主委林正義在2016年9月15日代表陸委會前往美國出席布魯金斯研究院東北亞研究中心、戰略暨國際研究中心及政大國關中心合辦的國際研討會。就當前兩岸關係發展及中華民國政府兩岸政策內涵等主題發表演講，在兩岸關係及中國大陸內外部情勢發展的特殊背景下，這場國際學術會議的舉辦，格外深具意義。

雖然說，林正義在華府的這場研討會，所闡述的民進黨政府的兩岸政策，仍然是因襲蔡英文2015年訪美時在CSIS所談及的觀點，以及520之後她一連串所釋出的兩岸政策立場。但是必須提醒的是，政策沒有新意，但動作卻有特別的暗示意義：

第一，林正義的演講稿內容固然與當前台北執政當局所推動的政策沒有什麼特別的不同，不過由於在時間上已是520之後的四個月，兩岸之間已產生有多次的抗衡狀況，在這個時間點再來重申台北政策的走向，加上地點又在美國政治中心的華府，是否暗示台北的兩岸政策立場將不可能再有轉圜餘地？

第二，在林正義來美之前，陸委員會在9月14日曾經表示，「蔡英文政府的兩岸關係」（Cross-Strait Relations under the Tsai Ing-Wen Administration）國際學術研討會，是委託國立政治大學國際關係研究中心與美國布魯金斯研究院（The Brookings Institution）合作辦理，官方色彩當然濃厚。[28]並且出發之前，又獲蔡英文親自接見並加以指點，所以，擔任陸委會副主委的他不是不知道這篇演講稿的份量之重。

第三，加上他在美國演講的對象，又是一些過去負責中國與兩岸事務的美國退休官員，林正義的演講想來尋求美國對蔡英文政策的理解與支

---

27 〈「蔡英文政府的兩岸關係」國際學術研討會林副主委致詞稿〉，2016年9月15日，陸委會網站，網址：http://www.mac.gov.tw/ct.asp?xItem=115531&ctNode=5650&mp=1。
28 〈陸委會於美國華府舉辦「蔡英文政府的兩岸關係」國際學術研討會〉，2016年9月14日，陸委會網站，網址：http://www.mac.gov.tw/ct.asp?xItem=115519&ctNode=5649&mp=1。

持，也是痕跡滿布。

　　因此，林正義的演講稿，是綜合蔡英文這二年來兩岸政策的內容之總其成，應有詳細解讀的必要。作者將林正義的講話，分成幾個主題來說明：

1. 繼續強調「九二會談」的歷史事實

　　蔡英文在520就職演說中曾表示，「1992年兩岸兩會秉持相互諒解、求同存異的政治思維，進行溝通協商，達成若干的共同認知與諒解，我尊重這個歷史事實」，林正義再度重申，只不過繼續強調蔡英文520談話已盡力拉近雙方距離，並以不挑釁、無意外的態度，建立一致性、可預測且可持續的兩岸關係。這是典型預告：台北認為這已是最基本的底線，也讓美方瞭解目前的立場。

2. 重申兩岸溝通協商大門應該敞開

　　林正義認為：「維繫兩岸和平穩定的現狀，符合兩岸各自發展利益，也是國際社會的普遍期待，這是兩岸最大的公約數。中華民國政府始終認為『對話和溝通』是達成維持兩岸關係和平穩定、建立雙方互信的最重要關鍵」。

　　目前中國大陸暫時中斷兩岸既有機制運作，使近期兩岸官方互動及制度化協商面臨挑戰，較難化解疑慮、降低風險。對於近期發生的飛彈誤射、詐欺嫌犯被押返中國大陸、旅遊事故等重大事件之處理，突顯維繫兩岸現有溝通機制的重要性。事實上，對美方來說，願意敞開溝通協商大門，與對岸對話，已不構成台海和平破壞者的角色

3. 兩岸相互理解與分歧管控彼此的矛盾和差別

　　林正義提到的這一點，是目前兩岸學界較少去關注或討論的一塊領域，值得注意。他說：兩岸隔海分治近七十年，伴隨台灣民主政治運作、公民社會與多元民意發展，以及中國大陸大幅度深化治理革新與建立制度轉型背景下的兩岸關係，雙方在生活方式及制度價值已有自己的選擇。因此，林正義建議：兩岸存在矛盾不足為奇，正因為有差別才更需要相互理

解、務實溝通、管控分歧、求同存異，任何片面負面解讀對方立場與政策，就好像戴著有色眼鏡觀察對方，只會產生更多誤解及疑慮，阻礙兩岸累積互信、相互合作的契機。

林正義呼籲兩岸雙方都能放下歷史包袱，相互表達善意；但重要的是，善意與對話的基礎必須建立在相互尊重彼此不同的歷史發展經驗、相異的政治體制、意識型態及社會運作方式。

林正義的呼籲，正好一直是蔡英文所強調的兩岸要「求同存異」，也是美國人最聽得進去的agree with disagree。

4. 讓台灣參與國際社會，合作共榮

林正義同時希望北京當局，能關心台灣參與國際社會的權利，他也表示台灣願意和中國大陸就共同參與區域發展的相關議題，交換意見，尋求各種合作與協力的可能性。當台灣極力爭取ICARE參與這件事上來看，這應是他到美國最重要的訴求。

總而言之，林正義是在爭取美國理解與支持，他在講稿中有特別提到一項「堅實台美關係」的主題，內中有些內容幾乎就是直指台北在尋求美國能扮演兩岸目前僵局的仲裁者：像是指出在台海議題方面，建議美方來鼓勵北京能持續與台灣進行對話，因為這是支持台灣的重要力量。同時，林正義也提到美方曾重申兩岸和平穩定是符合美國重大利益。因此，林正義期盼美方能持續支持蔡英文的兩岸政策，並向陸方傳達兩岸和平穩定之重要性，敦促陸方展現更多的彈性與創意，支持兩岸制度化協商及官方溝通聯繫機制的正常運作。所以，這可更清楚的說明：蔡英文的兩岸政策目前是建立在美國認可的基礎上；而林正義此行，也不過是再一次確定美國是否支持的態度。

第七節　開始用「中國」稱呼對岸，是否為兩岸政策的轉折？

2016年9月28日是民進黨創黨滿三十週年，因梅姬颱風過境台灣，導致了重大災情，逐取消了原先規劃的黨慶活動。身兼民進黨主席的蔡英文，在當天發表了一封「給民主進步黨黨員的信」[29]表示，曾提到「有些價值，我們一定會堅守」，但是這個「價值」意味著是什麼？蔡英文並沒有明白指出，但如聯結了下面這段話：「我們要力抗中國的壓力，發展與其他國家的關係；我們要擺脫對於中國的過度依賴，形塑一個健康的、正常的經濟關係」，就可以有點概念，也可以有點聯想的空間，那就是在ICAO台灣被拒與會之後，是否蔡英文與她領導的民進黨準備要走與北京期待不一樣的路，至少從兩岸經貿先做起，來擺脫對於中國的過度依賴，是一個值得觀察的指標。

平心而言，在這封「給民主進步黨黨員的信」裡，內容並沒有放置重要的政策宣示，多數還是在重申蔡英文自就職以來多次提到有關年金改革、長照體系、產業轉型、財政困境、勞動權益、非核家園，需要民進黨與政府去改革的項目。但是，特別在這個重要說話裡，蔡英文用了「中國」一詞來稱呼對岸，確實是有其特殊的政治意義。

自從520上任之後，蔡英文就不曾用過「中國」一詞來定位對岸：像就職演說裡，她用的是「對岸」，特別說：「願意和對岸，就共同參與區域發展的相關議題，坦誠交換意見，尋求各種合作與協力的可能性」；[30]又像在接受華盛頓郵報專訪時，也是通篇以「中國大陸」來稱呼，甚至郵報記者冠上對岸正式國名來問：「您認為您有在縮小台灣與中華人民共和國之間的隔閡嗎？」蔡英文回答時還是用「中國大陸」稱呼來因應：「這段時間以來，我們都非常謹慎處理與中國大陸的關係」。[31]即使林正義代

---

29 〈蔡英文：我們要力抗中國的壓力〉，《聯合報》，2016年9月30日，A4版。

30 〈中華民國第14任總統蔡英文女士就職演說〉，總統府網站，2016年5月20日，網址：http://www.president.gov.tw/Default.aspx?tabid=131&itemid=37408&rmid=514。

31 〈總統接受美國《華盛頓郵報》（Washington Post）專訪〉，總統府網站，105年7月22日，

表陸委會前往美國參加智庫的研討會並宣傳蔡英文的兩岸政策，在他的致詞稿上還是謹慎的用了「中國大陸」一詞，譬如林就說：「中國大陸堅持『兩岸同屬一中』的『九二共識』為兩岸互動的政治基礎」，[32]而不提一般學術界常用的「中共」、「北京」、甚至「中國」，表示政府內部已有一定的用詞的共識，不去挑釁對岸。就像蔡英文告訴華郵：「這段時間以來，我們都非常謹慎處理與中國大陸的關係，我們除了不採取挑釁的態度，防止意外的發生之外，也希望透過資訊的交流，能夠建立起雙方的互信」。[33]

　　但是，是不是站在民進黨的立場，蔡英文就要用「中國」來稱呼對岸？好像執政之後，也沒有這種慣例。最近的一次，也就是得悉台灣想參與ICAO被拒與會之後，民進黨的發言人阮昭雄還是用「大陸」、「中國大陸」或「北京當局」來稱對方，這中間的「善意」仍然存在，譬如針對「大陸」國台辦發言人馬曉光9月28日的相關談話，阮就說：目前台灣因風災仍有許多民眾正在進行復原重建工作，呼籲「中國大陸當局」要有同理心，不要有過多的政治語言，另一段則用「民進黨呼籲北京當局」。這說明了蔡英文的「中國」用詞，並不見得與執政之後的民進黨慣例稱呼有一定互動關係。[34]

　　不過，當蔡英文用了「中國」一詞後，是不是表示她準備在兩岸政策重啟指標，是兩岸關係關心者應慎重注意的趨向。

　　網址：http://mobile.president.gov.tw/NewsDetail.aspx?id=37751&UnID=cd0af709-b0d3-487b-85c0-20bc536e341f&page=1。

32 〈「蔡英文政府的兩岸關係」國際學術研討會林副主委致詞稿〉，2016年9月15日，陸委會網站，網址：http://www.mac.gov.tw/ct.asp?xItem=115531&ctNode=5650&mp=1。

33 〈總統接受美國《華盛頓郵報》（Washington Post）專訪〉，總統府網站，105年7月22日，網址：http://mobile.president.gov.tw/NewsDetail.aspx?id=37751&UnID=cd0af709-b0d3-487b-85c0-20bc536e341f&page=1。

34 〈民進黨：中國大陸當局要有同理心，不要有過多的政治語言〉，民進黨中央黨部網站，刊登日期：2016年9月28日，http://www.dpp.org.tw/news_content.php?sn=9054。

第八節　結語

　　從上面蔡英文兩岸政策全面論述而言，基本上可說「方向已定」、「立場已明」，她與她的執政團隊不太可能再有新的論述。基本上，新政府確定不會再走回頭的路子，例如主張法理台獨或兩國論，因為那也會觸及北京不能忍受的紅線，而且方向也不為美國所認同；但它也不會更進一步的去尋求突破，譬如宣布「九二共識」的接受、或「一個中國」的認同，因為那從來不是民進黨執政的理想目標，同時它也必須自我警覺，一旦選擇如此走向，會不會導致政權的合理性最終被質疑。所以，蔡英文與她的執政團隊一定是謹慎的步步為營，就如同在就職演說中曾期待台灣要成為一個「和平的積極溝通者」，因此與大陸的對話和溝通，就是新政府要去達成目標最重要的關鍵。在不偏不倚、不左不右，也是不統不獨的中間道路邁進，蔡英文在現階段能做的該是什麼呢？

一、九二共識僅止承認九二會談的歷史事實

　　在選前，2015年12月25日舉行的總統大選電視政見會中，蔡英文說，將秉持「溝通、誠信、不把兩岸當作選舉操作」三原則來處理兩岸問題。她認為，不需在九二共識議題上繼續內耗，應回歸到九二兩岸會談的基本事實和「求同存異」精神。民進黨沒有否認1992年兩岸會談的歷史事實，也認同當年雙方都秉持相互諒解精神，求同存異。

　　而在就職演說中，蔡說「兩岸之間的對話與溝通，我們也將努力維持現有的機制。1992年兩岸兩會秉持相互諒解、求同存異的政治思維，進行溝通協商，達成若干的共同認知與諒解，我尊重這個歷史事實。我說過1992年兩岸是在香港有個會談，但是會談中大家有不同的意見，但是大家至少同意的意見是秉於相互諒解，求同存異，讓兩岸關係繼續往前推動，這段歷史事實我們沒有否認，我們是接受的」。[35]

35　〈中華民國第14任總統蔡英文女士就職演說〉，總統府網站，2016年5月20日，網址：http://www.president.gov.tw/Default.aspx?tabid=131&itemid=37408&rmid=514。

二、對於「現狀」的論述更為具體

在選前，2015年12月25日舉行的總統大選電視政見會中，蔡將會以「維持現狀」的「台灣共識」為核心，遵循中華民國現行憲政體制，並在過去二十多年，兩岸協商和交流互動的成果基礎上，推動兩岸關係和平穩定的發展。而在2015年12月27日總統大選第一場電視辯論中，民進黨總統候選人蔡英文提到兩岸政策時，再度強調「維持現狀」，並解釋她的「維持現狀」不同點在於民主透明、人民參與。蔡英文強調，關於九二共識的問題她已經說得非常清楚了。她說：「從到美國CSIS（戰略與國際研究中心）演講，一路以來我的講法都是一致的，也就是說，在現行中華民國體制之下，遵循民意，遵循民主機制，推動兩岸關係」。[36]

而在就職演說中，她所講的既有政治基礎，包含幾個關鍵元素，第一，1992年兩岸兩會會談的歷史事實與求同存異的共同認知，這是歷史事實；第二，中華民國現行憲政體制；第三，兩岸過去二十多年來協商和交流互動的成果；第四，台灣民主原則及普遍民意。[37]

三、強調以中華民國憲法與兩岸人民關係條例處理兩岸問題

雖然在就職演說中，蔡未有提及兩岸在1992年求同存異的政治思維中是求什麼同？存什麼異？她還是避開了一中各表與九二共識這幾個關鍵字，但她承認兩岸應就二十多年來雙方交流、協商所累積形成的現狀與成果共同珍惜與維護，表示未來的兩岸政策可能不會有太大的變動。雖然未有提及一中各表與九二共識，但強調未來兩岸關係會依據中華民國憲法、兩岸人民關係條例來處理兩岸事務，個人認為也是對大陸做出某些善意回應，因為中華民國憲法、兩岸人民關係條例是以台灣地區和大陸地區作為

36　〈總統候選人蔡英文首場電視辯論會 第三階段交互詰問全文〉，民進黨中央黨部網站，刊登日期：2015年12月27日，http://www.dpp.org.tw/news_content.php?kw=%E4%B9%9D%E4%BA%8C&m1=02&y1=2016&menu_sn=&sub_menu=43&show_title=%E6%96%B0%E8%81%9E&one_page=10&page=1&start_p=1&act=&sn=8641&stat=&order_type=desc&order_col=add_date&data_type=%E6%96%B0%E8%81%9E。

37　〈中華民國第14任總統蔡英文女士就職演說〉，總統府網站，2016年5月20日，網址：http://www.president.gov.tw/Default.aspx?tabid=131&itemid=37408&rmid=514。

基礎，至少摒除了一邊一國或兩國論的可能性。

四、政策上，盡所能地維持兩岸關係穩定，讓雙方交流維持正常狀態

　　其實眾之所知，蔡英文的就職演說，與兩岸關係有關的部分，並沒有出現北京所期待她會說出的「九二共識」這四個字，是事先就能預料到的結果。蔡英文沒有認同「九二共識」，這個心態跟她2012年競選總統時只說出「台灣共識」的想法是一樣的，那就是說：那並不代表她要放棄與北京對話的基礎，只是她認為「九二共識」是個不存在的東西，所以她要去創造一個經過台灣民眾認同，並經過法律制訂過程的「台灣共識」，作為新的台灣與中國對話的基礎。[38]另外，蔡英文企圖在現階段兩岸關鍵係發展過程中，表達出她想走往什麼方向？在2016年8月20日回答媒體時她曾表示，面對中共堅持要她承認「九二共識」這個問題，她沒什麼特效藥或聰明回答，只有一個老實的回答，她在520就職演說中已盡所能地把雙方立場拉近，過去三個月也盡所能地維持關係穩定，讓雙方交流維持正常狀態。[39]

　　蔡英文認為，「在處理兩岸關係上，大陸必須注意到台灣是一個民主社會；當然，陸方有他們的期待，但是，在台灣民意與陸方期待之間，有很大的落差，這是陸方必須面對的現實」。所以蔡英文說，作為一個總統，她在做決策前也必須謹慎拿捏尺度。所以她重申，「這個階段，我會很謹慎地來處理這個問題，各方面的聲音我也都聽到了，有些聲音是被擴大了、有些聲音沒有被完全表達，但我要再一次強調，這段期間，確實是雙方要表現善意的時間，同時希望透過表達善意，來累積信賴的基

---

38 蔡英文曾強調，所有人都應該仔細想想「九二共識」真的存在嗎？她說：「你要去承認一個不存在的東西，那也總有個道理」。鄭閔聲，〈馬哽咽談外交，蔡再批九二共識〉，《中國時報》，2011年8月17日，A4版。

39 林河名，〈對岸堅持「九二共識」，蔡總統：沒特效藥或聰明回答〉，聯合新聞網，2016年8月20日，網址：http://udn.com/news/story/1/1908925。

礎」。[40]

五、演說全文，雖有善意，但沒有「九二共識」，兩岸關係還是難有進展

綜觀蔡英文演說全文，仔細來研讀她的前後內容邏輯，加上再比較她在當選後與就職前的相關看法，筆者還是會說，蔡英文雖然沒有說出「九二共識」，但表達的用字遣詞方面，確有其善意：[41]

（一）沒有「九二共識」說法，但已隱含「九二共識」內涵。蔡英文說：「1992年兩岸兩會秉持相互諒解、求同存異的政治思維，進行溝通協商，達成若干的共同認知與諒解，我尊重這個歷史事實」。這段話的重點是蔡說出了「達成若干的共同認知與諒解」，已不像過去只單說「歷史事實」。不過對「歷史事實」，也只有「尊重」，而沒有說「接受」。

（二）兩岸今後的接觸與談判，新政府仍將秉持一個沒能說出口「一中原則」來推動。譬如蔡英文說：在這個既有的事實與政治基礎上，持續推動兩岸關係和平穩定發展；新政府會依據中華民國憲法、兩岸人民關係條例及其他相關法律，處理兩岸事務。這裡所提到的憲法與法律，兩岸之間不僅不是「國與國的關係」，而且也只有一個國家，那就是中華民國，是典型的一中原則台灣版。

六、蔡英文的「善意」是否有傳遞到北京內心的感動裡，可能還有很多爭議

蔡英文的想法、做法，以及政策，看起來似乎有流露出善意，但這份「善意」是否有傳遞到北京內心的感動裡，可能還存在有很多爭議。因此，必須提醒蔡英文及其團隊，在摒除「九二共識」之前，別疏忽了他們應該有所警惕的一些認知：兩岸之間一些用詞的問題，特別對北京來說，

---

40 〈總統當選人蔡英文接受本報專訪：期待大陸，再給點善意〉，中時電子報網站，2016年3月21日，網址：http://www.chinatimes.com/newspapers/20160321000276-260102。
41 〈中華民國第14任總統蔡英文女士就職演說〉，總統府網站，2016年5月20日，網址：http://www.president.gov.tw/Default.aspx?tabid=131&itemid=37408&rmid=514。

把它定調為兩岸政治互信的基礎，絕不是一朝一夕可以敲定的，可能需要很漫長的時間過程。1992年兩岸兩會會談告一段落時，事實上當時會談的事實，的確是沒有產生任何共識結果，而且還存在著彼此各說各話的現象。稍後之所以有一點共識，即所謂兩岸同屬一個中國，還是事後海基海協兩會的書信往來才建立起來的，這是導致1993年「辜汪會談」能舉行的關鍵。

但是，必須提醒的是，北京也並沒有在之後立即接受這樣的會談及事後協商的結果，直至2005年連戰訪問大陸，在與胡錦濤簽署的「五點願景」中才有提及「九二共識」。而正式認定「九二共識」是兩岸當局之間的政治互信基礎，應是2008年6月胡錦濤與美國總統布希的一通電話，以及兩岸當局正式啟動恢復兩會之間的事務性會談時。

這樣的一個互信基礎的建立過程，自1992到2008年，整整走了近十六年。而蔡英文這次520演講只提到「尊重這個歷史事實」，即使有所謂的「善意」，可能也需要北京走一段時間後，才能消化其中含意。因此，如何評估未來一段時期兩岸關係發展，作者姑且稱之為「冷和的磨合期」，正如國台辦所言：蔡英文的演說，是一份沒有完成的答卷。北京要看到的是，蔡講了之後，是否真的做到？要從「沒有完成的答卷」到「及格的考卷」，這就真的需要一段觀察期。

七、是否逐漸會向「九二共識」靠近？其實蔡英文早已間接的給了答案

儘管蔡英文提出了依據「中華民國憲法」與「兩岸人民關係條例」來處理兩岸事務，但是2011年10月8日蔡英文在高雄國政演講時，曾說出「台灣就是中華民國」、「中華民國就是台灣」的這段話，認為台灣不只是個地理名詞，而是經過許多年民主洗禮跟總統直選後，這個中華民國的政府事實上已經變成是台灣人的政府，所以蔡英文說無論是叫中華民

國或是叫台灣，都是我們台灣的政府，都可以包容。[42]很可能她一直認為大部分的台灣人民對這樣的說法是認同的，但這樣說法卻讓她的政策底線露底，原來她早先不接受「九二共識」，並不是在「有沒有存在」有所爭論，而是她仍然在民進黨的傳統思維下，以兩國關係來檢視兩岸關係。另外，北京一位不願具名的涉台權威學者尚說：他認為蔡英文總統雖然在就職演說提了《兩岸人民關係條例》，但僅限於處理「兩岸事務」，而非兩岸定位，且陳水扁時期就使用該條例，因此認定蔡仍是在玩文字遊戲。[43]

而且蔡英文的下一步，會不會有再進一步向「九二共識」靠近的看法？其實蔡英文在2016年3月26日接受中國時報專訪時已經強調過，她說「520之前要說什麼，或520當天說了什麼、做了什麼，其實都不是最重要的事，說得不好、不對，後面在處理兩岸問題上會有一些困難」。所以她「期待大陸方面可以運用這個機會，再展現一些善意」。她還說，「這些善意倒也不是展現給我看，是給台灣人民看，因為台灣畢竟是民主社會，人民的意見是最重要的」。[44]或許，蔡英文這些說法已經間接給了北京及兩岸人民答案：「九二共識」不是最重要的敘述。

八、蔡英文及其團隊疏忽了他們應該必須有所警惕的一些認知

對北京來說政治互信的建立是需要時間，從前述的例子我們可以看得出來，對北京當局而言，「九二共識」是既定的政策，且定調為兩岸政治互信的重要基石，這樣立場一旦奠定，就不易改變。

但從蔡英文的520演講稿來看，我們可以發現無論是她個人、撰稿幕

---

42 「小英巴士抵高雄 邀請民眾同走台一線 蔡英文：有認同才會作夥守護台灣」，民進黨中央黨部網站，2011年10月8日，http://www.dpp.org.tw/news_content.php?kw=%E5%AE%88%E8%AD%B7&m1=09&y1=2016&menu_sn=7&sub_menu=43&show_title=%E6%B0%91%E9%80%B2%E9%BB%A8%E6%96%B0%E8%81%9E%E7%A8%BF&one_page=10&page=18&start_p=1&act=&sn=5465&stat=&order_type=desc&order_col=add_date&data_type=。

43 陳君碩，〈綠棄模糊一中外衣，陸智庫批蠢〉，《旺報》，2016年8月28日，網址：http://www.chinatimes.com/newspapers/20160828000579-260301。

44 楊舒媚、管婺媛、周思宇、魏嘉瑀，〈總統當選人蔡英文接受本報專訪：期待大陸 再給點善意〉，中時電子報網站，2016年3月21日，http://www.chinatimes.com/newspapers/20160321000276-260102。

僚甚至是整個執政團退似乎都忽略北京對台政策有其堅持性及一貫性。從歷史的進展來看，北京也不是一開始就接受「一中各表」，甚至曾經懷疑其意涵，也因此1993年在發布的「台灣問題與中國統一」白皮書中，北京重申了一個中國原則及政治意涵。等到1995年李登輝訪美，北京反應強烈，甚至終止兩岸兩會的協商，其用意就在反映出當時兩岸對於一中各表，其實是沒有共識的。

直至2005年，「九二共識」才有正式的官方名稱出現，但當時兩岸當局仍無交集，台北民進黨執政，從沒認同過「九二共識」。所以，2005年連戰訪陸，與胡錦濤簽訂「五點願景」時，北京這時才提及「九二共識」，這可解釋北京首次承認這個名詞，但也只是存在「國共之間」。

北京正式將「九二共識」當作是兩岸重要的政治互信基礎，應是2008年胡錦濤與美國總統布希的這通電話，該通電話啟動會談並奠定「九二共識」是兩岸互動的重要基石。即使2012年中共十八大首次將「九二共識」載入政治報告的重要文件中，也始終未跳脫必須存在「九二共識」這四個字的範疇。蔡英文在520演講只提到「尊重這個歷史事實」，即使有其善意，恐怕也需等北京再走一段時間，才能消化蔡英文的談話意涵。

第 5 章 ▶▶▶
蔡英文兩岸政策的前後比較與
綜合分析

　　在520就職之前，蔡英文在兩岸政策最重要的一次談話，應是2016年1月16日在她贏得總統大選後，面對來自世界各地記者的「國際記者會」中，談到有關兩岸關係的一段說法。蔡英文說，她曾多次承諾，將建立具有一致性、可預測性、可持續的兩岸關係。[1]

　　到了2016年5月20日新政府執政之後，蔡英文說，將以中華民國現行憲政體制、兩岸協商交流互動的成果，以及民主原則與普遍民意，作為推動兩岸關係的基礎。[2]

　　到了即將結束2016年的時間點後，似乎兩岸關係並沒有進展到如同蔡英文原先的預期：建立具有一致性、可預測性、可持續的兩岸關係。大家所聽到的，來自北京最嚴重的一次警告，就是在2016年3月兩會期間，習近平還是堅持只有「九二共識」或「兩岸同屬一中」才能是兩岸政治互信以及今後交往的基礎，[3]可是蔡英文就職後就是沒有正面回應過。

　　而同時間，我們也發現：兩岸官方授權的談判開始暫停不說，從2016年5月之後，陸客赴台人數一直在減少；[4]在台灣內部，也呈現出一些

1　〈中華民國第14任總統蔡英文女士就職演說〉，總統府網站，2016年5月20日，網址：http://www.president.gov.tw/Default.aspx?tabid=131&itemid=37408&rmid=514。

2　〈總統當選人蔡英文國際記者會致詞中英譯全文〉，民進黨中央黨部網站，2016年1月16日，http://www.dpp.org.tw/news_content.php?sn=8770。

3　習近平在2016年3月兩會期間再度強調：北京「仍將堅持『九二共識』政治基礎，繼續推進兩岸關係和平發展」。〈「九二共識」的核心意涵不能迴避〉，人民網，2016年3月7日，http://paper.people.com.cn/rmrb/html/2016-03/07/nw.D110000renmrb_20160307_3-04.htm。

4　台灣旅遊界人士指出，中國大陸第一波陸客限縮令預計3月20日起至6月30日，將只開放16萬6千多名額陸客來台。第二波從7月15日起延續三個月，人數8萬3千多名額；第三波預計從10月15日起延續三個月，人數再折半，只剩4萬多名陸客來台限額。陸客自由行部分也只開放四個城市民眾來台。請閱讀〈業界盛傳 陸客限縮令 陸官方3月來真的〉，《聯合報》，2016年2月27日，A13版。

與兩岸關係和諧發展背道而馳的政策：像經濟上，蔡英文陣營先喊出了要採「南向政策」來取代現有的兩岸經貿交往，並在就職演說中也提到了將不再依賴（大陸）單一市場的期待；[5]在文化上，新任教育部長潘文忠一上台，於5月21日就宣布以行政命令廢止馬英九時代的「微調課綱」，引來有意挑起「文化台獨」的質疑與爭議；[6]另在外交上，當在非洲的甘比亞適時的與北京建交，打破了兩岸多年來「外交休兵」的迷思時，蔡英文主導下的台北外交，又有單方面向日本關係加溫的傾向，甚至對「沖之鳥」認為是「島」而不是「礁」的看法，添增了兩岸之間有更多的不信任與磨擦。[7]

此刻，在關心兩岸關係未來的發展，又在感受蔡英文不願認同「九二共識」，兩岸政策的推動又「時左時右」的情況下，開始回頭重新檢視蔡英文的兩岸政策，思考它將會產生多大的「兩岸關係效應」？在本章裡，作者設法從蔡英文自3月15日起到本書出版前的一些談話與措施來解析，看她的新兩岸政策到底會是什麼傾向。

第一節　蔡英文兩岸政策立場的前後比較

一、比較蔡英文就職前，與2016年5月20日就職時的講話的內容

（一）對「九二共識」，從只「承認九二會談的歷史事實」，增加了有「若干的共同認知與諒解」的補充

在選前，2015年12月25日舉行的總統大選電視政見會中，蔡英文

5　「南向政策」及不再依賴（大陸）單一市場的說法，均見諸在蔡英文的就職演說。〈中華民國第14任總統蔡英文女士就職演說〉，總統府網站，2016年5月20日，http://www.president.gov.tw/Default.aspx?tabid=131&itemid=37408&rmid=514。
6　〈微調課綱 潘文忠宣布將廢止〉，中央社，2016年5月21日，http://www.cna.com.tw/news/firstnews/201605215002-1.aspx。
7　〈沖之鳥是礁還是島？童振源：聯合國島礁認定出爐前沒有特定立場〉，風傳媒，2016年5月24日，http://www.storm.mg/article/122022。

說，將秉持「溝通、誠信、不把兩岸當作選舉操作」三原則來處理兩岸問題。她認為，不需在九二共識議題上繼續內耗，應回歸到九二兩岸會談的基本事實和「求同存異」精神。民進黨沒有否認1992年兩岸會談的歷史事實，也認同當年雙方都秉持相互諒解精神，求同存異。[8]

而在就職演說中，蔡英文則說兩岸之間的對話與溝通，將努力維持現有的機制。她並說「1992年兩岸兩會秉持相互諒解、求同存異的政治思維，進行溝通協商，達成若干的共同認知與諒解，我尊重這個歷史事實」。她認為1992年兩岸是在香港有個會談，但是會談中大家有不同的意見，而大家至少同意的意見是秉於相互諒解，求同存異，讓兩岸關係繼續往前推動，這段歷史事實我們沒有否認，我們是接受的。[9]

（二）從過去只是單純「維持現狀」說詞，進展到更為具體的「依據中華民國憲法、兩岸人民關係條例及其他相關法律，處理兩岸事務」的論述

在選前，以2015年12月25日舉行的總統大選電視政見會那次論述為例，蔡英文曾以「維持現狀」的「台灣共識」為核心，表示將遵循中華民國現行憲政體制，希望在過去二十多年，兩岸協商和交流互動的成果基礎上，推動兩岸關係和平穩定的發展。[10]

稍後在2015年12月27日總統大選第一場電視辯論中，蔡英文在提到兩岸政策時，再度強調「維持現狀」，並解釋她的「維持現狀」不同點：在於民主透明、人民參與。蔡英文強調，關於九二共識的問題，她已經說

8　〈蔡英文第二輪政見發表申論稿〉，民進黨中央黨部網站，2015年12月25日，http://www.dpp.org.tw/news_content.php?kw=&m1=02&y1=2016&menu_sn=&sub_menu=43&show_title=%E6%96%B0%E8%81%9E&one_page=10&page=20&start_p=21&act=&sn=8625&stat=&order_type=desc&order_col=add_date&data_type=%E6%96%B0%E8%81%9E。

9　〈中華民國第14任總統蔡英文女士就職演說〉，總統府網站，2016年5月20日，http://www.president.gov.tw/Default.aspx?tabid=131&itemid=37408&rmid=514。

10　〈蔡英文第二輪政見發表申論稿〉，民進黨中央黨部網站，2015年12月25日，http://www.dpp.org.tw/news_content.php?kw=&m1=02&y1=2016&menu_sn=&sub_menu=43&show_title=%E6%96%B0%E8%81%9E&one_page=10&page=20&start_p=21&act=&sn=8625&stat=&order_type=desc&order_col=add_date&data_type=%E6%96%B0%E8%81%9E。

得非常清楚了。她說：「從到美國CSIS（戰略與國際研究中心）演講，一路以來我的講法都是一致的，也就是說，在現行中華民國體制之下，遵循民意，遵循民主機制，推動兩岸關係」。[11]

　　而等到就職演說，蔡英文則更具體提出自1992年之後，「二十多年來雙方交流、協商所累積形成的現狀與成果，兩岸都應該共同珍惜與維護，並在這個既有的事實與政治基礎上，持續推動兩岸關係和平穩定發展；新政府會依據中華民國憲法、兩岸人民關係條例及其他相關法律，處理兩岸事務」。[12]而這個改變，應該是看到蔡英文間接支持「中華民國憲法、兩岸人民關係條例」中，實際規範兩岸不是國與國的關係，嚴格來說，她甚至有接納其中尚有「一個國家」或「一個中國」意涵的意願。

二、比較蔡英文2016年5月20日就職時，與就職後的談話內容

　　在就職演說中，蔡英文曾說「1992年兩岸兩會秉持相互諒解、求同存異的政治思維，進行溝通協商，達成若干的共同認知與諒解，我尊重這個歷史事實」。[13]她沒有直接說出是否接受「九二共識」這四個字，但她也並沒有全部否定「九二共識」在當年的背景與歷史事實。

　　可是，在就職之後的大約二個月，也就是在2016年7月22日，總統府公布了一段蔡英文總統接受美國華盛頓郵報的採訪報導，當時是立即被北京官方認為是對「九二共識」有負面的表態，甚至環球時報的官網有人直接點出蔡英文是首度正式拒絕「九二共識」。[14]

11　〈總統候選人蔡英文首場電視辯論會第三階段交互詰問全文〉，民進黨中央黨部網站，2015年12月27日，http://www.dpp.org.tw/news_content.php?kw=&m1=07&y1=2016&menu_sn=&sub_menu=43&show_title=%E6%96%B0%E8%81%9E&one_page=10&page=33&start_p=31&act=&sn=8641&stat=&order_type=desc&order_col=add_date&data_type=%E6%96%B0%E8%81%9E。

12　〈中華民國第14任總統蔡英文女士就職演說〉，總統府網站，2016年5月20日，http://www.president.gov.tw/Default.aspx?tabid=131&itemid=37408&rmid=514。

13　〈中華民國第14任總統蔡英文女士就職演說〉，總統府網站，2016年5月20日，http://www.president.gov.tw/Default.aspx?tabid=131&itemid=37408&rmid=514。

14　國台辦的聲明雖只說「維護兩岸關係和平發展，是兩岸社會的主流民意，而只有堅持『九二共識』及其兩岸同屬一中的核心意涵這一政治基礎，才有可能確保兩岸關係和平穩定發展」，實際上是對蔡英文說法有負面看法，因為蔡英文說「要求台灣政府違反民意去承受

　　這個指責相當嚴重，幾乎形同是「攤牌」的舉動。蔡英文在就職之時，雖然不能立即表示可以接受「九二共識」，但當時國台辦的反應，還只是提出「這只是一份沒完成的考卷」的看法。現在竟然提升到「這已經是正式拒絕接受九二共識」的認知，可以說，兩岸很可能已經瀕臨到隨時會發生衝突的狀況。是否蔡英文真的決定要向北京攤牌，還是說這中間可能有存在外界誤讀的可能，作者願意就訪問稿的全文再去重新點讀，希望能找出這其中一些關鍵的說法，來還原事實的真相。

　　這篇《華盛頓郵報》訪問稿引發的爭議，是在問題的第二題，記者問到：「有些學者說，習近平設定了要您同意九二共識之期限，這個正確嗎？」問題的重點，應該是說：習近平有設定要蔡英文同意九二共識之期限，是不是正確？

　　蔡英文回答這道問題的全文如下：「兩岸的問題很多人都很關注，很多人都有他們自己的觀察，不過我相信，習近平主席作為一個國家的領導人，他應該有能力能夠綜合所有的情勢，來做一個很好的決定，做一個正確的決定。尤其是台灣已經是一個非常民主的地方，民意的走向其實非常重要，所以設定期限，要求台灣政府違反民意去承受一些對方的條件，其實可能性是不大的，我也相信他們應該會有這樣的認知」。[15]從上文顯見，蔡英文根本沒有正面回答這個「是不是正確」的是非題，而是刻意迴避跟模糊這個問題，在已有定見下，甚至未去反駁此問題。再延伸來說，當記者引述「有些學者說」，但卻沒有說明哪些學者曾經說過，已經埋下這個問題的答覆可能會有「雞同鴨講」的結果。

　　更重要的是，根據中共所有公開的官方文件，外界也從未讀到過習近平曾要蔡英文同意九二共識來「設定期限」，而且即使有部分大陸學者說

　　一些對方的條件，其實可能性是不大的」，但國台辦認為「維護兩岸關係和平發展，是兩岸社會的主流民意」。請見〈國台辦：堅持「九二共識」才能確保兩岸關係和平穩定發展〉，資料來源：新華網，2016年7月22日，國台辦網站，網址：http://www.gwytb.gov.cn/wyly/201607/t20160722_11516637.htm。至於環球時報的回應，是取之於它的官網一名署名「人民微管家」在2016年7月22日的觀點，但未見其正式報導中有此論點。

15　〈總統接受美國《華盛頓郵報》（Washington Post）專訪〉，2016日7月22日，總統府網站，網址：http://mobile.president.gov.tw/NewsDetail.aspx?id=37751&UnID=cd0af709-b0d3-487b-85c0-20bc536e341f&page=1。

法，也未必能真正代表官方態度。

　　嚴格來說，蔡英文此次對九二共識的表態，是以民意當作擋箭牌，但尚未到達「拒絕」的程度。況且，蔡英文何以能斷定台灣民意對九二共識都是反對？幾次民調結果，都顯示出支持接受「九二共識」的比例，超過反對的看法。如果蔡英文那麼重視民意，在台灣民意多數願意接受「九二共識」時，蔡英文是否就會接受？就會是很多人無法回答的疑惑。

　　所以，蔡英文不願接受「九二共識」的心態已經明顯，甚至內心已有定論，但是她仍在作模糊表態，應是在尋求她認為這仍是符合當前兩岸情勢最有利的做法。當然，蔡英文將是如何決策，會是取決於她在最後時刻已無法再模糊表態。

三、曾經一度用「中國」稱呼對岸，捨棄就職之後慣用的「中國大陸」一詞

　　2016年9月28日是民進黨創黨滿三十週年，身兼民進黨主席的蔡英文，在當天發表了一封「給民主進步黨黨員的信」[16]表示，「我們要力抗中國的壓力，發展與其他國家的關係；我們要擺脫對於中國的過度依賴，形塑一個健康的、正常的經濟關係」。

　　就這段話敘述的時間點，剛好在ICAO台灣被拒與會之後，蔡英文是否準備要走與北京期待不一樣的路，至少從兩岸經貿先做起，來擺脫對於中國的過度依賴，是一個值得觀察的指標。

　　過去發表談話，或接受採訪，蔡英文大多以「中國大陸」來稱呼對岸，以謹慎的態度來處理用詞的問題。蔡英文曾告訴外媒：「這段時間以來，我們都非常謹慎處理與中國大陸的關係，我們除了不採取挑釁的態度，防止意外的發生之外，也希望透過資訊的交流，能夠建立起雙方的互信」。[17]

---

16 林河名，〈蔡英文：我們要力抗中國的壓力〉，《聯合報》，2016年9月30日，A4版。
17 〈總統接受美國《華盛頓郵報》（Washington Post）專訪〉，總統府網站，2016年7月22日，網址：http://mobile.president.gov.tw/NewsDetail.aspx?id=37751&UnID=cd0af709-b0d3-487b-85c0-20bc536e341f&page=1。

有媒體形容，四個多月的兩岸「窒息式」關係，終於讓蔡英文說了重話。[18]有意思的是，這次訪談之後再下一篇的蔡英文的發言，一旦論到對岸，卻見她再也沒有提過「中國」一詞。這實際說明了蔡英文的內心，對「中國」一詞是有潛意識的認同，但迫於現實，她又必須經常運用「中國大陸」或「對岸」這些用詞來掩蓋。對致民進黨黨員的這封信來說，蔡英文用了「中國」一詞稱呼對岸，只能說在正式發表前還是有了審稿上的缺失。

第二節 有些政策運作，在就職之後，見到有小心翼翼處理的痕跡

一、將兩岸協議監督條例中的敏感內容進行了調整

「兩岸協議監督條例」草案的民進黨版，最早是出現在2013年10月，由民進黨籍立法委員姚文智、李俊俋、陳其邁、李應元、吳秉叡、蔡其昌等21人聯署提案。草案中說明：鑑於馬英九政府與「中國方面進行相關談判或協議均授權海基會，然而此種模式係兩岸特殊政治情勢，並非正式外交途徑，且背離國會監督，長此以往，易滋生人民不信任感，對兩岸互利發展，並非有利。鑑於主權在民的原則，台灣與中國締結協議不得違背我國人民之意願，應加強國會監督機制，爰明定，兩國協議之簽署與審查，應公開進行，不得秘密為之，擬具『台灣與中國締結協議處理條例草案』」，因此提交立法院，這項提案被編號為委員提案第15231號，立法院總第1374號，是民進黨團的代表性提案。[19]

當提案的名稱是「台灣與中國締結協議處理條例草案」，案由說明中

---

18 林河名，〈兩岸窒息，蔡擱重話提醒對岸〉，《聯合報》，2016年9月30日，A4版。
19 〈立法院議案關係文書〉，《院總第1374號委員提案第15231號》，2013年10月23日，http://lci.ly.gov.tw/LyLCEW/agenda1/02/pdf/08/04/07/LCEWA01_080407_00080.pdf。

又有「台灣與中國締結協議」、「兩國協議之簽署與審查」等用語，加上提案內文中第2項說明「對於台灣與中國締結之協議，爰明定，兩國協議經行政院核定及立法院議決通過或備查，並經總統批准後，應與中國互換文件，始生效力」；第3項說明「兩國協議必須適當監督」，以及第4項說明「兩國協議之生效程序與其他規範」等有「兩國論」的文字，都在在說明民進黨在最早提出該案所含的動機，應該不只在於對兩岸兩會協議的批准與監督而已，可能更重要的考量是希望藉此條例之訂定，企圖建立兩岸是「國與國」的政治定位。

　　但是，蔡英文當選之後，顯見她非常不願在法案上樹立會觸及北京紅線的一些條文。根據聯合報2016年3月13日報導，「兩岸協議監督條例」目前民進黨版本，在黨內立委提案版本已經相當多元，為免520前節外生枝，民進黨中央已下令個別立委最好撤回已提出的相關法案版本，如民進黨立委李應元的「兩岸」版、李俊俋與蘇巧慧的「兩國論」版等，盼屆時進入委員會審查時，只剩民進黨版、行政院版及時代力量的版本，頗有執政前「統整步伐」的味道。但最重要的，是不希望有「兩國論」版的「兩岸協議監督條例」，出現在立法院的討論版本裡。

　　據聯合報瞭解，黨版名稱已幾乎確定會使用「兩岸」，爭議內容也不會納入，但為了與目前行政院版本有所區別，民進黨版對於監督的力道還是會「比較嚴格」。[20]

　　行政院發言人童振源在5月30日曾表示，對於行政院是否會提出新版兩岸協議監督條例的草案內容，以及是否使用「兩岸」的名稱等問題，會在未來2週內提出行政院的對應版本，內容要再進行確認。對於名稱和版本內容問題，童振源表示，「本次會議只有討論優先法案，沒有討論到用

20　〈統整步伐……綠下令：兩岸監督條例 各綠委撤案〉，聯合新聞網，2016年3月13日，http://udn.com/news/story/9263/1559862-%E7%B5%B1%E6%95%B4%E6%AD%A5%E4%BC%90%E2%80%A6%E7%B6%A0%E4%B8%8B%E4%BB%A4%EF%BC%9A%E5%85%A9%E5%B2%B8%E7%9B%A3%E7%9D%A3%E6%A2%9D%E4%BE%8B-%E5%90%84%E7%B6%A0%E5%A7%94%E6%92%A4%E6%A1%88。

哪個版本，會在兩個禮拜之內，政院應該會提出相對應的版本」。[21]

二、對2016年WHA的出席，有明顯避用敏感用詞的用心

在2016年5月6日，台北收到由世界衛生組織（WHO）幹事長陳馮富珍致衛生福利部蔣丙煌部長的邀請函，邀請台北衛福部組團來出席於5月23日至28日在瑞士日內瓦舉行的第六十九屆世界衛生大會（WHA）。一如過去七年，台灣以「中華台北」（Chinese Taipei）名義、觀察員身分、部長名銜受邀。不過，在2016年第八次收到的邀請函上，卻不同以往的出現了「聯合國大會第2758號決議」、「WHA第25.1號決議」以及上述文件中強調的「一個中國原則」。[22]

國台辦發言人馬曉光同時間在北京表示，中國對於台灣參加國際組織的立場一向明確，就是必須在「一個中國」原則下，通過兩岸協商作出合情合理安排。馬曉光並表示，台灣自2009年起得以用「中華台北」名義的觀察員身分加入WHO，「是在兩岸雙方均堅持『九二共識』的政治基礎上作出的特殊安排」。而今年台灣第八度收到邀請函，體現中國重視台灣參與意願並予以安排，表達出中國願意繼續維護兩岸和平發展的善意。馬曉光也強調，如果往後兩岸關係的政治基礎遭到破壞，「上述安排將難以為繼」。[23]

陸委會在隔天5月7日作出回應，認為台灣連續七年順利以觀察員身分參與WHA，是在國人努力、國際社會與中國大陸各方支持下所達成。陸委會並在新聞稿中表示：「政府所主張的『一中』就只有中華民國，大陸方面應正視兩岸分治的事實，我方也從未認同大陸所謂的『一中原則』」。[24]

---

21 〈修正兩岸協議監督條例 行政院：2週內提出對應版本〉，Hinet新聞網，2016年5月30日，http://times.hinet.net/mobile/news/18383862。

22 〈WHA註2758決議 陸強化一中考驗新政府〉，中央社，2016年5月7日，http://www.cna.com.tw/news/firstnews/201605070235-1.aspx。

23 〈「一中」爭議下台灣將派員參加世界衛生大會〉，BBC中文網，2016年5月8日，http://www.bbc.com/zhongwen/trad/china/2016/05/160508_taiwan_reaction_china_wha。

24 〈陸委會針對大陸國台辦有關今年我參與世衛大會（WHA）談話之立場〉，陸委會網站，2016年5月7日，http://www.mac.gov.tw/ct.asp?xItem=114576&ctNode=5650&mp=1。

接著，蔡英文政府中剛就任的衛生福利部部長林奏延，則在5月20日率團啟程前往日內瓦，在登機前他尚表示，面對大陸在大會可能有不同方式的打壓或杯葛，台灣會有各種不同的備案。[25]可是到了5月25日林奏延在大會發表演說時，在全程的英文演說中，發現自稱部分都是使用「中華台北」，隻字未提「台灣」。如果相較於馬英九政府時期，前部長邱文達於2013年在世衛大會的英文演說內容，曾三度提到「台灣」，[26]顯見有相當程度的克制。

林奏延在參加世界衛生大會（WHA）後就立即返回台北，5月27日上午在行政院舉行記者會。會中媒體都聚焦在林奏延於WHA發表演講只提「中華台北」但未提「台灣」的做法。林奏延表示，這次在大會中使用「中華台北」稱呼，雖然它本就是台灣對WHA與會的正式名稱，但國人有不同聲音，他說：「有些國人覺得委屈，這點我是感同身受」。[27]蔡英文則在稍早之前接見林奏延一行時，更是力挺此行成果，並強調這次在「稱謂上也沒有被矮化，更沒有受到政治框架限制」，是不負所望的完成任務。[28]

三、蔡英文的內心世界裡，是否尚存在有些台灣與中國大陸分離的意識？

儘管就職演說中釋出善意，在敏感問題上小心翼翼的處理。但是不可否認的，蔡英文還是不願開口說出「九二共識」這四個字，或其核心內容「兩岸同屬一中」這六個字。這或許因為這些用詞在民進黨內都有一定程度的敏感成分，對剛剛就任的她來說，必須更加慎重的來處理。但另方

---

25 〈林奏延赴WHA 做好各種備案〉，中央社，2016年5月20日，http://www.cna.com.tw/news/firstnews/201605200478-1.aspx。

26 〈林奏延WHA演說 台灣消音〉，聯合新聞網，2016年5月25日，http://udn.com/news/story/1/1719119。

27 〈稱中華台北感到委屈 林奏延：感同身受〉，中央社，2016年5月27日，http://www.cna.com.tw/news/firstnews/201605275019-1.aspx。

28 〈總統接見出席本（105）年第六十九屆「世界衛生大會」（WHA）代表團〉，總統府網站，2016年5月27日，http://www.president.gov.tw/Default.aspx?tabid=131&itemid=37451&rmid=514。

面，是否在她內心世界裡尚存在有些台灣與中國大陸分離的意識，所以談「一中」，會覺得太接近北京的立場，如只談「中華民國」，至少跟大陸尚有一段「政治區隔」的距離？

第三節　有些相關的措施，對兩岸關係向前邁進形成障礙

一、公投法的修正，讓「領土變更」提案挑戰到北京容忍的底線

　　2016年2月，民進黨立委葉宜津、高志鵬及林淑芬提出的「公投法」修正草案，都主張可就憲法變更、領土變更，及主權讓渡案進行公投，其中高志鵬版及林淑芬版，對憲法領土變更公投設定較一般公投略高的門檻，葉宜津版對一般公投及憲法領土變更公投，訂定相同的通過門檻。此外，立委陳亭妃及李昆澤版雖未對憲法領土公投鬆綁，但連同民進黨立委其他各版本草案，都主張大幅降低公投提案與通過門檻，葉宜津版更主張只要一百個人就可提出公投案，李昆澤版並新增讓十八歲青年就可參與公投投票。[29]至於時代力量黨團提案，則說明「依據憲法增修條文第1條規定，憲法修正案、領土變更案應由公民複決，即體現主權在民之精神，並明訂應以公民投票方式為之。然現行條文僅針對前者做明文規範，為求法律之明確性，保障直接民權行使之完整，爰將領土變更案增列至公民投

29　葉宜津版，〈立法院議案關係文書〉院總第1574號委員提案第18203號，2016年2月17日，http://lci.ly.gov.tw/LyLCEW/agenda1/02/pdf/09/01/01/LCEWA01_090101_00007.pdf；陳亭妃版，〈立法院議案關係文書〉院總第1574號委員提案第18218號，2016年2月17日，http://lci.ly.gov.tw/LyLCEW/agenda1/02/pdf/09/01/01/LCEWA01_090101_00022.pdf；高志鵬版，〈立法院議案關係文書〉院總第1574號委員提案第18279號，2016年2月24日，http://lci.ly.gov.tw/LyLCEW/agenda1/02/pdf/09/01/02/LCEWA01_090102_00047.pdf；林淑芬版，〈立法院議案關係文書〉院總第1574號委員提案第18285號，2016年2月24日，http://lci.ly.gov.tw/LyLCEW/agenda1/02/pdf/09/01/02/LCEWA01_090102_00053.pdf；李昆澤版，〈立法院議案關係文書〉院總第1574號委員提案第18322號，2016年2月24日，http://lci.ly.gov.tw/LyLCEW/agenda1/02/pdf/09/01/02/LCEWA01_090102_00079.pdf。

票適用事項」。[30]事實上，讓領土變更及主權讓渡案進行公投，對憲法領土變更公投設定與一般公投一樣的門檻，主張大幅降低公投提案與通過門檻，以及將領土變更案增列至公民投票適用事項，都可能形或「領土變更」的提案，不僅輕易通過公投門檻，而且更可輕鬆過關，將導致北京的嚴厲視待。

　　稍後，立法院內政委員會繼續審查《公民投票法》修正草案，最後初審通過，全國性通投提案門檻降為萬分之一、連署門檻降為四分之一、投票門檻改為簡單多數決；並刪除有「鳥籠公投」惡名的公投審議委員會。[31]內政委員會5月10日並審查「公民投票法」部分修正草案，初步達成共識，將全國性公民投票適用事項增列「領土變更案之複決」，並新增兩岸政治協議事前、事後都必須經由全民公投才能換文生效。此外，內政委員會5月10日也通過公投法新增17條之1，未來兩岸之間的政治協議，事前必須經由全民公投才能進行協商，事後則須經由立法院立委四分之三出席，且四分之三同意後，公投有效同意票超過選舉人總額半數，才能換文生效。雖然劉義周當場建議，此條文應納入「兩岸協議監督條例」處理，但在陳其邁堅持之下仍納入公投法修正草案。[32]

　　光是這項規定，將使得未來兩岸協商、特別在政治議題待商討時，不管事先或事後，都會存在著有不確定性的障礙。

　　國務院台辦發言人馬曉光5月25日在例行新聞發布會上應詢時曾強調，台獨是台海和平與兩岸關係穩定發展的最大禍害，搞台獨就不可能有台海和平穩定。我們堅決反對任何勢力借所謂修法等名目搞台獨分裂活動，任何人都不要企圖試探我們捍衛國家主權和領土完整的決心和能

---

30 〈立法院議案關係文書〉院總第1574號委員提案第18719號，2016年3月24日，http://lci.ly.gov.tw/LyLCEW/agenda1/02/pdf/09/01/06/LCEWA01_090106_00072.pdf。

31 〈公投法初審通過 門檻全都降、刪公審會〉，蘋果日報網站，2016年4月22日，http://www.appledaily.com.tw/realtimenews/article/new/20150422/596844/。

32 〈公投法修正挑動兩岸敏感神經〉，聯合新聞網，2016年5月12日，http://money.udn.com/money/story/5648/1689220-%E5%85%AC%E6%8A%95%E6%B3%95%E4%BF%AE%E6%AD%A3-%E6%8C%91%E5%8B%95%E5%85%A9%E5%B2%B8%E6%95%8F%E6%84%9F%E7%A5%9E%E7%B6%93。

力。[33]這裡所說的「台獨」，實際上就是看到台灣立法院在「領土變更」提案門檻及通過標準的降低，已與走向法理獨立沒有什麼差別。

二、兩岸協議監督條例的限制條文設置，會否傷害兩岸？

2013年6月25日，立法院朝野黨團協商決議：「海峽兩岸服務貿易協議本文應經立法院逐條審查，逐條表決；服務貿易協議特定承諾表應逐項審查、逐項表決，不得予以包裹表決，非經立法院實質審查通過，不得啟動生效條款。」2014年3月17日，國民黨立委張慶忠拿到麥克風，用30秒宣布會議決議：「出席人數52人，已達法定人數，開會，進行討論事項，海峽兩岸服貿協議已逾三個月期限，依法視為已經審查，送院會存查，散會」。[34]

據聯合報2016年3月13日報導，民進黨版本「兩岸協議監督條例」目前黨內立委提案版本多元，為避免520前節外生枝，據瞭解，民進黨中央已下令個別立委撤回已提出的相關法案版本，如民進黨立委李應元的「兩岸」版、李俊俋的「兩國論」版，尤美女提出包含兩國論及對談判公務員開罰的「民間版」都已付委審查，立委蘇巧慧的「兩國論」版，盼屆時進入委員會審查時，只剩民進黨版、行政院版及時代力量版本，頗有執政前「統整步伐」的味道。據瞭解，黨版名稱已幾乎確定會使用「兩岸」，爭議內容也不會納入，但為了與目前行政院版本有所區別，民進黨版對於監督的力道還是會「比較嚴格」。[35]

3月底，對於民間團體要求，民進黨版本兩岸協議監督條例，不應有立法院對協議草案或協議文本逾期未完成審查，視為同意之規定，民間團

---

33 〈國台辦：堅決反對任何勢力借修法等名目搞台獨分裂〉，新華網，2016年5月25日，http://news.xinhuanet.com/politics/2016-05/25/c_1118929763.htm。

34 〈台灣民主危機——黑箱服貿30秒強行闖關始末〉，《國會無雙》，2014年3月18日，https://musou.tw/focuses/19。

35 〈統整步伐……綠下令：兩岸監督條例 各綠委撤案〉，聯合新聞網，2016年3月13日，http://udn.com/news/story/9263/1559862-%E7%B5%B1%E6%95%B4%E6%AD%A5%E4%BC%90%E2%80%A6%E7%B6%A0%E4%B8%8B%E4%BB%A4%EF%BC%9A%E5%85%A9%E5%B2%B8%E7%9B%A3%E7%9D%A3%E6%A2%9D%E4%BE%8B-%E5%90%84%E7%B6%A0%E5%A7%94%E6%92%A4%E6%A1%88。

體批評這根本是「張慶忠條款」。黨版協議草案提到，審議應於90日完成；逾期未完成視為同意。吳秉叡表示，協議談判完，當然送回立法院逐條逐項審議，但基於國際談判實務，總得給對方一個期限，告知何時將完成審議，而到底九十天是不是夠長，或是延長協商期限，這都是可以談的。黨團書記長陳亭妃表示，這個是大家誤解，絕對沒有逾期自動生效的字眼，整個協議中要讓對方瞭解，到底要花多久時間完成審議，因為過去國民黨沒有審議，是自動生效，但是他們現在要列出審議時間，不能沒有時間表讓中國知道，這是雙方協議中最基本的，至於審議時間要多久，尊重立法院決議。[36]

經濟民主連合於4月11日召開記者會表示，民進黨並沒有貫徹民間版監督條例的五大原則（國會能監督、公民能參與、資訊要公開、人權有保障、政府有義務），而且還存在協議備查空白規定、公民參與淪為口號等六大缺失，呼籲民進黨能與他們進行公開對話。學運領袖之一林飛帆也質疑，民進黨版雖把「政治議題」談判納入監督條例，但卻沒把和平協議、軍事互信機制等影響台灣主權的談判加以排除或設更嚴謹規範，令人憂心。此外民進黨版草案沒有設計溯及、過渡條款，因此對於服貿、貨貿等「談判中」或「已簽署但未經國會審查通過的協議」將無法適用，等於人民只能接受服貿、貨貿，「這符合當初民進黨對人民的承諾嗎？」[37]

另外，民進黨版「兩岸訂定協議監督條例」遭到民間團體批評，沒有納入民間聲音，民進黨對此強調願意傾聽、努力溝通，「我們不是國民黨，也不會是國民黨」，會在各界督促中，以穩健步伐，全力推動各項改革。民進黨強調，溝通沒有停止，審查法案沒有時程表，要的是最好的、最符合社會需要的監督條例。民進黨也重申，監督兩岸協商與談判的主導權回歸國會，國會也可審查條文，秉持公開、透明、民主、決議四大精

36 〈監督條例逾期視同意？吳秉叡：非張慶忠條款〉，中評網，2016年3月31日，http://hk.crntt.com/crn-webapp/touch/detail.jsp?coluid=7&kindid=0&docid=104179555。
37 〈批民進黨版監督條例六大缺失 台民團要求對話〉，大紀元新聞網，2016年4月11日，http://www.epochtimes.com/b5/16/4/11/n7543847.htmhttp://www.epochtimes.com/b5/16/4/11/n7543847.htm。

神。[38]

　　行政院發言人童振源5月30日表示，對於行政院是否會提出新版兩岸協議監督條例的草案內容，以及是否使用「兩岸」的名稱等問題，會在2週內提出行政院的對應版本，內容要再進行確認。對於名稱和版本內容問題，童振源表示，「本次會議只有討論優先法案，沒有討論到用哪個版本，會在兩個禮拜之內，政院應該會提出相對應的版本。」[39]

三、廢止馬英九時期的「微調課綱」，引發「文化台獨」的質疑

　　「課綱」（課程綱要）這個名詞在九年一貫國教上路之後才出現，以前叫「課程標準」。杜正勝出任教育部長，推動九年一貫課綱「微調」工程，被視為去中國化並主持閩南語課綱修訂會議，確立小一學台羅拼音，小三用閩南語寫email，國中用閩南語寫活動企劃等能力指標，但因爭議太大而擱置。

　　馬英九總統上台後，重啟課綱微調工程，但由於台灣民眾長期以來在有系統的文化認同影響下已認同這片土地，因此重啟課綱的過程便形同「親中」的象徵。

　　針對十二年國教課綱，有委員透露，其中的歷史課綱將引起正反意見的爭議字眼改為中性字眼，如日本統治時代單元雖以「日本統治」為標題，但主題重點仍會處理「殖民」統治的事件內容。微調課綱的「明鄭」、「原住民族」等引起史學論戰的用詞，回歸馬英九總統任內第一次修訂的101年歷史課綱，使用中性的「鄭氏」、「原住民」。[40]但仍然不被接受，其因素在於「詞彙」表達，涉及到「主體性」或「立場」問題。

　　對於課綱問題，中國大陸對於「史觀」的調整尤其敏感，去年人民網在「台課綱微調又走回頭路」內容說到：「課綱微調」達成了「初步共

38　〈民團不滿兩岸協議監督條例 民進黨：持續傾聽民意〉，蘋果日報網站，2016年4月15日，http://www.appledaily.com.tw/realtimenews/article/new/20160415/840011/。

39　〈修正兩岸協議監督條例 行政院：2週內提出對應版本〉，Hinet新聞網，2016年5月30日，http://times.hinet.net/mobile/news/18383862。

40　〈歷史課綱 避爭議改中性字眼〉，《聯合報》，2015年8月7日，B4版。

識」，原有的17個爭議點，多數傾向於要改回舊課綱的用法，若果真如此，則不啻「台獨史觀」又一次在台灣高中歷史課本紮穩陣腳。[41]這些內容包括：「婦女被強迫做慰安婦」改為「婦女做慰安婦」；「光復台灣」改為「接收台灣」等用詞。對中國大陸而言，有意切割兩岸的史觀，是造成難以互信的心結，國台辦發言人馬曉光，指出，不同的道路選擇決定不同的前景。是維護體現一個中國原則的共同政治基礎，還是推行「兩國論」、「一邊一國」的「台獨」分裂主張；是繼續走兩岸關係和平發展之路，還是重蹈挑起台海緊張動盪的覆轍；是增進兩岸同胞感情與福祉，還是割裂同胞間的精神紐帶、損害同胞根本利益。[42]對中國大陸而言，若刻意在中國文化或政治議題上切割，刻意強化台灣意識都是文化台獨的可能性象徵。

教育部部長潘文忠宣布全面免試、廢止微調課綱、一〇七課綱、大學退場處理原則、縮短學用落差，以及攸關五年八百億元的高教預算延後一年等政策方向。潘文忠表示，微調課綱因參與研修人員的代表性不足、程序不正義，也引發高中生反黑箱課綱微調運動，近日予以廢止。至於規劃中的一〇七課綱，潘文忠表示，原則在一〇七學年度上路，但社會領域課綱因欠缺社會共識和信賴，將重組課程發展委員會重新研訂，延後兩年實施。[43]

對於課綱微調，國台辦發言人馬曉光在例行新聞發布會上表示，如果民進黨當局以後一種選擇（在公報中正式公告廢止微調課綱，課綱回到陳水扁時代的課綱）來寫自己的「答案」，必須承擔由此產生的後果。[44]

學者龐建國認為，蔡英文總統才在就職演說中對大陸釋放善意，希望穩住兩岸關係，新任的教育部長潘文忠就來個廢止歷史課綱微調，拋出負

---

41 〈台課綱微調 又走回頭路〉，人民網，2015年12月25日，http://edu.people.com.cn/n1/2015/1225/c1053-27974914.html。

42 〈國台辦：兩岸關係的根本性質是必答題，沒有任何模糊空間〉，國台辦網站，2016年5月25日，http://www.gwytb.gov.cn/wyly/201605/t20160525_11466776.htm。

43 〈新教長火速推六新政〉，《聯合報》，2016年5月22日，A2版。

44 〈國台辦新聞發布會輯錄（2016-5-25）〉，國台辦網站，2016年5月25日，http://www.gwytb.gov.cn/xwfbh/201605/t20160525_11466675.htm。

面訊號，攪局兩岸關係。不知道潘文忠是真無知還是裝糊塗，大陸方面對於兩岸關係的底線，除了接受「九二共識」、認同「兩岸同屬一中」外，還有一個反對任何形式的台獨。在對岸眼裡，廢止歷史課綱微調，是不折不扣的台獨行徑。[45]

第四節　蔡英文兩岸政策在策略推動上的評估

蔡英文自5月20日就職以來，兩岸關係早已走向冷凍局面；同時台灣內部也並不安穩，抗議活動十分頻繁，但是她並無所動。她在520就職演說中，曾特別指出，「我們也將致力維持兩岸關係的和平穩定；我們更會努力促成內部和解，強化民主機制，凝聚共識，形成一致對外的立場」。[46]

較新的一次，則是9月14日在強調將盡最大努力增進兩岸良性互動，建立務實穩健、可長可久的兩岸關係。但導致兩岸關係停滯的「九二共識」沉默以對一事，她仍然不肯有所表達。雖然談話中蔡英文有提到：中國大陸經濟近幾年來成長趨緩，北京強調是進入經濟「新常態」，很多政策都在調整之中，投資環境也發生很大的變化，這對兩岸經貿及台商都構成很大挑戰。因此，對台灣而言，蔡英文說，「我們不但要因應對岸經濟變化所帶來的衝擊，同時，也要面對長期結構性問題，導致出口競爭力衰退及貧血式成長的困境」。顯然的是，與會人數比去年減半的台商，根本無意聆聽，也不關心，會場上到處響起的質疑聲音，就是新政府為什麼不提「九二共識」這四個字。[47]

蔡英文上台以來，台灣似乎掀起一連串對政府抗議的示威活動，其中

---

45 〈新教長廢課綱微調文化台獨 攪局兩岸關係〉，《聯合報》，2016年5月23日，A14版。

46 〈中華民國第14任總統蔡英文女士就職演說〉，總統府網站，2016年5月20日，網址：http://www.president.gov.tw/Default.aspx?tabid=131&itemid=37408&rmid=514。

47 〈總統出席「2016大陸台商秋節聯誼活動」午宴〉，2016年9月14日，總統府網站，網址：http://www.president.gov.tw/Default.aspx?tabid=131&itemid=38033&rmid=514。

有很大部分是對新政府處理兩岸關係不當的質疑。對於目前台灣內外所遭遇的惡劣狀況，蔡英文似乎又是視若不見。到底她內心是如何的思考？思考結果對整體情勢發展沒有帶來有助的現象，她又是怎樣的反思？這是本文探討的重點。

一、蔡英文的兩岸政策的推動，到底是政策推動，還是策略推動？

整個蔡英文的兩岸政策精華，應出自於她520的演說，作者設法把它突顯在下面的敘述裡，並作了一些簡短分析：

譬如蔡英文說：「兩岸之間的對話與溝通，我們也將努力維持現有的機制」。[48]但是這個機制，如果定位是蔡英文所說的「現有的機制」，她是想如何去維持，應該是從「現有的機制」的概念出發。可是她卻是提出了這樣的建議：「1992年兩岸兩會秉持相互諒解、求同存異的政治思維，進行溝通協商，達成若干的共同認知與諒解，我尊重這個歷史事實」。[49]

這當然是典型的「A問題，B答案之回應」。因為，蔡英文如果提出的是「將努力維持現有的機制」，那麼政策的推動應是基於2008年馬英九上台之後所建立的兩會協商機制，基本上這個機制的政治基礎，應是建立在兩岸共同支持的「九二共識」上面。

即使國台辦，為了說明「九二共識」是兩岸制度化聯繫機制得以建立的基礎和前提，也不惜花了很大的篇幅來敘述它的歷史背景，像發言人安峰山就介紹了一些具體情況。他說，2008年5月26日，台灣海基會向大陸海協會發來電函，表明「期望貴我兩會在『九二共識』的基礎上，儘早恢復制度化協商」。在接到來函後，5月29日，海協會復函海基會，表明「我會同意貴會來函意見，儘速在『九二共識』基礎上恢復兩會聯繫往來

---

48 〈中華民國第14任總統蔡英文女士就職演說〉，總統府網站，2016年5月20日，網址：http://www.president.gov.tw/Default.aspx?tabid=131&itemid=37408&rmid=514。
49 〈中華民國第14任總統蔡英文女士就職演說〉，總統府網站，2016年5月20日，網址：http://www.president.gov.tw/Default.aspx?tabid=131&itemid=37408&rmid=514。

與協商談判」。雙方的往來函件，白紙黑字，歷歷在目。正是在這樣的基礎上，6月12日，雙方恢復了中斷將近十年的兩會商談，才有了兩會8年來的11次商談和23項協議。2014年2月，國台辦與陸委會負責人在南京會面，決定在「九二共識」政治基礎上建立兩部門常態化聯繫溝通機制。張志軍主任在會面時特別強調，「九二共識」是兩部門常態化聯繫溝通機制的基礎，沒有這個基礎，這個機制不可能建立；即使建立了，如果基礎被破壞，這個機制也會塌下來。陸委會2月11日發表的新聞稿也明確表示，「陸委會強調，『九二共識』是兩岸制度化協商及互動往來關鍵核心」。此後，兩部門負責人多次會面互訪，雙方都強調「九二共識」是繼續推進兩岸關係的政治基礎。這些事實足以說明，「九二共識」是兩岸關係和平發展的共同政治基礎，也是兩岸制度化聯繫機制得以建立的基礎和前提。[50]

　　但是，蔡英文自就職至今，就是絕口不提「九二共識」這四個字。最多只是說：「新政府會依據中華民國憲法、兩岸人民關係條例及其他相關法律，處理兩岸事務」。而且「承認九二會談的歷史事實」，並增加了有「若干的共同認知與諒解」的補充。[51]因此，作者把她這些說詞均定位在「策略推動」，是點出蔡英文根本無意在政策上與對岸來努力維持「現有的機制」。

二、蔡英文兩岸政策，語意上是著重在善意輸出，但策略上卻是要雙方相互付出

　　蔡英文曾在就職演說中提到：1992年之後，二十多年來雙方交流、協商所累積形成的現狀與成果，兩岸都應該共同珍惜與維護，並「在這個既有的事實與政治基礎上」，持續推動兩岸關係和平穩定發展。並在後續

---

50 〈首次兩岸事務首長會議順利舉行，是兩岸關係良性發展、務實面對、向前邁進的重要里程碑〉，103年2月11日，陸委會網站，網址：http://www.mac.gov.tw/ct.asp?xItem=107563&ctNode=5649&mp=1。

51 〈中華民國第14任總統蔡英文女士就職演說〉，總統府網站，2016年5月20日，網址：http://www.president.gov.tw/Default.aspx?tabid=131&itemid=37408&rmid=514。

發展中，她認為這就是維護兩岸關係展現最大彈性與善意。[52]

不過，在就職之前，她所認為的「善意」，在2016年3月31日接受中國時報專訪是有不同的「看法」。當時蔡英文有說：520就職之前是雙方展示善意、累積互信難得的緩衝期，沒有這段過程，520說什麼都沒有幫助。她期待大陸可以運用這個機會「展現一些善意」，並「相信中國大陸應有能力做此思考，不需要我們去指點他什麼」。蔡英文甚至認為，如果雙方儘量表達善意、累積信賴，「對將來兩岸關係的處理會有比較大的空間」。[53]在這裡，蔡英文說的話，則在策略上是希望兩岸雙方相互的付出。

其實，北京最初對蔡英文就職演說的反應，曾說這是一份「未答完的考卷」。[54]即使此後的態度已強化到暫停或中斷所有兩岸的協商及接觸，顯示出北京必須有所強硬回應的立場。不過在言詞表達方面，還是保留了一絲彈性或迴轉的空間，並沒有正面宣告兩岸或兩會協商體制將立即中斷或停擺。它只是從反面的提醒，來說明若沒有「九二共識」或「一中原則」，兩岸或兩會的接觸將不再維繫或延續。

這或許可解讀：北京也曾表達過「善意」，只是蔡英文是否能夠體會？或者說，當在策略上，她是希望兩岸雙方能相互的付出，但蔡英文又在「未答完的考卷」上，又回應了什麼，來表達出台北是在努力做出「相互付出的善意」？

---

52 〈中華民國第14任總統蔡英文女士就職演說〉，總統府網站，2016年5月20日，網址：http://www.president.gov.tw/Default.aspx?tabid=131&itemid=37408&rmid=514。

53 舒媚、管婺媛、周思宇、魏嘉瑀，〈總統當選人蔡英文接受本報專訪：期待大陸　再給點善意〉，中時電子報網站，2016年3月21日，http://www.chinatimes.com/newspapers/20160321000276-260102。

54 〈中共中央台辦、國務院台辦負責人就當前兩岸關係發表談話〉，2016年5月20日，來源：新華網，國台辦網站，網址：http://www.gwytb.gov.cn/wyly/201605/t20160520_11463128.htm。

三、涉及兩岸關係人事安排，與其說是建立穩定兩岸的政策，不如說是策略運用

　　涉及兩岸關係的人事安排，有二個例子可來說明：與其說蔡英又是想建立穩定兩岸的政策，還不如說是她仍在從事策略運用。譬如說，陸委會主委張小月與海基會董事長田弘茂的任用，都被認為是蔡英文刻意安排對岸會接受的人選。會是這樣說，不僅是反應在媒體報導，而且也反射出新政府自以為是的看法。

　　特別是海基會人事，從傳說中可能是王金平、或宋楚瑜，都被認為是可與北京高層有深厚友情基礎的人選。即使拖延了很長的時間，最後才敲定是田弘茂，讓外界感到蔡英文是在精挑細選，甚至有意找一位對兩岸關係有深刻體會，能替蔡英文說出她所不便表達的一些說法，畢竟海基會一直是兩岸兩會接觸的第一線單位。因此，在任命發表之初，台北總統府發言人便正面描述：「田弘茂博士在美國求學及擔任教職時期即投入中國大陸研究，對中國大陸之發展有深入瞭解，同時嫻熟兩岸關係及亞太戰略等議題」。[55]不僅如此，在9月14日蔡英文還繼續親口稱讚：「田董事長不論在國際或兩岸關係上，都有非常豐富的經驗……過去又曾推動國策研究院成為國際知名的智庫，培養出許多專精兩岸議題的專家學者……十分瞭解兩岸產業界的發展和需求」。[56]

　　結果，田弘茂在9月12日任命之後，致函大陸海協會，只提說「貴我兩會已建立制度化協商機制，期望雙方能持續努力，儘速就兩岸協商事宜進行溝通聯繫，以增進兩岸交流，保障兩岸人民權益」。[57]並沒有外界所期待他會替蔡英文說出「九二共識」，甚至9月14日大陸台商秋節座談聯誼活動上，在媒體台商逼問下，也只以「那四個字」來代替「九二共

---

[55] 〈海基會董事長職務 將由田弘茂博士接任〉，2016年8月31日，總統府網站，網址：http://http://www.president.gov.tw/Default.aspx?tabid=131&itemid=37937&rmid=514
[56] 〈總統出席「2016大陸台商秋節聯誼活動」午宴〉，2016年9月14日，總統府網站，網址：http://www.president.gov.tw/Default.aspx?tabid=131&itemid=38033&rmid=514
[57] 郭玫君、林克倫，〈海基會函海協會，沒提九二共識〉，《聯合報》，2016年8月13日，A3版。

識」，沒有看到他的擔當與魄力，甚至都不認為他有企圖去尋求兩岸僵局的突破。

所以，海協會長陳德銘的一段回應，破碎了兩岸兩會有復談機會的期待，也點破了蔡英文以為是項完美的人事布局。陳說：「關於兩會聯繫互動問題，我已經講過很多次了，那就是只有海基會得到授權，向海協會確認堅持『九二共識』這一體現一個中國原則的共同政治基礎，兩會受權協商和聯繫機制才能得以延續」。[58]

因此，涉及兩岸關係的人事安排考量，與其說蔡英文是想建立一個穩定兩岸的政策，不如說她一直是在策略運用，但始終被北京當局識破。

四、蔡英文在兩岸政策的推動，實在有太多策略的構想在其內

蔡英文在就職演說中曾提到：新政府會依據中華民國憲法、兩岸人民關係條例及其他相關法律，處理兩岸事務。兩岸的兩個執政黨應該要放下歷史包袱，展開良性對話，造福兩岸人民。[59]

接著在總統就職滿三個月後，會見媒體茶敘時，蔡英文再說：對於兩岸關係，我再一次強調「維持現狀」的重要性。我們的目標，就是在當前的憲政體制下，建立一個具有一致性、可預測性、可維持性的兩岸關係。[60]

但是蔡英文說，「依據中華民國憲法、兩岸人民關係條例及其他相關法律」，只是處理兩岸事務，並不是用來「定位兩岸的關係」。兩岸是否同屬一中？或者說，兩岸是否不是國與國的關係？在上面敘述的話中並沒有特別的說明。再嚴酷點挑剔：蔡英文在這裡所說的「維持現狀」，與馬英九在「九二共識」前提下的現狀維持是否完全有相同的意涵，恐怕還有

---

58 郭玫君、林克倫，〈海基會函海協會，沒提九二共識〉，《聯合報》，2016年8月13日，A3版。

59 〈中華民國第14任總統蔡英文女士就職演說〉，總統府網站，2016年5月20日，網址：http://www.president.gov.tw/Default.aspx?tabid=131&itemid=37408&rmid=514。

60 〈慶祝記者節總統與媒體茶敘〉，總統府網站，105年8月20日，網址：http://mobile.president.gov.tw/NewsDetail.aspx?id=37889&UnID=cd0af709-b0d3-487b-85c0-20bc536e341f&page=1。

更多的爭議。至少蔡英文曾說過「中華民國是台灣」，「台灣就是中華民國」，[61]這些用詞就讓蔡英文所說的「維持現狀」，充塞了兩岸目前就是分離狀態的聯想。若再加上前陣子，在蔡英文主導下的國際空間參與問題上，台北尚提出以台灣名義申請加入聯合國的企圖，更證明了她在兩岸政策的推動，實在有太多策略的構想在其內。

五、結論：蔡英文無意建立兩岸和諧及穩定政策，只是想些「策略運用」

從以上例子來看，這都看得出蔡英文無意建立兩岸和諧及穩定政策的痕跡，她只是想運用些「策略運用」，讓外界以為新政府都在努力改善兩岸關係。實際上，台北只是不希望主動挑釁北京，憂慮一旦激起台海緊張情勢，會導致美國為首的國際社會認為台灣是和平的破壞者。所以，蔡英文在現階段裡，只要能「維持實質上兩岸政治分離的現狀」為標的，就已足夠。是否現在必須說出「九二共識」，可能就不是最優先考量的順序。

---

61 〈小英巴士抵高雄 邀請民眾同走台一線 蔡英文：有認同才會作夥守護台灣〉，民進黨中央黨部網站，2011年10月8日，http://www.dpp.org.tw/news_content.php?kw=%E5%AE%88%E8%AD%B7&m1=09&y1=2016&menu_sn=7&sub_menu=43&show_title=%E6%B0%91%E9%80%B2%E9%BB%A8%E6%96%B0%E8%81%9E%E7%A8%BF&one_page=10&page=18&start_p=1&act=&sn=5465&stat=&order_type=desc&order_col=add_date&data_type=。

第 **6** 章 ▶▶▶

2016年中共針對蔡英文的對台政策的解析

中共現階段的對台政策,應是建立在剛在台灣進行了政黨輪替的新政府兩岸政策基礎上,所以蔡英文在就職之前或之後,她對中國大陸所採行的政策談話、或政策推行,都會影響到北京對台北看法的調整。因此在本章中,筆者還是要先略述蔡英文在勝選之後到就職之後兩岸政策的重點,來評估北京可能的反應。但最重要的還是引用中共官方文件的內容,來分析520後中共對台政策之方向。

在520就職之前,蔡英文在兩岸政策最重要的一次談話,應是2016年1月16日在她贏得總統大選後,面對來自世界各地記者的「國際記者會」中,談到有關兩岸關係的一段說法。蔡說:她曾多次承諾,將建立具有一致性、可預測性、可持續的兩岸關係。[1]接著,在2016年5月20日新政府執政之後,蔡英文說:將以中華民國現行憲政體制、兩岸協商交流互動的成果、以及民主原則與普遍民意,作為推動兩岸關係的基礎。[2]

經過了大約四個月的時間後,似乎兩岸關係並沒有進展到像蔡英文原先的預期:會建立具有一致性、可預測性、可持續的兩岸關係。大家所聽到的,最嚴重來自北京的一次警告,應該是在2016年3月兩會期間,習近平還是堅持只有「九二共識」或「兩岸同屬一中」才能是兩岸政治互信以及今後交往的基礎,[3]可是蔡英文就職後,對這個被視為「兩岸政治互信

1　中華民國第14任總統副總統就職專輯,〈就職演說〉,2016年5月20日,總統府網站,http://www.president.gov.tw/Default.aspx?tabid=1565。

2　〈總統當選人蔡英文國際記者會致詞中英譯全文〉,民進黨中央黨部網站,刊登日期:2016年1月16日,http://www.dpp.org.tw/news_content.php?sn=8770。

3　習近平在2016年3月兩會期間再度強調:北京「仍將堅持『九二共識』政治基礎,繼續

以及今後交往的基礎」的「九二共識」，至今就是沒有正面回應過。

　　而同時間，我們也發現：兩岸官方授權的談判開始暫停不說，從2016年5月之後，陸客赴台人數一直在減少之中；[4]在台灣內部，也呈顯出一些與兩岸關係和諧發展有背道而馳的政策：像經濟上，蔡英文陣營先喊出了要採「南向政策」來取代現有的兩岸經貿交往，並在就職演說中也提到了將不再依賴（大陸）單一市場的期待；[5]在文化上，新任教育部長潘文忠一上台，在5月21日就宣布以行政命令廢止馬英九時代的「微調課綱」，引來有意挑起「文化台獨」的質疑與爭議；[6]另在外交上，當在非洲的甘比亞適時的與北京建交，打破了兩岸多年來「外交休兵」的迷思時，蔡英文主導下的台北外交，又有單方面向日本關係加溫的傾向，甚至對「沖之鳥」認為是「島」而不是「礁」的看法，添增了兩岸之間有更多的不信任與磨擦。[7]

　　終在這個時候，在關心兩岸關係的發展，又在感受蔡英文不願認同「九二共識」，甚至兩岸政策的推動又時左時右搖擺的情況下，真的需要開始回頭過來重新檢視北京對台政策的走向，而其中蔡英文「在就任前」北京已持的政策走向，與蔡英文「在就任後」的北京提出對台政策實質內

推進兩岸關係和平發展」。〈「九二共識」的核心意涵不能迴避〉，人民網，刊登日期：2016年3月7日，http://paper.people.com.cn/rmrb/html/2016-03/07/nw.D110000renmrb_20160307_3-04.htm。

4　台灣旅遊界人士指出，中國大陸第一波陸客限縮令預計3月20日起至6月30日，將只開放16萬6千多名額陸客來台。第二波從7月15日起延續三個月，人數8萬3千多名額；第三波預計從10月15日起延續三個月，人數再折半，只剩4萬多名陸客來台限額。陸客自由行部分也只開放四個城市民眾來台。請閱讀〈業界盛傳陸客限縮令陸官方3月來真的〉，《聯合報》，刊登日期：2016年2月27日，A13版。

5　「南向政策」及不再依賴（大陸）單一市場的說法，均見諸在蔡英文的就職演說。中華民國第14任總統副總統就職專輯，「就職演說」，2016年5月20日，總統府網站，http://www.president.gov.tw/Default.aspx?tabid=1565。

6　〈新教長六把火潘文忠退高中爭議課綱〉，《聯合報》，2016年5月21日，A3。

7　台灣內部對「沖之鳥是礁」的看法也有爭議，像內政部長葉俊榮就說：「這是一個礁，這沒問題」，但外交部、行政院發言人隨後雙雙重申「沖之鳥法律地位未定論」，又讓葉俊榮再回應：尊重外交部看法。消息之來源，可見《聯合報》，2016年5月31日，頭版。至於北京的立場可見〈外交部：中國對日本依據沖之鳥礁主張專屬經濟區和大陸架不予承認〉，新華網，刊登日期：2016年4月29日，http://news.xinhuanet.com/world/2016-04/29/c_1118775418.htm。

涵，到底有多大的不同？或者再嚴格的來檢視，北京對蔡英文當局的政策處理，今後是否與台灣民間的交流有所區隔？則是本章探討的重點所在。

第一節 就職演說之前，北京對蔡英文說法的回應及立場重申

一、在蔡英文就職之前，北京當時至少還是在採用等待、或觀察一段時期的態度

　　雖然蔡英文在1月16日談話中提到「中華民國」一詞多次，可是整篇對兩岸關係的看法，仍在重談她在選前到美國，以及在總統辯論中提過多次的立場：那就是維持兩岸現狀、尋求兩岸和平的局面。對她支持者而言，這雖是可接受的遠景，但對北京來說，新的談話仍是包含舊的內容，是「了無新意」。CNN曾經以「高度的不確定性」，來形容蔡英文的兩岸政策。[8]而北京中央台辦則再重申立場，大力聲稱：「我們的對台大政方針是一貫的、明確的，不因台灣地區的選舉結果而改變。我們將繼續堅持九二共識，堅決反對任何形式的台獨分裂活動」。[9]

　　外界在解讀對岸立場時，是感到北京沒能去體會蔡英文的談話內容或許沒有創意，但應注意到有「轉弦」的誠意，何以一直強調「九二共識」，沒有彈性的思考？人民大學國際關係學院教授時殷弘曾非常適度的作了補充的「旁注」，他說：北京當然不可能要蔡英文將國民黨有關九二共識的談話，原封不動的念出來。但在承認九二會談這個事實，與其在核

8　CNN在文中表示：Taiwan has elected its first female president in a landmark election that could unsettle relations with Beijing. 請見："Taiwan elects its first female president; China warns of 'grave challenges'", CNN，刊登日期：2016/01/16，http://edition.cnn.com/2016/01/16/asia/taiwan-election/.〈外媒：蔡英文將成為台灣首任女總統 兩岸關係充滿不確定性〉，中時電子報網站，刊登日期：2016年1月16日，http://www.chinatimes.com/realtimenews/20160116004074-260401。

9　〈中共中央台辦、國務院台辦負責人就台灣地區選舉結果發表談話〉，新華網，刊登日期：2016年1月16日，http://news.xinhuanet.com/tw/2016-01/16/c_1117797532.htm。

心一中原則，她必須作出適當的表態，讓北京有台階下。[10]

　　本來，外界還一直認為：北京還是會等待、或觀察蔡英文一段時期，也就是說，對蔡英文仍將採取「聽其言、觀其行」的措施，至少短期之內，特別在5月20日蔡就職之前，中共對她以及民進黨的政策將不會有戲劇性的改變。

二、但是基本上，北京對台政策勢必不會因應蔡之態度而作彈性調整

　　等到1月21日，國台辦主任張志軍在北京會見美國常務副國務卿布林肯（Antony Blinken），應詢介紹了當前台海局勢和兩岸關係，並表達了中共對台灣選舉結束之後官方層次最高的對台政策之看法。張志軍表示，「我們的對台大政方針是一貫的、明確的，不因台灣地區的選舉結果而改變。我們將繼續堅持『九二共識』，堅決反對任何形式的『台獨』分裂活動，堅定維護國家主權和領土完整」。張志軍同時強調，「當前島內局勢變化給兩岸關係發展帶來不確定性，台海和平穩定面臨挑戰。美方應繼續恪守一個中國政策和中美三個聯合公報原則，切實尊重中方重大關切，妥善處理涉台問題」。[11]

　　當然最重要的，還是2016年2月2日中共中央政治局常委俞正聲出席「對台工作會議」所發表的談話。由於時機正逢台灣總統大選之後，民進黨重新獲得政權之際，蔡英文在當選後迄今，包括她的「勝選聲明」及「國際記者會中談話」，都沒有提及「九二共識」，或其中會與「一中原則」相關的內容，加上台灣內部已經有人斷言：北京對台政策勢必因應蔡之態度而作彈性調整。因此，俞正聲本次的談話，就極具政策指標的意義。

10　〈大陸學者：承認九二共識是蔡英文最後1哩路〉，中時電子報網站，刊登日期：2016年1月17日，http://www.chinatimes.com/newspapers/20160117000348-260102。

11　〈張志軍會見美國常務副卿〉，2016年1月21日，消息來源：中共中央台辦、國務院台辦，國台辦網站，網址：http://www.gwytb.gov.cn/wyly/201601/t20160121_11371090.htm。

　　俞正聲陳述的北京對台政策，呈現了非常清晰而且堅定的立場，甚至，面對台灣的變局，也表現出非常的「淡定」。俞正聲說：儘管事實證明，兩岸關係和平發展是一條正確道路，兩岸關係向前發展的大趨勢誰也擋不住。但俞也強調，「我們要毫不動搖地堅持中央對台工作大政方針，堅持一個中國原則，堅決反對和遏制任何形式的台獨分裂活動，堅決維護國家主權和領土完整，維護兩岸關係和平發展和台海和平穩定」。[12]

　　實際上早在1月30日，國台辦主任張志軍也刻意走訪在北京台資企業，與部分在台商台胞進行座談時，就提早透露中央已定調的對台政策基調。張說：在新的一年裡，兩岸要維護好「九二共識」的政治基礎，堅決反對任何形式的「台獨」分裂活動，為兩岸關係和平發展作出努力。再早則是國台辦發言人馬曉光在1月27日例行記者會上的應詢表示：在維護國家主權和領土完整的重大原則問題上，我們的意志堅如磐石，態度始終如一。在新的一年裡，我們將繼續貫徹中央對台大政方針，堅持「九二共識」，堅決反對任何形式的「台獨」分裂活動。[13]

　　這說明了北京在堅持「九二共識」、反對「台獨」的立場上，勢必不會有任何退讓的想像空間。同時這也等於宣告了520之後，如果蔡英文不再接受此一政治互信基礎，目前兩岸兩會協商機制、主管兩岸業務主管的會晤、兩岸官方熱線的互通，都將停擺；甚至包括了蔡英文並不排斥的「蔡習會」，可能都將遙遙無期。因為，自2009年以來，北京一直會在任何談話裡提及的「兩岸兩會協商」，在這次俞正聲的談話裡，刻意刪除，意味著將正式譜上休止符。

12　〈俞正聲出席2016年對台工作會議並作重要講話〉，2016年2月2日，資料來源：新華網，國台辦網站，網址：http://www.gwytb.gov.cn/wyly/201602/t20160202_11380942.htm。
13　〈國台辦主任張志軍走訪慰問在京台資企業〉，2016年2月1日，資料來源：中共中央台辦、國務院台辦，國台辦網站，網址：http://www.gwytb.gov.cn/wyly/201602/t20160201_11379891.htm。

三、最關鍵的所在，是習近平在兩會發表了重要的定調看法，奠定對台政策

不過，等到2016年3月5日北京兩會期間，習近平曾到上海代表團參加審議政府工作報告的場合，就當前兩岸關係發展、特別是對台政策的奠定，發表了重要看法後，所有認為北京官方可能還會觀望一段時間的說法，就開始有了重大的修正。

首先，這次談話的重要性，就是在接近台灣520總統就職之前，中國大陸最重要的一次可以發表對台政策的場合。習近平依然毫不讓步的在提醒：說明北京「對台大政方針是明確的、一貫的，不會因台灣政局變化而改變」。而且習近平再度強調：北京「仍將堅持『九二共識』政治基礎，繼續推進兩岸關係和平發展」。[14]綜合來看，他的「立場重申」與「原則堅持」，不僅是間接否定了前些日子中共外交部長王毅在美國反映「憲法一中」可能會被北京接受的暗示，[15]而且也給蔡英文企圖捨棄「九二共識」，希望在未走追求另一種模糊說法，來替代「九二共識」的戰略運作空間，完全壓縮。

另外，在全國政協會場，準備出席政協小組討論的大陸海協會會長、也是全國政協委員的陳德銘，3月6日被媒體包圍時表示：現在是兩岸關係的重要關鍵時期，習近平把問題準確的、清晰的、明確的再闡述了一遍，這還是必要的。[16]如果再深入的來說，作者認為：解讀北京對台政策時的基本觀點，就是中共領導人在重要場合說過的話，都應是政策的最終底線。所以，舉凡蔡英文曾經提過的「維持現狀」、或是「採行中華民國現行憲政體制」的看法，在習近平本次清楚表達之後，在520後應該不會被北京認可。

---

14 〈「九二共識」的核心意涵不能迴避〉，人民網，刊登日期：2016年3月7日，http://paper.people.com.cn/rmrb/html/2016-03/07/nw.D110000renmrb_20160307_3-04.htm。

15 〈王毅破天荒提對岸憲法〉，聯合早報新聞網，刊登日期：2016年2月26日，http://www.zaobao.com.sg/realtime/china/story20160226-586034。

16 〈習近平談九二共識 陳德銘：清晰闡述對台政策底線〉，中時電子報網站，刊登日期：2016年3月6日，http://www.chinatimes.com/realtimenews/20160306001509-260401。

　　不過，談話中另一個值得注意的，就是對台灣來說，習近平的談話應該還是存在有想像的空間。習近平的講話特別提醒說：「『九二共識』明確界定了兩岸關係的性質，是確保兩岸關係和平發展行穩致遠的關鍵。承認『九二共識』的歷史事實，認同其核心意涵，兩岸雙方就有了共同政治基礎，就可以保持良性互動」。[17]這表示，對蔡英文未來的走向，只要承認「九二共識」的歷史事實，認同其核心意涵，北京仍會保留兩岸關係和平發展的空間。

　　在這裡，習近平說的「承認『九二共識』的歷史事實」這段話，與蔡英文所說的「在1992年，兩岸兩會秉持相互諒解、求同存異的政治思維進行溝通協商，達成了若干的共同認知與諒解，她理解和尊重這個歷史事實」，[18]在意義上還是有點差異，雖然中間尚有相當的一段距離，但如果蔡英文此後仍然要堅持這種說法，她只要能再進一步的說明：依據中華民國憲法內涵、或目前兩岸現狀的架構下，她是認同確處於「兩岸同屬一中」說法，這樣，既能符合習近平所說的「認同其核心意涵」之精神，而且，就算她不提「九二共識」一詞，北京應該也會進一步接受蔡英文的兩岸政策內涵。

第二節　就職演說之後，北京對演說內容作出回應

一、官方立場：就是非常堅持要台北回到「九二共識」

　　在蔡英文就職演說後的幾個小時，中共中央台辦、國務院台辦負責人就當前兩岸關係發表官方回應：堅定認為維護兩岸關係和平發展的關鍵在

17　〈「九二共識」的核心意涵不能迴避〉，人民網，刊登日期：2016年3月7日，http://paper.people.com.cn/rmrb/html/2016-03/07/nw.D110000renmrb_20160307_3-04.htm。
18　〈總統候選人蔡英文第三場電視政見會第二輪政見發表全文〉，民進黨中央黨部網站，刊登日期：2016年1月8日，http://www.dpp.org.tw/news_content.php?kw=%E6%94%BF%E8%A6%8B%E7%99%BC%E8%A1%A8&m1=03&y1=2016&menu_sn=&sub_menu=43&show_title=%E6%96%B0%E8%81%9E&one_page=10&page=1&start_p=1&act=&sn=8729&stat=&order_type=desc&order_col=add_date&data_type=%E6%96%B0%E8%81%9E。

於堅持「九二共識」政治基礎，因為「九二共識」明確界定了兩岸關係的根本性質，表明大陸與台灣同屬一個中國、兩岸不是國與國關係。「九二共識」經過兩岸雙方明確授權認可，得到兩岸領導人共同確認，是兩岸關係和平發展的基石。[19]

中央台辦、國台辦的新聞稿上提到：「我們注意到，台灣當局新領導人在今天的講話中，提到1992年兩岸兩會會談和達成了若干共同認知，表示要依據現行規定和有關條例處理兩岸關係事務，在既有政治基礎上持續推動兩岸關係和平穩定發展。但是，在兩岸同胞最關切的兩岸關係性質這一根本問題上採取模糊態度，沒有明確承認『九二共識』和認同其核心意涵，沒有提出確保兩岸關係和平穩定發展的具體辦法。這是一份沒有完成的答卷」[20]。

到了5月25日，蔡英文就職的第六天，北京似乎覺得在立場表達上還是不夠，有意更進一步的說明。在例行新聞發布會上，國務院台辦發言人馬曉光再次表示，「中共中央台辦、國務院台辦負責人5月20日發表的關於當前兩岸關係的談話，已經明確表達了我們的嚴正立場。台灣當局新領導人5月20日的講話，在兩岸同胞最關切的兩岸關係性質這一根本問題上採取模糊態度，沒有明確承認『九二共識』和認同其核心意涵，沒有提出確保兩岸關係和平穩定發展的具體辦法」。所以馬曉光強調，「大陸和台灣同屬一個中國，兩岸不是國與國關係。涉及兩岸關係根本性質的原則問題，是一道繞不開的『必答題』，沒有任何模糊空間」。[21]

另外則是在同一日下午，中共中央台辦、國務院台辦主任張志軍就在

---

19 〈中共中央台辦、國務院台辦負責人就當前兩岸關係發表談話〉，2016年5月20日，來源：新華網，國台辦網站，網址：http://www.gwytb.gov.cn/wyly/201605/t20160520_11463128.htm。

20 〈中共中央台辦、國務院台辦負責人就當前兩岸關係發表談話〉，2016年5月20日，來源：新華網，國台辦網站，網址：http://www.gwytb.gov.cn/wyly/201605/t20160520_11463128.htm。

21 〈國台辦：兩岸關係的根本性質是「必答題」，沒有任何模糊空間〉，2016年5月25日，來源：中共中央台辦、國務院台辦，國台辦網站，網址：http://www.gwytb.gov.cn/wyly/201605/t20160525_11466776.htm。

北京會見了台灣工商團體秘書長聯誼會參訪團一行，特別就兩岸關係談了三點看法。值得重視的是，這是自台灣政局更迭之後，北京對台事務的主管首次有針對性的講話，內容當然極具意義。不過，張志軍的說法似乎仍集中在「九二共識」的必要性，他說：「維護兩岸關係和平發展和台海和平的關鍵在於堅持體現一個中國原則的政治基礎」。因此，張志軍特別指出：「大陸強調『九二共識』的重要性，就在於它體現了一個中國原則，清晰界定了兩岸關係的性質，表明兩岸不是國與國的關係」。[22]這確是一次非常明確的官方說明，點出了北京為什麼一直那麼強烈要求台北必須認同「九二共識」的背景所在。

　　當然，蔡英文就職之後，北京官方最重要也最具代表性的談話，是習近平在慶祝中國共產黨成立九十五週年大會的致詞。這項講話具有三個特色：第一，這是中共決策高層在蔡英文就職之後第一次對台政策的表態，應極具政治意義；第二，繼續確定「九二共識」是兩岸關係和平發展的政治基礎。這項「政治基礎」尚包括要反對「台獨」，不尋常的是，反對「台獨」在短短527字的新聞稿內共提到兩次，第二次尚大聲強調：「我們堅決反對『台獨』分裂勢力」，顯示出北京對台北現行兩岸政策推動現狀的不滿；第三，是對台灣民眾宣示、以示與台灣當局有所區隔，北京會採另一種的對台政策，習說：「兩岸關係和平發展是維護兩岸和平、促進共同發展、造福兩岸同胞的正確道路」；第四，北京對台政策的最終目標還是要標出。就像習近平指出，「推進祖國和平統一進程、完成祖國統一大業，是實現中華民族偉大復興的必然要求」。[23]

22 〈張志軍強調維護兩岸關係和平發展和台海和平的關鍵是堅持體現一個中國原則的政治基礎〉，2016年5月25日，來源：中共中央台辦、國務院台辦，國台辦網站，網址：http://www.gwytb.gov.cn/wyly/201605/t20160525_11466795.htm。
23 〈習近平：對「一國兩制」的信心和決心絕不會動搖〉，2016年7月1日，資料來源：人民網—中國共產黨新聞。國台辦網站，網址：http://www.gwytb.gov.cn/wyly/201607/t20160701_11497401.htm。

二、北京官媒看法：同樣也體現了這樣的立場

　　北京官媒的態度當然與官方立場一致，所以引述官媒的一些論點，也能證明中共對台政策的向外表述，是相當的表裡一致。

　　人民日報在5月21日發表評論員文章時指出，「台灣當局新領導人要維持現狀，要繼承和擴大兩岸關係和平發展成果，就必須對兩岸關係的性質這一根本問題作出明確回答。只有確認體現一個中國原則的政治基礎，兩岸關係制度化交往才能得以延續，兩岸關係和平發展成果才不會得而復失」。[24]

　　同日，環球時報亦發表社評：「對大陸來說，最重要的恐怕還是她對一中需要做進一步的明確回答，這一重大原則是不能通過模稜兩可的文字遊戲來替代的。在這個問題上大陸沒有退讓的空間，如果我們退了，就意味著一中原則可以打折扣，台激進勢力就可能進一步認為台獨是可以通過變通的柔性方式來加以推進的」。[25]

三、學界解讀：「就職演說」內容雖覺得有正面意義，但仍要求九二共識

　　中國社科院台研所所長周志懷表示，蔡英文的就職演說具有彈性，大陸解讀是向大陸表達善意，符合與大陸相向而行的一步。他認為蔡的演說為兩岸破冰創造了條件。他說，蔡英文雖沒講九二共識，但大陸注意到蔡提出新的表述，即「要依據中華民國憲法、兩岸人民關係條例，和其他相關法規處理兩岸事務」。尤其是兩岸人民關係條例，從此條例的名稱和總則來看有兩點涵義，一是條例總則說，主要是規範國家統一前兩岸人民的往來，統一的概念出來了。另一是條例名稱是台灣地區與大陸地區，一個國家兩個地區的涵義也出來了。從這個角度看，周志懷是認為蔡英文的兩

24　〈兩岸關係和平發展的政治基礎必須維護〉，人民網，刊登日期：2016年5月21日，http://paper.people.com.cn/rmrbhwb/html/2016-05/21/content_1680890.htm。

25　〈蔡英文是進步了，還是倒退了〉，環球網，刊登日期：2016年5月21日，http://www.zaobao.com/wencui/politic/story20160521-619783。

岸政策是有彈性的一面，這一步還是符合與大陸相向而行的一步。

　　但周志懷也提醒，蔡英文對大陸關切的核心問題沒有回應，在九二共識上沒有明確表態。由於九二共識回答了兩岸的性質，國台辦、陸委會的溝通聯繫機制是建立在一個共同的政治基礎之上，如果沒有一個共同的政治基礎會出現困難，大陸希望蔡能在九二共識上有一個清晰的表態。[26]

　　廈門大學台灣研究院院長劉國深也認為，從大陸方面來看，雖然不會特別滿意，但目前來看，還是保留著繼續觀察的空間，大陸應不會給予正面的肯定，但也不會惡言相向，總體來說，不會有特別負面的評價。[27]

　　上海市台灣研究會會長嚴安林認為，蔡在演講稿中有些調整沒有堅持民進黨既有的台獨立場，有些表態是有進步的。他指出，蔡英文用了1992年兩岸兩會秉持相互諒解、求同存異的政治思維，進行溝通協商，達成若干的共同認知與諒解，說出了和九二共識比較接近的意思。但是嚴安林認為，蔡英文在這個問題上沒有給出明確回應，包括兩岸關係的性質也沒有回答，恐怕還是有問題的。[28]

第三節　就職演說之後，北京作出更清晰的反制措施

一、北京對台政策，調整原先觀察態度，在蔡就職之後已祭出反制措施

　　北京對蔡英文就職演說的反應，5月20日當天還只是提醒蔡沒提「九二共識」，是一份未答完的考卷。但21日的態度，已強化到準備暫停或中斷所有兩岸協商及接觸的地步，顯示出北京必須有所強硬的回應。

26　〈大陸學者解讀：蔡為兩岸破冰創造條件〉，《聯合報》，刊登日期：2016年5月20日，A3。
27　〈大陸學者：蔡兩岸論述是多方壓力下的結果〉，聯合早報新聞網，刊登日期：2016年5月20日，http://www.zaobao.com.sg/realtime/china/story20160520-619372。
28　〈大陸學者：蔡未承認「九二共識」但既有立場有調整〉，聯合早報新聞網，2016年5月20日，http://www.zaobao.com.sg/realtime/china/story20160520-619387。

不過在言詞表達方面，還是保留了一絲彈性或迴轉的空間，並沒有正面宣告兩岸或兩會協商體制將立即中斷或停擺。它只是從反面的提醒，來說明若沒有「九二共識」或「一中原則」，兩岸或兩會的接觸將不再維繫或延續。

像國台辦發言人馬曉光在5月21日，針對民進黨已經在台灣上台執政，國台辦與陸委會聯繫溝通機制是否還能繼續運作的問題，應媒體詢問時就表示，只有確認堅持「九二共識」這一體現一個中國原則的共同政治基礎，兩部門聯繫溝通機制才能得以延續。[29]比較有意思的，則是海協會負責人在同一日也發表聲明，特別就今後兩會授權協商和聯繫機制應詢表示：「我們在『九二共識』基礎上推動兩岸協商談判的主張和誠意不會改變。只要海基會得到授權，向海協會確認堅持『九二共識』這一體現一個中國原則的政治基礎，兩會授權協商和聯繫機制就能得以維繫」。[30]接著是國務院台辦另一個發言人安峰山，在6月15日例行新聞發布會上，針對記者關於國台辦與台灣陸委會聯繫溝通機制、海協會與台灣海基會協商談判機制的有關問題上，也是同樣的答案內容。安說：「兩部門聯繫溝通機制和兩會協商談判機制都是建立在『九二共識』這一共同政治基礎上的，只有確認體現一個中國原則的政治基礎，兩岸制度化交往才能得以延續」。[31]實際上，海協會在更早時即5月30日曾透過台灣媒體進一步澄清：自520之後十天之內，曾收到海基會六十多份傳真文件，但海協會一件也未沒回，電話也沒接。這是否意味著兩岸兩會的聯繫已經中斷，值得玩味。[32]

---

29 〈國台辦發言人就今後國台辦與陸委會聯繫溝通機制表明態度〉，2016年5月21日，來源：新華網，國台辦網站，網址：http://www.gwytb.gov.cn/wyly/201605/t20160521_11463274.htm。

30 〈海協會負責人就今後兩會授權協商和聯繫機制表明態度〉，2016年5月21日，來源：中共中央台辦、國務院台辦，國台辦網站，網址：http://www.gwytb.gov.cn/wyly/201605/t20160521_11463273.htm。

31 〈國台辦：只有確認體現一個中國原則的政治基礎，兩岸制度化交往才能延續〉，2016年6月15日，來源：新華網，國台辦網站，網址：http://www.gwytb.gov.cn/wyly/201606/t20160615_11483769.htm。

32 〈海協打臉：60多份傳真都沒回〉，《中國時報》，2016年5月31日，A9版。

另外在國台辦例行記者會，則是再度把北京可能曾杯葛的立場說得更清楚。甚至針對兩岸已簽署協定是否會失效等問題，都一併作總的說明。馬曉光在記者會上強調：只有確認體現「一個中國」原則的政治基礎，才能確保兩岸制度化交往的成果不受影響。[33]這裡值得注意的是，講到沒有政治互信基礎，對於兩岸兩會協商機制，除了有可能面臨中斷之外，而且對以前「兩岸制度化交往的成果」，也可能面臨不保。最重要的，所謂政治基礎，也從原先一直強調的「九二共識」，改成了「一個中國」原則，這是否會是個持續性的調整，值得注意。

為了再加深發言的層級，5月25日張志軍在會見台來京的工商團體時，他再次強調：「二十年來兩岸關係發展歷程表明，堅持體現一個中國原則的共同政治基礎，兩岸關係就能穩定發展、台海形勢就能和平安寧，兩岸民眾就能得到實惠；背離一個中國原則，兩岸關係和台海局勢就會緊張動盪」，這個暗示是非常明確。但是，張志軍還是留給蔡英文一個改變說法的空間：「台灣當局新領導人在兩岸關係性質這一重大原則問題上沒有清晰態度，沒有作出明確回答，這勢必損害兩岸關係的穩定發展」。[34]

二、北京再次澄清，兩岸官方溝通機制的中斷，責任完全是在台灣一方

2016年6日29日，國台辦明白標示「兩岸聯繫溝通機制」的定位，同時也正式表示這個溝通機制已經停擺，而這個導致停擺的責任，全在台灣一方。

國務院台辦發言人安峰山是在針對記者關於兩岸聯繫溝通機制停擺原因的問題上，作了說明。他說：「兩岸聯繫溝通機制是指國台辦與台灣方

33 〈國台辦：兩岸關係的根本性質是「必答題」，沒有任何模糊空間〉，2016年5月25日，來源：中共中央台辦、國務院台辦，國台辦網站，網址：http://www.gwytb.gov.cn/wyly/201605/t20160525_11466776.htm。

34 〈張志軍強調維護兩岸關係和平發展和台海和平的關鍵是堅持體現一個中國原則的政治基礎〉，2016年5月25日，來源：中共中央台辦、國務院台辦，國台辦網站，網址：http://www.gwytb.gov.cn/wyly/201605/t20160525_11466795.htm。

面陸委會建立的常態化聯繫溝通機制、海協會與台灣海基會建立的協商談判機制」。安峰山同時補充說，由於台灣新執政當局迄今未承認「九二共識」、認同其核心意涵，動搖了兩岸互動的政治基礎，導致了國台辦與陸委會的聯繫溝通機制、海協會與海基會的協商談判機制的停擺，責任完全在台灣一方。[35]

為了加強這個說明的力道，國台辦主任張志軍也作了強調。他在7月6日晚上在天津出席第九屆津台投資合作洽談會開幕式後，接受了台灣媒體提問時還特別強調，兩岸制度化聯繫溝通機制停擺，責任也在台灣方面。[36]

這個「責任完全在台灣一方」的宣示很重要，因為在雙十國慶談話前夕，蔡英文密集接受美、日媒體專訪，北京清華大學台研院副院長巫永平10月8日受訪曾指出，蔡英文既傳達她不會再往前走，已表達最大善意，就是要告訴國際社會，「未來兩岸關係不好，責任不在我」。但北京連續的強調兩岸制度化聯繫溝通機制之所以停擺，責任就是在台灣，明顯的訴求對象也是國際社會。

三、再強的杯葛與反制措施，北京仍然為蔡英文留了一條迴旋的空間

這裡所說「北京仍然為蔡英文留了一條迴旋的空間」，最具代表性的一次談話，是中共中央政治局常委、全國政協主席俞正聲10月4日在人民大會堂會見了蔡衍明率領的台灣旺旺中時媒體集團訪問團一行。在致歡迎詞時，俞正聲特別指出，「維護兩岸關係和平發展，必須堅持體現一個中國原則的『九二共識』，明確大陸和台灣同屬一個中國，兩岸不是國與國

---

35 〈國台辦：導致兩岸聯繫溝通機制停擺的責任完全在台灣一方〉，資料來源：中共中央台辦、國務院台辦，2016年10月14日，國台辦網站，網址：http://www.gwytb.gov.cn/wyly/201606/t20160629_11495074.htm。

36 〈張志軍：我們維護兩岸關係和平發展共同政治基礎的立場從未改變〉，資料來源：新華網，2016年7月6日，國台辦網站，網址：http://www.gwytb.gov.cn/wyly/201607/t20160707_11501262.htm。

關係。堅持這個政治基礎，兩岸關係就能向著光明的前景邁進」。[37]這擺明了只要台北回到「九二共識」，北京就可以完全不計以前的誤解。

其實，涉台系統一直在為台北保留這樣的迴旋空間，中共中央台辦、國務院台辦主任張志軍7月17日在北京出席第五屆世界和平論壇並發表演講時，也曾強調一個中國原則是兩岸關係的定海神針。並暗示台北，「只有堅持這一原則，兩岸關係才能穩定發展、台海才能保持和平安寧」。而且，張志軍尚說：「無論台灣哪個政黨、團體，無論其過去主張過什麼，只要承認『九二共識』的歷史事實，認同其核心意涵，我們都願意同其交往，共同推進兩岸關係和平發展」。[38]

這些談話、或暗示的方式，在陳水扁時代，北京也曾經做過，但最終到其任期結束之時，陳水扁也始終沒有說出過他同意接受「一個中國原則」或「一個中國框架」，來作為兩岸復談的基礎。現在換了蔡英文，雖然北京有了更彈性的說法，可是仍然是舊的戰術再度應用，是對岸技窮？還是台北仍可感化？看來只有一句話可形容，「行動之前，總得有一段柔軟相勸的過程」。

四、不過，對「九二共識」或其他用詞的內涵，作了比以前更嚴格的要求

雖然在台灣媒體問到有關兩岸制度化的聯繫溝通機制時，張志軍曾表示，堅持「九二共識」，這既是我們的原則，也是我們釋放的最大善意。[39]

但是，北京對於「九二共識」、或「九二歷史事實」、或「共同認

---

37 〈俞正聲會見蔡衍明一行〉，資料來源：新華網，2016年7月4日，國台辦網站，網址：http://www.gwytb.gov.cn/wyly/201607/t20160704_11498819.htm。

38 〈張志軍主任在第五屆世界和平論壇上的午餐演講〉，資料來源：中共中央台辦、國務院台辦，2016年7月17日，國台辦網站，網址：http://www.gwytb.gov.cn/wyly/201607/t20160717_11510845.htm。

39 〈張志軍：我們維護兩岸關係和平發展共同政治基礎的立場從未改變〉，資料來源：新華網，2016年7月6日，國台辦網站，網址：http://www.gwytb.gov.cn/wyly/201607/t20160707_11501262.htm。

知」，總是覺得台北在這些名詞背後，到底它的核心意涵是什麼，始終未見其說明清楚。所以，國台辦發言人安鋒山認為：「台灣方面始終在兩岸同胞最為關切的兩岸關係性質這一根本性問題上採取模糊態度，沒有明確承認『九二共識』及其核心意涵」。安鋒山尚存疑的，尚包括所謂的「共同認知」到底是指哪些內容？又所謂「這一歷史事實的重點在於求同存異」，「求同存異」的「同」又是什麼？因此，台灣方面應該把這些講清楚、說明白。安鋒山並提醒：只有對兩岸關係的根本性質、對兩岸關係發展的基礎作出明確的、正確的表述，兩岸的制度化交往才能得以延續。[40]這樣的一個要求，無形中也封殺了蔡英文企圖用「模糊空間」來夾帶過關的戰術。

接著張志軍7月17日在北京出席第五屆世界和平論壇並發表演講時，再度強調說，「九二共識」的重要性，在於它體現了一個中國原則，清晰界定了兩岸關係的性質，表明兩岸不是國與國的關係。它解決了兩岸關係中雙方是在和誰打交道的問題。但他也同時指出：民進黨當局領導人在兩岸關係性質這一根本問題上態度模糊，拒絕承認「九二共識」和認同其兩岸同屬一中的核心意涵，破壞了兩岸關係和平發展的政治基礎。[41]看起來，中國大陸的涉台系統，已完全瞭解蔡英文模糊策略。

五、對不認同「九二共識」的當局、團體、個人，還是作了區隔處理

譬如說，針對上海市與台北市宣布將於8月下旬舉辦「雙城論壇」，國台辦發言人馬曉光12日應詢表示，「我們多次講過，堅持體現一個中國原則的『九二共識』這一政治基礎，兩岸關係和平發展就可以得到維護。

---

40 〈國台辦：台灣方面應講清楚兩岸關係性質〉，資料來源：中共中央台辦、國務院台辦，2016年6月29日，國台辦網站，網址：http://www.gwytb.gov.cn/wyly/201606/t20160629_11495073.htm。

41 〈張志軍主任在第五屆世界和平論壇上的午餐演講〉，資料來源：中共中央台辦、國務院台辦，2016年7月17日，國台辦網站，網址：http://www.gwytb.gov.cn/wyly/201607/t20160717_11510845.htm。

只要對兩岸關係及兩岸城市交流的性質有正確認知，我們對兩岸城市交流持積極、開放的態度」。[42]

但是，對於2016年7月6日由高雄市主辦的「港灣城市論壇」，大陸有天津、深圳、福州、廈門、與上海等五個城市受邀，但結果全部都缺席。陸委會發布消息說：兩岸城市交流不應預設任何政治議題。[43]國台辦的例行記者會則要到9月24日才舉行，沒能在那段期間被問到北京的看法。

因此，引述媒體評論的一段話，很精準就提到這個問題的癥結：民進黨取得執政權柄，高雄市長陳菊的港灣城市論壇卻失去兩岸溝通的平台，台北市長柯文哲雖然民調滑落，台北雙城論壇卻意外讓他成為兩岸城市的新窗口。[44]

即使與其他城市方面的往來，北京也是有選擇性的，講白了就是只接受「認同九二共識」的景市。譬如說2016年9月間藍營八縣市長訪問團不但順利前往中國大陸，國台辦針對各藍營的縣市做出八項回應，包括：支持八縣市組成「旅遊促進聯盟」聯合設計旅遊產品，並與大陸各地建立聯繫窗口；推動大陸相關企業赴八縣市考察；加強與八縣市產業、文化、人文、青年交流等。[45]

再譬如說：針對台北一直希望參加國際氣象組織大會ICAO一事，國台辦發言人馬曉光2016年8月4日應詢表示：對於台灣參與國際組織活動問題，我們的立場是明確的、一貫的，即必須在一個中國原則下，通過兩岸協商作出安排。[46]結果台北最終還是未被ICAO邀請出席。但是，在5月

---

42 〈國台辦發言人就滬台舉辦「雙城論壇」答記者問〉，資料來源：新華網，2016年8月12日，國台辦網站，網址：http://www.gwytb.gov.cn/wyly/201608/t20160812_11536263.htm。

43 郭玫君，〈學者：封殺綠營城市，不利兩岸〉，《聯合報》，2016年9月5日，A4版。

44 林政忠，〈北高雙城記，柯、菊兩樣情〉，《聯合報》，2016年9月5日，A4版。

45 〈國台辦：將採取措施推動與台灣八縣市交流〉，中共中央台辦，刊登日期：2016年9月18日，http://www.gwytb.gov.cn/wyly/201609/t20160918_11571873.htm。

46 〈國台辦：只有確認體現一個中國原則的政治基礎，兩岸才可能就台灣參與國際組織活動問題進行協商〉，資料來源：中共中央台辦、國務院台辦，2016年8月4日，國台辦網站，網址：http://www.gwytb.gov.cn/wyly/201608/t20160804_11529014.htm。

20月世界衛生大會召開之時，蔡英文新政府的一位衛生部長順利出席。但值得提醒的，原先邀請函發出之時，仍尚在認同「九二共識」的馬英九總統任內。

第四節　習近平在蔡英文就職之後的對台政策終於定調

2016年11月1日，中共中央總書記習近平在北京人民大會堂會見洪秀柱主席率領的中國國民黨大陸訪問團。在發表他六點看法之前，習近平曾先說明，國共兩黨為了民族大義也幾度合作，為民族和國家發展發揮了重要作用。2005年，兩黨開啟新的交往，兩黨領導人共同發布「兩岸和平發展共同願景」，揭示了兩岸關係和平發展新方向。而2008年之後（由於國民黨上台執政），開闢了兩岸關係和平發展道路，給兩岸同胞帶來了許多實實在在的利益。

所以習近平強調，兩岸堅持體現一個中國原則的「九二共識」政治基礎，維護台海和平穩定，維護兩岸關係和平發展，是兩岸同胞的民意主流。習近平並就兩岸關係發展提出了六點意見：

一、習近平講話中的六點意見[47]

第一，堅持體現一個中國原則的「九二共識」。承認不承認體現一個中國原則的「九二共識」，關係認定兩岸是一個國家還是兩個國家的根本問題。在這個大是大非問題上，我們的立場不可能有絲毫模糊和鬆動。在一個中國原則的基礎上，協商正式結束兩岸敵對狀態，達成和平協定，也是我們的一貫主張。國共兩黨可以就此進行探討。

第二，堅決反對「台獨」分裂勢力及其活動。確保國家主權和領土完整是國家核心利益，是一條不可逾越的紅線。任何政黨、任何人、任何時

47　〈習近平總書記會見中國國民黨主席洪秀柱〉，2016年11月1日，資料來源：新華社，國台辦網站，網址：http://www.gwytb.gov.cn/wyly/201611/t20161101_11610932.htm。

候、以任何形式進行分裂國家活動，都將遭到全體中國人民堅決反對。國共兩黨應加強溝通合作，共同承擔起反對「台獨」、維護台海和平穩定的重責大任。

第三，推進兩岸經濟社會融合發展。國共兩黨要積極發揮交流管道作用，順應經濟發展規律，創新方式，推動擴大兩岸經貿往來，加強兩岸產業合作，支持兩岸企業合作創新、共創品牌、共拓市場，擴大兩岸中小企業和農漁業合作，擴大基層民眾參與面和獲益面。同時習也提醒，青少年是民族的希望和未來，要為兩岸鼓勵他們早接觸、多交往，增進親情，瞭解我們大家庭，認同我們的美好家園。另外，我們將研究出台相關政策措施，為台灣同胞在大陸學習、就業、創業、生活提供更多便利。

第四，共同弘揚中華文化。國共兩黨要推進兩岸文化交流，弘揚中華文化優秀傳統，闡發中華文化的時代內涵，厚植兩岸同胞的精神紐帶，促進心靈契合，增強中華文化自信、中華民族自信。而且，兩岸教育各具特色，要加強學校、教育工作者之間的交流。

第五，增進兩岸同胞福祉。只要是有利於增進兩岸同胞親情和福祉的事，只要是有利於推動兩岸關係和平發展的事，只要是有利於維護中華民族整體利益的事，國共兩黨都應該盡最大努力去做，並把好事辦好。

第六，共同致力於實現中華民族偉大復興。只要國共兩黨胸懷民族復興理想，廣泛團結兩岸同胞，就一定能維護兩岸關係和平發展和台海和平穩定，開創中華民族偉大復興更加光明的前景。

這個「六點意見」，不妨稱之為「習六點」，闡述了國共兩黨未來可以努力的方向，以及可預期達到的目標，而且也為兩岸關係未來發展的遠景，畫出可以邁進的道路。也可以說，在現今呈現「冷和」狀態的兩岸關係上，注射了一股暖流，也燃起了一支希望之火。

二、解讀習近平「六點意見」裡的重要內涵

在「習六點」裡，作者也發現，跟以往國共兩黨主席見面談話內容的最不一樣的地方，就是認為很多他提出來的遠景，都希望國共兩黨共同

去承擔，共同來執行，而不再只是中共單面的期待與呼籲。所以六點意見裡，都有國共兩黨必須共同一起來合作執行的建議。另外，習近平也是歷來中共總書記裡較少有那麼理念執著的領導人，不僅對「九二共識」這個兩岸政治互信基礎的執著，也對「反對台獨」這個民族大義理念的執著。這應該算是中共對台政策的最後定調，也是北京在今後涉台措施裡不會允許蔡英文及其領導的民進黨跨越的紅線。作者將此看法，分成三個部分來解讀：

（一）強調他在講話中的重點工作，都是要國共兩黨共同承擔，共同執行

第一項意見裡，習近平就說：在一個中國原則的基礎上，協商正式結束兩岸敵對狀態，達成和平協定，也是我們的一貫主張。但特別提醒「國共兩黨可以就此進行探討」。

第二項意見裡，習也建議「國共兩黨應加強溝通合作，共同承擔起反對『台獨』、維護台海和平穩定的重責大任」。

第三項意見裡，主要是呼籲「國共兩黨要積極發揮交流管道作用，順應經濟發展規律，創新方式，推動擴大兩岸經貿往來，加強兩岸產業合作，支持兩岸企業合作創新、共創品牌、共拓市場，擴大兩岸中小企業和農漁業合作，擴大基層民眾參與面和獲益面」。這幾乎是過去兩岸官方合作及交流平台的項目，現在都準備全移到國共未來合作的平台來推動。

第四項意見裡，習也建議「國共兩黨要推進兩岸文化交流，弘揚中華文化優秀傳統，闡發中華文化的時代內涵，厚植兩岸同胞的精神紐帶，促進心靈契合，增強中華文化自信、中華民族自信」。而且，習進一步說：「兩岸教育各具特色，要加強學校、教育工作者之間的交流」。前者也是一樣，仿進上面說法，建立「國共未來文化交流的平台」來執行，後者，涉及到兩岸官方合作之不易，提醒國民黨可以推動「學校、教育工作者之間的交流」。

第五項意見裡，習近平認為只要是有利於增進兩岸同胞親情和福祉的

事，只要是有利於推動兩岸關係和平發展的事，只要是有利於維護中華民族整體利益的事，並提醒「國共兩黨都應該盡最大努力去做，並把好事辦好」。

第六項意見裡，呼籲「只要國共兩黨胸懷民族復興理想，廣泛團結兩岸同胞，就一定能維護兩岸關係和平發展和台海和平穩定，開創中華民族偉大復興更加光明的前景」。

（二）講話中對於「九二共識」，是四度提起，顯示對它的特別重視

習近平說：「堅持體現一個中國原則的『九二共識』」，並「重新強調『九二共識』的核心是一個中國原則，認同兩岸同屬一中」，接著焦點轉向台灣，認為「台灣政局變化改變不了『九二共識』的歷史事實和核心意涵」。而且再次重申「承認不承認體現一個中國原則的『九二共識』，關係認定兩岸是一個國家還是兩個國家的根本問題」。並且結語中尚強調：「在這個大是大非問題上，我們的立場不可能有絲毫模糊和鬆動」。

幾乎在2016年，北京對民進黨與蔡英文所有要求必須承認「九二共識」的喊話，這次習近平是把話一次說盡。特別是高調提醒「承認不承認體現一個中國原則的『九二共識』，關係認定兩岸是一個國家還是兩個國家的根本問題」這段話，應是所有涉台談話裡是最嚴厲一次的要求：因為這句話根本不讓蔡英文有任何閃躲、模糊，以及實話虛答的空間。

（三）習近平在講話中再次「脫稿談話」，說明對台獨之深恨痛絕

根據「洪習會」的與會人士指出，習在這場會談中曾多次脫稿，對洪秀柱等國民黨7人小組表示，中國大陸13億人民不會同意台獨，他們有能力、有決心、有準備會處理台獨，否則會被13億人民推翻；但在場者也補充說明，習當時是以軟性態度，非威脅語氣。但不管如何，習近平在講話中再次「脫稿談話」，說明對台獨之深恨痛絕。[48]

---

48 施曉光、林良昇，〈洪習會上 習近平：不處理台獨會被推翻〉，2016年11月2日，中時電子報網站，網址：http://news.ltn.com.tw/news/politics/breakingnews/1874969。

其實，2015年3月在兩會期間，為了刻意突出「九二共識」是兩岸互信及接觸的基礎，習近平講話也有過「脫稿」演出的紀錄。那次他曾說：一旦「（九二共識）基礎不牢」，兩岸關係就會「地動山搖」。但正式新聞稿出爐後，則改成比較平穩的語氣，內文的說法變成是「如果雙方的共同政治基礎遭到破壞，互信將不存在，兩岸關係就會重新回到動盪不安的老路上去」。[49]

在2016年11日11日北京舉行的「紀念孫中山先生誕辰一百五十週年大會」上，習近平出席大會並發表重要講話。習近平特別在會中強調，「我們絕不允許任何人、任何組織、任何政黨、在任何時候、以任何形式、把任何一塊中國領土從中國分裂出去！」[50]這已不僅只指「台獨」，而且也對所謂的「港獨」一併提出警告。可以說明，痛恨「分離或分裂思想」，防止「任何獨立行動」，已在北京的領導層裡，成為最優先的政策考量。

第五節　如何評估在蔡英文就職演說之後的北京反應

一、官方的反應雖然強悍，應該是會給蔡英文一個「補充答題」的補考機會

從國台辦的回應來看，大陸方面認為蔡英文對於兩岸關係的演說不夠具體，沒有清楚的說出會承認「九二共識」，因為表明大陸與台灣同屬一個中國、或兩岸不是國與國關係，在這些根本問題上是不能採取模糊態度的。但是，這樣的表態也並非完全否定蔡的就職演說，因為國台辦說「這是一份沒有完成的答卷」，而不是一份「不及格的答卷」，所以基本上仍然希望蔡英文能夠在兩岸關係上作出更多具體的表述，同時也給蔡英文一

49　汪莉絹、李春，〈習重申九二共識：基礎不牢 地動山搖〉，2016年3月5日，世界新聞網，網址：http://www.worldjournal.com/2610831。

50　〈習近平：絕不允許任何一塊中國領土從中國分裂出去〉，2016年11月11日，資料來源：人民網，國台辦網站，網址：http://www.gwytb.gov.cn/wyly/201611/t20161101_11610932.htm。

個「補充答題」的補考機會，希望不僅是聽其言，而且也要觀其行。

反而是學界對於蔡英文的演說有比較正面的看法，認為蔡的演講至少盡力的往「九二共識」靠攏，雖然她無法明確地說出口，但也沒有堅持民進黨既有的台獨立場。因此，他們的看法是：蔡英文的兩岸政策是有彈性的一面，這一步還是符合與大陸相向而行的一步。

因此，蔡英文怎麼把握這樣的補考機會，固然是個重點，但如何調整自己的心態及價值觀，把契合北京的期待當作是台灣的利益趨向，可能更為重要。

二、兩岸之間，官方及授權單位接觸雖然中止，但兩岸民間交流將會持續

前文談到大陸國台辦與台灣陸委會聯繫溝通機制，以及海協會與海基會協商談判機制是否得以延續的有關問題上，國台辦曾說得非常清楚：「兩部門聯繫溝通機制和兩會協商談判機制都是建立在『九二共識』這一共同政治基礎上的，只有確認體現一個中國原則的政治基礎，兩岸制度化交往才能得以延續」。這也就是說，兩岸如果沒有「九二共識」這一共同政治基礎，台北也沒能確認體現「一個中國原則的政治基礎」，那麼兩岸在過去八年建立的「制度化交往」將難以延續。

這樣的政策，同樣會應用到地方層級的兩岸城市交流的層面。像民進黨執政的縣市長，想再依循2016年馬英九時代前往中國大陸進行交流或訪問的榮景，恐怕不再。最新的一個例子，就是高雄市長陳菊有意訪問對岸，邀請天津等一些沿海城市首長出席在高雄舉行的「港灣城市論壇」，並得到蔡英文的支持，但大陸方面的反應十分冷淡，在官方正式說明中，是在2016年6月15日的記者發布會上，發言人安峰山針對這個問題只簡短回答：「大陸和台灣同屬一個中國，只有對兩岸關係的性質有正確的認知，才有利於雙方正常往來」。[51]但最終結果，大陸五座受邀的城市，沒

---

51 〈國台辦新聞發布會輯錄〉，2016年6月15日，來源：中共中央台辦、國務院台辦，國台辦網站，網址：http://www.gwytb.gov.cn/xwfbh/201606/t20160615_11483731.htm。

有一個出席。私底下，一名大陸涉台權威高層被台灣媒體引述說：民進黨縣市首長若要訪陸，必須很明確的承認九二共識，接受是「一個國家的城市交流」。[52]

但另方面，八位標榜是「藍營縣市長」的訪問團，2016年9月17日前往中國大陸，卻又受到北京高度的重視，不但高層如俞正聲、張志軍的分別接見，甚至國台辦發言人馬曉光在張志軍與來訪的台灣縣市長參訪團舉行座談會後，隨即就向記者表示，大陸有關部門和城市願意與堅定支援「九二共識」、努力促進兩岸關係和平發展的台灣各縣市加強交流合作。因此大陸方面將採取八方面措施推動與台灣八縣市交流。[53]這不就說明，有沒有接受「九二共識」的縣市，在北京眼中，還是有所區別。

中共政治局常委、全國政協主席俞正聲在6月12日第八屆海峽論壇12日出席論壇開幕式並致詞時，說了下列一段話，更有準備把官方接觸與民間交流做切割處理的傾向。俞說：「維護兩岸關係和平發展與台海和平穩定，需要持續擴大深化兩岸民眾交流。兩岸關係形勢越複雜，越需要兩岸民眾加強交流，尤其要多舉辦一些體驗式交流，讓兩岸民眾樂於參與、有所收穫」。在持續「寄希望於台灣人民」的方針下，北京似乎相信「只要堅持不懈，兩岸民眾交流定會成為維護兩岸關係和平發展的『錨頭』，成為兩岸同胞共同駛向美好未來的『風帆』」。所以俞正聲強調，「我們的對台大政方針是明確的、一貫的。我們將繼續堅持『九二共識』政治基礎，堅決反對『台獨』，堅定維護一個中國原則」，但另方面也要「繼續推進兩岸各領域交流合作，維護兩岸關係和平發展與台海和平穩定」。[54]

從俞正聲在致詞中一開始就說，受習近平總書記的委託，向參加論壇的兩岸同胞、特別是台灣鄉親表示誠摯問候，可以深信北京把「官方接觸與民間交流要切割處理」的做法，是得到中共政治局常委會的授權，應是北京對台政策的主流措施。

---

52 〈冷對抗：兩岸城市交流中斷〉，《中國時報》，2016年6月4日，A12版。

53 〈國台辦：將採取措施推動與台灣八縣市交流〉，資料來源：新華網，2016年9月18日，國台辦網站，網址：http://www.gwytb.gov.cn/wyly/201609/t20160918_11571873.htm。

54 〈第八屆海峽論壇在廈門舉行俞正聲出席並致詞〉，2016年6月12日，來源：新華網，國台辦網站，網址：http://www.gwytb.gov.cn/wyly/201606/t20160612_11479715.htm。

第 **7** 章 ▶▶▶

2016年兩岸關係發展之觀察：
冷和磨合期

　　說2016年是「兩岸關係發展的冷和磨合期」，真的一點也不為過。因為與馬英九上個八年任期裡的兩岸關係發展比較來說，北京與台北之間在這一年5月之後的互動情況，可以用一個「冷」字來形容：譬如說：兩岸官方接觸管道全面中斷、兩岸在國際社會中和解休兵的現象越來越淡、陸客來台數字急速下降、大陸民意強烈反彈波及到台灣社會，都是隨手可拾的例子。

　　儘管北京對台北施出了「冷凍」手段，但曾經對蔡英文說出的一句「未答完的考卷」，而不是一份「不及格的考卷」，還是留下了很多「北京不想完全攤牌」的想像空間；[1]而蔡英文在人事上儘可能任用讓北京覺得可以接受的人士，譬如任命宋楚瑜出任APEC特使一事，也讓外界對兩岸關係的發展，有了更多不會「全斷」的聯想空間。以上面所述，至少暗示出北京官方尚未準備採取全面杯葛以及對抗的手段，來應對蔡英文不願承認「九二共識」的立場；另外，也顯示出蔡英文不完全要走兩岸對抗路線，某些方面是在尋求緩和的調節。[2]因此可以說，兩岸之間在現階段

1　大陸海協會會長陳德銘2016年10月14日出席在深圳舉行的大陸「全國雙創週」其中的兩岸青年創業基地成果聯展。針對記者問到「陸方對於蔡政府是否仍存期待，或已定性？」時，陳德銘雖說，「那就要看她自己（指蔡英文）」，他也在看「實際情況」。他反問記者「雙十講話你聽了嗎？」他認為蔡英文的談話沒有新意也沒有善意。不過向前走幾步後，陳德銘又回頭補充：「任何時候她有好的動作，我都歡迎」。北京對蔡英文暗示性的期待與等待，顯見在國慶致詞之後，仍然存在。內容可見郭珍君，〈陳德銘：任何時候歡迎蔡英文好的動作〉，聯合新聞網，2016年10月15日，網址：http://udn.com/news/story/9263/2024895。

2　蔡英文在2016年國慶致詞時曾說：「兩岸關係有些起伏，但我們的立場仍然一致而堅定。我們的承諾不會改變，我們的善意不會改變，我們也不會在壓力下屈服，更不會走回對抗的老路」。〈總統出席中華民國中樞暨各界慶祝105年國慶大會〉，2016年10月10日，總統府網站，網址：http://www.president.gov.tw/Default.aspx?tabid=131&itemid=38134&rmid=514。

是在採取某種沒有產生正面衝突的「平和局面」，如果這個說法會引發爭論，至少表象上的「和」還算是有存在。

在這樣有「冷」但「和」的局面下，是否接下來的「情勢發展」可以這樣說：北京心中雖有不滿，但尚有期待，或許說還願意給台北空間來尋求它的改變。畢竟蔡英文上台才一段時間，對北京的態度以及對「九二共識」可能尚需要點時間來摸索。當然這只是作者的推論，而非有充分證據的全面評估，未來的發展還需要進一步的觀察。另方面，今後沒有「九二共識」的兩岸關係，台北的確難求積極面的發展，但是否有尋求不再倒退消極面的措施，至少可維持表象的「現狀」，也是可以觀察的。不過，當我們假設北京希望台北「最終走向還是會尋求轉變」的假設前提下，兩岸雙方應有各自探詢虛實的動作，事實上，它們目前已分別採取了一些「分進合擊」的策略，來因應對方所推出的措施。特別是蔡英文在2016年年底說了這段話：「2017年的兩岸關係是不是可以峰迴路轉，將取決於我們的耐心和堅定的信念，也將取決於北京當局如何看待兩岸關係的未來是否也願意承擔起責任，以新的思維和做法，共同擘劃兩岸互動新模式」。[3]在這樣的狀態下，是否也能以「磨合」一詞，來形容這段期間的「兩岸關係發展」？

2016年5月之後的兩岸關係，若可定位為「冷和的磨合期」，那麼這種既「冷」又「和」，並且雙方還在「磨合」階段裡的互動中，到底會是個什麼景象，下文一連串的現象分析，便是作者從「兩岸關係發展」的「冷現象」出發，再分析至它們到本書截稿為止仍呈顯出的「平和」局面，以及設法探視出彼此之間一直以「磨合作用」的互動，最終會採取的方式。

3　總統與中外記者茶敘並發表年終談話，2016年12月31日，總統府網站，網址：http://www.president.gov.tw/Default.aspx?tabid=131&itemid=38527&rmid=514。

第一節　從520就職演說之後，雙方就以「冷」來處理彼此關係

一、北京最早是說：沒有「九二共識」，兩岸或兩會的接觸將不再維繫或延續

北京對蔡英文就職演說的反應，5月20日當天還只是提醒說：蔡沒提「九二共識」，是一份未答完的考卷。[4]但在5月21日時馬曉光就表示，「九二共識」是一個中國原則的共同政治基礎，[5]北京必須強硬。而海協會也聲明，今後兩會在「九二共識」基礎上推動兩岸協商談判的主張和誠意不會改變。「九二共識」體現一個中國原則的政治基礎，兩會授權協商和聯繫機制就能得以維繫。[6]

不過，在言詞表達方面，還是保留了一絲彈性或迴轉的空間，並沒有正面宣告兩岸或兩會協商體制將立即中斷或停擺。它只是從反面的提醒，來說明若沒有「九二共識」或「一中原則」，兩岸或兩會的接觸將不再維繫或延續。

針對記者關於國台辦與台灣陸委會聯繫溝通機制、海協會與台灣海基會協商談判機制是否全面中斷的有關問題，國務院台辦發言人安峰山並沒有正面回答這個問題。他在6月15日例行新聞發布會上應詢時只是表示，兩部門聯繫溝通機制和兩會協商談判機制都是建立在「九二共識」這一共同政治基礎上的，只有確認體現一個中國原則的政治基礎，兩岸制度化交

4　中共中央台辦、國務院台辦負責人5月20日發表對蔡英文就職演說的回應稱：「在兩岸同胞最關切的兩岸關係性質這一根本問題上採取模糊態度，沒有明確承認『九二共識』和認同其核心意涵，沒有提出確保兩岸關係和平穩定發展的具體辦法。這是一份沒有完成的答卷」。請見〈中共中央台辦、國務院台辦負責人就當前兩岸關係發表談話〉，2016年5月20日，資料來源：新華網。國台辦網站，網址：http://www.gwytb.gov.cn/wyly/201605/t20160520_11463128.htm。

5　〈國台辦新聞發布會輯錄（2016-5-25）〉，國台辦網站，刊登日期：2016年5月25日，http://www.gwytb.gov.cn/xwfbh/201605/t20160525_11466675.htm。

6　〈海協會負責人就今後兩會授權協商和聯繫機製表明態度〉，新華網，刊登日期：2016年5月21日，http://news.xinhuanet.com/2016-05/21/c_1118907158.htm。

往才能得以延續。[7]而國台辦主任張志軍則更早在5月25日就說過，二十年來兩岸關係發展歷程表明，堅持體現一個中國原則的共同政治基礎，兩岸關係就能穩定發展、台海形勢就能和平安寧，兩岸民眾就能得到實惠；背離一個中國原則，兩岸關係和台海局勢就會緊張動盪。[8]

二、台北的「冷」，就是對「九二共識」這四個字，沒有任何回應

　　針對北京接連而三的提醒台北，要對「九二共識」是否認同作個說明，台北除了「冷處理」之外，幾乎對「九二共識」，就像是充耳不聞，沒有給予任何回應。作者整理了蔡英文與政府相關重要談話及文件，在2016年6月29日北京正式宣布兩岸官方及其授權機構聯繫機制全面中斷之前，台北最接近的說法也只有在520就職演說中提到的「九二事實」一詞，在其他可以表達對「九二共識」回應的場合裡，幾乎全以沉默帶過。謹舉幾個例子來說明：

　　（一）蔡英文在就職之日也接見了出席2016年第六十九屆「世界衛生大會」（WHA）代表團，提到此次準備參與「世界衛生大會」的過程非常辛苦。加上此次大會的時間剛好在新舊政府交接時期，所以在準備的時間及能量上都非常受限。事實上，蔡英文說：從「有沒有收到邀請函」到「能否順利成行」，都是一個又一個需要突破的挑戰。其實她大可借此場合來回應「九二共識」是否認同，但顯然她並沒有掌握這個時機。[9]

　　（二）等到6月8日晚間蔡英文出席「2016大陸台商端午節座談聯誼活動」時，又是一個可以表達「九二共識」看法的場合，她再次不願鬆口，只強調政府會持續推動兩岸互動交往，並會持續和對岸進行溝通和對

7　〈國台辦：只有確認體現一個中國原則的政治基礎，兩岸制度化交往才能延續〉，2016年6月15日，資料來源：中共中央台辦、國務院台辦。國台辦網站，網址：http://www.gwytb.gov.cn/wyly/201606/t20160615_11483769.htm。

8　〈張志軍強調維護兩岸關係和平發展和台海和平的關鍵是堅持體現一個中國原則的政治基礎〉，2016年5月25日，資料來源：中共中央台辦、國務院台辦。國台辦網站，網址：http://www.gwytb.gov.cn/wyly/201605/t20160525_11466795.htm。

9　〈總統接見出席本（105）年第六十九屆「世界衛生大會」（WHA）代表團〉，2016年5月27日，總統府網站，http://www.president.gov.tw/Default.aspx?tabid=131&itemid=37451&rmid=514。

話，致力維繫兩岸間各項制度化的溝通和對話機制，持續推動經貿往來及各層次的交流，促進兩岸之間的相互瞭解，建構更優質的互動環境。[10]蔡英文顯然沒有想到：維繫兩岸間各項制度化的溝通和對話機制的政治基礎「九二共識」沒有提出，何以為繼？

（三）再有一次機會，是蔡英文在6月21日接見「美中經濟暨安全檢討委員會」（USCC）訪問團時，她主動談及兩岸關係並指出，「我們亦將致力於建立兩岸間的良性對話與溝通管道」，[11]但來賓與她竟然都沒警覺到，在6月下旬這個時刻，蔡英文已上任兩個月的時間，為什麼台北還在致力於建立兩岸間的良性對話與溝通管道？

討論到陸委會的談話，多數還是把「政策說明」完全置於蔡英文就職演說的基礎上，不會有特別的看法表達，更遑論會觸及「九二共識」一詞。像陸委會主委張小月典型的說法，就是說「政府的兩岸政策，最重要的就是維持現狀，維持兩岸關係的和平穩定發展。政府將根據中華民國憲法、兩岸人民關係條例與相關法律規定，推動兩岸事務」。[12]或者說：「要維持兩岸關係的和平穩定，雙方要對話、溝通、接觸、交流，我們會用最大的誠意，以穩健、務實、成熟、負責任的態度來推動兩岸關係」。[13]任何時刻、任何內容，絕對不會超越蔡英文已鎖定的政策宣示，

至於陸委會的談話，常涉及到兩岸是否能捨棄「九二共識」這樣取捨的問題。對於這樣簡單的答案，陸委會竟然也可完全充耳不聞。譬如說，520那天，蔡英文在就職演說中根本未提到「九二共識」，陸委會竟然可以天真的建議：「共同努力維護現有機制，包括陸委會與國台辦溝通聯繫機制與制度化協商機制，透過良性溝通與對話，減少誤判、建立互信、

10　〈總統出席「2016大陸台商端午節座談聯誼活動」〉，2016年6月8日，總統府網站，http://www.president.gov.tw/Default.aspx?tabid=131&itemid=37509&rmid=514。
11　〈總統接見「美中經濟暨安全檢討委員會」（USCC）訪問團〉，2016年6月21日，總統府網站，http://www.president.gov.tw/Default.aspx?tabid=131&itemid=37550&rmid=514。
12　〈陸委會對兩岸關係之政策說明〉，2016年10月14日，陸委會網站，網址：http://www.mac.gov.tw/ct.asp?xItem=115693&ctNode=5649&mp=1。
13　〈「2016大陸台商端午節座談會」主委致詞參考資料〉，刊登日期：2016年6月8日，陸委會網站，http://www.mac.gov.tw/ct.asp?xItem=114858&ctNode=5650&mp=1。

妥善處理爭議，共同造福兩岸人民」。[14]或者說，陸委會也會表示，「總統就職演說所提兩岸政策相關主張，獲得民意高度支持。政府的立場堅定而明確，將持續透過良性溝通與對話，務實面對及妥善處理兩岸關係，符合兩岸民眾及國際社會的期待」。[15]但所謂「將持續透過良性溝通與對話」，管道又是何在？曾經有過的溝通與對話又是哪些場合？陸委會並無作任何解釋。

第二節　北京宣布：兩岸官方及授權機構的接觸及往來，全面中斷

兩岸在蔡英文就任之後，最「冷」的一段，就是北京正式宣布「兩岸官方及授權機構的接觸及往來，全面中斷」。[16]這個源由，就是由於蔡英文的想法、做法，以及政策推動，只單方面認為兩岸可「透過表達善意，來累積信賴的基礎」。[17]結果北京並沒有感受到，又因「九二共識」也沒有提及，因此蔡英文希望「盡所能地維持（兩岸）關係穩定，讓雙方交流維持正常狀態」，[18]好像最終發展的方向也成了逆向。其中，兩岸官方及授權機構的接觸及往來全面中斷，應是現階段兩岸關係發展成冷凍局面最顯著的徵兆。

但是到了6月29日，國務院台辦發言人安峰山6月29日在例行新聞發

---

14 〈政府堅定維護兩岸關係和平穩定現狀，呼籲雙方透過良性溝通對話，妥善處理兩岸關係〉，2016年5月20日，陸委會網站，http://www.mac.gov.tw/ct.asp?xItem=114664&ctNode=5649&mp=1。

15 〈多數民意支持政府堅持維護兩岸和平穩定的現狀，以及維護現有機制，展開兩岸良性溝通與對話〉，2016年6月8日，陸委會網站，http://www.mac.gov.tw/ct.asp?xItem=114846&ctNode=5649&mp=1。

16 〈國台辦：導致兩岸聯繫溝通機制停擺的責任完全在台灣一方〉，資料來源：中共中央台辦、國務院台辦，2016年6月29日，國台辦網站，網址：http://www.gwytb.gov.cn/wyly/201606/t20160629_11495074.htm。

17 〈總統當選人蔡英文接受本報專訪：期待大陸，再給點善意〉，中時電子報網站，2016年3月21日，網址：http://www.chinatimes.com/newspapers/20160321000276-260102。

18 林河名，〈對岸堅持「九二共識」，蔡總統：沒特效藥或聰明回答〉，聯合新聞網，2016年8月22日，網址：http://udn.com/news/story/1/1908925。

布會上的發言，開始有了明朗態度，他說：兩岸聯繫溝通機制是指國台辦與台灣方面陸委會建立的常態化聯繫溝通機制、海協會與台灣海基會建立的協商談判機制。他並正式證實：由於台灣新執政當局迄今未承認「九二共識」、認同其核心意涵，動搖了兩岸互動的政治基礎，導致了國台辦與陸委會的聯繫溝通機制、海協會與海基會的協商談判機制的停擺，責任完全在台灣一方。因此，兩岸官方及授權機構的接觸及往來全面中斷。[19]

國台辦主任張志軍7月6日晚在天津出席第九屆津台投資合作洽談會開幕式後，接受台灣媒體提問時強調：我們對台大政方針不會因為台灣政局的變化而發生改變，維護兩岸關係和平發展共同政治基礎的立場也沒有改變，520之前和520之後都是如此，變化的是台灣方面。兩岸制度化聯繫溝通機制停擺，責任也在台灣方面。[20]

一、自此之後，兩岸很多重大事務的處理，已經不見有兩岸官方或兩會的參與

在國台辦宣布暫停兩岸官方及授權機構的接觸及往來後，實際上很多雙方很多重大事務的處理，已不見兩岸官方或兩會的參與。為了彰顯這一點，北京還特別指示較低層級或地方政府的單位來處理兩岸一些突發的事件。譬如說：

（一）2016年7月1日，台灣海軍131艦隊所屬的金江艦，在上午8點15分誤射一枚雄風三型反艦飛彈，擊中高雄籍翔利昇漁船，造成1死3傷。由於飛彈誤射之方向是對著中國大陸，儘管當時海軍在第一時間表示，誤射飛彈事件發生之後，大陸共軍機艦並無異常狀態，但是事情是非常嚴重。針對海軍金江軍艦誤射雄三飛彈事件，陸委會在當天晚上發布新

19　〈國台辦：導致兩岸聯繫溝通機制停擺的責任完全在台灣一方〉，資料來源：中共中央台辦、國務院台辦，2016年6月29日，國台辦網站，網址：http://www.gwytb.gov.cn/wyly/201606/t20160629_11495074.htm。

20　〈張志軍：我們維護兩岸關係和平發展共同政治基礎的立場從未改變〉，資料來源：新華網，2016年7月6日，國台辦網站，網址：http://www.gwytb.gov.cn/wyly/201607/t20160707_11501262.htm。

聞稿重申，事件純屬意外，並已於下午通報大陸國台辦。陸委會表示，除當天下午授權海基會通報大陸海峽協會之外，也請海協會通知相關部門，隨即同步通報大陸國台辦。[21]但國台辦主任張志軍在下午接受台灣媒體訪問時卻表示，「沒有得到這個消息」。[22]這麼嚴重的事件，國台辦竟然沒有接獲來自台北的訊息，顯示出兩岸官方的溝通機制不但中斷，而且所謂的「通報」，也只是單面的說詞。

（二）2016年7月19日，一個來自遼寧海外國際旅行社有限公司組織的大陸旅行團在台灣桃園發生嚴重車禍和火災，造成24名大陸遊客及導遊、司機共26人死亡的重大事故。事故發生當天，在北京的李克強總理就作出重要批示，要求國台辦、國家旅遊局等部門儘速瞭解情況，妥善做好善後工作。國台辦、國家旅遊局、遼寧省政府等有關方面在第一時間啟動應急處理機制。[23]儘管大陸海協會會長陳德銘也在7月19日當天就表示，海協會得知事故消息後，根據有關方面的授權，立即啟動緊急事件聯繫視窗，瞭解核實情況，協助有關人員和罹難者家屬儘速辦理赴台事宜。陳德銘並說，海協會將按照國務院台辦的要求，全力配合、協調有關方面做好有關善後工作。[24]但7月20日國台辦發言人只是表示，由海峽兩岸旅遊交流協會秘書長帶隊的工作組已於20日中午啟程，遼寧省方面的工作組也將於當天晚間抵台[25]。等到7月29日，國台辦發言人安峰山再次表示，「我們對此高度關注」。但兩岸之間，也只有海旅會再次通過台旅會表達嚴重關切，要求台方儘快通報事故調查進展情況。[26]類似過去國台辦與陸委

21　〈有關誤射雄三飛彈事件新聞參考資料〉，陸委會網站，刊登日期：2016年7月1日，http://www.mac.gov.tw/ct.asp?xItem=114990&ctNode=5650&mp=1。
22　〈張志軍談「飛彈誤射」：台灣方面需作出負責任說明〉，中共中央台辦，刊登日期：2016年7月1日，http://www.gwytb.gov.cn/wyly/201607/t20160701_11497397.htm。
23　〈大陸有關方面將全力做好大陸遊客車禍事故善後工作〉，中共中央台辦，刊登日期：2016年7月20日，http://www.gwytb.gov.cn/wyly/201607/t20160720_11514382.htm。
24　〈陳德銘對大陸遊客在台灣發生重大車輛火災事故表示痛惜〉，中共中央台辦，刊登日期：2016年7月20日，http://www.gwytb.gov.cn/wyly/201607/t20160720_11514381.htm。
25　〈大陸有關方面將全力做好大陸遊客車禍事故善後工作〉，中共中央台辦，刊登日期：2016年7月20日，http://www.gwytb.gov.cn/wyly/201607/t20160720_11514382.htm。
26　〈國台辦：大陸方面高度關注「719」事故後續調查情況〉，中共中央台辦，刊登日期：2016年7月29日，http://www.gwytb.gov.cn/wyly/201607/t20160729_11523638.htm。

會、海協會與海基會相互之間密切的通報與聯繫的景像，已不獲再現。

（三）2016年8月13日福建龍岩發生台胞旅遊交通事故、導致1人罹難、2人重傷、其他遊客輕傷。大陸方面雖然迅即啟動應急處理機制，全力開展善後工作，但向台灣方面通報有關情況，過去至少是海協會出面，現在只有海峽兩岸旅遊交流協會來處理。[27]

二、自此之後，海協會不再扮演大陸第一個衝上火線去處理兩岸重大事件的單位

大陸海協會會長陳德銘在2016年8月18日接受媒體訪問時曾經表示：520後「我的時間比較多一點」，這句話道盡了兩岸關係以及兩會之間在蔡英文就職之後的冷凍狀態。[28]

在過去，類似來自遼寧的旅行團在台灣發生如此嚴重車禍和火災，並造成24名大陸遊客死亡的重大事件，海協會絕對是大陸第一個衝上火線去處理的單位。但是經過北京重大宣布兩會的聯繫機制中斷之後，陳德銘在北京也只能無奈的表示，「代表海峽兩岸關係協會向罹難同胞致以深切的哀悼，向罹難者家屬表示衷心的慰問」。[29]

雖然早在8月1日陳德銘在上海出席首屆「兩岸青年創客大賽」時，他曾經說過：兩岸高層正式談判和溝通接觸現都停下來，但「我的fax（傳真機）是開著的」。[30]但是海協會一位權威人士更早在5月31日則表示過另一種意義的看法，他說：海協會收到海基會60多份傳真文件，海協會一件也沒回，電話一通也沒接，就像LINE的「已讀不回」。這句話主要是回應海基會日前發布新聞稿稱，520後，海基會與大陸海協會的常態

---

27 〈大陸方面積極處理福建龍岩台胞旅遊交通事故〉，資料來源：新華網、國台辦網站，2016年8年13日，http://www.gwytb.gov.cn/wyly/201608/t20160813_11536773.htm。

28 邱國強，〈陳德銘：520後我的時間比較多〉，中央社，2016年8月18日，http://www.cna.com.tw/news/acn/201608180369-1.aspx。

29 〈陳德銘對大陸遊客在台灣發生重大車輛火災事故表示痛惜〉，來源：新華網，2016年7月20日，國台辦網站，http://www.gwytb.gov.cn/wyly/201607/t20160720_11514381.htm。

30 戴瑞芬，〈兩岸溝通停擺，陳德銘：我傳真機是開的〉，《聯合報》，2016年8月2日，A10版。

化聯繫機制仍照常運作，但海協會認為海基會是在公布錯誤資訊。這位權威人士稱，海協會在5月21日當天已說得很清楚，海協會現在在等「海基會授權承諾對九二共識或一個中國原則的態度」，其他文件就不收了。所以，海協會對海基會的來函，都沒有任何回覆。事實上海協會的說法，等於再次強調兩會溝通聯繫機制形同中斷。也顯示520後，兩會對溝通是否中斷仍在各說各話。[31]

三、涉台機制中斷說，確是「冷」的現象；但兩岸沒有全面斷絕，是否還存有「和」的表象？

（一）台北說：其他政府機構，如經濟部等部會的官方溝通仍然持續

不過，2016年9月15日代表台北前往美國參加布魯金斯研究所（Brookings Institution）以「蔡英文政府的兩岸關係」為題所舉行的研討會發表主題演講的陸委會副主委林正義，則透露說：中國大陸目前僅暫停與陸委會之間的聯繫溝通機制，但其他政府機構，如經濟部等部會的官方溝通仍然持續。[32]

另外根據台北《旺報》的一份報導稱，法務部長邱太三2016年9月29日赴立法院進行「兩岸共同打擊犯罪協議的專案報告」時，曾經表示雙方的聯繫管道還在，彼此協商合作事項仍正常運作。邱的報告中尚指出：自該年5日到8月底止，相互請求文書送達件數共計3068件，完成件數共計2826件，相互請調查取證件數共166件，人身自由受限制相互通報方面共685件。但是，就兩岸共同打擊犯罪合作而言，包括情資交換、合作協查及緝捕遣返部分互動，已明顯趨緩；尤其520後兩岸於工作會晤、人員互

31 陳言喬、郭玫君，〈海協會打臉海基會：兩岸聯繫早中斷〉，2016年5月31日，世界新聞網，http://www.worldjournal.com/4042199/article-%E6%B5%B7%E5%8D%94%E6%9C%83%E6%89%93%E8%87%89%E6%B5%B7%E5%9F%BA%E6%9C%83%EF%BC%9A%E5%85%A9%E5%B2%B8%E8%81%AF%E7%B9%AB%E6%97%A9%E4%B8%AD%E6%96%B7/。
32 張加，〈林正義：尊重九二會談歷史事實以維持兩岸和平現狀〉，2016年9月15日，聯合新聞網，http://udn.com/news/story/1/1964230。

訪、業務培訓等項目之交流，到他報告之時，均沒成行。不過，邱太三也坦承：相關詐騙案查緝已遇到瓶頸，需兩岸合作才能順利解決。[33]

這二個例子，是否也說明了兩岸涉台機制的中斷，確是說明目前「冷」的現象；但兩岸官方機構的聯繫業務沒有全面斷絕，是否還存有一種「和」的表象？這就是「冷和期」的一種特殊現象，藕斷但藕絲仍有相連。

至於台灣不想斷，當然有它在兩岸之間的需求。它的需求是專注在兩岸之間的磨合，以求雙方關係的修補？還是說它仍有其他打算？這也是分析中需要進一步瞭解的地方。

像林正義也說：中國大陸堅持「兩岸同屬一中」的「九二共識」為兩岸互動的政治基礎，暫時中斷兩岸既有機制運作，使近期兩岸官方互動及制度化協商面臨挑戰，較難化解疑慮、降低風險。對於近期發生的飛彈誤射、詐欺嫌犯被押返中國大陸、旅遊事故等重大事件之處理，林說：「我政府仍及時本於人民福祉與安全考量，循既有管道、透過各種方式主動與對岸保持聯繫，使該等意外得以緩和緊張局勢，近期我政府也完備了海基會董事長的人事安排，這是穩定兩岸關係的正向作為」。[34]因此，從林正義談話仍能得悉，即使北京已經決定將兩岸官方互動及制度化協商暫時停擺，但是台北期待自己單方具有善意的「正向作為」，仍能為穩定兩岸關係方面作出貢獻。

雖然這項談話，依林正義字面上的看法，是呈現台北是有它求兩岸「和」的局面，但是在戰術面，還是見到他提到「陸委會在尋求美國理解」，仍多於「對北京要求諒解」的一面。正如林正義說：「我們期盼美方能持續支持我兩岸政策，並向陸方傳達兩岸和平穩定之重要性，敦促陸方展現更多的彈性與創意，支持兩岸制度化協商及官方溝通聯繫機制的正

---

33 蔡浩祥，〈法務部：共打聯繫在遣送不樂觀〉，《旺報》，2016年9月30日，A7版。

34 〈「蔡英文政府的兩岸關係」國際學術研討會林副主委致詞稿〉，2016年9月15日，陸委會網站，網址：http://www.mac.gov.tw/ct.asp?xItem=115531&ctNode=5650&mp=1。

常運作」。[35]證明台北依賴美方的傳言並非空穴來風。

（二）國台辦說：體現一個中國原則的政治基礎，兩岸制度化交往才能得以延續

國台辦發言人馬曉光在2016年7日22日曾表示，國台辦與台灣陸委會的聯繫溝通機制、海協會與台灣海基會的協商談判機制，均建立在「九二共識」政治基礎之上。只有確認體現一個中國原則的政治基礎，兩岸制度化交往才能得以延續。[36]

這項談話的意義，在於突顯北京口中「官方中斷的應用範圍」，應僅限制在「國台辦與台灣陸委會的聯繫溝通機制、海協會與台灣海基會的協商談判機制」裡，並沒有擴充到其他兩岸政府間、或政府授權單位的層次上。當然，就算官方層次尚有些聯繫，基本上也出現會晤次數減少、或合作機會消退的現象。不過，就時間上而言，就算是蔡英文已上任超過二個多月的時限，北京還是繼續在重申：「只有確認體現一個中國原則的政治基礎，兩岸制度化交往才能得以延續」，似乎多少還保留有民進黨政府可能迴旋的空間。[37]

即使身兼中共中央對台事務工作領導小組副小組長的俞正聲，在民進黨政權上台四個月後，也是強調，「面對新形勢，我們的對台方針政策不會改變。一是堅持體現一個中國原則的『九二共識』立場不會改變。不管是哪個政黨、團體或是個人對『九二共識』作出什麼解釋，都不能否認其歷史事實，不能改變其兩岸同屬一中的核心意涵。在這一點上，我們的標準和態度始終如一。只要台灣當局回到這一立場上來，兩岸制度化交往即

---

35 〈「蔡英文政府的兩岸關係」國際學術研討會林副主委致詞稿〉，2016年9月15日，陸委會網站，網址：http://www.mac.gov.tw/ct.asp?xItem=115531&ctNode=5650&mp=1。

36 〈國台辦：堅持「九二共識」才能確保兩岸關係和平穩定發展〉，2016年7月22日，來源：新華網，國台辦網站，網址：http://www.gwytb.gov.cn/wyly/201607/t20160722_11516637.htm。

37 〈國台辦：堅持「九二共識」才能確保兩岸關係和平穩定發展〉，2016年7月22日，來源：新華網，國台辦網站，網址：http://www.gwytb.gov.cn/wyly/201607/t20160722_11516637.htm。

可恢復」。[38]

這說明了，北京儘管攤明了要「冷」處理兩岸關係，但應該說尚沒有完全放棄「和」的希望，對民進黨及蔡英文，也只保持了它最終底線的立場，希望來尋求雙方恢復原來狀況。

第三節　兩岸民間交流也開始呈顯出冷凍狀態

一、兩岸民間交流逐漸冷卻，陸客來台數字急降

（一）政府與學者看法均承認大陸團來台人數限縮

民進黨政府上台後，大陸團來台人數限縮，傳出人數大減五成，交通部長賀陳旦2016年8月18日表示陸客整體減少15%，團客減少三成左右，自由行旅客沒差太多，賀陳旦不諱言，火燒遊覽車事件對陸客來台造成了影響。[39]靜宜大學觀光系副教授黃正聰則作了一些補充分析，他指出，數據上原先有縮減，但幅度不如傳言高，實際上減15%左右，且從6、7月才開始，但「火燒車事件」後整體數據下跌，從原先7月每日送件回升到1.2萬件左右，之後一路下降，每週減1000人，到現在只剩5、6000多人，為去年平均的一半。而且陸客團申請入台人數也創新低，自由行也在減少，8月至今，申請入台證的大陸自由行人數，每天都不到5000人。他計算到8月17日下午9時，發現申請數竟然只有3700餘人，只有配額數的一半，創下今年新低。[40]

另外從「@台灣自由行」微博統計也發現，今年3月起，平均每個工

---

38 〈俞正聲會見台灣縣市長參訪團〉，資料來源：新華網，2016年9月18日，國台辦網站，網址：http://www.gwytb.gov.cn/wyly/201609/t20160918_11571860.htm。

39 陳祐誠，〈陸客減15%，交部推多元行程拚觀光〉，2016年8月19日，中時電子報網站，http://www.chinatimes.com/newspapers/20160819000466-260108。

40 李鋅銅，〈仇中發酵，團客、自由行都落谷底〉，2016年8月18日，《旺報》，http://www.chinatimes.com/newspapers/20160818000754-260301。

作日向移民署申請入台證的件數約5500人，4月增至6000多人，然後開始下滑到5000多人，8月初至12日再降到約4500人。[41]

（二）觀光局統計：2016年1-11月大陸遊客人數明顯逐月下滑

最有說服力的數字，當然是來自官方觀光局的統計，2016年1月大陸來台旅客366,409人次，成長13.98%，「觀光」目的來台317,101人次，成長14.29%，「業務」目的來台為1,317人次，負成長2.08%。[42]2月來台的大陸旅客405,307人次，負成長0.23%，「觀光」目的來台335,981人次，負成長2.95%，「業務」目的來台為882人次，成長2.44%。[43]3月中國大陸來台旅客363,878人次，成長30.09%，「觀光」目的來台315,359人次，成長43.93%，「業務」目的來台為1,500人次，負成長8.98%。[44]但從4月以後，中國大陸來台旅客的人數，更明顯有大幅度下滑的趨勢，4月大陸來台旅客375,567人次，成長4.67%，「觀光」目的來台315,610人次，成長6.07%，「業務」目的來台為1,123人次，負成長18.45%。[45]5月大陸來台旅客為327,254人次，負成長12.21%，「觀光」目的來台265,836人次，負成長14.72%，「業務」目的來台為1,469人次，負成長6.13%。[46]6月來台的大陸旅客人數為271,478人次，負成長11.88%，「觀光」目的來台220,624人次，負成長11.70%，「業務」目的來台為1,252人次，負成長20.76%。[47]2016年7月大陸旅客計299,805人次，占來台旅客總數35.32%，

---

41 李錞銅，〈仇中發酵，團客、自由行都落谷底〉，2016年8月18日，《旺報》，http://www. chinatimes.com/newspapers/20160818000754-260301。

42 〈105年1月觀光市場概況概要〉，交通部觀光局，刊登日期：2016年3月10日，http://admin. taiwan.net.tw/statistics/release_d.aspx?no=136&d=6315。

43 〈105年2月觀光市場概況概要〉，交通部觀光局，刊登日期：2016年4月7日，http://admin. taiwan.net.tw/statistics/release_d.aspx?no=136&d=6353。

44 〈105年3月觀光市場概況概要〉，交通部觀光局，刊登日期：2016年5月10日，http://admin. taiwan.net.tw/statistics/release_d.aspx?no=136&d=6398。

45 〈105年4月觀光市場概況概要〉，交通部觀光局，刊登日期：2016年6月13日，http://admin. taiwan.net.tw/statistics/release_d.aspx?no=136&d=6449。

46 〈105年5月觀光市場概況概要〉，交通部觀光局，刊登日期：2016年7月11日，http://admin. taiwan.net.tw/statistics/release_d.aspx?no=136&d=6486。

47 〈105年6月觀光市場概況概要〉，交通部觀光局，刊登日期：2016年8月11日，http://admin. taiwan.net.tw/statistics/release_d.aspx?no=136&d=6547。

較2015年同月減少14.98%。[48]2016年8月，大陸旅客人數為248,538人次，「觀光」目的來台189,284人次。[49]從數字來看，2016年5月份的大陸來台旅遊人數低於30萬人，蔡英文上台至今，中國大陸來台旅客人數的人數逐月遞減，觀光人數於8月份降至20萬人次以下，所幸中國旅客於9月份回歸312,406人。

受到兩岸政治氛圍及政策影響，中國大陸遊客呈現雪崩式下滑，2016年10月中國大陸來台人數為215,390人次，其中觀光人數為166,482人次，[50]2016 年 11 月 來台的大陸人數為202,986人次，其中觀光人數為151,425人次。[51]

表7-1　2016年中國大陸赴台旅客與上年同期人數相比

2016年中國大陸赴台旅客			
大陸遊客	來台旅客人次	上年同期人次	與上年同期人數相比
2016年1月	366,409	321,458	增加44,951
2016年2月	405,307	406,239	減少19,812
2016年3月	363,878	279,703	增加84,175
2016年4月	375,567	58,798	增加16,769
2016年5月	327,254	372,766	減少45,512
2016年6月	271.478	308,087	減少36,609
2016年7月	299,642	352,625	減少52,983
2016年8月	248,538	367,736	減少119,198
2016年9月	214,764	345,243	減少130,479
2016年10月	166,482	386,663	減少220,181
2016年11月	202,986	357,655	減少184,669

資料來源：作者自製，2017年1月15日。

48 〈105年6月觀光市場概況概要〉，交通部觀光局，刊登日期：2016年7月，http://admin.tai-wan.net.tw/upload/contentFile/201607/2016_7monthly.pdf。
49 〈2016年8月來台目的統計〉，交通部觀光局，刊登日期：2016年8月，http://admin.taiwan.net.tw/statistics/month.aspx?no=135。
50 〈2016年10月來台旅客性別及來台目的統計〉，交通部觀光局，http://admin.taiwan.net.tw/statistics/month.aspx?no=135。
51 〈2016年11月來台旅客性別及來台目的統計〉，交通部觀光局，http://admin.taiwan.net.tw/statistics/month.aspx?no=135。

　　除上面表7-1「2016年中國大陸赴台旅客與上年同期人數相比」的比較之外，比較今年與去年的大陸觀光人士數字，2015年大陸遊客1-9月人數為2,542,115人次，而2016年大陸遊客則為2,743,185人次，從數字來看，較難以相較與解釋中國大陸來台觀光遊客的總人數數次差別意涵，其原因在於在蔡英文尚未執政前，台北當局為消化多數的大陸光觀遊客，密集安排大陸光觀人士在520之前出團，而大陸遊客來台人數也在1-4月期間達到巔峰。

　　外國來台旅客，包括韓國、日本、港澳，則分別成長39%和16.6%、7.1%，但受大陸巨幅衰退影響，外國旅遊人數雖然增加，仍不足以填補台灣觀光業的龐大空缺，尤其8月以來大陸遊客以10萬人以上的數字減少，更將衝擊台灣相關的觀光發展行業。未來大陸來台觀光人數將可能因兩岸關係影響而持續性下滑。

二、影響陸客不願來台的兩大原因

　　影響陸客不願來台的兩大原因，一是火燒車事件發生後，大陸民眾普遍認為台灣旅遊並不安全；另一是台灣的網路上充斥著仇中的言論，讓大陸民眾深深覺得台灣對大陸不夠親善。

　　最具代表性說法是海協會長陳德銘在新加接受聯合早報的看法，他提到：陸客赴台人數減少的原因「比較複雜」，特別是520之後，大陸民眾很關心兩岸關係的變化，在選擇旅遊點時會根據形勢調整，24名遼寧團觀光客活活被燒死的慘劇也影響陸客赴台意願。但是另外令陳德銘感到氣憤的，其實也是很多陸客的內心想法，就是火燒車事發後，有台灣線民發表「中國支那豬去死吧」的仇恨言論，但台灣官方卻沒有站出來譴責。陳德銘總結道：「遼寧團事件是一個個案，但也跟台灣長期的一些人搞台獨思想，搞恐中的這些渲染也有一定的關係」。[52]

---

52 〈沈澤瑋，海協會長陳德銘：大陸沒刻意管控赴台遊客〉，聯合早報新聞網，2016年9月20日，網址：http://www.zaobao.com/news/china/story20160920-66825。

三、對藍營縣市的特別禮遇，形成另一種對台灣觀光有區分對待的政策

鑑於陸客來台觀光人數急凍，總共有八位由藍營執政的縣市長，包括新北市、新竹縣、南投縣、苗栗縣、金門縣、連江縣、台東縣和花蓮等，接受北京市台辦的邀請，在2016年9月17日前往大陸，希望能爭取陸客來台到「有九二共識的縣市」觀光。

國台辦也罕見的在藍營縣市長抵達北京的當天，就發表了一篇歡迎聲明，特別指出「台灣縣市長參訪團，於今日到北京參訪，就經濟、文化、旅遊等領域交流合作與大陸方面進行探討」。[53]

接著國台辦主任張志軍於第二天9月18日就在北京與來訪的台灣縣市長參訪團舉行座談，就新形勢下推進兩岸縣市交流等交換了意見。在座參與會談的尚有包括商務部、國家旅遊局、國家質檢總局、供銷總社等單位的官員，表示北京官方極端的重視，以及準備內部各部門橫向聯繫的支援。

國台辦發言人馬曉光同時在會後隨即向記者表示，大陸有關部門和城市願意與堅定支援「九二共識」、努力促進兩岸關係和平發展的台灣各縣市加強交流合作。因此大陸方面將採取八方面措施推動與台灣八縣市交流：1.歡迎並支援台灣八縣市來大陸舉辦農特產品展銷推介活動。2.推動大陸相關企業赴台灣八縣市考察、洽商農特產品採購事宜。3.樂見並支援台灣八縣市組成旅遊促進聯盟，聯合設計旅遊產品，與大陸各地旅遊主管部門建立聯繫視窗，來大陸舉辦旅遊推介活動。4.積極推動大陸有關部門和城市與台灣八縣市加強綠色產業、高科技產業、智慧城市等領域交流合作。5.鼓勵和支援大陸有關部門和城市與台灣八縣市積極加強文化、人文等交流，並推動兩岸文化創意產業合作。6.促進和擴大大陸有關部門和城市與台灣八縣市青年的交流溝通，為台灣青年來大陸實習、就業、創業提

53 〈台灣縣市長參訪團今天到訪〉，資料來源：中共中央台辦、國務院台辦，2016年9月17日，國台辦網站，網址：http://www.gwytb.gov.cn/wyly/201609/t20160917_11570578.htm。

供便利，創造有利條件。7.進一步擴大福建沿海地區與金門、馬祖的經貿和人員往來規模。8.支援大陸有關部門和地方與台灣八縣市加強聯繫，擴大交流，提升合作水準，解決民眾關心的實際問題。[54]

另外，為了表達中共決策當局對本次「縣市長訪問團」的重視，中共中央政治局常委、全國政協主席俞正聲也於當天下午在人民大會堂會見了台灣縣市長參訪團。其中跟本次交流有關的一般談話，是說：「不管台灣哪個縣市，只要對兩岸關係和縣市交流的性質有正確認知，願意為增進兩岸同胞福祉和親情貢獻心力，我們都持積極態度」。他同時說：「台灣各縣市可以根據自身情況和需求，同大陸各地加強交流合作，充分利用大陸的資源和市場，造福地方民眾」。[55]

看來，這已經不只是注重在「陸客來台的旅遊問題」，從大陸方面採取這八項措施推動與台灣八縣市交流的內容來看，應尚有台灣農特產品來陸展銷推介活動及赴台採購事宜；加強綠色產業、高科技產業、智慧城市等領域交流合作；文化創意產業合作；促進和擴大大陸有關部門和城市與台灣八縣市青年的交流溝通；以及福建沿海地區與金門、馬祖的經貿和人員往來等事項。而國台辦在9月28日甚至再度表示：台灣八縣市與大陸有關方面正在籌劃安排，計畫年內在大陸舉辦台灣八縣市農特產品展銷會暨旅遊推介會；同時大陸有關企業也在規劃赴八縣市考察、洽商採購農產品事宜。[56]

台灣內部對「爭取陸客來台到有九二共識的縣市」觀光一事，是有不同的反應。像行政院長林全9月20日在立法院針對此項發展就表示，他樂意看到兩岸間任何友善交流，但交流不要有政治前提，並能充分注意到

---

54 〈國台辦：將採取措施推動與台灣八縣市交流〉，資料來源：新華網，2016年9月18日，國台辦網站，網址：http://www.gwytb.gov.cn/wyly/201609/t20160918_11571873.htm。

55 〈俞正聲會見台灣縣市長參訪團〉，資料來源：新華網，2016年9月18日，國台辦網站，網址：http://www.gwytb.gov.cn/wyly/201609/t20160918_11571860.htm。

56 〈八項措施推動與台八縣市交流合作〉，資料來源：中共中央台辦、國務院台辦，2016年9月28日，國台辦網站，網址：HTTP://www.gwytb.gov.cn/wyly/ 201609/t20160928_11581727.htm。

國家主權與尊嚴，不要因為這些交流讓國家主權及尊嚴受到傷害。[57]陸委會主委張小月也說，「兩岸交流不應附加任何政治條件，這樣交流才有實質意義，中國差別性讓利對兩岸關係沒任何幫助，盼兩岸儘早恢復協商、對話」，[58]反應比較激烈的，是民進黨籍立委林俊憲在臉書的回應批判：「昔有吳三桂，今有藍八奴！每個時代都不缺這樣的人」。[59]這表示說，對新政府及其支持者來說，這確是個震憾性的消息，所以才會有強烈的回應。

　　不過大陸方面的看法，海協會會長陳德銘的說法是個代表。他在接受新加坡媒體訪問時卻表明，大陸沒有對台灣綠營和藍營執政縣市實行差別待遇，雖對八個承認「九二共識」的縣市釋出旅遊利多，但陸客是自行選擇到何處旅遊。[60]

第四節　新南向政策先行提出，剛好兩岸經貿交流也暫時停擺

一、台北通過「新南向政策綱領」，是告別以往過於依賴單一市場的現象

　　2016年8月16日蔡英文在總統府召集「對外經貿戰略會談」，通過「新南向政策綱領」。會中通過的「綱領」，其中總體與長程目標有二：第一，促進台灣與東協、南亞及紐澳等國家的經貿、科技、文化等各層面

57　〈藍八縣市訪中，林全：不能傷害國家主權〉，中時電子報網站，2016年9月21日，網址：http://news.ltn.com.tw/news/focus/paper/1034044。

58　同上註。

59　〈泛藍八首長赴中 綠委：昔有吳三桂、今有藍八奴〉，2016年9月18日，世界新聞網，網址：http://一頁.com/detail/1Nts1RzY/8%E9%A6%96%E9%95%B7%E8%B5%B4%E4%B8%AD%E6%95%91%E8%A7%80%E5%85%89+%E7%B6%A0%E5%A7%94%EF%BC%9A%E6%98%94%E6%9C%89%E5%90%B3%E4%B8%89%E6%A1%82%E4%BB%8A%E6%9C%89%E8%97%8D%E5%85%AB%E5%A5%B4/。

60　〈沈澤瑋，海協會長陳德銘：大陸沒刻意管控赴台遊客〉，聯合早報新聞網，2016年9月20日，網址：http://www.zaobao.com/news/china/story20160920-66825。

的連結，共享資源、人才與市場，創造互利共贏的新合作模式，建立經濟共同體的意識；第二，建立廣泛的對話與協商機制，形塑與東協、南亞及紐澳等國家的合作共識，有效解決問題與分歧，逐步累積互信和共同體的意識。[61]

至於短中期目標則為：第一，結合國家的意志、政策誘因及企業的商機，促進並擴大貿易、投資、觀光、文化及人才等雙向交流；第二，配合經濟發展新模式，推動產業新南向的戰略布局；第三，充實並培育新南向人才，突破發展瓶頸；第四，擴大多邊和雙邊協商與對話，加強經濟合作，化解爭議與分歧。

另外新南向政策尚包括行動準則，其中主要內容集中在：第一，長期深耕，建立經濟共同體意識；第二，適切定位台灣在未來區域發展的角色，希望扮演「創新者、分享者及服務者」三種角色；第三，推動「軟實力、供應鏈、區域市場、人和人」四大連結策略；第四，充實並培育南向人才；第五，推動雙邊和多邊制度化合作；第六，規劃完整配套及有效管控風險；第七，積極參與國際合作；第八，全面強化協商對話機制；第九，兩岸善意互動及合作；第十，善用民間組織及活力。[62]

雖然蔡英文特別強調，新南向政策行動準則之一，是明列「兩岸善意互動及合作」。同時總統府發言人黃重諺再次表示，未來不排除在適當時機，與對岸就相關領域的議題展開協商與對話，促使新南向政策與兩岸關係可以相輔相成，共創區域合作的典範。黃重諺甚至指出，在區域和平與發展上，兩岸都肩負很大的責任，也存在很多共同的利益，和東協、南亞、紐澳等國家的經濟發展與合作，兩岸各具不同的條件與優勢，如果相互合作，可以發揮更大的力量。[63]

---

61 〈總統召開「對外經貿戰略會談」通過「新南向政策」政策綱領〉，2016年8月16日，總統府網站，http://www.president.gov.tw/Default.aspx?tabid=131&itemid=37862&rmid=514。

62 〈總統召開「對外經貿戰略會談」通過「新南向政策」政策綱領〉，2016年8月16日，總統府網站，http://www.president.gov.tw/Default.aspx?tabid=131&itemid=37862&rmid=514。

63 林河名，〈「新南向政策綱領」拍板蔡願與陸對話〉，2016年8月17日，聯合新聞網，http://udn.com/news/story/6656/1900362。

接著，行政院經貿談判辦公室在2016年9月正式掛牌，由鄧振中擔任總談判代表。他在工作步驟上說明，未來在推動新南向政策以及加入TPP（跨太平洋夥伴協定）等對外經貿事務上，「經貿談判辦公室」都將扮演要角。

至於外界對新南向政策有諸多質疑，鄧振中接受經濟日報訪問時，對新南向有更詳實說明。經貿談判辦公室也將開啟新階段的對外經貿談判，包括雙邊談判，不再只是降低關稅、開放市場，要換一個方法，包括可以提供教育、人力等支援。透過合作建立穩固關係，獲得對方信任，再進一步發展區域協定等合作，包括越南在內的東協國家，可優先推動洽簽或翻修投保協定。[64]

二、兩岸貨貿協議，北京說：今後「不可能再談」

國台辦主任張志軍在2016年8月18日曾經表示，兩岸現在沒有了共同政治基礎，因此不可能再談新協議，這也就是說：兩岸貨貿協議今後「不可能再談了」。[65]

上面張志軍說「兩岸貨貿協議今後不可能再談了」這段話，主要是在因應台北準備要應驗蔡英文在就職時說過的一句話：「加強和全球及區域的連結，積極參與多邊及雙邊經濟合作及自由貿易談判，包括TPP、RCEP等，並且，推動新南向政策，提升對外經濟的格局及多元性，告別以往過於依賴單一市場的現象」。[66]

三、蔡英文：從兩岸經貿先做起，來擺脫對於中國的過度依賴

蔡英文也開始提出台北的立場：就是「從兩岸經貿先做起，來擺脫對於中國的過度依賴」。2016年9月28日是民進黨創黨滿三十週年，因梅

64　邱金蘭，〈鄧振中：新南向「螞蟻雄兵」出擊〉，2016年9月26日，《經濟日報》，http://udn.com/news/story/6656/1983946。

65　〈兩岸貨貿　張志軍：不可能再談了〉，2016年8月18日，中央社，http://udn.com/news/story/4/1904761。

66　〈中華民國第14任總統蔡英文女士就職演說〉，總統府網站，刊登日期：2016年5月20日，http://www.president.gov.tw/Default.aspx?tabid=131&itemid=37408&rmid=514。

姬颱風過境台灣，導致了重大災情，遂取消了原先規劃的黨慶活動。身兼民進黨主席的蔡英文，在當天發表了一封「給民主進步黨黨員的信」，曾提到「有些價值，我們一定會堅守」，但是這個「價值」意味著什麼？蔡英文並沒有明白指出，但若連結下面這段話：「我們要力抗中國的壓力，發展與其他國家的關係；我們要擺脫對於中國的過度依賴，形塑一個健康的、正常的經濟關係」，就可以有點概念，也可以有點聯想的空間，那就是在ICAO台灣被拒與會之後，是否蔡英文與她領導的民進黨準備要走與北京期待不一樣的路，至少從兩岸經貿先做起，來擺脫對於中國的過度依賴，是一個值得觀察的指標。[67]

其實，早先在接受華盛頓郵報專訪時，蔡英文已經針對「中國大陸是不是你們第一大貿易夥伴？」問題，提出對兩岸經貿的看法。蔡說：問題是因為兩方的經濟互補性已經開始在降低、而競爭性已經在加強，所以我們對於雙方的經濟與貿易關係必須做一個重新檢討，務必要使雙方的經貿關係是一個相輔相成且互利的關係，而不是一個過度競爭的情況。[68]

至於中國大陸會不會對台灣施加更多經濟壓力？蔡英文也用了自己角度的觀點來說明：「關於經濟的手段，我不是指他們（中國大陸）現在正在做，但如果他們用經濟手段施加壓力的話，其實中國大陸也應該想像他們要付出的代價，就是今天中國大陸可以這樣對台灣的話，它也可以對其他周邊的國家。所以，我相信很多周邊的國家都會很仔細地觀察中國大陸會不會對台灣以經濟的手段來加壓，中國大陸如果要成為一個在這個區域是受尊敬的國家，我相信他們會小心地考慮這件事」。[69]

---

67 〈總統召開「對外經貿戰略會談」通過「新南向政策」政策綱領〉，2016年8月16日，總統府網站，http://www.president.gov.tw/Default.aspx?tabid=131&itemid=37862&rmid=514。
68 〈總統接受美國《華盛頓郵報》（Washington Post）專訪〉，2016年7月22日，總統府網站，http://www.president.gov.tw/Default.aspx?tabid=131&itemid=37751&rmid=514。
69 〈總統接受美國《華盛頓郵報》（Washington Post）專訪〉，2016年7月22日，總統府網站，http://www.president.gov.tw/Default.aspx?tabid=131&itemid=37751&rmid=514。

四、「新南向政策」，是否就是「去中國化」？

儘管說，「新南向政策」在新政府高舉著新南向大旗下，主要是增加與東南亞共同體、印度等南亞大陸國家的經貿往來。但是在把台灣的對外投資從高度集中於大陸導向其他地區，有媒體評論說，主要目的一個是減少過分集中化，但另一個不得不說就是「去中國化」。[70]

對「去中」的目的，學界與業界已多所批評，認為「不切實際，難以達成」，因為大陸是規模10兆美元的全球第二大經濟體，每年進口數量有2兆美元，是全球僅次於美國的第二大市場。相較之下，東南亞共同體經濟規模2.6兆美元，加上印度的2.2兆美元，還不到大陸的一半。加上台灣與大陸文化、語言相同的優勢，及過去數十年的經營，民進黨政府要以新南向取代大陸，坦白說，客觀數據與現實情況都可看出：不可能做到。[71]

五、「新南向政策」，是否就是「經濟台獨」？

中國社科院台研所研究員王建民，2016年8月20日在大陸華廣網刊登的一篇文章中曾稱，作為民進黨當局「遠中」、「脫中」與經濟對外布局多元化發展的戰略目標，新南向政策將會被持續全力推動。加上台灣經濟區域化與市場多元布局發展，新南向政策必然會對兩岸關係，尤其是兩岸經濟關係產生一定負面影響。

王建民尚表示，新南向必然增大未來兩岸在東南亞、南亞地區的競爭，新南向的出發點不是建立在單純的經濟區域發展布局基礎之上，而是以「告別以往過度依賴單一市場（大陸）現象」為目標，旨在推動遠中、脫中，是「經濟台獨」的集中表現。[72]

70　〈社論：蔡政府別讓新南向變新難向〉，2016年7月14日，中時電子報網站，http://opinion.chinatimes.com/20160714006569-262101。
71　〈大陸學者：新南向政策是「經濟台獨」〉，聯合早報新聞網，刊登日期：2016年9月25日，http://www.zaobao.com.sg/realtime/china/story20160925-670485。
72　郭玫君，〈陸涉台學者：新南向政策是「經濟台獨」〉，2016年9月25日，聯合新聞網，http://udn.com/news/story/7331/1982898。

六、儘管開始「冷」，但「和」的現象仍存在兩岸經貿交流的層面

儘管台北的「新南向政策」讓北京搖頭，也讓張志軍說了「兩岸貨貿協議今後不可能再談了」的重話。但是2016年8月17日晚上在義烏與浙江9名台商會長茶敘時，面對台商會長表達：台商對兩岸關係現狀的擔憂，以及機械設備業等台商處境艱難的強調，張志軍還是承諾，兩岸已經簽署的23項協議，大陸方面會信守承諾履行，不會改變。這是北京面對「兩岸關係變局」，仍有保持兩岸「和」之局面的意向。

同樣道理，台北想「告別以往過於依賴單一市場的現象」的動作已是那麼明顯，但在「新南向政策」的行動準則裡，仍然放進了「兩岸善意互動及合作」的這個條文，就算是文字遊戲，但畢竟仍有兩岸「維和」的念頭。

第五節　兩岸重啟外交爭鋒，台灣的國際社會參與開始有衝擊

馬英九在2008大選贏得勝利之後，便在就職演說中提出：兩岸在國際社會應該和解休兵，並在國際組織及活動中相互協助，彼此尊重。不但如此呼籲，馬英九還具體建議「未來我們也將與大陸就台灣國際空間」進行協商。[73]

當然，對岸也有善意回應。胡錦濤在馬英九勝選之後就表示，願意優先討論台灣參與世界衛生大會（WHA）的問題。[74]接著，馬英九在2008年6月18日授受紐約時報專訪中透露，胡錦濤曾在稍前的13日告知台灣談

---

[73] 馬英九的就職演說，請查總統府網站「總統講祝詞」，2008年5月20日，http://www.president.gov.tw/php-bin/prez/showspeak.php4?_section=12&_recNo=22，檢索日期：2008年9月12日。

[74] 〈國務院台辦發言人就中華台北衛生署派員以觀察員身分參加世衛大會發表談話〉，新華社，刊登日期：2009年4月30日，http://news.xinhuanet.com/newscenter/2009-04/30/content_11286164.htm。

判代表，他確信兩岸可以找到處理外交競爭的方法。[75]

當時兩岸領導人之所以都有這樣「休兵」的看法，是因為雙方都瞭解到，目前在外交角力或競爭情況下，除了「相互挖掘對方牆角」之外，台北與北京到底還有多少能開拓的外交空間。另外一點便是：兩岸在國際社會的爭鋒，除突顯兄弟鬩牆之外，也會傷害兩岸人民的尊嚴與感情。台灣有份民調顯示，兩岸之間最會衝擊台灣人民感受的事項，就是兩岸外交的爭奪。[76]

因此，在馬英九2008年至2016年的八年任內，幾乎沒有發生過任何一件兩岸相互掠奪對方邦交國例子。而且在國際組織裡，台北也是先後長達八年出席了WHA、與APEC高峰會議，以及2014年的ICARE。這是史無前例的紀錄。

最重要的是，在馬英九任內，兩岸建立起以「九二共識」為政治互信的基礎，遂讓很多在過去很難處理的爭議事項都化為可能。2016年，民進黨再度政黨輪替成功，但蔡英文沒有接受「九二共識」，兩岸的國際和解休兵現象就瀕臨破局。若試著整理出2016年兩岸一些外交爭鋒的例子，便發現一旦沒有「九二共識」作為政治互信的基礎，台北在外交戰場上幾乎是節節敗退。

一、2016年WHA的參與，不代表這個模式在2017年仍然重演

台北在2016年5月是順利出席了該年的世界衛生組織的年度大會。不過，早在2016年5月6日，當時還在馬英九任內，台北就收到由世界衛生組織（WHO）幹事長陳馮富珍致衛生福利部蔣丙煌部長的邀請函，邀請台北衛福部組團來出席於5月23日至28日在瑞士日內瓦舉行的第六十九屆世界衛生大會（WHA）。一如過去七年，台灣以「中華台北」（Chi-

---

75 馬英九接受紐約時報的專訪，部分內容刊登在中國時報。其中提及胡錦濤的說法，可查王良芬，〈馬：胡錦濤對外交休兵有正面回應〉，《中國時報》，2008年6月20日，A4版。
76 〈2016兩岸關係年度大調查〉，聯合新聞網，http://p.udn.com.tw/upf/newmedia/2016_data/20160920_poll/index.html。

nese Taipei）名義、觀察員身分、部長名銜受邀。不過，在2016年第八次收到的邀請函上，卻不同以往的出現了「聯合國大會第2758號決議」、「WHA第25.1號決議」以及上述文件中強調的「一個中國原則」。[77]

陸委會則在隔天5月7日作出回應，認為台灣連續七年順利以觀察員身分參與WHA，是在國人努力、及國際社會與中國大陸各方支持下所達成。陸委會並在新聞稿中表示：「政府所主張『一中』就只有中華民國，大陸方面應正視兩岸分治的事實，我方也從未認同大陸所謂的『一中原則』」。[78]

接著，蔡英文上台，剛就任的衛生福利部部長林奏延，就在5月20日率團啟程前往日內瓦，在登機前他尚表示，面對大陸在大會可能有不同方式的打壓或杯葛，台灣會有各種不同的備案。[79]可是到了5月25日林奏延在大會發表演說時，在全程的英文演說中，可以發現他自稱部分都是使用「中華台北」，隻字未提「台灣」。相較於馬英九政府時期，前部長邱文達於2013年在世衛大會的英文演說內容，曾三度提到「台灣」，[80]顯見有相當程度的克制。

不過，這中間與會的「委屈求全」內情，則在一篇以外交部政務次長吳志中在與中興大學國際政治研究所所長陳牧民聯名的論文中是有所提及，論文中說「台灣政黨輪替已成為常態，北京政府擔心台灣一旦成為觀察員後，可能會再要求升格為一般會員國。等於同意台灣或者中華民國的國家地位，從而影響到中國政府對人民的威望，甚至導致中國的解體或分裂」。因此在論文中特別提醒，「中華民國政府對於世衛組織（WHO）

77　〈WHA註2758決議陸強化一中考驗新政府〉，中央社，刊登日期：2016年5月7日，http://www.cna.com.tw/news/firstnews/201605070235-1.aspx。

78　〈陸委會針對大陸國台辦有關今年我參與世衛大會（WHA）談話之立場〉，陸委會網站，刊登日期：2016年5月7日，http://www.mac.gov.tw/ct.asp?xItem=114576&ctNode=5650&mp=1。

79　〈林奏延赴WHA做好各種備案〉，中央社，刊登日期：2016年5月20日，http://www.cna.com.tw/news/firstnews/201605200478-1.aspx。

80　〈林奏延WHA演說台灣消音〉，聯合新聞網，刊登日期：2016年5月25日，http://udn.com/news/story/1/1719119。

的活動，完全必須依賴中國的主觀意願。如果對台兩岸政策與外交政策不滿，北京政府隨時可以不發邀請函，讓台灣不再具有觀察員的身分參與世界衛生大會」。[81]

其實，根據曾任台北駐美代表沈呂巡的瞭解，台灣當初以其專門機構之一的年度大會WHA觀察員為目標，就努力了12年，中間所花的資源與努力也不可謂不多，且嘗試過兩次全面投票，分別以133對25及148對17敗北。直到馬英九上台，才得其門而入。迄今台灣除了作過八次WHA觀察員外，也與世界衛生組織（WHO）達成換函，可作直接通聯的有意義參與，不必再經過北京。[82]

不過，前面在一篇以外交部政務次長吳志中在與中興大學國際政治研究所所長陳牧民聯名的論文中則提到，「中華民國政府對於世衛組織（WHO）的活動，完全必須依賴中國的主觀意願。如果對台兩岸政策與外交政策不滿，北京政府隨時可以不發邀請函，讓台灣不再具有觀察員的身分參與世界衛生大會」。也就是說，北京仍然主導掌握台北是否可以出席的命運，2016年順利的出席，如果台北仍然拒絕認同「九二共識」，不代表往後幾年都可因循這個模式。

二、台灣有人推動「入聯訴求」，但當局鄭重宣示不會推動「入聯」

台灣聯合國協進會日前拜會外交部長李大維，表達希望台灣以新會員身分加入聯合國。對此，李大維2016年8月18日明確指出，聯合國大會將在下月開議，政府會持續參與，但不會推動入聯。[83]是不是已經瞭解北京必然杯葛？認為與其再一次的被封殺，甚至可能引發更強一波的兩岸外

---

81 李登輝基金會在2016年8月28日舉行「人民直選總統暨台灣民主發展二十週年」研討會，吳志中、陳牧民分別擔任發表人與議題召集人。細節可讀羅印沖，〈官員坦承參加WHA依賴大陸意願〉，2016年8月28日，《旺報》，網址：http://www.chinatimes.com/newspapers/20160828000582-260301。

82 沈呂巡，〈外交被打趴國也不成國〉，2016年9月5日，中時電子報網站，網址：http://opinion.chinatimes.com/20160905006098-262105。

83 林思慧、王正寧、周思宇、周毓翔，〈李大維：政府不會推動入聯〉，2016年8月19日，中時電子報網站，網址：http://www.chinatimes.com/newspapers/260102。

交對抗，台北就乾脆先自行踩了煞車？這樣的決策考量與過程，外界或許難予知悉，但是應是合理推測，而且台北可能尚希望在出席ICAO大會之前，兩岸儘量不要有任何的突變事項出現，這也是可以來成立的思考。

當然，形式上的說詞或許就像外交部次長吳志中的說法：今年依循「踏實外交、互惠互利」的思維，洽請友邦在聯大總辯論為台灣發言，也洽請友邦駐聯合國常任代表為台北聯名致函聯合國秘書長，今年推案目標在昭告世人，台北作為一個「和平的積極溝通者」，有能力與國際各方持續對話，溝通並做出貢獻。[84]

雖然今年仍然洽請友邦替台灣有意義參與聯合國體系專門機構做發言，不過相較過去不同的是，在李登輝、陳水扁時代曾經是主動提案申請加入聯合國，等到馬英九2008年就任後，則洽請台灣友邦在聯合國大會提案讓台北有意義參與聯合國專門機構。而蔡英文則在本次大會改成洽請友邦發言，以及透過友邦致函聯合國秘書長，表達聯合國應正視台灣參與聯合國專門機構基本權利。所以今年提案有兩項訴求，其一是呼籲聯合國正視台灣2300萬人民參與聯合國專門機構的權利，包含世界衛生組織、國際民航組織及聯合國氣候變化綱要公約等；另外則是呼籲聯合國正視台灣參與落實聯大2015年的「2030永續發展目標」。[85]

依曾任駐美代表沈呂巡對聯合國案的瞭解，認為台北似將要捨原來的「有意義參與」，而改採「有意義貢獻」，但他還是提醒：聯合國過去已有先例，即歡迎我方的貢獻，但要記在中共帳下，而參與仍然是免談，甚或根本拒絕我們的捐獻。[86]

在李登輝、陳水扁時代，台北主動提案申請加入聯合國事件，曾引發北京的強烈反彈。台北此次在蔡英文剛執政的第一年，就有自我克制的行

84 周毓翔，〈不提案入聯蔡政府僅洽友邦致函〉，2016年9月12日，中時電子報網站，網址：http://www.chinatimes.com/realtimenews/20160912004729-260407。

85 周毓翔，〈不提案入聯蔡政府僅洽友邦致函〉，2016年9月12日，中時電子報網站，網址：http://www.chinatimes.com/realtimenews/20160912004729-260407。

86 沈呂巡，〈外交被打趴國也不成國〉，2016年9月5日，中時電子報網站，網址：http://opinion.chinatimes.com/20160905006098-262105。

為，畢竟尚存有對兩岸之間的和諧表達了善意。

三、ICAO及INTERPOL拒台與會，說明沒有「九二共識」，台灣很難在國際社會有通關密語

2016年9月23日早上，台北從來自歐美主要國家陸續的告知，確認不會收到該年9月27日在加拿大舉辦的國際民航組織大會的邀請函。

針對台灣當局就未能接獲本屆國際民航大會邀請表達抗議，國台辦發言人馬曉光9月23日應詢表示：在台參與國際組織活動問題上，我們的立場是一貫的、明確的，即按照一個中國原則，通過兩岸協商處理。2013年，台灣以「中華台北民航局」名義、理事會主席客人身分列席第三十八屆國際民航大會，就是在「九二共識」共同政治基礎上保持兩岸關係和平發展的背景下，通過兩岸協商做出的個案安排。另需指出的是，一直以來，台灣方面獲悉有關國際航空安全方面的資料和資料的管道是暢通的。[87]

馬曉光繼續補充：今年以來，島內政局發生重大變化。民進黨當局至今拒不承認「九二共識」，破壞了兩岸共同政治基礎，導致兩岸聯繫溝通機制停擺，台灣方面由此不能與會，這一局面完全是民進黨當局造成的。民進黨當局需要做的，是反思為什麼三年前台灣能與會而現在不能，而不是對大陸橫加指責，誤導民眾。[88]

針對台灣未能參與國際民航組織（ICAO）大會，「中國台灣網」也曾發文指出：「現在只不過是給蔡政府壓力測試，蔡政府如走上扁政府搞台獨的老路，連後悔機會都沒有」。[89]《人民日報》海外版9月26日以

---

87 〈國台辦：台灣方面不能參與第三十九屆國際民航大會完全是民進黨當局造成的〉，2016年9月23日，資料來源：中共中央台辦、國務院台辦，國台辦網站，網址：http://www.gwytb.gov.cn/wyly/201609/t20160923_11577656.htm。

88 〈國台辦：台灣方面不能參與第三十九屆國際民航大會完全是民進黨當局造成的〉，2016年9月23日，資料來源：中共中央台辦、國務院台辦，國台辦網站，網址：http://www.gwytb.gov.cn/wyly/201609/t20160923_11577656.htm。

89 〈蔡英文，前車有轍可要鑑之〉，2016年9月26日，中國台灣網，網址：http://www.taiwan.cn/plzhx/zuopinji/qieshi/201609/t20160926_11578818.htm。

「為何不能參與國際民航大會，民進黨當局應反躬自問」為題指出：台灣當局強調參與大會是有助獲取最新國際飛航安全訊息；這是故意「偷換概念」，將「允許與會」與「飛航安全」之間畫等號，事實上台灣這方面訊息一直是暢通的；ICAO的通關密碼不在美日那裡，九二共識才是鑰匙。[90]

同樣情況，台灣也無法參與2016年11月在印尼峇里島舉行的第八十五屆國際刑警組織（INTERPOL）大會，大陸國台辦發言人馬曉光11月5日表示，過去兩岸堅持九二共識，透過雙方協商，大陸對於台灣參與國際組織活動，做出比較妥適的安排；現由於「大家知道的原因」，兩岸制度化協商機制停擺，台灣參與國際組織活動的問題難以處理。[91]其實，這個「大家知道的原因」，就是蔡英文上任至今，不肯承認「九二共識」。

四、邦交國之斷交潮已見一例：非洲小國聖多美宣布與北京建交

2016年12月20日，非洲島國聖多美單方面聲明與台灣斷絕外交關係。北京外交部發言人華春瑩21日在談到聖多美與台灣斷交時表示讚賞，並說「我們注意到聖多美及普林西比島政府當地時間20日發表聲明，決定同台灣斷絕所謂『外交』關係，中方對此表示讚賞，歡迎聖普回到一個中國原則的正確軌道上來」。[92]

台北外交部則召開臨時記者會，強調基於維護國家尊嚴，決定即日終止和聖多美的外交關係，撤離大使館和技術人員，停止一切雙邊合作。外交部並指聖多美政府因財務缺口過大，台灣無法滿足其需求，該國罔顧近二十年邦誼，試圖游走兩岸，待價而沽，對聖多美政府如此輕率且不友好

---

90 任成琦，〈民進黨當局應反躬自問：為何不能參與國際民航大會〉，2016年9月26日，人民網─人民日報海外版，網址：http://tw.people.com.cn/n1/2016/0926/c14657-28739560.html。

91 羅印沖，〈陸不背書 我被拒國際刑警組織〉，2016年11月6日，《旺報》，網址：http://www.chinatimes.com/newspapers/20161106000555-260301。

92 〈外交部發言人華春瑩就聖多美及普林西比島與台灣「斷交」答記者問〉，2016年12月21日，中國外交部網站，網址：http://www.fmprc.gov.cn/web/wjdt_674879/fyrbt_674889/t1425791.shtml。

行徑，深感遺憾並予以譴責。[93]雖說聖多美此前曾向台北提出巨額金援，遭到台北拒絕，但蔡英文總統已表示：「我們不會以金錢來從事外交上的競逐。」[94]

聖多美於1975年和大陸建交，1997年與大陸斷交，才宣布與台灣建交。根據台北外交部的說明：自1997年5月與聖多美普林西比民主共和國建交以來，積極協助聖國推動國家發展建設，雙邊合作範圍包括公衛醫療、農業、基礎建設、能源、教育等領域，特別是抗瘧防治計畫，我國駐聖瘧疾防治顧問團成功將聖國瘧疾發生率自2003年50%降至2015年1.01%，世界衛生組織並於2013年宣布聖國已進入瘧疾根除前期，成果有目共睹。[95]實際上，聖多美還是有得到來自台北很多包括金錢的經濟援助。

畢竟，這種小國就是企圖在兩岸之間尋求甜頭，一旦兩岸有了對抗，就是有機可尋。近年來大陸的確有重金投資在聖多美，2013年北京在該國設置貿易代表團，承諾超過3,000萬美元貸款，包括投資深水港及公共設施；2017年11月24日，聖多美最大的購物中心開幕，是由一家中國私企投資500萬美元興建而成。[96]

這樣結果比較引發外界重視的，一是兩岸外交爭峰，會否回到過去的金錢外交路線？但蔡英文拒絕「以金錢來從事外交上的競逐」，是否會導致台灣面臨「雪崩式外交骨牌論」，有待觀察。另一則是蔡英文在得悉聖多美對台宣布斷交之後說的這段話：對於中國大陸政府藉聖國國家財政困

---

93 〈中華民國政府基於維護國家尊嚴，決定自即日起終止與聖多美普林西比民主共和國之外交關係〉，2016年12月21日，資料來源：公眾外交協調會，中華民國外交部網站，網址：http://www.mofa.gov.tw/News_Content_M_2.aspx?n=8742DCE7A2A28761&sms=491D0E5BF5F4BC36&s=55927181C55F2CF6。

94 〈總統府對聖多美普林西比與我國終止外交關係之聲明〉，2016年12月21日，總統府網站，網址：http://www.president.gov.tw/Default.aspx?tabid=131&itemid=38485&rmid=514。

95 〈中華民國政府基於維護國家尊嚴，決定自即日起終止與聖多美普林西比民主共和國之外交關係〉，2016年12月21日，資料來源：公眾外交協調會，中華民國外交部網站，網址：http://www.mofa.gov.tw/News_Content_M_2.aspx?n=8742DCE7A2A28761&sms=491D0E5BF5F4BC36&s=55927181C55F2CF6。

96 〈西非島國求財被拒，與台斷交，蔡：沒必要金錢競逐〉，2016年12月22日，蘋果日報網站，網址：http://hk.apple.nextmedia.com/international/art/20161222/19873556。

難之際，趁勢操作「一中原則」，我們高度遺憾，這樣的做法不僅傷害台灣人民感情，破壞兩岸穩定，對於兩岸關係的長遠發展更是毫無助益。[97] 兩岸關係會否因雙方邦交國的增減，傷及了兩岸人民的感情與互信，這才是彼此當局要慎思的課題。

五、非邦交國被刁難也見一例：非洲大國奈及利亞

就在蔡英文於2017年1月7日到15日，訪問台灣在中南美洲的友邦以鞏固邦交之際。在非洲人口最多的國家奈及利亞，卻在12日發表聲明表示，它將永遠不承認台灣是一個國家，強調奈國政府支持一中原則，並要求台駐奈國辦事處馬上搬離首都阿布加（Abuja）。[98]

事實上，這跟一般「斷交事件」不同，因為中華民國和奈及利亞從未建立過外交關係，只有根據雙方簽訂互設商務代表團的備忘錄，在1991年及1992年，雙方互設「代表團」或「辦事處」。

其實，奈及利亞在12日發表聲明的源頭，是來自於前一日由其外長與王毅在共同會見記者時，簽署了關於堅持一個中國原則的聯合聲明。在這份聲明中，奈方承認台灣是中國領土不可分割的一部分，表明一個中國政策是奈中戰略夥伴的核心，明確承諾將不會同台灣地區發生任何官方往來。[99]

這個「堅持一個中國原則的聯合聲明」，看起來今後將會在世界上與台北有實質關係的國家產生效應，最傷害台灣的做法，就是阻止或驅逐台北在這些國家設立具有官方性質的辦事處；甚至在非洲、甚至在太平洋島嶼群裡，一些與台灣有邦交或有良好關係的國家，都會逐漸發酵。其用意固在北京想孤立台灣在國際社會的延伸，但更大的焦點則在「一個中國原

---

97 〈總統府對聖多美普林西比與我國終止外交關係之聲明〉，2016年12月21日，總統府網站，網址：http://www.president.gov.tw/Default.aspx?tabid=131&itemid=38485&rmid=514。

98 〈奈國外交部長：永不承認台灣是國家 要求駐館立刻撤出首都〉，2017年1月12日，博聞社，網址：https://bowenpress.com/news/bowen_157733.html。

99 〈王毅：堅持一個中國原則是人心所向、大勢所趨〉，2017年1月12日，中國外交部網站，網址：http://www.fmprc.gov.cn/web/wjbzhd/t1429875.shtml。

則」在國際社會上的鞏固立足。實際上，以中國大陸在非洲獨特一幟的政治、經濟影響力，是可能會展現出它企圖弧立台灣的成果，而這正是蔡英文政府需予以關注的。

六、怎麼來看這段期間兩岸外交的爭鋒

兩岸外交的爭鋒，是最傷兩岸人民的尊嚴與感情的事。沈呂巡回顧陳水扁八年任內，台灣跟大陸的邦交國數目之爭，在花了很多冤枉的資源及努力後，仍是「進三丟九」，就是爭取到3個小國家，人口加起來大約25萬人；但丟掉9個中大型國家，人口總計約5000萬。故而沈呂巡認為：這是一個極不划算的作法，尤其台灣無法跟中共做凱子花費之爭，所以等到馬英九上台，採取的「外交休兵」政策絕對是正確的，事實也證明如此，所以八年下來，台北省了大筆的外交機密費用，而原本23個邦交國只丟掉1個甘比亞，其實它的轉變跟兩岸休兵沒有太大關聯，而是出於一個獨裁總統的獨特決定。[100]

同時，在「人民直選總統暨台灣民主發展二十週年」研討會中，吳志中、陳牧民聯名發表的文章中也曾指出，北京對台灣參與國際活動的全面封殺，也對中國的國際形象有很大的傷害。因此，北京深切期望如果台灣可以接受香港模式，或僅止於觀察員地位即可滿足，則大陸也不希望在這個問題上繼續與台灣糾纏。事實上，這也是北京與馬英九政府在2008年與2016年間的最大共識。[101]

WHA、ICAO及聯合國參與問題上，蔡英文當局的想法，應該是有不挑釁北京的想法；而北京針對這些台灣出席國際社會的活動，有些默許、但多數阻止，看得出來雖仍有「和」的思考，但卡在「九二共識」不被台

---

100 沈呂巡，〈外交被打趴國也不成國〉，2016年9月5日，中時電子報網站，網址：http://opinion.chinatimes.com/20160905006098-262105。

101 李登輝基金會在2016年8月28日舉行「人民直選總統暨台灣民主發展二十週年」研討會，吳志中、陳牧民分別擔任發表人與議題召集人。細節可讀羅印沖，〈官員坦承參加WHA依賴大陸意願〉，2016年8月28日，《旺報》，網址：http://www.chinatimes.com/newspapers/20160828000582-260301。

北認同，在不能形成是它對「兩個中國」或「一中一台」放縱的前提下，必須對台北的「橫衝直撞」稍加阻攔，這樣的背景恐怕仍需台北要再多一層的認識。

第 8 章

兩岸關係的變數之一：中共對台政策持續與否的因素

　　談到兩岸關係的發展，那麼中共對台政策絕對有其主導性，而且它的影響力也非常之大。而檢視其中兩岸關係是否會有變化，尤重在它對台政策的持續與否。只要外在因素有變動，而內在壓力也突增，中共對台政策只要稍作調整，即使幅度不是很大，但影響所至，兩岸關係就會面臨動盪。

　　所以，作者設法將2012年中共十八大後的對台政策先做全盤評估開始，等到政策推進的過程中，經歷第一個轉折點即是2014年3月在台灣爆發的「太陽花學運」事件，因為這起事件所導致台灣社會的「反中情緒」與對「兩岸服貿協議」的杯葛，是讓北京的對台政策受到一些影響，當然對台政策也有微調的跡象；然後又面臨「蔡英文可能被提名為2016年總統大選候選人」的狀況，由於她的立場一直是不願承認兩岸之間曾有「九二共識」的存在，加上另方面，她又一直宣揚「台灣共識」的推動，這樣的走向，就讓習近平在2015年兩會期間，表達了最嚴厲的批評，特別說明一旦「九二共識」不存在，兩岸就會面臨「地動山搖」的結果，這是近年來對台政策表達裡，呈現出最強硬的立場；最後則是2016年蔡英文確定勝選，但是她自「就職演說」起到本書截稿為止，就是不肯對「九二共識」作明確表態，中共已作成兩岸官方以及官方授權機構的協商機制全面中斷的決定，並且開始採用任何對台灣的反制措施。

　　因此，我們來看看：北京到底是怎麼來觀察這段兩岸關係過程的轉折，進而再來評估中共是否在政策上開始有了收縮與調整的跡象。

第一節 中共十八大後初期的對台政策的評估

雖然說十八大後中共的領導班子進行換屆，但是政策在新領導人剛上台初階段時，要說馬上就會有「結構性的變動」，可能性恐怕不大，最有可能還是維持十八大前一段時期的政策內涵。這個前例可追溯到2002年11月中共十六大之後的對台政策，即使當時胡錦濤已經正式接任總書記，但是很多涉台的立場與措施，仍存有江澤民在十六大「政治報告」中的一些內涵，譬如說，「大陸與台灣同屬一個中國」的說法，就影響了「一中原則的政治意涵」很長的一段時間，直至2008年12月胡錦濤發表六點看法之後，才有類似「兩岸目前尚未統一，但不是主權與領土的再造」這樣較有新意的說法出現。

但是，面臨兩岸關係新的形勢，北京是需要用新的思維來思考政策，或者說遭遇到兩岸之間一些新的問題，或是涉入國際新的情勢挑戰，北京勢必要採取彈性的調整策略來因應，那麼在這樣一個前提下去觀察，十八大之後的政策變化，當然就值得注意。但是即使基調不變，只是策略調整，那麼這樣的政策還是需要去提醒。下面的評估，便是中共十八大之後對台政策可能走向的三個面向：

一、中共十八大後初期對台政策，基本上是維持不變

基於這樣的認知，因此對於「中共十八大後初期的對台政策」的評估，是建立在現階段的政策原則、立場、甚至於一些政治意涵，都應該繼續維持在對胡錦濤時代涉台政策的認知基礎上。這樣的論述有下面幾點佐證來支持：

（一）從領導人談話，可以看出中共對台政策在十八大後有其穩定與持續性的走向

2012年7月29日中共政協主席賈慶林在哈爾濱舉術的「國共論壇」上發表了「大陸與台灣同屬一個國家」的看法，由於與中共十六大之後的「大陸與台灣同屬一個中國」論述有所不同，引發了外界覺得中共對台政

策是否有調整的質疑，譬如國民黨《大陸情勢雙週報》就指出，中共十八大之後將推出新的對台政策。[1]針對來自台灣以及大陸內部的疑慮，國台辦主任王毅曾在同年8月28日於北京參加「海峽兩岸婚姻家庭協會」成立大會之後的空檔，面對多家台灣媒體的詢問，澄清了中共中央的立場。王毅說：「我們的對台政策是有穩定性和持續性的」，不僅如此，王毅尚強調：「包括賈慶林主席也鄭重講過」。[2]不過，王毅這段談話內容並沒有納入到他當天所出席的「海峽兩岸婚姻家庭協會」成立大會之國台辦網站的「政務要聞」裡，也可解讀成官方並沒有正式認可這樣的看法。[3]

　　不過，十八大「政治報告」中對一中原則的運用，雖然捨棄了從過去舊三段到新三段的政治意涵的說法，但是基本的精神仍然存在。譬如說，把十六大的「兩岸同屬一中」說法，「胡四點」與「胡六點」均曾經強調過的「國家領土和主權從未分割」的一中事實，以及最近二年來北京較為全力推動的「一個中國框架」的認知，還是全盤的搬上文稿。[4]這說明了在兩岸之間，冀望北京會在一中原則上有所鬆動，可能這項期待就會有所落空。最顯著的例子就是賈慶林今年7月在哈爾濱所提出「兩岸同屬一個國家」的說法，最後並沒有被採用到「政治報告」裡。

　　當然，最重要的還是習近平在2013年2月25日會晤國民黨榮譽主席連戰所說的一段話：「繼續推動兩岸關係和平發展、促進兩岸和平統一，是新一屆中共中央領導集體的責任」。[5]這段講話強調政策的「繼續推動」，就表示目前北京對台的政策，習近平會延續下去。更清楚的表達

1　〈賈慶林在第八屆兩岸經貿文化論壇開幕式上的致詞〉，中華人民共和國中央人民政府網站，刊登日期：2012年7月29日，http://big5.gov.cn/gate/big5/www.gov.cn/ldhd/2012-07/28/content_2194141.htm。

2　王毅的談話因是在北京參加「海峽兩岸婚姻家庭協會」成立大會致詞之後，才對台灣媒體的詢問發表談話，因此資料來源就採用台灣媒體的報導。請見亓樂義，〈王毅，婚姻不是政治，放鬆吧！〉，《中國時報》，2012年8月29日，A13版。

3　國台辦網站上有關王毅在海峽兩岸婚姻家庭協會成立大會上的講話（全文），並沒有提到中共十八大之後對台政策的內容，請見國台辦網站，政務要聞，2012年8月28日。網址：http://www.gwytb.gov.cn/wyly/201208/t20120828_3000941.htm。

4　中共十八大之後對台政策政治報告。

5　習近平在會晤國民黨榮譽主席連戰，2013年2月25日。

是在2013年6月13日，會見另一位國民黨榮譽主席吳伯雄所說的一段話：「堅定不移走兩岸關係和平發展道路，鞏固和深化兩岸關係和平發展的政治、經濟、文化、社會基礎」。[6]在這裡，已可發現「兩岸關係和平發展、促進兩岸和平統一」，應是習近平時代對台政策的基調。

習近平與吳伯雄的這次會晤，另有它的特別性與獨持性：第一，這是馬英九總統在吳伯雄啟程之前，就特別強調他的授權，以有別或澄清過去幾次國民黨重要大老、包括前次的吳伯雄大陸之行，曾經有過「模糊交待」的過程；[7]第二，是北京習近平主席剛剛國外訪問風塵僕僕回來，特別是與美國歐巴馬總統晤談之後，沒去設想需有一段時間的間隔，仍然願意立即與吳伯雄會晤，可以看出來台灣與兩岸事務在習心目中的比重；[8]第三，則是「吳習會」的新聞發布方式，是國共也是兩岸之間的首創，採取了同時間在台北與北京宣布，顯示的意義是：兩岸當局對此次會晤的重視，同時也隱含了雙方的默契與彼此的互信。

而實際上，所謂目前對台政策的重點，不外乎就是「兩岸的和平發展」以及「中國的終極統一」。實際上從2008年至今，已運作到非常有效的境界。因此，習近平主動宣示對台政策有延續性，就代表中共遵循和平發展的方針，將不會動搖。未來台灣即便是民進黨上台，除非兩岸政策走向產生重大轉折，否則中共對台和平發展的政策，應該不會輕易更弦。

（二）從實際上的推動與運作來看，中共對台政策的大方向也不會有任何變化

王毅在2012年8月28日在北京參加「海峽兩岸婚姻家庭協會」成立大會之後的空檔，面對多家台灣媒體詢問的同樣場合上，也說過一段非常重

6　〈中共中央總書記習近平會見中國國民黨榮譽主席吳伯雄〉，中共中央台辦，http://www.gwytb.gov.cn/wyly/201306/t20130614_4315132.htm。

7　〈吳榮譽主席與胡總書記會面〉，國民黨網站，2012年3月22日，http://www.kmt.org.tw/page.aspx?id=32&aid=6934。

8　習近平於美國時間6月7日會晤歐巴馬舉行「莊園峰會」，而在返回北京不到一個禮拜的時間，6月13日下午就與吳伯雄會面。中時電子報網站，2013年6月10日，http://news.chinatimes.com/mainland/11050501/112013061000151.html。

要的看法，那就是中共對台政策的大方向不會有變化。針對記者問起「習近平接班後是否有新的措施」，王毅說「習副主席兩年前在海南『博鰲亞洲論壇』會見台灣『兩岸共同市場基金』會最高顧問錢復已有明確闡述」。[9]根據新華社的報導，當時習近平的說法是：「堅持大陸和台灣同屬一個中國，是兩岸關係和平發展的政治基礎。鞏固和增進兩岸同胞的民族認同，是兩岸關係和平發展的基本保證。攜手推動兩岸關係和平發展，同心實現中華民族偉大復興，應當成為兩岸關係發展的主旋律」。[10]所以王毅才會說，儘管今後對台政策要隨著兩岸關係的不斷發展，要「與時俱進」，不過「我們會繼續堅定不移地走兩岸關係和平發展道路」。[11]

在稍後2013年3月12日的全國政協十二屆第一次會議閉幕典禮上通過的「政治決議」，也表達了「貫徹兩岸和平發展」的方向。決議強調：「政協將堅持『和平統一、一國兩制』方針，貫徹兩岸關係和平發展思想，加強與台灣各界交往、對話、合作；鞏固和深化兩岸關係和平發展的政治、經濟、文化、社會等基礎，努力促進兩岸同胞團結奮鬥」。[12]加上新任政協主席俞正聲也兼任中共中央對台工作領導小組副組長一職，政協這篇「政治決議」中表明對台的立場，就具有特別的意義。

進一步的定調，則是2013年6月13日習近平會晤吳伯雄所表達的立場。根據新華社報導，習近平在對台措施上提到了四個堅持：堅持從中華民族整體利益的高度把握兩岸關係大局；堅持在認清歷史發展趨勢中把握兩岸關係前途；堅持增進互信、良性互動、求同存異、務實進取；堅持穩步推進兩岸關係全面發展。[13]這「四個堅持」的談話，依作者來看，可以用來解讀兩岸關係未來的發展應是：著眼全中華民族的整體利益；兩岸關

9　〈習近平會見台灣兩岸共同市場基金會最高顧問錢複〉，新華網，刊登日期：2010年4月10日，http://news.xinhuanet.com/tw/2010-04/10/c_1226396.htm。

10　亓樂義，〈王毅，婚姻不是政治，放鬆吧！〉，《中國時報》，2012年8月29日，A13版。

11　同上註。

12　〈（兩會授權發布）中國人民政治協商會議第十二屆全國委員會第一次會議政治決議〉，新華網，2013年3月12日，http://news.xinhuanet.com/2013lh/2013-03/12/c_114995150.htm。

13　〈習近平會晤吳伯雄〉，2013年6月13日，新華網，http://big5.xinhuanet.com/gate/big5/wm-lzr823.home.news.cn/blog/a/0101006065160CD13704CFFD.html。

係的未來需掌握在歷史的機遇期；尋求兩岸政治互信的建立，期求在擱置彼此爭議下來追求共識，並求兩岸關係全面在穩定過程中發展，這其中含意，不僅是過去經濟文化層面合作交流的深化，同時也將是政治層面的逐漸深入。

二、但是，中共對台政策，面臨新的形勢，勢必要配套「新的思維」

　　在政策大方向不變，而且具有延續與穩定的特性前提下，下一步如何深化及鞏固兩岸關係，以及邁向「兩岸和平發展的新局面」，是中共十八大之後新的工作重點：

（一）兩岸協商與談判是否進入「深水區」，是十八大後的對台政策新課題

1. 進入所謂「深水區」的北京立場

　　兩岸之間的協商與談判，經過過去2008-2012這四年的密集推動，完成了八次「江陳會」、共計有十八項協議簽署、一項共識聲明的顯著成果。但是經驗告訴大家，兩岸談判的主題必然益發走向敏感，也就是說將進入所謂的「深水區」。北京自己應該怎麼思考，又希冀台北如何來配合，就是十八大後的對台政策新課題。

　　胡錦濤於2009年5月26日會見中國國民黨主席吳伯雄時，就已經清楚點出兩岸談判未來要推動的方向。胡會見吳所訴求的重點是：「促進正式結束兩岸敵對狀態、達成和平協定，是『兩岸和平發展共同願景』所提出的目標，已經成為兩岸雙方的重要主張。我們提出，兩岸可以就國家尚未統一的特殊情況下的政治關係問題、建立兩岸軍事安全互信機制問題進行務實探討，表明了我們解決問題的積極思考。兩岸協商總體上還是要先易後難、先經後政、把握節奏、循序漸進，但雙方要為解決這些問題進行準備、創造條件。雙方可以先由初級形式開始接觸，積累經驗，以逐步破解

難題」。[14]這裡胡錦濤對吳伯雄所提的「兩岸關係」一詞，是與「和平發展」息息相關，顯然需要兩岸政府積極主導，當然脫離不了「兩岸政治關係」的建立。特別是胡錦濤提及兩岸可用「國家尚未統一的特殊情況下的政治關係」，協商一些政治課題，更見「兩岸政治關係」發展的前景。

接著，胡錦濤又於同年11月14日在新加坡會見了「中國國民黨」榮譽主席連戰，再次強調「希望國共兩黨和兩岸雙方加強交流對話，增強良性互動，增進虧治互信，堅定信心，多做實事，積極推動兩岸關係取得新進展。要繼續按照先易後難、先經後政的步驟推進兩岸協商，爭取年內啟動兩岸經濟合作框架協定協商進程。同時，雙方也要為今後共同破解政治難題積極創造條件」。這次重點是後面那一句「為『政治議題』上桌鋪路」的談話，因為那提醒了「兩岸政治關係」必然建立。[15]

不過，王毅2009年6月18日在舊金山僑界招待會上的講話也需要注意。他說：「兩岸關係要不斷鞏固和深化雙方的政治互信。兩岸關係要向前走，兩岸的互信也要隨之增強，這樣才能保持正確方向，才能行穩致遠。而增進互信的關鍵在於雙方堅持大陸和台灣同屬一個中國的框架，並在這一原則問題上形成更為鮮明的共同認知和一致立場」。但是他特別強調，「先易後難、先經後政並不意味著刻意迴避複雜和敏感問題」，這充分坦露北京將不迴避政治談判的立場，而且也顯見是十八大之後北京的重大任務。[16]

當然，進入兩岸「深水區」的北京立場，習近平在2013年6月13日會晤吳伯雄時所提的「四個堅持」談話，是另一個實例。其中習提到「堅持增進互信、良性互動、求同存異、務實進取；堅持穩步推進兩岸關係全面

---

14 〈中共中央總書記胡錦濤同中國國民黨主席吳伯雄舉行會談〉，取自《國務院台灣事務辦公室網站「政務要聞」》，2009年5月27日，http://www.gwytb.gov.cn/speech/speech/201101/t20110123_1723991.htm。

15 〈胡錦濤在新加坡會見連戰〉，取自《國務院台灣事務辦公室網站「政務要聞」》，2009年11月14日，http://www.gwytb.gov.cn/speech/speech/201101/t20110123_1724016.htm。

16 〈國台辦主任王毅在舊金山僑界招待會上的講話（全文）〉，取自《國務院台灣事務辦公室網站「政務要聞」》，2009年6月20日，http://www.gwytb.gov.cn/speech/tbldjh/201101/t20110123_1724471.htm。

發展」，就像前文所述：尋求兩岸政治互信的建立，期求在擱置彼此爭議下來追求共識，並求兩岸關係全面在穩定過程中發展，這其中含意，不僅是過去經濟文化層面合作交流的深化，同時也將是政治層面的逐漸深入。[17]

2. 進入所謂的「深水區」，北京可能採取的步驟

第一，兩岸交流要「制度化」、兩岸政治對話就需擴大。中共2013年對台工作會議2月19日在北京舉行，會議中鼓勵兩岸學界就解決兩岸政治問題展開對話。本次會議是圍繞在「鞏同深化兩岸關係和平發展」這項主要任務，所以要積極推展兩岸關係的全面發展。在經濟方面要加快兩岸經濟協議ECFA的後續協商，加強兩岸產業和金融合作，支援幫助台資企業發展，並促進海面經濟區建設。此外，要進一步促進兩岸人員往來，深化文化教育等領域交流，擴大兩岸基層交流。因此，大會的主調便是：兩岸交流「制度化」，同時大力推進政治對話。而他們在會中對所謂「政治對話大力推進」的說法，是鼓勵兩岸學術界從民間角度就解決兩岸政治問題開展對話。[18]

第二，加快兩岸政治對話，需舉辦兩岸和平論壇先作準備。這樣的觀點表達最清晰是在2013年於福建平潭所舉行的海研中心論壇，當時新就任的國台辦主任張志軍就提出了繼續擴大兩岸經濟合作，兩岸應在適當時候商簽文教、科技合作協議，並由民間先行開展政治對話，鼓勵民間智庫舉辦和平論壇。比較新的用詞是「和平論壇」一詞，按照張志軍的說法，由兩岸智庫召開和平論壇研討，是一個很好的倡議。大陸鼓勵兩岸學術機構，就解決兩岸問題展開對話，包括適時舉辦兩岸的平論壇，以集思廣益，凝聚共識，促進社會各界關注與思考，為將來進行政治商談逐漸會造

---

17 新華網，2013年6月13日，http://big5.xinhuanet.com/gate/big5/wmlzr823.home.news.cn/blog/a/0101006065160CD13704CFFD.html。
18 〈俞正聲出席2013年對台工作會議並作重要講話〉，中共中央台辦，刊登日期：2013年2月20日，http://www.gwytb.gov.cn/wyly/201302/t20130220_3799542.htm。

條件。[19]

　　第三，在實踐步驟上，「循序漸進，先易後難」。這是國台辦發言人楊毅在2013年3月27日的說法，就是涉及到「和平論壇」的話題，要「循序漸進，先易後難」。楊毅說，兩岸政治議題是客觀存在的，應該正視現實，正視問題，努力探討破解之道。因此，楊毅強調：大陸認為民間先行，就兩岸政治議題進行對話；他希望2013年開始舉辦兩岸和平論壇，有利於增進雙方的瞭解，為今後共同破解兩岸政治的難題累積共識，創造條件。[20]

　　所以，深化兩岸交流，是首要前提。接著是需要正視兩岸政治議題客觀存在的現實，以便進行政治對話，必要時候並得借助「和平論壇」的舉辦，尋求兩岸政治難題的破解之道。

第二節　台灣太陽花運動後，是否透露出北京對台政策有微調跡象？

一、「太陽花學運」的政治訴求及其影響

　　「太陽花學運」，又稱「318學運」、「太陽花運動」、「占領國會事件」等，發生在2014年3月18日至4月10日間，由台灣的大學生與公民團體共同發起占領立法院的社會運動事件。主要導火線是因為3月17日立法院內政委員會中，國民黨籍立委張慶忠以30秒時間宣布完成《海峽兩岸服務貿易協議》的委員會審查，引發一群大學與研究所學生以及社會人士的反對，並於18日晚在立法院外舉行「守護民主之夜」晚會，抗議草率的審查程序；之後又有400多名學生趁著警員不備，而進入立法院內靜坐抗

19　〈張志軍在第十一屆兩岸關係研討會上的講話〉，中共中央台辦，刊登日期：2013年3月22日，http://www.gwytb.gov.cn/headlines/201303/t20130322_3980631.htm。
20　〈台辦就增加大陸學生赴台就讀學位試點省份等答問〉，中共中央台辦，刊登日期：2013年3月22日，http://www.gov.cn/xwfb/2013-03/27/content_2363599.htm。

議，接著於晚間9時突破警方的封鎖線占領立法院議場。在26個小時內便有以學生為主的1萬多名民眾，聚集在立法院外表達支持。

「太陽花學運」的訴求，就學生與兩岸有關的發言紀錄稍做整理，應包括將「服貿協議」退回行政院；[21]先建立「兩岸協議的監督機制」，再用其來審查服貿；[22]「兩岸協議的監督機制」應符合五大原則：公民能參與、人權有保障、資訊要公開、政府負義務、國會要監督。[23]

這項運動初期形成的影響，表象上只是看到「兩岸服貿協議」想要在立法院表決通過，可能更加遙遙無期，但無形的影響則是牽動台灣社會、特別年輕一代的「反中情緒」，已開始發酵並蔓延。但更令人憂慮的，是中央研究院台史所副研究員吳叡人，在台灣教授協會舉辦的「318太陽花運動一週年：『重構台灣——太陽花的振幅與縱深』」學術研討會」上認為：太陽花學運是「台灣民族國家形成的某種徵兆」。[24]

北京當然瞭解到，在當時台灣的政治狀況下，要想看到「兩岸服貿協議」近期內在立法院表決通過，機會應該是不大。同時，涉台系統可能更加關注的，則是台灣年輕一代萌生的「反中情緒」，以及隱形在內的「台獨意識」。

二、「習宋會」上，習近平仍維持一貫對台政策的基調

因此，中共中央總書記習近平2014年5月7日上午，在北京人民大會堂會見親民黨主席宋楚瑜一行。外界觀察「習宋會」的重點，雖然還是放

---

21 〈占領國會 陳為廷：要求服貿退回行政院〉，自由時報網站，2014年3月25日，網址：http://news.ltn.com.tw/news/politics/breakingnews/975178。

22 〈島嶼漸天光林飛帆籲朝野落實先立法再審查〉，蘋果日報即時網，2014年4月6日，網址：http://www.appledaily.com.tw/realtimenews/article/politics/20140406/373991/%E5%B3%B6%E5%B6%BC%E6%BC%B8%E5%A4%A9%E5%85%89%E3%80%80%E6%9E%97%E9%A3%9B%E5%B8%86%E7%B1%B2%E6%9C%9D%E9%87%8E%E8%90%BD%E5%AF%A6%E5%85%88%E7%AB%8B%E6%B3%95%E5%86%8D%E5%AF%A9%E6%9F%A5。

23 〈太陽花學運〉，維基百科，網址：https://zh.wikipedia.org/zh-tw/%E5%A4%AA%E9%99%BD%E8%8A%B1%E5%AD%B8%E9%81%8B。

24 陳彥廷，〈太陽花學運週年／吳叡人：台灣民族國家形成的徵兆〉，2015年3月15日，自由時報網站，網址：http://news.ltn.com.tw/news/politics/paper/862973。

在北京對台的政策有無變動。但在這次雙方言談之中，看起來，習近平仍維持一貫對台政策的基調，驗證北京應該會持續推動傳統對台政策的措施。但是鑑於宋楚瑜訪問北京時間點，正是台灣爆發反服貿的「太陽花學運」以及反核四的公民團體抗議之後，因此，北京在接待宋楚瑜之際，是有些新的立場、政策、或是看法出現，是否對既有政策有所調整，以因應台灣社會的新起變局，也成為外界觀察的焦點所在。

我們試以新華社在當天發布的新聞稿為參考背景資料來看，就可把習近平的談話內容分成二個部分，一個是延續中共過去對台政策的路線，表明北京對台立場的持續維穩；另一個則是出現較以往所強調的立場更為進一步翻新的看法，這應是為因應台灣社會變動的新措施。作者謹將上面這樣的說法分析如下：

首先，就「延續中共過去對台政策路線」的這一段說法來解讀，習近平在新華社的新聞稿中，是有二段談話的強調，顯見都在重複他自十八大以來的一貫看法，或是再闡明北京傳統上對台政策的說法：第一，習近平自就職以來曾多次提及「兩岸一家親」的理念，在這次晤見宋楚瑜時，再次重提這個說法。習說，「兩岸關係和平發展是兩岸同胞順應歷史潮流作出的共同選擇。只要我們都從『兩岸一家親』的理念出發，將心比心，以誠相待，就沒有什麼心結不能化解，沒有什麼困難不能克服」。

作者之所以說「兩岸一家親」的理念是習近平自十八大以來的一貫看法，其實在對比他與台灣其他政黨領導人的說法後，就發現這樣形容並不為過。譬如說，習近平在2013年2月接見國民黨榮譽主席連戰時，也是持這樣的態度。習說：「兩岸同胞血脈相連，是一家人。維護好台灣同胞權益，發展好台灣同胞福祉，是大陸方面多次作出的公開宣示，也是我們新一屆中共中央領導集體的鄭重承諾」。2013年6月會晤另一位國民黨榮譽主席吳伯雄時，習還是如此堅持的說：「積極宣導『兩岸一家人』的理念，彙集兩岸中國人智慧和力量，在共同實現中華民族偉大復興的進程中撫平歷史創傷，譜寫中華民族繁榮昌盛的嶄新篇章」。

第二，習近平指出，兩岸關係和平發展大局穩定，經得起風浪考

驗。因此，兩岸關係風風雨雨幾十年，總體趨勢是向前發展的，這是歷史的必然。所以，基於這樣的認知，習近平認為：和平發展是兩岸同胞的共同追求，兩岸共用其利、同受其惠。在這段談話中，習有提到四個「不會」，這既是強調也是重複中共對台政策的基本立場：「我們推動兩岸關係和平發展的方針政策不會改變，促進兩岸交流合作、互利共贏的務實舉措不會放棄，團結台灣同胞共同奮鬥的真誠熱情不會減弱，制止『台獨』分裂圖謀的堅強意志不會動搖」。

三、政策雖然持續，習近平：將深入瞭解台灣民眾尤其是基層民眾的現實需求

　　當然，這段話是要呈顯中共對台政策持續而且不會變動的立場。作者在「習宋會」舉行之後的當天，曾經接受香港中評社訪問，當時就指出：這是因台灣318學運、反核之後，出現反中、恐中的氣氛，中共要強調的，就是重申對台政策不會改變，兩岸關係也沒有退步。其實，這就是習近平上台後，一直追求延續過去傳統的政策的風格所在。所以，他的談話其實與胡錦濤時代的立場沒有什麼不一樣，而且習近平這些話在過去對國民黨榮譽主席連戰、吳伯雄都講過。但見了宋楚瑜再重提，就有它的意義，是希望台灣穩定、安定，也強調中共對台政策不會改變，將對台政策重述一遍，是希望台灣內部能夠瞭解，因為這有助於台海情勢的穩定。[25]

　　更何況，習近平自己都主動提及對台政策的延續性。像他就對宋楚瑜特別強調說：「我們將保持對台工作大政方針的連續性，始終堅持一個中國原則，持續推進兩岸交流合作，努力促進兩岸同胞團結奮鬥，鞏固和深化兩岸關係和平發展的政治、經濟、文化、社會基礎」。

　　至於說習近平在這次會晤宋楚瑜時，有出現「相較以往所強調的立場更為進一步翻新」的看法，應該是說：是因應台灣社會最近變動的新措施，但這也可以是習近平在2012年就職總書記之後，在政策方面有意全

25 〈評習宋會 邵宗海：習表達盼台灣穩定安定〉，中國評論網，刊登日期：2014年5月8日，http://hk.crntt.com/doc/1031/7/3/5/103173556.html?coluid=7&kindid=0&docid=103173556。

面主導之外，而且另外也確實有意全面革新。譬如說，習近平這次對宋表示，「兩岸關係和平發展任重道遠，需要加深兩岸同胞相互信任。同胞有了互信，很多難題就容易找到解決辦法」。這段說法固在說明「兩岸建立互信」的重要性，這也一向是北京對台政策的舊調，但下面再延伸的看法，似乎是出現了一些尋求「變革」的想法，習說：「我們要積極創造條件，擴大兩岸社會各界各階層民眾的接觸面，面對面溝通，心與心交流，不斷增進理解，拉近心理距離」。[26]這個說法可分二種做法來分析：

第一種做法，是因應兩岸經濟融合的探求。特別是大陸全面深化改革和擴大對外開放，習近平是認為將為兩岸經濟合作帶來強勁動力和有利條件。而且經濟融合有利兩岸互利雙贏，任何時候都不應受到干擾。所以，習近平特別強調：「我們將深入瞭解台灣民眾尤其是基層民眾的現實需求，採取積極有效措施，照顧弱勢群體，使更多台灣民眾在兩岸經濟交流合作中受益」。[27]

其實，習近平在去年2月會見連戰時，就提到「中國夢」的實踐，曾呼籲說「實現中華民族偉大復興，是中華民族近代以來最偉大的夢想。現在，我們比歷史上任何時期都更有信心、更有能力實現這個夢想。『兄弟齊心，其利斷金』。實現中華民族偉大復興，需要兩岸同胞共同努力。我們真誠希望台灣同大陸一道發展，兩岸同胞共同來圓『中國夢』」。[28]以及稍後6月他見到吳伯雄時，再提到要讓更多民眾共用兩岸關係和平發展成果，也說出在「積極促進兩岸同胞在厚植共同利益、弘揚中華文化的過程中，增進對兩岸命運共同體的認知，增強民族自豪感，堅定振興中華的共同信念」。[29]

---

26 〈習近平晤宋楚瑜提出對台工作『四不』原則〉，人民網，2014年5月8日，http://politics.people.com.cn/n/2014/0508/c1024-24989940.html。

27 〈張志軍：努力推動兩岸關係和平發展成為不可阻擋的歷史潮流〉，人民網，刊登日期：2014年9月26日，http://theory.people.com.cn/n/2014/0926/c40531-25740049.html。

28 〈習近平會見連戰一行時希望兩岸同胞共圓『中國夢』〉，人民網，刊登日期：2013年2月26日，http://politics.people.com.cn/n/2013/0226/c1024-20596125.html。

29 〈中共中央總書記習近平會見中國國民黨榮譽主席吳伯雄〉，人民網，刊登日期：2013年6月14日，http://paper.people.com.cn/rmrb/html/2013-06/14/nw.D110000renmrb_20130614_3-01.htm。

但是上述與連戰及吳伯雄的談話，「理想」固然是有，可是「說法」在達到目標的步驟與方法上，仍見高調及抽象。只有這次見到宋楚瑜，可能是受到台灣社會動盪的衝擊，加上大陸多年來惠台措施顯見仍受到台灣民眾反中恐中的反饋，不免使得習近平痛定思痛，因此積極提出「將深入瞭解台灣民眾尤其是基層民眾的現實需求」。這應是對台灣現實情況的具體思考結果，其影響所及，可能將遠超過自江澤民以來所標示的「寄希望於台灣人民的方針」。

四、兩岸青少年身上寄託著兩岸關係的未來，強調讓他們多來往、多交流

至於第二種做法，是因為鑑於兩岸青少年身上寄託著兩岸關係的未來，所以習近平指出，「要多想些辦法，多創造些條件，讓他們多來往、多交流，感悟到兩岸關係和平發展的潮流，感悟到中華民族偉大復興的趨勢，以後能夠擔當起開拓兩岸關係前景、實現民族偉大復興的重任」。[30]

這可能是中共對台政策最新出爐的革新看法，雖然沒有明說是針對台灣「太陽花反服貿的學運」，但仍然可以感受北京確實受到來自台灣年輕一代的衝擊與啟示。正如習近平所說，兩岸青少年身上寄託著兩岸關係的未來，如果不在他們身上建立起對兩岸和平發展的重要性認知，在二、三十年過去之後，兩岸關係一旦靜滯不動，將會重創兩岸之間的互信與合作。[31]所以習近平的這段話，正好點出目前北京對台政策的盲點。如果適時予以調整，其結果在日後當令人刮目相看。

五、涉台系統：全面深入瞭解台灣各界各階層民眾，尤其是年輕人的看法和意見

值得注意的是，在習近平正式揭示這項新的革新政策之前，國台辦張

---

30 〈習近平總書記會見宋楚瑜一行〉，新華網，刊登日期：2014年5月7日，http://news.xinhua-net.com/photo/2014-05/07/c_126473667.htm。

31 〈習近平論兩岸關係：血脈裡流動的都是中華民族的血〉，中共中央台辦，刊登日期：2016年8月18日，http://www.gwytb.gov.cn/wyly/201608/t20160830_11552949.htm。

志軍主任早在2014年4月25日，於北京參加第四屆兩岸和香港經濟日報財經高峰論壇時，就在開幕致詞中提出：推進兩岸經濟合作出發點和著眼點是為民謀利，所以大陸將進一步聽取台灣各界和各階層，尤其是基層民眾的意見和建議，進一步完善有關政策舉措。[32]如再加上在「習宋會」的前二天，也就是在5月5日大陸台盟等單位主辦的第一屆「大江論壇」兩岸和平發展精英論壇的開幕典禮上，當時受邀致詞的海協會副會長孫亞夫，一席「會全面深入地瞭解台灣各界各階層民眾、包括那些對兩岸關係發展有顧慮甚至牴觸的民眾，聽取他們尤其是年輕人的看法和意見」的談話，[33]加上前述張志軍的看法，已經確定這就是中共中央早就定調的政策，所以才可授權張、孫兩人對外表達看法。不過，習近平這次要求「將深入瞭解台灣民眾尤其是基層民眾的現實需求」的談話、以及注重台灣青年人想法的政策，已經確定在稍後落實到執行的層次。

第三節　從2015年兩會期間起習近平展現對台政策的強烈表態

2015年，台灣已進入2016年總統大選白熱戰的前夕。曾經在2012年代表民進黨出戰的蔡英文準備再捲土重來，而她在那年所發表的「中國政策」與「台灣意識」，仍然深深烙印在那些中南海領導班子的心裡，特別是她不承認「九二共識」曾經存在過，的確讓北京決策階層懷憂，擔心一旦蔡英文在大選獲得勝利，可能讓2008至2016這八年來所維繫的兩岸和諧毀於一旦。

因此，中共總書記習近平2015年3月4日在政協會見民革、台盟、台聯等成員時曾發表態度強烈的談話，其中有一段是如此說的：「『九二共

32　〈張志軍主任在第四屆兩岸及香港《經濟日報》財經高峰論壇上的致詞〉，中共中央台辦，刊登日期：2014年4月25日，http://www.gwytb.gov.cn/wyly/201404/t20140425_6073502.htm。

33　〈首屆大江論壇舉辦　孫亞夫：對台灣新情況要認真研判〉，中國台灣網，刊登日期：2014年5月6日，http://220.181.41.22/tp/bwtp/201405/t20140506_6114995.htm。

識』對兩岸建立政治互信、開展對話協商、改善和發展兩岸關係，發揮了不可替代的重要作用。如果雙方的共同政治基礎遭到破壞，互信將不存在，兩岸關係就會重新回到動盪不安的老路上去。我們始終把堅持『九二共識』作為同台灣當局和各政黨開展交往的基礎和條件，核心是認同大陸和台灣同屬一個中國。只要做到這一點，台灣任何政黨和團體同大陸交往都不會存在障礙」。[34]

全國政協主席俞正聲則是提前3月3日在政協開幕式的講話時，就提到了「政協常委會堅持一個中國的原則，把握兩岸關係和平發展主題，完善政協委員與台灣民意代表互訪交流機制」，並定性為「重要思想」。要求大力宣導「兩岸一家親理念，繼續開展與台灣有關黨派團體、民意代表交流溝通」。[35]

接著國務院總理李克強稍後在3月5日「政府報告」中還特別提出：「我們將堅持對台工作大政方針，鞏固兩岸堅持『九二共識』、反對『台獨』的政治基礎，保持兩岸關係和平發展正確方向。努力推進兩岸協商對話，推動經濟互利融合，加強基層和青少年交流。依法保護台灣同胞權益，讓更多民眾分享兩岸關係和平發展成果」。[36]

從台灣角度來解讀，習近平的談話，加上前一天俞正聲在政協開幕式的講話，以及稍後一天國務院總理李克強在人代會發表的政府工作報告，幾乎讓台灣的官方、政黨與兩岸學界，都一致承認這樣的談話，確是明示或隱含了有下列「對台政策」的強調，作者謹分析如下：

一、習的談話中，較讓外界具有共同迴響的看法

（一）刻意突出「九二共識」是兩岸互信及接觸的基礎，但也與以往

34　〈國台辦：認同兩岸同屬一中，台灣政黨團體同大陸交往不存障礙〉，中共中央台辦，刊登日期：2015年3月11日，http://www.gwytb.gov.cn/wyly/201503/t20150311_9250807.htm。

35　〈俞正聲政協報告建構『兩岸一家親』主題脈絡〉，中國台灣網，刊登日期：2015年3月4日，http://www.taiwan.cn/plzhx/hxshp/201503/t20150304_9168861.htm。

36　〈李克強談港澳台工作方針〉，中共中央台辦，刊登日期：2015年3月5日，http://www.gwytb.gov.cn/wyly/201503/t20150306_9202029.htm。

不同的是，習近平更強調說：一旦「基礎不牢」，就會「地動山搖」。[37]

在此作者需要補充的是，上述這段話在「國台辦網站」引用新華網的報導是沒有出現這樣的文字，但這的確就是習之發言內容，並在第二天台灣各大媒體呈現。[38]前者「刻意突出共識」，實際就是說給民進黨聽的，也是直接對蔡英文曾經說過「只要民進黨2016年執政，北京必然調整」的反駁[39]。特別是蔡英文在3月7日回應習近平的談話時仍然在迴避「九二共識」的認同，並說「名詞」或「標籤化」不是有效的處理方向，看來蔡英文至少在目前時刻仍然不會認同「九二共識」是民共交談或接觸的基礎，而且在2016年大選之前看來，也是很難有轉向的跡象。[40]但面對北京決策層面多次的喊話，民進黨繼續的「相應不理」，可能最後導致「地動山搖」的結果，恐怕也並不只是來自對岸的嚇人之語。

實際上，後面的「地動山搖」之說，也是說給包括民進黨、國民黨在內的台灣民眾以及國際社會聽的，說明兩岸如果不能維持這項共識基礎，後果將是不堪設想。值此「反分裂國家法」通過十週年之際，北京還是丟出一句沒有「用武」用詞的「非和平方式」，除了動機需人待解，後續發

37 「基礎不牢，地動山搖」。大陸方面始終把堅持「九二共識」作為同台灣當局和各政黨開展交往的基礎和條件，核心是「認同大陸和台灣同屬一個中國」。資料來源：〈人民日報：堅持兩岸共同政治基礎不動搖〉，新華網，刊登日期：2015年11月9日，http://news.xinhuanet.com/tw/2015-11/09/c_128408177.htm。

38 國台辦發言人安峰山表示：「此次會面所取得的積極成果，為今後兩岸各層級的交流互動、各領域的交流合作和兩岸關係的穩定健康發展打下了更堅實的基礎，拓展了新空間，注入了新動力。能夠通過建立和加強高層溝通，增進互信，明確方向，共同推動兩岸關係和平發展，維護台海和平穩定，致力於中華民族偉大復興。」資料來源：〈國台辦新聞發布會輯錄（2015-11-25）〉，中共中央台辦，刊登日期：2015年11月25日，http://www.gwytb.gov.cn/xwfbh/201511/t20151125_11100220.htm。

39 媒體內容：「民進黨主席蔡英文接受雜誌專訪指出，中國最怕『押錯寶』，只要民進黨打好九合一大選，連中國大陸都會朝民進黨方向來調整。」資料來源：〈想的太美？蔡英文：贏九合一中國會轉向〉，《旺報》，刊登日期：http://want-daily.com/portal.php?mod=view&aid=119089。

40 蔡主席表示，希望能夠著重在實質的層次上，「名詞」或者是「標籤化」的處理，其實不是有利於兩岸關係朝有效、好的方向去處理，所以我們也希望在強化雙方溝通、互動的過程中，共同去找到大家可以互相尊重、接受的空間。資料來源：〈蔡英文：兩岸有責任維持台海和平穩定，但必須重視民意、透明與溝通〉，民進黨中央黨部網站，刊登日期：2015年3月6日，http://www.dpp.org.tw/news_content.php?kw=&m1=11&y1=2016&menu_sn=&sub_menu=43&show_title=&one_page=10&page=1&start_p=1&act=&sn=7740&stat=&order_type=desc&order_col=add_date&data_type=。

展也令外界關切。

像國台辦主任張志軍在《反分裂國家法》屆滿十週年前夕於《人民日報》撰文，就是一個與上述的「後續發展」有相關連結的例子。張志軍在文中指出，對台工作方向，必須緊密結合中共總書記習近平對台工作重要論述，一方面在「九二共識」基礎上，加強制度化協商談判，鞏固擴大兩岸關係和平發展成果。另一方面，堅決貫徹中國大陸《憲法》和《反分裂國家法》，增強運用法律手段捍衛「一個中國」原則、反對「台獨」的信心和能力。[41]

（二）措詞強硬之外，北京對台政策還是突顯兩岸要走「和平發展的道路」，強調「兩岸和平發展是一條維護兩岸和平、促進共同發展、造福兩岸同胞的正確道路，也是通向和平統一的光明大道」。[42]

但是這樣的堅定不移的說法，依作者來解讀，首先是因為馬英九總統的任期尚有一年三個月，北京實在沒有理由需要在現階段去隱沒兩岸「和平發展的道路」，而且從2008年起北京投資在台海所營造出和平穩定的環境，也不需因台灣尚未展現出的分離氣氛而給予折損，所以這本就是北京對台政策這幾年來的基調。但別忘了習近平在這次也同時指出：「和平是寶貴的，和平需要維護」。到底兩岸和平是如何維護？作者注意到習近平提出另一個的堅定不移的說法。他說：要堅持「共同政治基礎」，那就是前面所提的「九二共識」。習明確的補充說，「如果兩岸雙方的共同政治基礎遭到破壞，兩岸互信將不復存在，兩岸關係就會重新回到動盪不安的老路上去」。[43]

因此，前面提到「和平」，後一句因擔憂「九二共識」可能在2016年大選後不復存在，又開始強調「動盪」，正說明北京對台政策面臨未來

---

41 〈張志軍：運用法治方式扎實推進兩岸關系和平發展〉，人民網，刊登日期：2015年3月13日，http://theory.people.com.cn/BIG5/n/2015/0313/c40531-26687007.html。

42 〈習近平在看望參加政協會議的民革台盟台聯委員時強調堅持兩岸關係和平發展道路促進共同發展造福兩岸同胞 俞正聲參加看望和討論〉，人民網，刊登日期：2015年3月5日，01版。

43 〈習近平強調：堅持兩岸關係和平發展道路促進共同發展造福兩岸同胞〉，新華網，刊登日期：2015年3月4日，http://news.xinhuanet.com/politics/2015-03/04/c_1114523248.htm。

可能的調整，在心態走向上容易趨向極端。

（三）習近平與其他政治局常委們，顯見注射了一股新的動力，將在今後積極推動對台灣社會及基層的工作。

習近平說：「我們注重聽取台灣各界特別是基層民眾意見和建議，願意瞭解台灣同胞想法和需求」。[44]這雖然不是中共領導人第一次說，而且這也貫徹了傳統對台政策中的「寄希望於台灣民眾的方針」，但這次卻是更有系統的思路整理，希望讓對台工作落實到真正需要的層面。注意看習近平的指示方向，是提醒涉台單位和官員「要繼續加強兩岸同胞交流往來，實施惠及兩岸同胞的政策法律措施，擴大台灣基層民眾受益面和獲得感」，[45]這其中要突顯台灣基層民眾受益的「獲得感」，就是過去政策性談話較少見到的一面，也是點出過去涉台措施的缺失。

至於習說「願意為台灣青年提供施展才華、實現抱負的舞台，讓兩岸關係和平發展為他們的成長、成才、成功注入新動力、拓展新空間」，更見到是他要求這個基層工作向下紮根的深度。[46]不過，作者也發現：由於強調也是寄望未來能創造台灣青年對大陸的向心力，相對來說，時間的拉長會讓北京「對台工作」，在今後將不太容易出現躁進。而如何爭取台灣民意，能推動最終的兩岸統一，北京會把「過程」重視的比重超過「目標」。

另外，政協主席俞正聲也曾特別強調：政協要「為團結島內基層民眾、青少年多做工作」。國務院總理李克強在「政府報告」中有提醒：「我們將加強基層和青少年交流」。這充分說明在中共高層領導人的工作

44　〈習近平強調：堅持兩岸關係和平發展道路促進共同發展造福兩岸同胞〉，中共中央台辦，刊登日期：2015年3月4日，http://www.gwytb.gov.cn/wyly/201503/t20150304_9179574.htm。

45　習近平的兩岸談話，即政協於3日揭幕後的次日，習近平即看望了民革、台盟、台聯的政協委員，並正式發表談話，他並指出，台灣任何政黨和團體，只要能堅持九二共識，和大陸交往都不會存在障礙。〈習近平在看望參加政協會議的民革台盟台聯委員時強調堅持兩岸關係和平發展道路促進共同發展造福兩岸同胞 俞正聲參加看望和討論〉，新華網，刊登日期：2015年3月5日，http://www.cppcc.gov.cn/zxww/2015/03/05/ARTI1425517367617469.shtml。

46　〈習近平強調：堅持兩岸關係和平發展道路促進共同發展造福兩岸同胞〉，中共中央台辦，2015年3月4日，http://www.gwytb.gov.cn/zt/xijinpingzhuanti/201504/t20150409_9538279.htm。

方針裡，已有高度共識。[47]

二、習的談話，加上政協決議與張志軍文章，明確劃出「對台政策」政治底線

此前習近平發表對台政策的「四個堅定不移」，說明了「兩岸關係和平發展是一條維護兩岸和平、促進共同發展、造福兩岸同胞的正確道路，也是通向和平統一的光明大道，我們應該堅定不移走和平發展道路，堅定不移堅持共同政治基礎，堅定不移為兩岸同胞謀福祉，堅定不移攜手實現民族復興」。[48]

同時習近平的相關談話，13日也被寫進全國政協政治決議中。這屆《政治決議》指出，習近平4日在參加全國政協的大陸三大對台統戰組織——中國國民黨革命委員會（民革）、台灣民主自治同盟（台盟）和中華全國台灣同胞聯誼會（台聯）委員聯組會的談話時，所發表的「四個堅定不移」，對推動實現「兩岸關係和諧發展」，具有重要意義。《政治決議》強調，需貫徹落實習近平關於「堅定不移走和平發展道路；堅定不移堅持共同政治基礎；堅定不移為兩岸同胞謀福祉；堅定不移攜手實現民族復興」的重要要求，並須認真學習貫徹中共中央對台工作大政方針和決策部署。[49]

至於張志軍在《反分裂國家法》頒布十週年前夕發表長文，延續反獨清晰立場，將大陸對台政治底線劃得更明確。張志軍指出，大陸不斷推進對台方針政策法制化進程，以《憲法》為統帥，以《反分裂國家法》、《台灣同胞投資保護法》等為主的涉台法律規範體系初步形成。尤其是《反分裂國家法》，成功挫敗通過所謂「憲改、入聯公投、謀求台獨」的

47 〈李克強談港澳台工作〉，新華網，刊登日期：2016年3月5日，http://www.gwytb.gov.cn/wyly/201603/t20160305_11402894.htm。

48 〈習近平強調：堅持兩岸關係和平發展道路促進共同發展造福兩岸同胞〉，新華網，2015年3月4日，http://news.xinhuanet.com/politics/2015-03/04/c_1114523248.htm。

49 〈習近平強調：堅持兩岸關係和平發展道路促進共同發展造福兩岸同胞〉，新華網，2015年3月4日，http://news.xinhuanet.com/politics/2015-03/04/c_1114523248.htm。

分裂行徑，實現兩岸關係歷史性轉折，開創了和平發展新局面。[50]

不過，除強調反台獨，張志軍也表示，「豐富國家統一實現形式。我們堅信，凝聚兩岸中國人的智慧，發掘中華傳統法治文化和現代法治文明的有益經驗，不斷增進兩岸維護一個中國框架的共同認知，終將破解兩岸政治難題，探索出符合兩岸同胞共同利益的國家統一實現形式。」他並強調，「我們所追求的國家統一，不僅是形式上的統一，更重要的是兩岸同胞心靈契合」。[51]

三、在習的談話中，外界比較沒有引發特別注意的政策走向，值得提醒

（一）在所有解讀中，較少去關注的，是這次政策性講話的「軸鏈性」。所謂的「軸鏈性」，是說明中共各領導人講話中有一定的政策主軸，而且相互之間還有鏈接性。

作者特別注意到從全國政協主席俞正聲在開幕式致詞，到中共中央總書記、國家主席、中央軍委主席習近平發表涉台的談話，再到國務院總理李克強在人代會上的政府工作報告，他們三人幾乎都不約而同的提出對「九二共識」政治互信基礎，以及對台灣基層及青少年重視的堅持。譬如說，李克強在「政府報告」中還特別提出：「我們將堅持對台工作大政方針，鞏固兩岸堅持『九二共識』、反對『台獨』的政治基礎，保持兩岸關係和平發展正確方向。努力推進兩岸協商對話，推動經濟互利融合，加強基層和青少年交流。依法保護台灣同胞權益，讓更多民眾分享兩岸關係和平發展成果」。[52]

這樣的說法有其前例，在1997年還特別明顯。當時中共最高領導人

---

50 〈張志軍：運用法治方式扎實推進兩岸關系和平發展〉，人民網，刊登日期：2015年3月13日，http://theory.people.com.cn/BIG5/n/2015/0313/c40531-26687007.html。

51 〈習近平總書記會見連戰一行〉，新華網，刊登日期：2013年2月25日，http://www.gwytb.gov.cn/wyly/201302/t20130225_3823738.htm。

52 〈李克強談港澳台工作方針〉，中共中央台辦，刊登日期：2015年3月5日，http://www.gwytb.gov.cn/wyly/201503/t20150306_9202029.htm。

鄧小平在2月去世，不到二十天之內，中共人代會與政協分別在3月上旬舉行會議，這些機構領導人的談話，透露出一些微妙的變化。譬如說，人代會常委會委員長喬石與政協主席李瑞環，甚至於總理李鵬，在他們致詞或政府報告中，卻不約而同的表示：支持江核心，在一個中國原則下，推動鄧小平的「和平統一，一國兩制」的方針，並在「江八點」的指導下，通過兩岸政治談判，解決雙方歧見，逐步走向和平統一。這些共識，後來並在中共十五大政治報告中重申。[53]

所以當習李俞三人目前均擔任中共黨政軍重要職務的領導人，又是中共中央政治局常委，這樣說話不但再次反映出北京要在黨與政府，各政黨之間，甚至中央決策層面顯示出已具有高度共識，而且也說明了今後對台政策的明確走向，面對台灣不採取接受「共識」問題將直接強硬回應。

（二）習近平在談話中曾提到「從根本上說，決定兩岸關係走向的關鍵因素是祖國大陸發展進步。我們要保持自身發展勢頭，同時採取正確政策措施做好台灣工作」。[54]

這段話的重要性，主要是因對前面習說的一段話。他說：「過去的一年，我們堅持對台工作大政方針和決策部署，兩岸制度化協商取得新成果，兩岸經濟融合發展不斷深入，各領域交流合作保持良好發展勢頭，台海局勢總體穩定」。[55]再回頭過來看前面那段話，說明了要讓過去一年兩岸關係的穩定持續發展，其主動權應操之在北京手上，而且大陸尚要保持發展進步，才能掌握邁進的步伐。

這些說法反映出北京的自信，而且開始懂得去思考：兩岸關係發展，北京自己必須採取主動，不能再像過去尚需依賴台灣的配合。如果這個解讀接近習近平的想法，那麼台北在今後的因應措施，可能也要自己尋求突破。

---

53 〈高舉鄧小平理論偉大旗幟，把建設有中國特色社會主義事業全面推向二十一世紀〉，新華網，http://news.xinhuanet.com/zhengfu/2004-04/29/content_1447509.htm。
54 〈習近平在看望參加政協會議的民革台盟台聯委員時強調堅持兩岸關係和平發展道路促進共同發展造福兩岸同胞 俞正聲參加看望和討論〉，人民網，刊登日期：2015年3月5日，01版。
55 〈習近平強調：堅持兩岸關係和平發展道路促進共同發展造福兩岸同胞〉，中共中央台辦，刊登日期：2015年3月4日，http://www.gwytb.gov.cn/wyly/201503/t20150304_9179574.htm。

第四節 2015年民進黨提名蔡英文爲總統候選人，北京強烈回應

一、蔡英文參選聲明重申，民進黨處理的基本原則是「維持兩岸現狀」

民進黨2015年4月15日通過提名該黨黨主席蔡英文為2016總統候選人，蔡英文隨後發表參選聲明，特別在兩岸關係部分，蔡英文重申，民進黨處理的基本原則是「維持兩岸現狀」，而且下一任總統必須肩負「超越既有國共關係框架，建立常態化兩岸關係」的使命。她一再強調兩岸關係不是國共關係，「未來也不會是民共關係」。[56]

蔡英文的看法：「兩岸關係不是國共關係，未來也不會是民共關係」，還是引發爭議。兩岸關係就台灣角度而言，自1992年起兩會開始會談後，就不可能再是國共之間的關係。而之前，由於台北堅持不接觸、不談判、不妥協的「三不政策」，所以也不可能有空間去推動過國共關係。至於站在北京立場，大概只有1981年的「葉九條」倡言過「國共和談」，此後重大對台政策，均著重兩岸之間的當局或當局授權的兩會，才能來進行兩岸之間的接觸與談判。所以一路走來，只有「兩岸關係」，沒有所謂的「國共關係」。當然民進黨一旦執政後，可能根本不需蔡英文再三強調，北京也不會同意或接受「民共關係」來取代「兩岸關係」，因為北京不會將它與台灣政黨之間的關係，全盤形成兩岸關係的實質內涵。

至於說到民進黨上台之後的兩岸關係，蔡英文覺得「維持兩岸現狀」應是最佳的選擇。但是「兩岸現狀」指的到底是什麼？蔡英文並沒有詮釋。所以這個說法內涵，到底應是目前馬英九基於九二共識，與對岸已經推動有年的和平發展現狀？還是謝長廷在接受媒體訪問時所講的：維持

---

56 蔡英文曾表示，兩岸關係攸關全台灣人共同利益，所有政黨都有義務，民進黨當然也會負起責任，維持兩岸關係穩定；她希望國民黨不要再繼續犯錯，把兩岸關係當作國共關係，這樣對台灣是會有傷害的。資料來源：〈蔡英文：兩岸關係別當國共關係〉，《聯合報》，刊登日期：2015年4月11日，A2版。

著現狀最好把中華民國憲法作為台灣內部共識？或者說就是要配合美國看法，認定現今台海現狀是史上最穩定的狀態？如果答案是上述三者之一，蔡英文就得面臨「一個中國」的取捨。因為上述三種政策所得來的兩岸現狀，都是主張在兩岸之間，只有一個中國，沒有存在兩個中國或一中一台的情況。如果說，蔡英文所述的「維持兩岸現狀」，不是上述的三者之一，並且也不會接受一個中國或九二共識，恐怕這個現狀在北京與華府都不會支持之情況下，將面臨破局。

　　不過，一直引發外界關注的議題，譬如是否凍結「台灣前途決議文」或擬定新的決議文，甚至於做出「九二共識」的替代方案，來因應日益迫切的「民共交流」，一直到2016年大選前都沒有進行任何實質討論。

二、北京在2015年，對「九二共識」原則堅持的態度是「穩中有急」

（一）例子一：2015年兩會期間，北京的態度及立場

　　一年前，即2015年3月4日，也是兩會期間，中共總書記習近平在全國政協會見了民革、台盟、台聯等成員，當時所發表的一段談話內容，給外界的感覺是非常震憾。

　　在新華社發布的新聞稿上，習近平首先是刻意突出「九二共識」是兩岸互信及接觸的基礎，接著才是明確的補充說，「如果兩岸雙方的共同政治基礎遭到破壞，兩岸互信將不復存在，兩岸關係就會重新回到動盪不安的老路上去」。[57]但是看到電視上習的講話，則是他先放下講稿，然後就是脫稿發言，脫稿說話的內容則是如此說的：一旦「基礎不牢」，就會「地動山搖」。所謂「基礎不牢」當然是指「九二共識」不復存在，但「地動山搖」到底是什麼境界，官方則從來沒有說明過。外界的解讀很多，甚至尚聯想到該年正值「反分裂國家法」通過十週年之際，北京丟出

57　〈習近平強調：堅持兩岸關係和平發展道路促進共同發展造福兩岸同胞〉，中共中央台辦，刊登日期：2015年3月4日，http://www.gwytb.gov.cn/wyly/201503/t20150304_9179574.htm。

來一句沒有「用武」用詞的「非和平方式」，這樣的後續發展當然令外界
關切。

　　加上同天稍早俞正聲在政協開幕式的講話，幾乎台灣的官方、政黨與
兩岸以及美國的學界，都一致承認這樣的談話，確是明示或隱含了有下列
「對台政策」的強調：

1. 刻意突出「九二共識」是兩岸互信及接觸的基礎，但也與以往不同的
是，習近平更強調說：一旦「基礎不牢」，就會「地動山搖」。在此作
者需要補充的是，前者的「共識突出」，實際就是說給民進黨聽的，
也是直接對蔡英文曾經說過「只要民進黨2016年執政，北京必然調
整」的反駁。特別是蔡英文在3月7日回應習近平的談話時仍然在迴避
「九二共識」的認同，並說「名詞」或「標籤化」不是有效的處理方
向。蔡英文這種把話說死的態度，顯見在2016年大選之前很難有轉向
的跡象，但面對北京決策層面多次的喊話，民進黨的「相應不理」，可
能最後導致「地動山搖」的結果，並不只是唬人之語。實際上，「地動
山搖」也是說給包括民進黨、國民黨在內的台灣民眾以及國際社會聽
的，說明如果兩岸不維持這項共識基礎，後果將是不堪設想。

2. 還是突顯兩岸要走「和平發展的道路」，習近平特別強調「兩岸和平發
展是一條維護兩岸和平、促進共同發展、造福兩岸同胞的正確道路，也
是通向和平統一的光明大道」。但是這樣的堅定不移的說法，依作者來
解讀，這固然是北京對台政策這幾年來的基調，但別忘了習近平也同時
指出「和平是寶貴的，和平需要維護」。到底如何維護？正好是習提出
另一個的堅定不移說法：就是要堅持共同政治基礎，也就是前面所提的
「九二共識」。

　　這樣的敘述，也就是說明「九二共識」確是當年兩會期間，中共對台
政策中最重要的基調。只不過對於兩岸之間，如果「九二共識」這個雙方
共同政治基礎都不維持，北京可能會有反彈，甚至不排除「兩岸關係就會
重新回到動盪不安的老路上去」，譬如產生「地動山搖」的後果。

（二）例子二：2015年「習朱會」的討論主題，似乎仍在「九二共識」

2015年5月4日，習近平在北京人民大會堂會見到訪的中國國民黨主席朱立倫。這是國、共兩黨新一屆領導人上任後首次會面，全程共計約一個小時。

習近平首先致詞，還是再次強調九二共識，反對台獨，認為是兩岸發展的正確方向。整個致詞部分最為外界看重的地方，是習近平稱「當前兩岸關係處於新的、重要的節點上，兩岸關係的路應該如何走，是擺在兩岸所有政黨跟所有社會各界的重大問題，攸關中華民族和國家未來，攸關兩岸民眾福祉，需要大家認真思考」。[58]

習近平的說法，明顯是針對蔡英文在2015年4月15日發表參選聲明所說的一段話，蔡說：下一任總統必須肩負「超越既有國共關係框架，建立常態化兩岸關係」的使命。她一再強調兩岸關係不是國共關係，「未來也不會是民共關係」。但是習再次提醒「兩岸關係的路應該如何走，是擺在兩岸所有政黨跟所有社會各界的重大問題」，擺明了就是告知蔡英文及民進黨，今後無論情勢如何發展，都將無法迴避「九二共識」的認同問題。

在這次國共兩黨領導人會晤的場合裡，「九二共識」似乎仍是主題，而且習近平的講話的對象，似乎針對蔡英文的部分遠遠超過朱立倫。

（三）例子三：2015年「習馬會」，還是從「九二共識」的堅持中宣布對台政策

2015年11月7日下午習近平與馬英九在新加坡會面，就進一步推進兩岸關係和平發展交換意見。固然這個重點是1949年以來兩岸領導人的首次會面。但整個會談內容涉及北京對台政策的層面，除了習近平強調要「堅定走和平發展道路」、「深化兩岸交流合作」、「增進兩岸同胞福祉」、「共謀中華民族偉大復興」之外，焦點仍在期待「兩岸雙方應該堅

---

58 〈習近平總書記會見中國國民黨主席朱立倫〉，新華網，刊登日期：2015年5月4日，http://news.xinhuanet.com/tw/2015-05/04/c_1115169416.htm。

持『九二共識』、鞏固共同政治基礎」。習近平堅持「兩岸共同政治基礎不能動搖，認為過去七年來兩岸關係能夠實現和平發展，關鍵在於雙方確立了堅持『九二共識』、反『台獨』對的共同政治基礎。沒有這個定海神針，和平發展之舟就會遭遇驚濤駭浪，甚至徹底傾覆。對任何分裂國家的行為，兩岸同胞絕不會答應。在維護國家主權和領土完整這一原則問題上，我們的意志堅如磐石，態度始終如一」。[59]

習近平特別指出：「九二共識」經過兩岸有關方面明確的授權認可，得到兩岸民意廣泛支持。而且它之所以重要，在於它體現了一個中國原則，明確界定了兩岸關係不是國與國關係，也不是一中一台的根本性質。雖然兩岸迄今尚未統一，但習近平說，「中國的主權和領土完整從未分裂。兩岸同屬一個國家、兩岸同胞同屬一個民族，這一歷史事實和法理基礎從未改變，也不可能改變」。[60]

終究歸底，習近平希望台灣各黨派、各團體能正視「九二共識」。無論哪個黨派、團體，無論其過去主張過什麼，只要承認「九二共識」的歷史事實，認同其核心意涵，北京都願意同其交往。[61]這其實再次證明了，面臨台灣可能「政黨輪替」的變局，在2015整年裡，習近平三次重要涉台的談話，都是在「九二共識」的堅持立場中宣布。

第五節　2016年中共對台政策，展現是一股流向台北的政治寒流

2016年1月16日，蔡英文贏了總統大選。跟2000年陳水扁的勝選給予北京有突兀感受有所不同，就是蔡英文在2016年贏得大選的結果，顯見

59　〈國台辦：維護國家主權和領土完整的意志堅如磐石〉，台灣網，2016年9月14日，http://big5.taiwan.cn/taiwan/jsxw/201609/t20160914_11569506.htm。
60　〈習近平：中國的主權和領土完整從未分裂〉，人民網，2015年11月8日，http://politics.people.com.cn/BIG5/n/2015/1108/c1001-27789679.html。
61　〈張志軍：沒有人比我們更希望維護兩岸關係和平發展與台海和平穩定〉，中共中央台辦，2016年7月17日，http://www.gwytb.gov.cn/wyly/201607/t20160717_11510849.htm。

是早在北京的預估之中，所以北京的回應，並沒有像2000年呈現那樣的急躁與暴怒。

　　大選揭曉之後，就北京的角度出發而言，又要對台北可能面臨一次「政黨輪替」的變局，它的態度難免有所起伏。我們看到的，顯然是有呈現出一種曲折的走向：從有點失望到之後的「淡定」，從極為震怒到目前只提「原則堅持」，從全面施壓到現在反覆的「立場重申」。

　　儘管看來台北政局已成定局，北京也沒有發出有重大動作的訊號，但是今年三月間兩岸關係發展的指標，仍像早春的氣溫，沒走向暖和不說，還有點涼意，有時甚至讓人會覺得有點寒蟬。

一、台灣2016年大選結束，北京對「政黨輪替」變局的態度：淡定

　　2016年1月16日蔡英文宣布勝選之後，曾在國際記者會上，表達了她對未來兩岸關係的看法。蔡英文強調：在今年5月20日新政府執政之後，將以中華民國現行憲政體制、兩岸協商交流互動的成果，以及民主原則與普遍民意，作為推動兩岸關係的基礎。蔡英文也說：兩岸都有責任盡最大努力，尋求一個對等尊嚴、彼此都能夠接受的互動之道，確保沒有挑釁，也沒有意外。對於兩岸關係，她曾經多次承諾，將會建立具有「一致性、可預測性、可持續的兩岸關係」。[62]

　　雖然蔡英文在2016年1月16日談話中提到「中華民國」一詞多次，可是整篇對兩岸關係的看法，仍在重談她在選前到美國，以及在總統辯論中提過多次的立場：那就是維持兩岸現狀、尋求兩岸和平的局面。對她支持者而言，這雖是可接受的遠景，但對北京來說，新的談話仍是包含舊的內容，是「了無新意」。CNN曾經以「高度的不確定性」，來形容蔡英文的兩岸政策。而北京中央台辦在同一天針對台灣大選結果則再重申立場，

62　〈總統當選人蔡英文國際記者會致詞中英譯全文〉，民進黨中央黨部網站，刊登日期：2016年1月16日，http://www.dpp.org.tw/news_content.php?kw=&m1=11&y1=2016&menu_sn=&sub_menu=43&show_title=&one_page=10&page=1&start_p=1&act=&sn=8770&stat=&order_type=desc&order_col=add_date&data_type=。

大力聲稱：「我們的對台大政方針是一貫的、明確的，不因台灣地區的選舉結果而改變。我們將繼續堅持九二共識，堅決反對任何形式的台獨分裂活動」。[63]

　　等到1月21日，國台辦主任張志軍在北京會見美國常務副國務卿布林肯（Antony Blinken），應詢介紹了當前台海局勢和兩岸關係，並表達了中共對台灣選舉結束之後官方層次最高的對台政策之看法。張志軍表示，「我們的對台大政方針是一貫的、明確的，不因台灣地區的選舉結果而改變。我們將繼續堅持『九二共識』，堅決反對任何形式的『台獨』分裂活動，堅定維護國家主權和領土完整」。張志軍同時強調，「當前島內局勢變化給兩岸關係發展帶來不確定性，台海和平穩定面臨挑戰。美方應繼續恪守一個中國政策和中美三個聯合公報原則，切實尊重中方重大關切，妥善處理涉台問題」。[64]

　　當然最重要的，還是2016年2月2日中共中央政治局常委俞正聲出席「對台工作會議」所發表的講話。由於時機正逢台灣總統大選之後，民進黨重新獲得政權之際，蔡英文在當選後迄今，包括她的「勝選聲明」及「國際記者會中談話」，都沒有提及「九二共識」，或其中會與「一中原則」相關的內容，加上台灣內部已經有人斷言：北京對台政策勢必因應蔡之態度而做彈性調整。因此，俞正聲本次的談話，就極具政策指標的意義。

　　俞正聲陳述北京的對台政策，呈顯了非常清晰而且堅定的立場，甚至，面對台灣的變局，表現出非常的「淡定」。俞正聲說：儘管事實證明，兩岸關係和平發展是一條正確道路，兩岸關係向前發展的大趨勢誰也擋不住。但俞也強調，「我們要毫不動搖地堅持中央對台工作大政方針，堅持一個中國原則，堅決反對和遏制任何形式的台獨分裂活動，堅決維護

63 〈中共中央台辦、國務院台辦負責人就台灣地區選舉結果發表談話〉，新華網，刊登日期：2016年1月16日，http://news.xinhuanet.com/tw/2016-01/16/c_1117797532.htm。
64 〈國台辦：美方應尊重中方重大關切妥善處理涉台問題〉，新華網，刊登日期：2016年1月27日，http://news.xinhuanet.com/politics/2016-01/27/c_1117911745.htm。

國家主權和領土完整，維護兩岸關係和平發展和台海和平穩定」。[65]

　　實際上早在1月30日，國台辦主任張志軍也刻意走訪在北京台資企業，與部分在台商台胞進行座談時，就提早透露中央已定調的對台政策基調。張說：在新的一年裡，兩岸要維護好「九二共識」的政治基礎，堅決反對任何形式的「台獨」分裂活動，為兩岸關係和平發展做出努力。再早則是國台辦發言人馬曉光1月27日在例行會上應詢表示：在維護國家主權和領土完整的重大原則問題上，我們的意志堅如磐石，態度始終如一。在新的一年裡，我們將繼續貫徹中央對台大政方針，堅持「九二共識」，堅決反對任何形式的「台獨」分裂活動。[66]

　　這說明了北京在堅持「九二共識」，反對「台獨」的立場上，勢必不會有任何退讓的想像空間。同時這也等於宣告了520之後，如果蔡英文不再接受此一政治互信基礎，目前兩岸兩會協商機制、主管兩岸業務主管的會晤、兩岸官方熱線的互通，都將停擺；甚至包括了蔡英文並不排斥的「蔡習會」，恐將面臨遙遙無期。因為，自2009年以來，北京一直提及的「兩岸兩會協商」，在這次俞正聲的談話裡，正式譜上了休止符。

　　外界在解讀對岸立場時，是感到北京沒能去體會蔡英文的談話內容或許沒有創意，但應注意到有「轉弦」的誠意，何以一直強調「九二共識」，沒有彈性的思考？人民大學國際關係學院教授時殷弘曾非常適度的做了一段「旁注」，他說：北京當然不可能要蔡英文將國民黨有關九二共識的談話，原封不動的念出來。但在承認九二會談這個事實，與其在核心一中原則，她必須做出適當的表態，讓北京有台階下。[67]

　　本來，外界還一直認為：北京還是會等待、或觀察蔡英文一段時期，也就是說，對蔡英文仍將採取「聽其言、觀其行」的措施，至少短期

65　〈俞正聲出席2016年對台工作會議並作重要講話〉，新華網，刊登日期：2016年2月2日，http://www.gwytb.gov.cn/wyly/201602/t20160202_11380942.htm。
66　〈國台辦主任張志軍走訪慰問在京台資企業〉，中共中央台辦，刊登日期：2016年2月1，http://www.gwytb.gov.cn/wyly/201602/t20160201_11379891.htm。
67　〈大陸學者：承認九二共識是蔡英文最後1哩路〉，中時電子報網站，刊登日期：2016年1月17日，http://www.chinatimes.com/newspapers/20160117000348-260102。

之內，特別在5月20日蔡就職之前，中共對她以及民進黨的政策將不會有戲劇性的改變。

二、兩會期間，北京對「九二共識」：是「立場堅持」與「原則重申」

2016年3月5日北京兩會期間，習近平曾到上海代表團參加審議政府工作報告的場合，就當前兩岸關係發展、特別是對台政策的奠定，發表了重要看法。

這次談話最重要的，就是在接近台灣520總統就職之前，中國大陸最重要的一次可以發表對台政策的場合，習近平依然毫不讓步的在提醒：北京「對台大政方針是明確的、一貫的，不會因台灣政局變化而改變」。而且習近平再度強調：北京「仍將堅持『九二共識』政治基礎，繼續推進兩岸關係和平發展」。綜合來看他的「立場重申」與「原則堅持」，給予蔡英文企圖捨棄「九二共識」，希望在未來追求另一種模糊說法，來替代「九二共識」的戰略運作空間完全壓縮。[68]

大陸海協會會長陳德銘，3月6日受訪時表示：現在是兩岸關係的重要關鍵時期，習近平把問題準確的、清晰的、明確的再闡述了一遍，這還是必要的。或再深入的來說，筆者認為：解讀北京對台政策時的基本觀點，就是中共領導人在重要場合說過的話，都應是政策底線。[69]

加上國台辦主任張志軍則在3月8日參加十二屆全國人大四次會議台灣代表團審議政府工作報告時，除了介紹了兩岸關係發展有關情況之外，他並指出，不承認「九二共識」、不認同「兩岸同屬一中」的核心意涵，就是改變兩岸關係和平發展和台海和平穩定的現狀。[70]台灣聯合報評論：

---

68 〈不承認『九二共識』就是破壞兩岸關係共同政治基礎〉，《人民日報》，2016年5月5日，01版。
69 〈習近平壓縮蔡英文模糊空間〉，中時電子報網站，刊登日期：2016年3月8日，http://www.chinatimes.com/newspapers/20160308000450-260109。
70 〈張志軍：習近平總書記重要講話為做好新形勢下對台工作定調〉，中共中央台辦，刊登日期：2016年3月8日，http://www.gwytb.gov.cn/wyly/201603/t20160308_11404920.htm。

張志軍的說法應是民進黨贏得大選以來，大陸官方首度明確表態，不承認「九二共識」，就是改變台海和平穩定現狀。[71]

　　所以，舉凡蔡英文曾經在過去提說過的「維持現狀」、或是「採行中華民國現行憲政體制」的看法，應該在習近平本次清楚表達之後，在520之後將不會被北京認可。

三、這波「對台政策」的政治寒流，蔡英文是否頂得住？

　　根據聯合報的一項報導說，民進黨智庫兩岸組近來密集開會解讀，據轉述，有學者認為習近平回歸到「馬習會」基調，希望總統當選人蔡英文再多表現善意；也有學者認為習近平明確對蔡英文表達善意，有三個方向：一是堅持九二共識的政治基礎；二是強調九二共識的歷史事實；三是以核心內涵取代一個中國。[72]由此可見習近平與蔡英文並非沒有交集，且習希望蔡再多表現善意。所以關鍵在於蔡英文的520就職演說，520後的兩岸關係可以樂觀期待。

　　顯然，這是過於樂觀的評估，可能也會導致蔡英文在就職之前，輕忽了對北京對台政策一些堅持或強硬立場的注意。從上面的敘述來看，可以發現從2015年至今，北京對「九二共識」的堅持，真的可說是史上之最。而另方面，也可以發現，北京對台北一旦不接受「九二共識」的結果出現，所採取的強硬反應，也是史上之最。就筆者的形容，這波自3月開始形成的「對台政策」政治寒流，蔡英文是否頂擋得住，可能才是外界最關注的所在。

　　不過，蔡英文在2011年出版的《從洋蔥炒蛋到小英便當》這本書裡，曾認為她不會在談判中的壓力下屈服，[73]其實這種認知是任何領導人必備之風格，即使包括北京領導人在面對美國談判施壓時，也是如此。

---

71 〈張志軍：不認九二共識就是改變現狀〉，聯合新聞網，刊登日期：2016年3月9日，http://udn.com/news/story/9263/1550919。

72 〈民進黨智庫：陸對台基調回到九二共識〉，聯合新聞網，刊登日期：2016年3月9日，http://udn.com/news/story/9263/1550929。

73 《洋蔥炒蛋到小英便當：蔡英文的人生滋味》，台北：圓神出版社，頁7。

　　但問題是：台灣手上到底有多少籌碼，能讓自己在與大陸談判時，不會在壓力下屈服？

　　實際上520之後，如果蔡英文對「九二共識」或「兩岸同屬一中」這些關鍵用詞什麼都不提，導致北京的回應，已是一連串的壓力措施開始出爐：譬如說來台旅客的逐漸下降到可能完全的停止？或者說，因為沒有「九二共識」這個政治互信基礎，兩岸貨貿、服貿的談判根本停擺？甚至兩岸協商或接觸也不會再有？這給蔡英文剛起步的兩岸措施產生挫折，她將如何對台灣民眾來說明這些挫折可以撫平？

　　再嚴重一點，台灣的國際組織參與已遭遇到困境。如果還出現過去八年來至今，尚沒發生過有友邦與台北斷交的紀錄，像是傳出一個中南美友邦宣布準備要與北京建交的訊息。這樣的背景發生，很多台灣民眾就會想：北京真的不只是隱忍的回應而已。可能更多需去思考的，是未來四年，蔡英文將如何帶領台灣民眾走出這外交挫折的慘痛？

　　所以，蔡英文深信談判不能在壓力下屈服，這只是理論面的說法。在現實面，如果她真能做到這點，那麼2015年訪美，她又何需提出「維持現狀」，要本「中華民國現行憲政體制」，以及尊重「1992年的歷史事實」等說法紛紛出籠？那不就是因為她必須遷就美國不允許台海兩岸任一方不得變更現狀說法的壓力所致，進而說出不是她內心完全接受的用詞？

第六節　2016年520之後，北京對台政策開始完全定調

一、就職演說之後，北京立場：就是非常堅持要台北回到「九二共識」

　　中共中央台辦、國務院台辦負責人，就在蔡英文就職演說後，發表了官方回應：堅持「九二共識」政治基礎，因為「九二共識」明確界定了兩岸關係的根本性質，表明大陸與台灣同屬一個中國、兩岸不是國與國關係。而且，「在兩岸同胞最關切的兩岸關係性質這一根本問題上採取模糊

態度，沒有明確承認『九二共識』和認同其核心意涵，沒有提出確保兩岸關係和平穩定發展的具體辦法。這是一份沒有完成的答卷」[74]。

到了5月25日，國台辦發言人馬曉光再強調，「大陸和台灣同屬一個中國，兩岸不是國與國關係。涉及兩岸關係根本性質的原則問題，是一道繞不開的『必答題』，沒有任何模糊空間」。[75]國台辦主任張志軍也特別指出：「大陸強調『九二共識』的重要性，就在於它體現了一個中國原則，清晰界定了兩岸關係的性質，表明兩岸不是國與國的關係」。[76]

這三次談話確是一次非常明確的官方說明，點出了北京為什麼一直那麼強烈要求台北必須認同「九二共識」的背景所在。

當然，北京官方最重要也是最具代表性的談話，是習近平在慶祝中國共產黨成立九十五週年大會的致詞。這項講話中再度確定的是：繼續確定「九二共識」是兩岸關係和平發展的政治基礎，這項「政治基礎」尚包括要反對「台獨」。[77]

中共現階段的對台政策，應是建立在剛在台灣進行了政黨輪替的新政府兩岸政策基礎上，所以蔡英文在就職之前或之後，她對中國大陸所採行的政策談話、或政策推行，都會影響到北京對台北看法的調整。

74 〈中共中央台辦、國務院台辦負責人就當前兩岸關係發表談話〉，2016年5月20日，來源：新華網，國台辦網站，網址：http://www.gwytb.gov.cn/wyly/201605/t20160520_11463128.htm。

75 〈國台辦：兩岸關係的根本性質是「必答題」，沒有任何模糊空間〉，2016年5月25日，來源：中共中央台辦、國務院台辦，國台辦網站，網址：http://www.gwytb.gov.cn/wyly/201605/t20160525_11466776.htm。

76 〈張志軍強調維護兩岸關係和平發展和台海和平的關鍵是堅持體現一個中國原則的政治基礎〉，2016年5月25日，來源：中共中央台辦、國務院台辦，國台辦網站，網址：http://www.gwytb.gov.cn/wyly/201605/t20160525_11466795.htm。

77 〈習近平：對「一國兩制」的信心和決心絕不會動搖〉，2016年7月1日，資料來源：人民網－中國共產黨新聞網。國台辦網站，網址：http://www.gwytb.gov.cn/wyly/201607/t20160701_11497401.htm。

二、520之後，北京做出反制的措施，兩岸關係有變調，但仍有轉圜空間

（一）北京對台政策，調整原先觀察態度，在蔡就職之後已祭出反制措施

　　北京對蔡英文就職演說的反應，5月21日的態度，已強化到準備暫停或中斷所有兩岸協商及接觸的地步。不過在言詞表達方面，只是從反面的提醒，來說明若沒有「九二共識」或「一中原則」，兩岸或兩會的接觸將不再維繫或延續。

　　像國台辦發言人的看法是認為：只有確認堅持「九二共識」這一體現一個中國原則的共同政治基礎，兩部門聯繫溝通機制才能得以延續。[78]海協會負責人在同一日也發表聲明表示：「我們在『九二共識』基礎上推動兩岸協商談判的主張和誠意不會改變。只要海基會得到授權，向海協會確認堅持『九二共識』這一體現一個中國原則的政治基礎，兩會授權協商和聯繫機制就能得以維繫」。[79]

　　另外值得注意的是，講到沒有政治互信基礎，對於兩岸兩會協商機制，除了有可能面臨中斷之外，而且對以前「兩岸制度化交往的成果」，也可能面臨不保。最重要的，所謂政治基礎，也從原先一直強調的「九二共識」，改成了「一個中國」原則，這是否會是個持續性的調整，值得注意。

（二）北京雖然堅定，但還是給蔡英文一個補考機會

　　從上面所述國台辦的回應來看，這樣的表態也並非完全否定蔡的就職演說，因為國台辦說「這是一份沒有完成的答卷」，而不是一份「不及

78　〈國台辦發言人就今後國台辦與陸委會聯繫溝通機制表明態度〉，2016年5月21日，來源：新華網，國台辦網站，網址：http://www.gwytb.gov.cn/wyly/201605/t20160521_11463274.htm。
79　〈海協會負責人就今後兩會受權協商和聯繫機制表明態度〉，2016年5月21日，來源：中共中央台辦、國務院台辦，國台辦網站，網址：http://www.gwytb.gov.cn/wyly/201605/t20160521_11463273.htm。

格的答卷」，所以基本上仍然希望蔡英文能夠在兩岸關係上做出更多具體的表述，同時也給蔡英文一個「補充答題」的補考機會，希望不僅是聽其言，而且也要觀其行。

其實大陸學界是認為蔡的演講，未提「九二共識」，至少盡力的往「九二共識」靠攏，同她也沒有堅持民進黨既有的台獨立場。因此，他們的看法是：蔡英文的兩岸政策是有彈性的一面，這一步還是符合與大陸相向而行的一步。

蔡英文怎麼把握這樣補考機會，是個重點，但如何調整自己的心態及價值觀，把契合北京的期待當作是台灣的利益趨向，可能更為重要。

（三）兩岸官方及授權單位接觸中止，但兩岸民間交流仍會持續

國台辦與陸委會聯繫溝通機制，以及海協會與海基會協商談判機制，國台辦說得清楚：「是建立在『九二共識』這一共同政治基礎上的，只有確認體現一個中國原則的政治基礎，兩岸制度化交往才能得以延續」。[80]兩岸如果沒有「九二共識」這一共同政治基礎，台北也沒能確認體現「一個中國原則的政治基礎」，那麼兩岸在過去八年建立的「制度化交往」將難以延續。

當然這樣的政策，會應用到地方層級的兩岸城市交流的層面。像高雄市長陳菊有意訪問對岸，邀請天津等一些沿海城市首長出席在高雄舉行的「港灣城市論壇」，大陸方面的反應就十分冷淡，2016年6月15日，國台辦發言人安峰山針對這個問題只簡短回答：「大陸和台灣同屬一個中國，只有對兩岸關係的性質有正確的認知，才有利於雙方正常往來」。[81]

早在不久前，即2016年6月12日，全國政協主席俞正聲在第八屆海峽論壇致詞時，說了下列一段話，已有準備把官方接觸與民間交流做切割處理的傾向。俞說：「維護兩岸關係和平發展與台海和平穩定，需要持續擴

---

80 〈國台辦：只有確認體現一個中國原則的政治基礎，兩岸制度化交往才能延續〉，中共中央台辦，2016年6月15日，http://www.gwytb.gov.cn/wyly/201606/t20160615_11483769.htm。

81 〈國台辦新聞發布會輯錄〉，2016年6月15日，來源：中共中央台辦、國務院台辦，國台辦網站，網址：http://www.gwytb.gov.cn/xwfbh/201606/t20160615_11483731.htm。

大深化兩岸民眾交流。兩岸關係形勢越複雜，越需要兩岸民眾加強交流，尤其要多舉辦一些體驗式交流，讓兩岸民眾樂於參與、有所收穫」。[82]深信北京把「官方接觸與民間交流要切割處理」的做法，是得到中共政治局常委會的授權，應是北京對台政策的主流措施。

第七節　中共當前對台政策到底持續與否，影響兩岸關係的發展

　　從前面一連串的中共對台政策發展敘述下來，我們大致已可確定幾個方向，即使面臨台灣內部有政黨輪替的變動，或國際局勢有更新的局面，但是北京顯然立場仍然十分堅定，而且發展方向明確。茲把對台政策自2012年至今的綜合發展，做出一個簡單的敘述：一是兩岸關係和平發展的路線是不會有任何的變動；二是「九二共識」作為兩岸接觸與協商的政治互信基礎仍然屹立不搖；三是「反對台獨」或反對分裂的主張或思想，立場非常堅定。

　　這是說明中共對台政策的不變，或具持續性，從前面敘述的驗證，應是可以確定的「定論」。但是，從前面一連串的中共對台政策發展敘述下來，我們也發現了因應不同時段的台灣或國際變局，北京還是會有新的思維或策略，在「對台政策的不變或具持續性」的大前提下，來做對應。譬如說，面對台灣「太陽花學運」，中共的對台政策就可立即將焦點轉移到：今後將深入瞭解台灣民眾尤其是基層民眾的現實需求，以及要寄託在與兩岸關係未來息息相關的兩岸青少年身上；又譬如說，面對台灣「政黨輪替」，蔡英文不願承認「九二共識」這個趨勢，北京仍然力保政策方向不變，但對策則是軟硬兼施，甚至兩岸的官方及官方授權的協商機制都可全面關閉、ICARE及Interpol的國際組織排斥台灣與會、陸客來台旅遊數

82　〈第八屆海峽論壇在廈門舉行俞正聲出席並致詞〉，2016年6月12日，來源：新華網，國台辦網站，網址：http://www.gwytb.gov.cn/wyly/201606/t20160612_11479715.htm。

字日益降低等等，但給蔡英文「未答完考卷」的評分，至今仍沒說出這是一份「不及格考卷」的結論。

　　因此，在這個對台政策大方向不變的前提下，我們可以形容當前的兩岸關係是「冷和及彼此尚在磨合」的現象。這個現象已在本書第七章中有詳細的描述。但是如果這個「對台政策大方向不變的前提」有了鬆動，或者說，北京決定採取一個更嚴格的對策，甚至要更弦「兩岸和平發展」的方針，那麼屆時兩岸關係會是怎麼樣的一個景像，則是本節討論的主題。我們先來看看，蔡英文上台至本書截稿付梓前，北京在2016年即將結束之前，它的對台政策呈顯了什麼？

一、如果對台政策和平發展基調「持續」，兩岸關係呈現什麼樣的狀況？

　　（一）中共對台政策，基本上，在現階段仍將是遵循目前的政策邁進。北京仍會持續刻意突出「九二共識」是兩岸互信及接觸的基礎，至於習近平曾強調說：一旦「基礎不牢」，就會「地動山搖」的話，在此需要特別補充的是，「突出九二共識」，實際就是說給民進黨聽的，也是直接對蔡英文曾經說過「只要民進黨2016年執政，北京必然調整」的反駁。特別是蔡英文在3月7日回應習近平的談話時仍然在迴避「九二共識」的認同，並說「名詞」或「標籤化」不是有效的處理方向。[83]蔡英文如果是把話說死，在2016年大選之前很難有轉向跡象的話，可能最後導致「地動山搖」的結果，並不只是唬人之語。實際上，「反分裂國家法」通過十週年之際，北京還是丟出來一句沒有「用武」用詞的「非和平方式」，後續發展令外界關切。不過，現階段已看到蔡英文有調整的跡象。

---

83 蔡主席表示，希望能夠著重在實質的層次上，「名詞」或者是「標籤化」的處理，其實不是有利於兩岸關係朝有效、好的方向去處理，所以我們也希望在強化雙方溝通、互動的過程中，共同去找到大家可以互相尊重、接受的空間。資料來源：〈蔡英文：兩岸有責任維持台海和平穩定，但必須重視民意、透明與溝通〉，民進黨中央黨部網站，刊登日期：2015年3月6日，http://www.dpp.org.tw/news_content.php?kw=&m1=11&y1=2016&menu_sn=&sub_menu=43&show_title=&one_page=10&page=1&start_p=1&act=&sn=7740&stat=&order_type=desc&order_col=add_date&data_type=。

（二）北京還是會突顯兩岸要走「和平發展的道路」，強調「兩岸和平發展是一條維護兩岸和平、促進共同發展、造福兩岸同胞的正確道路，也是通向和平統一的光明大道」。但是這樣堅定不移的說法，依對中共的慣性來解讀，這固然是北京對台政策這幾年來的基調，但別忘了習近平也同時指出「和平是寶貴的，和平需要維護」。到底如何維護？正好是習提出另一個的堅定不移說法：要堅持共同政治基礎，也就是前面所提的「九二共識」。習明確的補充說，「如果兩岸雙方的共同政治基礎遭到破壞，兩岸互信將不復存在，兩岸關係就會重新回到動盪不安的老路上去」。

（三）今後將積極推動對台灣社會及基層的工作。譬如說，習近平曾指示：「我們注重聽取台灣各界特別是基層民眾意見和建議，願意瞭解台灣同胞想法和需求」。這雖然不是中共領導人第一次說，但這次卻是更有系統的思路整理，希望讓對台工作落實到真正需要的層面。注意看習近平的指示方向，是提醒涉台單位和官員「要繼續加強兩岸同胞交流往來，實施惠及兩岸同胞的政策法律措施，擴大台灣基層民眾受益面和獲得感」，這其中要突顯台灣基層民眾受益的「獲得感」，就是過去政策性談話較少見到的一面，也是點出過去涉台措施的缺失。至於習說「願意為台灣青年提供施展才華、實現抱負的舞台，讓兩岸關係和平發展為他們的成長、成才、成功注入新動力、拓展新空間」，更見到是這個基層工作向下紮根的深度。同時，分析中也發現：對台工作今後將不會再躁進，如何爭取台灣民意，推動最終的兩岸統一，北京會把「過程」的比重超過「目標」。

不過，2015年8月初在長春，張志軍的一段論述值得重視：「兩岸關係和平發展要行穩致遠，最重要的一點，就是要堅持九二共識、反對台獨的共同政治基礎」、「堅持這一核心意涵，就會排除兩個中國、一中一台或台灣獨立的選項。在這一根本性問題上，所有負責任的政黨都需作出明確回答」。這種有點像攤牌前的一種深具溫和態度性質的警告，不知道一旦台北有些政黨不予理會，北京會是怎麼出手？

其實北京主要的因應重點是放上在下列三點上：第一，「兩岸關係

和平發展」的政策將不會輕易變動，是說給台灣民眾與國際社會聽的；第二，「九二共識」是兩岸互信及接觸的基礎，一旦「基礎不牢」，就會「地動山搖」，是說給民進黨及國民黨本土派聽的；第三，「堅持九二共識、反對台獨的共同政治基礎這一核心意涵，就會排除兩個中國、一中一台或台灣獨立的選項。在這一根本性問題上，所有負責任的政黨都需作出明確回答」，是說給民進黨及台灣其他不支持「九二共識」的政黨聽的。

二、習近平2016年年底二次談話，透露出對台政策已見底線

習近平於2016年11月1日在北京會見中國國民黨主席洪秀柱，進行「洪習會」時，曾發表他六點看法。其中最重要的看法，仍是要堅持體現一個中國原則的「九二共識」，以及堅決反對「台獨」分裂勢力及其活動。另外較引人注目的是，習近平建議「在一個中國原則的基礎上，協商正式結束兩岸敵對狀態，達成和平協定，也是我們的一貫主張。國共兩黨可以就此進行探討」。[84]

另外，習近平在2016年11日11日北京出席「紀念孫中山先生誕辰一百五十週年大會」上，再次在會中強調，「我們絕不允許任何人、任何組織、任何政黨、在任何時候、以任何形式、把任何一塊中國領土從中國分裂出去！」[85]

習近平在「洪習會」講話中對於「九二共識」，曾四度提起，顯示對它的特別重視。而且再次重申「承認不承認體現一個中國原則的『九二共識』，關係認定兩岸是一個國家還是兩個國家的根本問題」。並且結語中尚強調：「在這個大是大非問題上，我們的立場不可能有絲毫模糊和鬆動」。這幾乎已將蔡英文逼到牆角，不讓蔡英文今後再有任何閃躲、模糊，以及實話虛答的空間。

---

84 〈洪習會習：兩岸政治分歧終歸要解決〉，中央社，2016年11月1日，http://www.cna.com.tw/news/acn/201611010453-1.aspx。
85 〈習近平：絕不允許任何一塊中國領土從中國分裂出去〉，2016年11月11日，資料來源：人民網，國台辦網站，網址：http://www.gwytb.gov.cn/wyly/201611/t20161101_11610932.htm。

對於「反對台獨」，似乎在「紀念孫中山先生誕辰一百五十週年大會」上的講話，更擴大與港獨、疆獨、藏獨一起來論斷，定位為「分離或分裂思想」，以強硬的口吻說出「絕不允許任何一塊中國領土從中國分裂出去」，看來這已升高到中國「國家安全」的層面。

因此，就北京現階段政策考量而言，「九二共識」：台北必須接受；「反對台獨」：台北不能跨越紅線，這應是對台政策的底線。

三、習近平強硬的語氣裡，又似乎尚留有「保留現狀」的想法

儘管習近平語氣強硬，但在話語中似乎尚留有「保留現狀」的想法，因為一旦現狀是從北京方面去破壞，如再予以重建可能困難重重。況且在2008-2016過去這八年時間，北京曾經對台灣這塊土地與人民的付出，也不能說「要捨就捨」。所以，在「太陽花學運」後，北京雖然對學生的「反中情緒」與「服貿協議杯葛」有所不快，但一番理性的思考之後，對台政策還是立即將焦點轉移到：將深入瞭解台灣民眾尤其是基層民眾的現實需求，以及要寄託在與兩岸關係未來息息相關的兩岸青少年身上，這就是不願意放棄對台曾經的投入。另外在蔡英文當選後，一直不承認「九二共識」，北京的不滿可說應是溢於言表；可是對蔡英文的回應只說是份「未答完考卷」，從不說是份「不及格的考卷」，這當然不是北京對蔡英文的獨厚，可能更多是對台灣人民的不捨。因此，北京的想法，應該還在對蔡英文有期待，應該還想保留給她迴旋的空間。

其實，當習近平在「洪習會」上提出「在一個中國原則的基礎上，協商正式結束兩岸敵對狀態，達成和平協定」，固然是因應洪秀柱建議「以和平協議結束兩岸敵對狀態的可能性」，[86]但在實際上，由於習也提醒「國共兩黨可以就此進行探討」，也說明了他可能已思考到2020年國民黨或有機會重新奪回執政權。如果在2020年，國民黨能夠再次「政黨輪替」，北京又何需在乎蔡英文這四年的翻雲覆雨，只要她與民進黨確定

不會走向「法理台獨」就可。因此，習近平在「洪習會」上開始大力鋪陳國共合作的道路，特別在六點意見裡，就有六次「國共共同承擔、共同推動」的呼籲，就是說明北京在現在不會放棄兩岸民間合作交流的任何機會，希望能為2020年的國民黨贏回政權後的兩岸關係，奠定彼此互信而且雙方關係穩定的基礎。

　　況且在美國，川普所領導的共和黨於2016年11月大選中獲得勝利，對中國來說，雖然仍需面臨來自美國的挑戰，但在台灣問題上，由於民主黨落敗，美國原先「重返亞太的平衡政策」可能需要被調整，以及APP構想，已早一步在美國國內被國會否決，這些變化恐怕都對台北不利，但同時也擴大了北京對台運作有更有利的空間，這恐怕也是在中共當局與習近平目前對台政策的考量之內，所以寧願再靜待四年，至少維持目前台海的現狀不變，讓美國沒有任何藉口介入，也讓台北企圖依賴美國在尋求突破的努力上，遭遇到挫折，進而就來接受蔡英文在「九二共識」上可能接受的讓步。

四、如果對台政策和平發展「不再持續」，兩岸關係又是呈現什麼樣的狀況？

　　其實，2017年中共十九大之後，習近平連任總書記幾成定局。「習核心」的地位，可能會讓他在處理台灣的問題上，益發謹慎。同時，他的任期將到2021年，在這之前，包括2020年的台灣總統大選在內，所有涉台的事務，只要不涉及到分裂或分離的主張或行動出現，基本上，目前對民進黨政府的「冷處理」、對台灣人民的「和相待」，以及對台灣內部支持「九二共識」的政黨，當以國民黨為主的合作熱衷，應該會持續一段時間。

　　但問題也在習近平一旦連任總書記後，他的任期將到2021年，在這之前，一方面是他思考到他卸任後能否對歷史交待的事，畢竟習近平還是個有使命感的領導人，台灣問題的解決又是如何交出的一張成績單，這恐怕也是他必須面對的挑戰；另方面則是中國的國力日益提升，民眾隨之而

帶來的自信，恐怕也會沾上民族主義的感染。台灣問題無限期的拖延下去，如果當局態度保守，民眾的反應傾向不耐，那麼這一股的反彈潮流逆襲，在北京的高層又怎能坐視不動。怪不得習近平在面會洪秀柱時，曾特別提起「中國大陸13億人民不會同意台獨，他們有能力、有決心、有準備會處理台獨，否則會被13億人民推翻」這段話，語中的含意不言而明。[87]這也就是說，大陸民心的向背，是會影響到對台政策的更弦。

如果說，進入2017年，蔡英文對「九二共識」接受與否，仍持置之不理的態度。北京必須對民進黨當局採取點措施，以求擺平內部的反彈，最有可能的幾項會被北京採行的做法，說明如下：

（一）外交休兵的機會不再，中共將不會再阻止任何與中華民國有邦交國家與它建立正式外交關係的請求。這樣一來，台灣的邦交國數字大幅下降可能成為趨向。蔡英文的對外關係拓展能力受到質疑，導致民調對她滿意度下降，固然是她的受損。但台灣民眾因而引發對北京反彈，恐怕也不亞於對蔡英文的力道。

（二）也是與外交衝突有關的，就是台灣參與國際組織的會議，得到相關資訊的機會，也將逐漸歸零；2016年ICARE與INTERPOL台灣的被拒參與就是個例子，2017年還有場WHA面臨考驗。甚至在馬英九時代有提到一些國際組織，當得到北京的同意考量，今後將不復存在。如果再連NGO的組織，台灣的參與都受到波及，這恐怕讓台灣更受煎熬。

（三）但是，如果蔡英文繼續不肯接受「九二共識」，又在內部製造模糊的兩國論，甚至推動更深一層的文化台獨論，結果兩岸關係肯定繃緊，屆時也就不能完全排除北京會出牌制止，譬如說，運用習近平曾說過的「承認不承認體現一個中國原則的『九二共識』，關係認定兩岸是一個國家還是兩個國家的根本問題」的理論，把它應用到「反分裂國家法」第8條規定：「台獨」分裂勢力以任何名義、任何方式造成台灣從中國分裂

87　〈閉門會柱姐多次脫稿侃侃而談習近平：不處理台獨中共會被推翻〉，中時電子報網站，刊登日期：2016年11月3日，http://www.chinatimes.com/newspapers/20161103000365-260102。

出去的事實，或者發生將會導致台灣從中國分裂出去的重大事變，或者和平統一的可能性完全喪失，國家得採取非和平方式及其他必要措施，捍衛國家主權和領土完整。[88]由於這種「非和平方式」，沒有人事先能夠得知，但假設說，是中國對台灣採取局部封鎖，或是全部關閉大陸給予台灣的進口市場，都將導致台灣全面的癱瘓，這後果將不容忽視。

　　台灣對北京涉台事務的處理，常持有一種「狼來了」的忽視心態，不願正面視待「對台政策」有時也會有採取極端方式的可能性。舉例來說，2016年香港立法會選舉後，有二名新當選的立法會議員，因沒有按照正常誓詞宣誓就職，並有暗示性的「宣示港獨」行為，遂被特區政府送去諮詢法院，是否有違反宣誓條例而應被剝奪議員資格。結果法院尚未宣判，大陸全國人代會常委會就先行釋法，確定二名宣誓無效，應予剝奪議員資格。這個措施相當出乎香港一般的預測，認為在「一國兩制」原則下，人代會應該不會以釋法來介入。但最後結果卻是面臨香港獨立聲音趨強，北京不得不強勢介入，這正是台北當局必須謹慎權衡的地方。

---

88 〈授權發布：《反分裂國家法》全文〉，新華網，2005年3月14日，網址：http://big5.xinhua-net.com/gate/big5/news.xinhuanet.com/tai_gang_ao/2005-03/14/content_2694168.htm。

第 9 章 ▶▶▶

兩岸關係的變數之二：「九二共識」擴大解讀空間的因素

　　在說明一些「可以影響兩岸關係演變」的因素裡，「九二共識」其實應是這其中一個最顯著的變數，因為在兩岸都接受它的時刻，彼此的關係就變得非常和諧；但是當任何一方杯葛或抵制它時，衝突或對立就會增加。

　　或者說，對民進黨來說，這應該是現階段裡它最容易去掌握的主導因素，當然問題就產生在它願不願意去主動導引？不管過去的呂秀蓮曾經提倡過「一六共識」，曾希望用之來取代「九二共識」；[1]或許目前在位的蔡英文，也曾在520就職演說中，特別提出：1992年之後，二十多年來雙方交流、協商所累積形成的現狀與成果，兩岸都應該共同珍惜與維護，並希望在「承認九二會談的歷史事實」，以及「若干的共同認知與諒解」的補充上，持續推動兩岸關係和平穩定發展。也是希望以不說出這「九二共識」四個字的策略，來爭取北京的理解。[2]

　　因此，上面提到的這些例子，呈現出一個特點：就是在民進黨內部均不願接受「九二共識」這四個字，但卻有可能願意提出一些取代用詞及方案，希望儘可能接近「九二共識」的政治意涵，主要原因當然是因為有考量到：若有「九二共識」的影子，或能減少來自對岸的抵制。但是現實告訴我們，北京非常堅持要台北說出「九二共識」這四個字，但蔡英文、或

1　呂秀蓮質疑，習近平也未遵守毛澤東政策，民進黨政府為何要承認九二共識。因此提出一個兩岸都可接受的「共識」，呂秀蓮認為大陸不能要求民進黨要全盤接收「九二共識」。資料來源：〈呂秀蓮質疑：台灣為何要接受九二共識〉，自由時報網站，刊登日期：2016年4月26日，http://news.ltn.com.tw/news/politics/breakingnews/1676842。

2　〈中華民國第14任總統蔡英文女士就職演說〉，總統府網站，刊登日期：2016年5月20日，http://www.president.gov.tw/Default.aspx?tabid=1589&itemid=37446&view=home。

民進黨至今為止仍然不願說出口。

　　當討論到民進黨為什麼不能接受「九二共識」這個用詞時，可能民進黨有多方面的心理因素，譬如說，這曾是國民黨的專用名詞，也隱含了「國共合作」成果的影子，民進黨不願意也不會去接受它；又譬如說，「九二共識」的核心內容還是一個中國，台灣民眾很多人也早就了然在心，所以當民進黨在現階段尚沒有意願或心理準備去接受「一中」時，只能用一種模糊說法的策略來替代，至少不要直接碰觸到這四個字，以免引發內部反彈，此應是該黨最上之策。但是，北京至今擺明了只限「九二共識」或其核心內容，完全不接受台北任何一種模糊或替代用詞。甚至有大陸學者已坦言台北若不談「九二共識」，北京已沒有退路。[3]

　　所以，如果可以有討論空間，把「九二共識」當作一般「談判用詞」來分析，在可擴大或可彈性的解讀空間前提下，是否只要北京肯同意，台北又接受，就能完成這個變數的設定？這就是本章討論的主題所在。

　　本章因此設法從「九二共識」的歷史由來、北京2005年之後對它的堅持，以及台北2008年之後對它的運用，設法找出一些「可擴大或可彈性的解讀空間」值得參考的經驗與例子，並配合相關理論的支持，來完成這個章節的推論。

第一節　「九二共識」的爭議由來

　　實際上，從1992年兩岸兩會開始觸及「文書查證」這麼細微的事務性議題時，兩會與會代表就對「要不要把一個中國原則放進協議文本」一事爭論不休。回顧這段過程，讀者也會發現，「一個中國原則」討論到最後，是以「各自在口頭上表達對一個中國原則的支持」收局；「一個中國

3　〈陸學者：不認九二共識一切為零〉，《旺報》，刊登日期：2016年3月2日，http://www.chinatimes.com/newspapers/20160302000812-260301。

意涵」討論到最後，是台北說是中華民國、北京則說兩岸事務性協商，可不涉及一個中國，以各自表述來收場。這證明了一點，這個「九二共識」的前身，也有「可擴大或可彈性的解讀空間」，讓兩岸之間在這裡找到各自需要、各自落階，但又滿足對方的最後結局。

一、1992年到底有沒有共識，眾說紛云

根據前陸委會主委蘇起在2002年10月為《『一個中國，各自表述』共識的史實》這本書寫序時，曾說：「因為憂慮兩岸前景，希望能創造某個模糊慨念，讓兩岸能在『一個中國』問題上解套，本人曾在2000年4月脫離公職前夕，創造『九二共識』這一個新名詞，企圖避開『一個中國』的四個字，並涵蓋兩岸各黨的主張」。[4]蘇起的這段敘述，特別是強調「希望能創造某個模糊慨念」，逐讓「九二共識」一詞，在過去二十年裡，布滿了「眾說紛紜」的解讀。

最明顯的一點，就是北京和台北對「九二共識」的解釋一直有不同的看法。北京看法是「各自以口頭上表達海峽兩岸均堅持一個中國的原則」，台北的解讀則是「一個中國、各自表述」，並強調「一個中國就是中華民國」。說起來，兩岸對「一個中國」是同意的，但「一個中國是什麼」還是有歧見。

蘇起也在上述書中做了如此類似的說明：台北當時已由國統會於1992年8月1日通過「關於一個中國的涵義」決議，強調「海峽兩岸均堅持『一個中國』之原則，但雙方所賦予之涵義有所不同」。而北京則強調「堅持一個中國原則，不討論『一個中國』的政治涵義」。這兩者有異有同。異在我方認為「台灣與大陸都是中國的一部分」，而北京認為「台灣是中國的一部分」。換句話說，我方堅持「對等」，而北京要求「主從」；而同者則是兩岸均堅採一個中國原則。[5]

---

4 蘇起，「『一個中國，各自表述』共識的意義與貢獻」，是為下列專書作序，收錄在：蘇起、鄭安國主編，《「一個中國，各自表述」共識的史實》，台北：國家政策研究基金會，2005年，頁VII。
5 同上註。

　　但是1992年之後的兩岸關係發展，顯見雙方對「各自以口頭上表達海峽兩岸均堅持一個中國的原則」的「九二共識」還是有不同看法，1999年李登輝的「特殊兩國論」，以及2000年台灣遭遇「政黨輪替」，上台執政的民進黨不接受一中原則，並否認兩岸曾在九二年達成共識，更導致兩岸互信破碎，以及兩岸關係形成僵局。

　　不過，馬英九在2008年贏得總統大選之後，是同意以「九二共識」作為兩岸交流的基礎。至於「九二共識」中的「一個中國」如何解讀，馬英九仍拘泥於1992年台北國統會「一中意涵」的框架，那就是所謂「憲法一中」的解釋：「一個中國是中華民國」。即使馬英九2005年12月接受「亞洲週刊」的訪問時也說，大陸方面要解釋一中成為「中華人民共和國」，按照國統綱領的處理方法，就是台北不去否認它，但若依照中華民國憲法，那麼台北就無法承認它。[6]

　　就北京來說，「一個中國原則」的堅持是毋庸置疑的，但「九二共識」在2008年6月為胡錦濤與美國總統布希通電話時，表示可作為兩岸兩會復談的基礎，也是一種原則不變但策略調整的戰術。[7]因此，自2008年6月以來，兩岸兩會到本書完稿為止，已經進行了11次會談，簽署了23項協議與2項共識聲明，成果之豐碩，可說全拜兩岸兩會願意遵奉「九二共識」之賜。

二、民進黨對如何處理「九二共識」，至今一直採取全盤否認

　　在2012年大選，由於統獨爭議仍是選舉的主軸，因此「九二共識」就成為朝野攻防的主題。2011年馬英九與國民黨都曾挑戰民進黨總統候選人蔡英文，數度詢問蔡「如何處理九二共識」，因為當時執政的國民黨認為：它是兩岸關係的基石，是蔡英文必須面對的挑戰。但民進黨全盤否認

6　馬英九2005年12月接受「亞洲週刊」的訪問時所透露的看法。可參考中央日報引用中央社2005年12月9日發自香港的訊息，網址：http://www.cdn.com.tw/daily/2005/12/09/text/941209a3.htm。

7　〈胡錦濤：在九二共識基礎上恢復兩岸協商談判〉，新華網，刊登日期：2008年3月26日，http://news.xinhuanet.com/tw/2008-03/26/content_7865604.htm。

有「九二共識」。針對這點否認，馬英九則質疑：「不認九二共識，蔡英文如何延續前朝（指國民黨）政策」。[8]

民進黨則是避重就輕的回答：他們只延續（前朝）對的政策，但「九二共識」，卻是個錯的政策。民進黨對「九二共識」的立場，甚至比起在位時的陳水扁，還更強悍的表達拒絕承認。[9]即使到了2011年總統大選已經白熱化時，民進黨提名的總統候選人蔡英文，仍然不認為有所謂「九二共識」的存在。在發布民進黨十年政綱兩岸篇時，蔡英文強調，所有人都應該仔細想想「九二共識」真的存在嗎？蔡說：「你要去承認一個不存在的東西，那也總有個道理」。[10]

直至2016年1月蔡英文勝選，面對北京壓力，還是絕口不提「九二共識」；不過5月就職後，語氣開始放緩，但是還是不說出「九二共識」這四個字，而且到本書截稿時仍然不肯說明，擺明了就是不在這個名詞運用上退讓一步。

第二節　1992年到底有沒有共識？歷史說明事實

因此，當兩岸對「九二共識」裡的一中，已經有「各自表述」的不同看法時，如果再加上民進黨尚否認兩岸兩會在1992年曾達成「一個中國」的共識，那麼1992年到底有沒有共識？或者說，到底有沒有「九二共識」？就不是只是單純的「是」或「不是」的答案，真的需要還原到1992年的現場，看看那個時候的過程，是否存在有兩會達成對一中共識的痕跡。

8　〈再戰九二共識〉，《聯合報》，刊登日期：2010年12月29日，A15。
9　針對馬英九的提問，民進黨發言人蔡其昌表示，馬政府做對的事，民進黨執政後當然會延續；若做錯的事、無能的政策，民進黨自然不會延續。資料來源：〈再戰九二共識〉，《聯合報》，刊登日期：2010年12月29日，A15。
10　鄭閔聲，〈馬哽咽談外交，蔡再批九二共識〉，《中國時報》，2011年8月17日，A4版。

一、1992年兩岸兩會協商，對「一個中國」如何使用，共提出十三項提案

　　海基海協兩會雖然都在1991年成立，但真正第一次的「兩岸兩會談判」是於1992年3月與10月兩度舉行的「兩岸文書查證」以及「兩岸間接掛號函件遺失之查證與賠償」談判。其實文書查證與掛號函件遺失查證均只是事務性的技術問題，交由海基會與海協會互相聯繫，既可增加兩會溝通功能，也可避免兩岸郵政單位因直接聯繫而導致「官方接觸」的困擾。原先，雙方尚可同意相互寄送公證書副本來核對真偽，並對有疑義者相互協助查證。不過，談判具體措施，例如相互協助查證收費與否的看法不同，寄送公證書副本的範圍要否限制的爭議，以及掛號信函查證補償問題要否雙方郵政單位出面的歧見，遂導致共識結論的難產。加上最重要的「一個中國」原則又被海協會在3月協商時帶入討論話題，而雙方對此看法又頗多差距，遂使10月的香港協商變成了兩方是否能達成協議的關鍵所在。

（一）中共先提出的五項方案

　　北京相當體認台北對「一個中國」有難以接受的堅持，因此也準備思考用不同的措詞來說服，3月協商不歡而散之後，到10月在香港重新晤談之前，期間兩會都有文件往返，其中北京於1992年3月向台北提出五項不同的選擇，以作為文書查證協議的前提文字：

1. 海峽兩岸文書使用問題是中國的內部事務。

2. 海峽兩岸文書使用問題是中國的事務。

3. 海峽兩岸文書使用問題是中國的事務。考慮到海峽兩岸存在不同的制度（或稱國家尚未完全統一）的現實，這類事務具有特殊性，……。

4. 在海峽兩岸共同謀求國家統一的過程中，雙方均堅持一個中國之原則，對兩岸公證文書使用（或其他商談事務）加以妥善解決。

5. 海峽兩岸關係協會，中國公證員協會與海峽交流基金會，依海峽兩岸均堅持一個中國之原則的共識。

　　不過，對於海協會提出的五種方案，台北均認為無法接受。但是台北也體認到如果不就「一個中國原則」加以處理，恐怕無法突破目前的協商僵局，也難以建立若干交集，以解決兩岸間許多急待解決的問題，如文書查證、共同打擊犯罪、掛號信函查詢等等。因此，台北一方面思考自己應有對案；另一方面，則由國家統一委員會對一個中國的涵義預作解釋，作為台北基本立場。於是，國統會於1992年8月1日通過「關於『一個中國』的涵義」。[11]

（二）台北稍後因應的五項方案

　　針對中共所提的五項方案，台北亦反覆斟酌，於1992年4月下旬時擬定了五種表達方案，授權海基會在適當時機酌情分別提出：

1. 雙方本著「一個中國，兩個對等政治實體」的原則。
2. 雙方本著「謀求一個民主、自由、均富、統一的中國，兩岸事務本是中國人的事務」的原則。
3. 鑑於海峽兩岸長期處於分裂狀態，在兩岸共同努力謀求國家統一的過程中，雙方咸認為必須就文書查證（或其他商談事項）加以妥善解決。
4. 雙方本著「為謀求一個和平民主統一的中國原則。」
5. 雙方本著「謀求兩岸和平民主統一」的原則。[12]

11　這裡海協會以及後面海基會的提案資料，均是引述鄭安國的資料，因為他在1992年10月香港會談時，擔任陸委會企劃處處長，對會談一事相當瞭解，而且也只有他的資料中，有特別說明海協與海基兩會提案的日期。請見鄭安國，〈「一個中國，各自表述」的歷史真相〉，《香港經濟日報》，2000年6月5日，A32版。收錄在：蘇起、鄭安國主編，《「一個中國，各自表述」共識的史實》，台北：國家政策研究基金會，2005年，頁10-11。不過，作者也要特別指出，在北京出版的官方文書中，總共十三個文字建議案，並不像鄭安國所講，是在不同時期提出，而是都在1992年10月28日至30日香港會談期間提出。譬如海協研究部在人民日報海外版2002年4月30日發表〈「九二共識」的歷史真相〉一文時，就指出在會議期間，「雙方各自提出五種文字方案，但未形成一致的意見。隨後，海基會代表建議『在彼此可以接受的範圍內，各自以口頭方式說明立場』，並又提出三種口頭表述方案」，可以說明北京的認知，確是在會議期間，將十三個文字建議案同時逐步的提出。該文收錄在海峽兩岸關係協會編，《「九二共識」，歷史存證》，北京：九州出版社，2005年6月1版，頁18。

12　鄭安國，〈「一個中國，各自表述」的歷史真相〉，蘇起、鄭安國主編，《「一個中國，各自表述」的歷史真相》，頁11-12。

　　對於海基會提出來的五項因應「一個中國」的方案，北京也表達了不能接受的態度。不過，北京當局對1992年8月1日台北國統會發布的「關於一個中國的涵義」文件，則是用正面態度來視待。對於此一文件內文提到「海峽兩岸均堅持一個中國之原則，但雙方所賦予之涵義有所不同」；「台灣固為中國之一部分，但大陸亦為中國之一部分」；台灣當局「已制訂國統綱領，開展統一步伐」，表示「這份『結論』表明了台灣當局承認台灣是中國之一部分和『海峽兩岸均堅持一個中國之原則』、追求統一的立場」。接著，海協會負責人於8月27日發表談話，指出「這份『結論』確認『海峽兩岸均堅持一個中國之原則』，『明確這一點，對海峽兩岸事務性商談具有十分重要的意義，它表明，在事務性商談中應堅持一個中國原則已成為海峽兩岸的共識』」。[13]依作者來判斷，這應是兩會在1992年10日28日至30日在香港會談時，海協會終於同意海基會後來提出的三項修正案的其中一項的原因所在，因為那項條文內容是比較接近國統會發布的「關於一個中國的涵義」文件的精神。

（三）海基會提出補充的三項建議

　　台北當然瞭解這次商談最關鍵的問題，就是「一個中國的原則」問題。所以10月雙方在香港再度會晤時，海基會對於陸委會授權的五種表達方案，就酌加修正為三種，並獲得陸委會同意，這三種表達方案是：

1. 鑑於中國仍處於暫時分裂之狀態，在海峽兩岸共同謀求國家統一的過程中，由於兩岸民間交流日益頻繁，為保障兩岸人民權益，對於文書查證應加以妥善解決。
2. 海峽兩岸文書查證問題是兩岸中國人間的事務。
3. 在海峽兩岸共同努力謀求國家統一的過程中，雙方雖均堅持一個中國的原則，但對於一個中國的涵義，認知各有不同。惟鑑於兩岸民間交流日

---

13 海峽兩岸關係協會編，《「九二共識」，歷史存證》，北京：九州出版社，2005年6月1版，頁17-18。

益頻繁，為保障兩岸人民權益，對於文書查證，應加以妥善解決。[14]

　　事實上，在香港商談的過程中，重點仍在雙方各自在最初提出不同的文字方案依序商討，經過彼此反覆折衷，一時無法獲得共識結論。於是海基會就在10月31日提出前述的第三案。台北並鑑於對「一個中國」問題，難有共識，乃授權海基會以各自口頭表述的方式，以解決此一問題。在案子提出之後，根據台北後來的文書追憶：海協會對此並未表示接受，亦未表示反對，卻先行於11月1日離港，中止商談。而海基會代表則停留至11月5日，見海協會代表無返港續商之意願後，才離港返台。[15]

　　所以嚴格來說，達成兩岸共同堅持一個中國原則，但以口頭表述方式行之，在會談期間並沒有產生共識，最多說，海基會在10月31日提出的第八案，海協會對此並未表示接受，亦未表示反對，留下一個後來可以讓兩會彼此伸縮考量的彈性空間。如果說，後來在兩會書信文件往來中，能讓兩會確信彼此的立場均為對方所能接受與尊重，那麼1992年10月在香港會談兩會累積的互信基礎，導致兩岸當局都同意：在後續書信往來裡，是有發展出一個共同的結論，就稱之為「九二共識」，這種說法應該是可以接受的。

二、兩會在1992年香港會談後的文件補述

　　其實兩岸兩會是否有達成「九二共識」，並不是雙方在香港會談時期完成，在前面敘述已說得非常清楚。至於說，更多看法的契合應該是會談之後。海基與海協兩會彼此的書函與文件往來，才是讓兩會在「口頭上表達一個中國」共識卒能最後終於達成，下面的雙方官方書信文件的內容提供與解析，可望就外界對「九二共識」有不同的解讀，提出更清楚的背景。

---

14 鄭安國，〈「一個中國，各自表述」的歷史真相〉，蘇起、鄭安國主編，《「一個中國，各自表述」共識的史實》，頁12-13。

15 同上註。

（一）海協會的文件說明

根據北京官方文書所述：香港商談結束後，11月1日，海基會發表書面聲明表示，有關事務性商談中一個中國原則的表述，「建議在彼此可以接受的範圍內，各自以口頭方式說明立場」，在這裡作者要求特別注意的，是海基會說明要「各自以口頭方式說明立場」。官方文書繼續補述：海協研究了海基會的第八案（也就是補述的第三案），認為這個方案表明了海基會謀求統一、堅持一個中國原則的態度，雖然提出對一個中國涵義的「認知各有不同」，而海協歷來主張的「在事務性商談中只要表明堅持一個中國原則的態度，不討論一個中國的政治涵義」，因此，海協會覺得可以考慮海基會以上述各自口頭表述的內容表達堅持一個中國原則的態度。[16]

不過，海協會希望海基會能夠確認這是台灣方面的正式意見。11月3日，海基會致函海協，表示已徵得台灣有關方面的同意，「以口頭聲明方式各自表達」。同日，海協副秘書長孫亞夫打電話給海基會秘書長陳榮傑，表示在這次香港工作性商談中，「貴會建議採用貴我兩會各自口頭聲明的方式表達一個中國原則。我們經研究後，尊重並接受貴會的建議」，並再次建議「就口頭聲明的具體內容，進行協商」，[17]至此作者認為，這種說法可以充分證明北京是同意兩岸兩會「各自口頭聲明的方式表達一個中國原則」。但是「各自口頭聲明的具體內容」，北京要求協商，台北一直迴避，沒有一個結論，導致北京後來認定「九二共識」中從沒同意兩岸可各自表示一中意涵，這也是個事實。

等到11月16日，海協會再次致函海基會，表示同意以各自口頭表述的方式表明堅持一個中國原則的態度，並告知海協會的口頭表述要點是：「海峽兩岸都堅持一個中國的原則，努力謀求國家統一。但在海峽兩岸事

---

16 劉墨、肖之光，〈為歷史留下公正的註腳——1992年兩岸達成共識始末〉，《兩岸關係》雜誌，1999年第9期，收錄在海峽兩岸關係協會編，《「九二共識」，歷史存證》，北京：九州出版社，2005年6月1版，頁10-11。

17 海峽兩岸關係協會編，《「九二共識」，歷史存證》，頁11。

務性商談中，不涉及一個中國的政治涵義」。[18]這也是作者在此覺得是一項很重要的提醒，海協會應是建議「兩岸都堅持一個中國的原則，但不涉及一個中國的政治涵義」，這與台北日後強調兩會都同意雙方各自在口頭上表達「一個中國涵意」，恐怕與原始的說法有所出入。海協會還以附件的方式，將海基會在香港提出的上述第八方案附在這封函中。此後，根據海協會官方的說法，海基會從未否認海協會11月16日去函中附去的海基會在香港商談中提出的第八案。[19]

根據北京官方立場的看法，是認為海協與海基會就在事務性商談中各自以口頭方式表述「海峽兩岸均堅持一個中國之原則」達成共識，是以兩會各自提出、分別交給對方的上述兩段具體表述內容為基礎的，而不是不加約束的、單方面隨意性的各說各話。北京的官方文書甚至說：對照兩會的具體表述內容，海協和海基會各自向對方明確承諾堅持一個中國原則，追求國家統一；至於對一個中國的涵義，海基會說「認知各有不同」，海協說「在事務性商談中不涉及一個中國的政治涵義」。這充分說明，兩會從未就一個中國政治涵義進行過討論，更談不上就一個中國的政治內涵「各自表述」達成共識。換言之，雙方以各自表述的方式表明堅持一個中國原則的態度是共識，而對一個中國的內涵，雙方既未討論，所以也就根本沒有共識。[20]

（二）海基會的文件說明

海基會方面的敘述，在「文件引述」上是與海協會沒有多大差異，但「解讀層面」上可能是有所落差。

根據蘇起、鄭安國主編的書中描述：海基會曾在1992年11月3日發布新聞稿表示：「海協會在本次香港商談中，對『一個中國』原則一再堅持應當有所表述，本會經徵得主管機關同意，以口頭聲明方式各自表達，可

---

18 同上註。
19 同上註。
20 海峽兩岸關係協會編，《「九二共識」，歷史存證》，頁10-12。

以接受。至於口頭聲明的具體內容，我方將根據『國家統一綱領』及國家統一委會本年8月1日對於『一個中國』涵義所做決議，加以表達」。在這裡，台北引用海基會的信件，是較強調是「口頭聲明方式各自表達」，與北京方面說明這封信上的焦點在「徵得主管機關同意」，有不同的重點看法。同日，海基會並致函海協會。海協會孫亞夫並於是日致電海基會秘書長陳榮傑，表示尊重並接受海基會之建議。[21]不過，必須特別注意的是，孫亞夫致電陳榮傑表示尊重並接受海基會之建議時，是有提過「就口頭聲明的具體內容，進行協商」這段話作為接受的補充。

不過，蘇起書中是有提及海協會於11月16日致函海基會表示：「在香港商談中，海基會代表建議，採用兩會各自口頭聲明的方式表述一個中國的原則，並提出具體表述內容（見附件：海基會第三案）。其中明確表達了兩案均堅持一個中國原則。……11月3日貴會來函正式通知我會表示已徵得台灣方面的同意。以口頭聲明的方式，各自表達。我會充分尊重並接受貴會的建議。並已於11月3日電話告知陳榮傑先生，……現將我會擬作口頭表述的要點函告貴會。『海峽兩岸都堅持一個中國的原則，努力謀求國家的統一，但在海峽兩岸事務性商談中，不涉及『一個中國』的政治涵義。本此精神，對公證書使用（或其他商談事物）加以妥善解決』」。因此作者的看法是：這段文件內容的披露與引用，台北是強調「海協會回函表示尊重與接受」，可是並未突顯出海基會口頭上是否同意海協會的表述要點：「海峽兩岸都堅持一個中國的原則，努力謀求國家的統一，但在海峽兩岸事務性商談中，不涉及『一個中國』的政治涵義」。當然，海基會的「疏漏」有它合理性，因為當它還來不及回覆海協會11日16日的來函時，後者已搶著在11月30日再度來函，希望12月兩會能實現「辜汪會談」。

這也是後來發展出來的「九二共識」，兩岸之所以有不同解讀的關鍵

---

21 國政基金會國家安全組，〈何謂「九二共識」〉，原文刊載於國政基金會網站，國安（析）090-001號，2001年9月6日。收錄在蘇起、鄭安國主編，《「一個中國，各自表述」共識的史實》，台北：國家政策研究基金會，2005年，頁5。

所在。因為台北覺得當時已經說明用「口頭聲明方式各自表達」，並獲得海協會的同意與尊重。不過，孫亞夫曾經提醒陳榮傑要「就口頭聲明的具體內容，進行協商」，海基會卻沒有處理，等到海協會11日16日再度來函說明「口頭聲明的具體內容」，偏偏又未等到海基會表達是否同意之前，就馬上另函建議希望「實現辜汪會談」，失去了一個最重要的前提：「一個中國的政治涵義，不需在兩岸事務性協商中涉及」的要求。所以台北解讀「九二共識」，是「一中各表」，是有它的所本。但北京不同意「九二共識」中曾達成共識說台北可自行表述「中華民國」，也有它的道理，因為文件中往來，的確沒有顯示兩岸曾就此一表述方式進行過討論而達成共識。

三、從歷史的鏡子裡是否找到有啟示的例子？

因此，就上述的歷史真相來看，李登輝與陳水扁都曾經否認在1992年10月28至30日的香港會談上兩岸曾達成共識，不是說完全沒有道理；而北京指責說：「陳水扁當局罔顧歷史事實，把『九二香港會談』說成『只有討論、沒有結論』，並把會談基礎的精神實質虛化為『擱置爭議、務實協商』，完全是別有用心的篡改和歪曲」，也不是完全無的放矢。[22]嚴格來說，這要看所謂的「共識達成」，是僅限於兩會在香港會談期間，還是說應該是涵蓋後來兩會在後續文件上的補充期間。如是前者，那確實是兩會當時並沒有達成共識結論；但如是後者，那必須說，雙方往來的文件上，是都同意「各自在口頭上表達對一個中國原則的堅持」。

另外，站在北京立場來看：「九二共識」雖然是各自以口頭方式表述的共識，但其過程和內容均有明確文件和文字記錄，不是任何人、任何政治勢力可以否定。所以北京要求台灣明確承認「九二共識」，就是希望

22 肖之光，〈什麼是「九二香港會談」的基礎〉，《兩岸關係》雜誌第12期，2004年12月1日，收錄於國台辦網站—九二共識欄目，網址：http://www.gwytb.gov.cn/zt/92/201101/t20110110_1686415.htm。

回到「海峽兩岸均堅持一個中國原則」的立場。[23]但是，自馬英九與其國民黨團隊在2008年5月執政之後，北京對「九二共識」的解讀也有了些改變，至少它不再像早先的態度一樣，把「九二共識」與「一個中國原則」完全畫上等號，至少同意在表達方式上，「九二共識」是雙方同意的口頭敘述；2011年3月25日，國台辦主任王毅在接見國民黨青工總會參訪團時表示：雙方都堅持體現一個中國原則的「九二共識」，不過，兩岸對於一個中國的涵義，認知有所不同，「但是我們可以求同存異，所以求同存異是九二共識的精髓所在」。這應該是北京對「九二共識」最具理性的一次解釋。[24]

另外站在台北立場上，則是同意1992年兩會會談的結果是兩岸一項重要的共識，不過這項「共識」應包括下列三點：（一）對「一個中國」原則，用口頭聲明方式各自表達。即一般簡稱的「一個中國，各自表述」或「各自表述，一個中國」，是我方提出，並獲得中共接受，並因之開展日後的辜汪會談。因此應該說是兩岸間的一項重要的共識。（二）我方表述的內容包括海基會第三（應是第八）案，國統綱領及「一個中國的涵義」。對此，中共方面已表認知。（三）海協會也在「一個中國，各自表述」的共識原則下，提出他們的表述內容。[25]可是北京只同意兩岸可在各自口頭上表達可體現一個中國原則的「九二共識」，但從來沒有同意對「九二共識」的解讀，是可作「一個中國，各自表述」的說法。

所以，上述兩岸對「九二共識」的解讀，大部分仍然是站在自己本位的認知來說明。那麼九二到底有沒有共識？可能比九二共識如何解讀更為重要，因此，這需要從三個不同的角度切入，才會對「九二共識」一詞有更深刻的認識。

---

23 海協研究部，〈「九二共識」的歷史真相〉，北京：人民日報海外版，2002年4月30日。海峽兩岸關係協會主編，《「九二共識」歷史存證》，北京：九州出版社，2005年，頁20。
24 〈王毅在北京會見中國國民黨青工總會大陸訪問團〉，2011年3月26日，國台辦網站，http://www.gwytb.gov.cn/wyly/201103/t20110328_1801051.htm。
25 國政基金會國家安全組，〈何謂「九二共識」〉，原文刊載於國政基金會網站，國安（析）090-001號，2001年9月6日。收錄在蘇起、鄭安國主編，《「一個中國，各自表述」共識的史實》，台北：國家政策研究基金會，2005年，頁6。

第一，1992年兩岸兩會在香港會談後，只能說雙方對「一中原則」如何運用在未來的協議簽署上，起碼有了基本的相互瞭解，但還沒達到「共識」境界。兩會在最後同意接受的方案，是台北提出的第八案：「在海峽兩岸共同努力課求國家統一的過程中，雙方雖均堅持一個中國的原則，但對於一個中國的涵義、認知各有不同」，海基會建議「以口頭聲明方式各自表述」。可是真正達成「共識」是在事後兩會的函件往來，1992年11日16日海協會致函海基會，表示同意以各自口頭表達的方式表明堅持一個中國原則的態度。海基會在同年12月3日的回函沒有爭執到一中原則，但對於「一中涵義、認知」是再度強調「以口頭各自說明」，而且口頭說明的具體內容，是根據「國統綱領」與「一個中國涵義」檔，說明「一個中國」就是「中華民國」。這段史實充分證實台北當時的確同意支持「一個中國的原則」。

第二，延續上面的史實，也可以說明對「一中原則」兩會有共識，但對於「一中涵義、認知」雙方確是有爭執。台北堅持「一個中國」就是「中華民國」，還用了「以口頭聲明方式各自表述」的說法，導致了後來轉折到「一個中國、各自表述」的結論。但北京從未同意如此論述，1992年11月3日海協會副秘書長孫亞夫還致電海基會秘書長陳榮傑，曾建議「就口頭聲明的具體內容，進行協商」。

到了11月16日的信函，則是轉換成「在海峽兩岸事務性商談中，不涉及一個中國的政治涵義」。北京對這段表述的解讀是：兩會從未就一個中國政治涵義進行過討論，當然就談不上就一個中國政治內涵「各自表述」達成共識，這表示北京也認為一中涵義是從來沒有達成過雙方共識。如此一來，一中是有共識，涵義卻沒共識，如果根據數學理論，1992年的結論是一正一負，當正負得負，就不能說全達成共識，所以完全使用「九二共識」一詞，的確還有所欠缺。

最後，我們必須公平評價：1992年8月1日國統會發布的「一個中國意涵」檔，開頭第一句話就是「海峽兩岸均堅持一個中國原則」，這句話的重要性是促成了香港會談成功的基礎。而同樣道理，沒有香港會談雙

方同意對一中原則的支持，就不可能會有1993年「汪辜會談」的召開，而同樣道理，也不可能會有2008年「江陳會談」的召開。台北已經不需再去否定自己本身對「一中原則」的支持，因為還原歷史，它是同意一中原則的。而北京則不必再去強調「九二共識」只是兩岸對一中的堅持有共識，讀完歷史真相，也發現它當時並沒有及時的告知台北，一中的涵義的表達是需要事前雙方協商後才能同意的。

第三節　中共對「九二共識」的堅持

一、「九二共識」已被北京視為是國共共識、兩岸共識，以及中共內部的共識

　　大家都在好奇，為什麼北京那麼在意「九二共識」，如果我們瞭解兩岸之間一些重要的發展過程中，「九二共識」扮演了一個很重要的角色，那麼就會知道北京為什麼對它是那麼的重視與堅持。

　　因為早年尚未定名的「九二共識」，不僅是台灣海基會與大陸海協會的共識，而且也是靠了它，才能建立起雙方接觸、協商的互信基礎。而且後來「九二共識」也形成是兩岸當局之間的共識。像國台辦主任張志軍曾經提過：「2008年5月，國民黨在台灣重新上台執政，兩岸雙方共同確認堅持『九二共識』、反對『台獨』的共同政治基礎，開闢了兩岸關係和平發展道路，兩岸關係面貌發生了歷史性變化」。[26]

　　再說，國共之間也早就在2005年4月29日的「連胡會」時，一份「五項願景」的聲明公布，更是形成是兩黨在隔絕五十六年之後所達成的第一份共識。當時兩黨已在這份聲明中共同體認到：「堅持九二共識，反對台獨，謀求台海和平穩定，促進兩岸關係發展，維護兩岸同胞利益，是兩黨

---

26 〈張志軍：沒有人比我們更希望維護兩岸關係和平發展與台海和平穩定〉，2016年7月17日，資料來源：中國新聞網。國台辦網站，網址：http://www.gwytb.gov.cn/wyly/201607/t20160717_11510849.htm。

的共同主張」。同時在雙方要推動「願景」的第一條裡，就說明要「促進儘速恢復兩岸談判，共謀兩岸人民福祉。促進兩岸在九二共識的基礎上儘速恢復平等協商，就雙方共同關心和各自關心的問題進行討論，推進兩岸關係良性健康發展」。[27]

　　除上述之外，2012年中共十八大政治報告中更是將「九二共識」列入黨的重要文件裡，當然也就確立了這也是中國共產黨內部的共識。在政治報告裡，有關「九二共識」這個用詞是這樣寫的：我們要始終堅持一個中國原則。大陸和台灣雖然尚未統一，但兩岸同屬一個中國的事實從未改變，國家領土和主權從未分割、也不容分割。兩岸雙方應恪守反對「台獨」、堅持「九二共識」的共同立場，增進維護一個中國框架的共同認知，在此基礎上求同存異。對台灣任何政黨，只要不主張「台獨」、認同一個中國，我們都願意同他們交往、對話、合作。[28]

二、習近平的三度談話，見證了他對「九二共識」的堅持

　　2015年3月4日習近平在政協會見民革、台盟、台聯等成員時所發表的一段談話，已見戰火逐漸升起的初兆。習在會上脫稿而出的重話是說：「九二共識」是兩岸互信及接觸的基礎，一旦「基礎不牢」，就會「地動山搖」。即使稍後發布的新聞稿，字句作了修正，語氣仍然很重：「『九二共識』對兩岸建立政治互信、開展對話協商、改善和發展兩岸關係，發揮了不可替代的重要作用。如果兩岸雙方的共同政治基礎遭到破壞，兩岸互信將不復存在，兩岸關係就會重新回到動盪不安的老路上去」。[29]

　　2016年3日5日習近平在參加他所在的十二屆全國人大四次會議上海

---

27 〈連胡會新聞公報〉，2005年4月29日，國家政策研究基金會，網址：http://old.npf.org.tw/Symposium/s94/940615-3-NS.htm。

28 〈胡錦濤在中國共產黨第十八次全國代表大會上的報告〉，2012年11月19日，請見國台辦網站，http://www.gwytb.gov.cn/wyly/201211/t20121119_3377324.htm。

29 〈習近平強調：堅持兩岸關係和平發展道路促進共同發展造福兩岸同胞〉，新華網，刊登日期：2015年3月4日，http://news.xinhuanet.com/politics/2015-03/04/c_1114523248.htm。

代表團審議時強調，「我們對台大政方針是明確的、一貫的，不會因台灣政局變化而改變。我們將堅持『九二共識』政治基礎，繼續推進兩岸關係和平發展。『九二共識』明確界定了兩岸關係的性質，是確保兩岸關係和平發展行穩致遠的關鍵。承認『九二共識』的歷史事實，認同其核心意涵，兩岸雙方就有了共同政治基礎，就可以保持良性互動」。[30]

　　2016年7月1日慶祝中國共產黨成立九十五週年大會在北京人民大會堂隆重舉行，中共中央總書記、國家主席、中央軍委主席習近平發表重要講話。習近平指出，「推進祖國和平統一進程、完成祖國統一大業，是實現中華民族偉大復興的必然要求。兩岸關係和平發展是維護兩岸和平、促進共同發展、造福兩岸同胞的正確道路，也是通向和平統一的光明大道。堅持『九二共識』、反對『台獨』是兩岸關係和平發展的政治基礎。我們堅決反對『台獨』分裂勢力」。[31]

三、涉台系統發表談話，總是繞著「九二共識」的話題在強調

　　早在上一次2012年的總統大選，針對民進黨否認兩岸有「九二共識」，加上蔡英文也有勝選的實力，北京的憂慮是可以想像的。早先海協會會長陳雲林已經表達，民進黨如不接受「九二共識」，一旦執政，兩岸兩會將不會進行協商。[32]2011年7月國台辦主任王毅前往美國訪問，29日在對芝加哥僑社的一場演講中，特別提到兩岸確認這一共識，是成為2008年後兩會恢復商談的重要前提。但是王毅也警告說：「推翻這一前提、否認這一共識，將難以想像兩會如何繼續通過平等協商解決兩岸間的各種現實問題；難以想像兩岸如何在政治分歧猶存的情況下繼續建立互信、良性互動；難以想像兩岸如何為彼此頻繁交流、深化合作繼續提供良

30　〈習近平參加上海代表團審議〉，2016年3月5日，資料來源：新華網。國台辦網站，網址：http://www.gwytb.gov.cn/wyly/201603/t20160305_11402896.htm。

31　〈習近平：對「一國兩制」的信心和決心絕不會動搖〉，2016年7月1日，資料來源：人民網-中國共產黨新聞網。國台辦網站，網址：http://www.gwytb.gov.cn/wyly/201607/t20160701_11497401.htm。

32　〈陳雲林兩前提北京拋政治訊息〉，《聯合報》，刊登日期：2011年1月14日，A25。

好氣氛和必要環境」。這也就是說，如果台灣再度搬出所謂「兩國論」、「一邊一國」等分裂理念，企圖走回頭路，依王毅的評估，兩岸各領域交往將再次受到不應有的干擾，兩岸同胞尤其是台灣同胞的切身利益將再次受到不應有的損害，兩岸關係和平發展的良好局面也將受到不應有的衝擊。[33]

到了2016年再次總統大選，北京的態度立場仍然沒變，而且總是繞著「九二共識」的話題在強調。1月16日針對蔡英文勝選，中央台辦則再重申立場，大力聲稱：「我們的對台大政方針是一貫的、明確的，不因台灣地區的選舉結果而改變。我們將繼續堅持九二共識，堅決反對任何形式的台獨分裂活動」。[34]等到5日20日，蔡英文就職演說之後的才幾個小時，中共中央台辦、國務院台辦負責人馬上就當前兩岸關係發表官方回應：堅定認為維護兩岸關係和平發展的關鍵在於堅持「九二共識」政治基礎，因為「九二共識」明確界定了兩岸關係的根本性質，表明大陸與台灣同屬一個中國、兩岸不是國與國關係。「九二共識」經過兩岸雙方明確授權認可，得到兩岸領導人共同確認，是兩岸關係和平發展的基石。[35]

五天之後，國台辦主任張志軍在立場上再予補充，他認為：我們對台的大政方針不因台灣政局的變化而改變。但是，台灣當局新領導人在兩岸關係性質這一重大原則問題上沒有清晰態度，沒有作出明確回答，這勢必損害兩岸關係的穩定發展。[36]

不過，對台灣來說，張志軍最具意義的一段說話，應是7月17日在北京出席第五屆世界和平論壇的一場演講中所說出的關鍵所在。他說：「回

33　〈王毅主任在芝加哥僑界招待會上的講話〉，2011年7月30日，「政務要聞」，國台辦網站，http://www.gwytb.gov.cn/wyly/201107/t20110730_1943366.htm。

34　〈中共中央台辦、國務院台辦負責人就台灣地區選舉結果發表談話〉，新華網，刊登日期：2016年1月16日，http://news.xinhuanet.com/tw/2016-01/16/c_1117797532.htm。

35　〈中共中央台辦、國務院台辦負責人就當前兩岸關係發表談話〉，2016年5月20日，來源：新華網，國台辦網站，網址：http://www.gwytb.gov.cn/wyly/201605/t20160520_11463128.htm。

36　〈張志軍強調維護兩岸關係和平發展和台海和平的關鍵是堅持體現一個中國原則的政治基礎〉，2016年5月25日，資料來源：中共中央台辦、國務院台辦。國台辦網站，網址：http://www.gwytb.gov.cn/wyly/201605/t20160525_11466795.htm。

顧兩岸關係發展歷程可以得到很多有益啟示。其中最重要的是，一個中國原則是兩岸關係的定海神針。堅持這一原則，兩岸關係才能穩定發展、台海才能保持和平安寧。背離這一原則，台海就會險象環生，就可能出大亂子。『九二共識』的重要性在於它體現了一個中國原則，清晰界定了兩岸關係的性質，表明兩岸不是國與國的關係。它解決了兩岸關係中雙方是在和誰打交道的問題。它是過去八年兩岸關係和平發展豐碩成果和台海和平穩定之關鍵」。[37]

四、北京對「九二共識」的核心內容與其定位的定調

　　對「九二共識」是怎麼定位？中央台辦、國台辦在2016年7月12日特刊發表了「九二共識的由來」新聞稿，其中對這個被稱為「兩岸共同的政治基礎」之定位是如此的描述：「1992年，海協會與台灣海基會授權就在兩岸事務性商談中表述堅持一個中國原則事宜進行協商。經過當年10月香港會談及其後一系列函電往來，達成了各自以口頭方式表述『海峽兩岸均堅持一個中國原則』的共識，後來被概括為『九二共識』。其核心意涵是大陸和台灣同屬一個中國，兩岸不是國與國關係，從而明確界定了兩岸關係的根本性質」。

　　再進一步說，中央台辦、國台辦的看法：「九二共識」是各自以口頭方式表述海峽兩岸均堅持一個中國原則的共識。達成共識的方式是各自口頭表述，構成共識的內容就是上述兩段經過協商、相互認可的具體文字，核心是堅持一個中國原則。共識中，兩會都表明了「謀求國家統一」、「海峽兩岸均堅持一個中國原則」的基本態度。對於一個中國的政治涵義，台灣海基會表示「認知各有不同」，海協會表示「在事務性商談中不涉及」，作了求同存異的處理。在兩岸之間固有矛盾一時難以解決的歷史條件下，「九二共識」的達成，體現了兩岸雙方擱置爭議、求同存異的政

---

37 〈張志軍：沒有人比我們更希望維護兩岸關係和平發展與台海和平穩定〉，2016年7月17日，資料來源：中國新聞網。國台辦網站，網址：http://www.gwytb.gov.cn/wyly/201607/t20160717_11510849.htm。

治智慧，確立了兩岸商談的政治基礎，為兩會開展協商並取得成果提供了必要前提。[38]

第四節　台北對「九二共識」的看法與立場

一、李登輝與陳水扁的看法（1995/6-2008/5）

在本章的第一節裡，已經可以發現「九二共識」的內涵是由海基會的第八項提案發展而來，所以台北對此的看法與立場，至少在1995年兩岸兩會中斷雙方的協商機制之前，應該充分的被發揮。

不過，由於1995年李登輝應邀前往美國康乃爾大學訪問，並發表一篇題為「民之所欲，常在我心」的演講，被北京認為有政治性意味，6月16日，大陸海協會就致函告知在台北的海基會，函中說：「鑑於台灣方面近期採取的一系列破壞兩岸關係行動，舉行第二次汪辜會議及其預備性磋商的氣氛已受到嚴重影響。舉行會談及其預備性磋商的時間不得不予以推遲，我會將於適當時機與貴會連繫」。[39]這次協商中斷，形式上沒有涉及「九二共識」是否認同或接受的問題，但實質上仍關聯到一個中國原則。上面所說「磋商的氣氛已受到嚴重影響」，根據《自立早報》記者在上海與北京採訪到海協會的一名高層人士透露：主要是與李登輝先生赴美訪問製造「兩個中國」及「一中一台」有關。另外，李登輝先生對大陸作了言詞上的謾罵，以及台北當局在台灣地區也進行了數次軍事演習，讓兩岸關係再恢復緊張情勢當也有關聯。因此，北京當局在維護國家領土完整高過一切，高於「中美關係」的情況下，不能不對兩岸關係造成影響，不得不推遲了第二次辜汪會談的舉行。[40]

---

38 〈「九二共識」的由來〉，2016年7月12日，來源：中共中央台辦、國務院台辦，國台辦網站，網址：http://www.gwytb.gov.cn/wyly/201607/t20160712_11506678.htm。
39 新華社北京1995年6月16日電，海基會收聽於6月17日的中共對台廣播。
40 《自立早報》，1995年6月17日，3版。

因此，自1996年到2008年，兩岸兩會之間的往來，基本上就形同停頓。特別在2000-2008陳水扁的八年任內，兩岸兩會的協商根本全面中斷，加上陳水扁又不承認及接受「一個中國原則」，所以台北對「九二共識」給以否定的態度，已是十分明顯。

二、馬英九的看法（2008/5-2016/5）

直至2008年5月，在馬英九贏得總統大選之後，台北是建議以「九二共識」作為兩岸交流的基礎。至於「九二共識」中的「一個中國」如何解讀，馬英九仍拘泥於1992年台北國統會「一中意涵」的框架，那就是所謂「憲法一中」的解釋：「一個中國是中華民國」。即使馬英九2005年12月接受「亞洲週刊」的訪問時也說，大陸方面要解釋一中成為「中華人民共和國」，按照國統綱領的處理方法，就是台北不去否認它，但若依照中華民國憲法，那麼台北就無法承認它。[41]

就北京來說，「一個中國原則」的堅持是毋庸置疑的，但從沒接受過「一個中國是中華民國」的台北說法，而且也認為「一中意涵」有爭議，最好不去談它。但是2008年後，國民黨重新執政，兩岸極有機會復談，北京不能再失去時機，所以「九二共識」先是在2005年國共領導人簽署的「五點願景」中提及；接著，2008年6月胡錦濤在與美國總統布希通電話時，也表示「九二共識」可作為兩岸兩會復談的基礎，[42]這事實上已是一種原則不變但策略調整的戰術。

2015年4月29日，這天剛好是「辜汪會談」二十二週年及「連胡會」十週年，馬英九前往陸委會視導並發表談話。馬說：在「一個中國」議題上，兩岸達成難得的政治交集，「九二共識」是兩岸關係發展的關鍵。所謂「九二共識」，依馬英九的解說，就是兩岸在1992年達成「一個中

---

41 「馬英九接受《亞洲週刊》專訪談台灣民主及兩岸關係」，《亞洲週刊》，刊登日期：2005年12月18日。

42 〈胡錦濤：在九二共識基礎上恢復兩岸協商談判〉，新華網，刊登日期：2008年3月26日，http://news.xinhuanet.com/tw/2008-03/26/content_7865604.htm。

國、各自表述」的共識。對台灣最大的意義，就是兩岸對最敏感的「一個中國」問題，終於找到了一個雙方都可以接受的政治基礎，而且是兩廂情願、不是一廂情願。所以，馬可以理直氣壯的問蔡英文，不接受「九二共識」，如何維持「兩岸現狀」。[43]

因此，自2008年6月以來到2016年5月，兩岸兩會已經進行了11次會談，簽署了23項協議與2項共識聲明，成果之豐碩，可說全拜兩岸兩會願意遵奉「九二共識」之賜。

三、蔡英文的看法（2016/5-）

雖然蔡英文520就職演說中，特別指出，1992年之後，二十多年來雙方交流、協商所累積形成的現狀與成果，兩岸都應該共同珍惜與維護，並「在這個既有的事實與政治基礎上」，持續推動兩岸關係和平穩定發展。[44]

蔡英文最早在就職演說中就提到：「兩岸之間的對話與溝通，我們也將努力維持現有的機制。1992年兩岸兩會秉持相互諒解、求同存異的政治思維，進行溝通協商，達成若干的共同認知與諒解，我尊重這個歷史事實」。[45]

從蔡英文的談話裡，是可以看出她對兩岸兩會協商機制延續的積極爭取，但是，話雖說得有感性或激昂，但未見她有理性去思考這中間的癥結所在，而且也沒提出過一些可行的建議，忽略了談判雙方的交鋒，除了考慮自身利益，也需要設想到對方的接受度。

其實兩岸或兩岸兩會協商不能能夠延續或推動的癥結所在，就是台北自蔡英文及民進黨執政之後，就是一直沒有對「九二共識」做出表態，遂

---

43 〈九二共識確保兩岸和平與繁榮〉，總統府網站，刊登日期：2015年4月29日，http://www.president.gov.tw/Default.aspx?tabid=1103&itemid=34635。
44 〈中華民國第14任總統蔡英文女士就職演說〉，總統府網站，刊登日期：2016年5月20日，http://www.president.gov.tw/Default.aspx?tabid=1589&itemid=37446&view=home。
45 〈中華民國第14任總統蔡英文女士就職演說〉，總統府網站，刊登日期：2016年5月20日，http://www.president.gov.tw/Default.aspx?tabid=131&itemid=37408&rmid=514。

導致了兩岸可以對話的政治基礎不復存在。

　　像國台辦發言人安峰山就指出，台灣新政府迄今未承認「九二共識」，動搖了兩岸互動的政治基礎，不但大陸國台辦與台灣陸委會溝通管道中斷，而且大陸海協會與台灣海基會的協商談判機制也停擺，「責任完全在台灣一方」。[46]

第五節　「九二共識」是否有「可調整到什麼範圍」的空間？

　　「九二共識」可調整到什麼範圍？我們先來看看其他「北京及台北的原則立場」是否也能調整？如果有前例，就表示有些原則與立場並非完全不能調整。因此，當看到早先北京的「一個中國原則」都可經過不斷的調整，以適應兩岸情勢的變化以及台灣民眾的感受，就大致能體會在兩岸尋求一個「突破」時，也需要雙方本身能有個靈活的調整。譬如說，北京顯然體會到台灣在2000年由民進黨執政後強硬排斥一個中國的立場時，曾開始進行：在戰略目標維持不變情況下，但在戰術運用上完全採取彈性應變的措施。下面有幾個例子可以來說明北京及台北在策略上的演變狀況。

一、「一個中國原則」的政治意涵可以不斷調整，就表示北京設法爭取台北認同

（一）因應台灣的變局，北京「一個中國原則」的政治意涵曾不斷調整

　　譬如說，在1993年發表「台灣問題與中國的統一白皮書」之前，北京一直以中國自居。而且所講「一個中國」也與「中華人民共和國」掛鉤，「白皮書」對一個中國的「舊三階段論」，其中說明「中國的中央

46　〈國台辦：導致兩岸聯繫溝通機制停擺的責任完全在台灣一方〉，國台辦網站，刊登日期：2016年6月29日，http://www.gwytb.gov.cn/wyly/201606/t20160629_11495074.htm。

政府在北京」的闡述，就是最有力的證據。[47]但是1995年之後「新三階段論的一個中國」，就不再描述「台灣的中國是不可分割的一部分」，而代之「台灣是中國的一部分」，並在後段只說明「中國的主權與領土不容分割」，明顯擺脫一個中國與中華人民共和國畫上等號的困擾。[48]而且一個中國的說詞內涵，也有所謂「內外有別」的區分。[49]如再提及2002年的中共「十六大政治報告」中，更進一步提及「一個中國」是「大陸與台灣的同屬」，表示二者在兩岸現狀中的平等地位，與在框架中的不容分割之現狀。[50]

　　從上述例子來看，一個中國原則的政治意涵，可以見到北京在這個意涵裡的說詞一直有所演變，所以是有「原則不變」，但策略運作有調整的痕跡。

47　〈台灣問題與中國統一〉，國台辦網站，1993年9月1日，http://www.gwytb.gov.cn/bps/bps_zgty.htm。

48　江澤民，〈全面建設小康社會，開創中國特色社會主義事業新局面—在中國共產黨第十六次全國代表大會上的報告〉，新華網，2001年11月8號，http://news.xinhuanet.com/newscenter/2005-01/16/content_2467718.htm。

49　所謂的「內外有別」可以舉幾個例子證明，首先是國台辦發言人兼新聞局長張銘清在1992年11月兩岸在香港文書驗證談判中，所達成的「一個中國原則和內涵各自表述共識」仍然有效，但是外交部發言人陳健在當日下午的記者會，還是重申中共外交部的「一個中國」立場，就是根據國際法和歷史的說法，世界上只有一個中國，而台灣是中國的一部分，同時世界各國也承認中華人民共和國，是全世界唯一合法的中國政府；另外汪道涵於1997年1月15日在美國表達「一個中國」看法的反應，「就是堅持世界上只有一個中國，台灣是中國的一部分，中國的主權與領土完整不容分割」，但是中共外交部發言人即於1月20日提出不同看法：「一個中國的概念沒有任何改變，即包括大陸、香港、台灣、澳門。而中華人民共和國是代表中國的唯一合法政府」。而「江八點」中的「中國」，並沒有特別指明是「中華人民共和國」，但在1997年年末中共外交部發言人唐國強再就「一個中國」作出說明是：「世界上只有一個中國，中華人民共和國是代表中國的唯一合法政府，台灣是中國領土不可分割的一部分。」相關資料請見，林宏洋，〈中共外交部堅持「一國兩制」基調〉，《自由時報》，1995年9月13日，4版；石開明，〈唐國強：一個中國解釋沒變〉，《聯合報》，1997年11月7日，9版。

50　江澤民，〈全面建設小康社會，開創中國特色社會主義事業新局面—在中國共產黨第十六次全國代表大會上的報告〉，新華網，2001年11月8號，http://news.xinhuanet.com/newscenter/2005-01/16/content_2467718.htm。

（二）是「一個中國原則」的政治意涵，可在北京定位下的「經濟議題」上暫時不用，以避免兩岸的復談的倡議完全走上死胡同。

在2002年7月之前，只要涉及兩岸談判，或是台北希望恢復會談，北京總是一成不變的答覆要在「一個中國原則或前提」下，才能進行雙方的接觸。2008年之後，北京甚至還多給台北一個選擇，那就是「一個中國」之外，台北還可以選擇「九二共識」的前提。

但是由於台北不願接受「一中原則」，以致於1998年「辜汪會晤」後，就沒有兩會復談的進一步訊息出現。當然2000年台灣在政黨輪替後，也見兩岸僵局的形成。為了不使兩岸的接觸與協商完全中斷，錢其琛自2002年7月至翌年1月的「江八點七週年紀念座談會」，曾多次提出「三通是兩岸之間的事，是經濟問題，三通商談不是政治談判，可不涉及一個中國的政治涵義。為早日通起來，協商方式可以儘量靈活，解決方法應當簡單易行，在兩岸的民間行業組織就三通的技術性、業務性問題達成後，由各方自行取得確認，就可以通起來」。[51]

三通議題最早載列在1979年「告台灣同胞書」上，多年來北京一直將之視為是兩岸交流與邁向整合的一個重要指標。1993年辜汪在新加坡會談，北京還一度希望把「三通」議題搬上談判桌，但隨即遭到台北反對。可見「三通」對北京之重要性，也可解讀出三通之政治性，以及對兩岸可能邁入統一目標之關鍵性。

因此錢其琛一番「三通是經濟問題的定位」，明顯就呈現出北京在兩岸談判策略運用上，也有靈活與調整的一面。

---

51 〈為促進祖國統一大業的完成而繼續奮鬥首都各界舉行江主席重要講話發表八週年座談會 曾慶紅出席王兆國主持錢其琛發表重要講話〉，國台辦網站，2003年1月24日，http://www.gwytb.gov.cn/seek/qft0.asp?zyjh_m_id=630&pge=zyjh。

二、再堅定的原則立場，「九二共識」還是有「可擴大或可彈性的解讀空間」

創造「九二共識」一詞的蘇起，曾經強調「希望能創造某個模糊概念」，遂使得過去二十年裡，「九二共識」布滿了「眾說紛紜」的解讀。北京看法是「各自以口頭上表達海峽兩岸均堅持一個中國的原則」，台北的解讀則是「一個中國、各自表述」，並強調「一個中國就是中華民國」。馬英九在2008年贏得總統大選之後，即使是同意以「九二共識」作為兩岸交流的基礎，但「九二共識」中的「一個中國」如何解讀，馬英九仍拘泥於1992年台北國統會「一中意涵」的框架，那就是所謂「憲法一中」的解釋：「一個中國是中華民國」。

但必須提醒的，北京原先對1992年8月1日台北國統會發布的「關於一個中國的涵義」文件，是用正面態度來視待的。海協會負責人於8月27日發表談話，指出「這份『結論』確認『海峽兩岸均堅持一個中國之原則』，『明確這一點，對海峽兩岸事務性商談具有十分重要的意義，它表明，在事務性商談中應堅持一個中國原則已成為海峽兩岸的共識』」。[52]同時，海協會也說「海峽兩岸都堅持一個中國的原則，努力謀求國家統一。但在海峽兩岸事務性商談中，不涉及一個中國的政治涵義」。[53]這也是作者在此覺得是一項很重要的提醒，海協會應是建議「兩岸都堅持一個中國的原則，但不涉及一個中國的政治涵義」，這與台北日後強調兩會都同意雙方各自在口頭上表達「一個中國涵義」，恐怕與原始的說法有所出入。

至於對一個中國的涵義，海基會說「認知各有不同」，海協會說「在事務性商談中不涉及一個中國的政治涵義」。這充分說明，兩會從未就一個中國政治涵義進行過討論，更談不上就一個中國的政治內涵「各自表述」達成共識。換言之，雙方以各自表述的方式表明堅持一個中國原則

---

52 海峽兩岸關係協會編，《「九二共識」，歷史存證》，北京：九州出版社，2005年6月1版，頁17-18。
53 同上註。

的態度是共識，而對一個中國的內涵，雙方既未討論，所以也就根本沒有共識。[54]

因此，北京在2000年之後指責說：「陳水扁當局罔顧歷史事實，把『九二香港會談』說成『只有討論、沒有結論』，並把會談基礎的精神實質虛化為『擱置爭議、務實協商』，完全是別有用心的篡改和歪曲」，[55]也不是完全無的放矢。2011年3月25日，國台辦主任王毅在接見國民黨青工總會參訪團時表示：雙方都堅持體現一個中國原則的「九二共識」，不過，兩岸對於一個中國的涵義，認知有所不同，「但是我們可以求同存異，所以求同存異是九二共識的精髓所在」。這應該是北京對「九二共識」最具理性的一次解釋。[56]所以，台北已經不需再去否定自己本身對「一中原則」的支持，因為還原歷史，它是同意一中原則的。而北京則不必再去強調「九二共識」只是兩岸對一中的堅持有共識，讀完歷史真相，也發現它當時並沒有及時的告知台北，一中的涵義的表達是需要事前雙方協商後才能同意的。

但是，對於一個中國的政治涵義，台灣海基會表示「認知各有不同」，海協會表示「在事務性商談中不涉及」，作了求同存異的處理。所以「九二共識」是各自以口頭方式表述海峽兩岸均堅持一個中國原則的共識。達成共識的方式是各自口頭表述，構成共識的內容就是上述兩段經過協商、相互認可的具體文字，核心是堅持一個中國原則。共識中，兩會都表明了「謀求國家統一」、「海峽兩岸均堅持一個中國原則」的基本態度。

最重要的是，在兩岸之間固有矛盾一時難以解決的歷史條件下，「九二共識」的達成，體現了兩岸雙方擱置爭議、求同存異的政治智慧，

---

54 海峽兩岸關係協會編，《「九二共識」，歷史存證》，頁10-12。
55 肖之光，〈什麼是「九二香港會談」的基礎〉，《兩岸關係》雜誌第12期，2004年12月1日，收錄於國台辦網站—九二共識欄目，網址：http://www.gwytb.gov.cn/zt/92/201101/t20110110_1686415.htm。
56 〈王毅在北京會見中國國民黨青工總會大陸訪問團〉，2011年3月26日，國台辦網站，http://www.gwytb.gov.cn/wly/201103/t20110328_1801051.htm。

確立了兩岸商談的政治基礎，為兩會開展協商並取得成果提供了必要前提。[57]

三、蔡英九對「九二共識」的立場，也見到開始有調整策略作彈性處理的痕跡

雖然早在2011年，蔡英文當時沒有承認「九二共識」，但那並不代表她要放棄與北京對話的基礎，而是她認為「九二共識」是個不存在的東西，所以她要去創造一個經過台灣民眾認同，並經過法律制定過程的「台灣共識」，作為新的台灣與中國對話的基礎。

但是到了2016年，蔡英文是有所體會與反省，雖然還是沒有提出「九二共識」，但在就職演說中已提到：「兩岸之間的對話與溝通，我們也將努力維持現有的機制。1992年兩岸兩會秉持相互諒解、求同存異的政治思維，進行溝通協商，達成若干的共同認知與諒解，我尊重這個歷史事實」。[58]蔡英文兩岸政策的看法與說法，也有了大幅改變的內容：

> 把記憶回到去年時候，在2015年12月25日總統大選電視政見會中，當時蔡英文對選前的兩岸政策，只說將秉持「溝通、誠信、不把兩岸當作選舉操作」三原則來處理兩岸問題。她當時尚認為，不需在九二共識議題上繼續內耗，應回歸到九二兩岸會談的基本事實和「求同存異」精神。民進黨沒有否認1992年兩岸會談的歷史事實，也認同當年雙方都秉持相互諒解精神，求同存異。[59]

57　〈「九二共識」的由來〉，2016年7月12日，來源：中共中央台辦、國務院台辦，國台辦網站，網址：http://www.gwytb.gov.cn/wyly/201607/t20160712_11506678.htm。
58　〈中華民國第14任總統蔡英文女士就職演說〉，總統府網站，刊登日期：2016年5月20日，http://www.president.gov.tw/Default.aspx?tabid=131&itemid=37408&rmid=514。
59　〈蔡英文第二輪政見發表申論稿〉，民進黨中央黨部網站，刊登日期：2015年12月25日，http://www.dpp.org.tw/news_content.php?kw=&m1=02&y1=2016&menu_sn=&sub_menu=43&show_title=%E6%96%B0%E8%81%9E&one_page=10&page=20&start_p=21&act=&sn=8625&stat=&order_type=desc&order_col=add_date&data_type=%E6%96%B0%E8%81%9E。

但是等她到了2016年就職演說時，蔡英文則改變了原先的僵硬立場。對於「九二共識」，她則說兩岸之間的對話與溝通，將努力維持現有的機制。她並說了一段前面已經引述過的看法：「1992年兩岸兩會秉持相互諒解、求同存異的政治思維，進行溝通協商，達成若干的共同認知與諒解，我尊重這個歷史事實」。她尚認為1992年兩岸是在香港有個會談，但是會談中大家有不同的意見，而大家至少同意的意見是秉於相互諒解，求同存異，讓兩岸關係繼續往前推動，「這段歷史事實我們沒有否認，我們是接受的」。[60]

雖然作者對她這段話的解讀，不敢貿然定論說「這是沒有提到九二共識這四個字的含蓄解釋」，畢竟這段話還可能存在一些有各自解讀的盲點。但是比較她在選前的說法，或者更進一步比較她在2012年只提「台灣共識」的立場，我們還是發現蔡英文在這方面的認知，也的確有了大幅調整的痕跡。

會不會有再進一步向「九二共識」靠近的看法？其實蔡英文在2016年3月26日接受中國時報專訪時曾經強調過，她說520之前要說什麼，或520當天她說了什麼、做了什麼，其實都不是最重要的事，說得不好、不對，後面在處理兩岸問題上會有一些困難，所以她「期待大陸方面可以運用這個機會，再展現一些善意」。她還說，「這些善意倒也不是展現給我看，是給台灣人民看，因為台灣畢竟是民主社會，人民的意見是最重要的」。[61]或許，蔡英文這樣說，已經對是否接受「九二共識」間接給了答案。

---

60 〈中華民國第14任總統蔡英文女士就職演說〉，總統府網站，刊登日期：2016年5月20日，http://www.president.gov.tw/Default.aspx?tabid=131&itemid=37408&rmid=514。

61 楊舒媚、管婺媛、周思宇、魏嘉瑀，〈總統當選人蔡英文接受本報專訪：期待大陸再給點善意〉，中時電子報網站，2016年3月21日，http://www.chinatimes.com/newspapers/20160321000276-260102。

四、「九二共識」名稱若可調整，但基本上核心內容仍是「兩岸同屬一中」

2016年11月30日，社科院台研所所長周志懷在第三屆「兩岸智庫」論壇開幕式致詞中，曾提出下面這段看法，相當具有突破性。他說：「與『大陸與台灣同屬一個國家』的不可替代性密切相關，我在這裡想強調的是『九二共識』文字表述的可替代性，我們並不反對在『九二共識』之外，建立具有創造性的替代性共識，在兩岸關係發展的政治基礎問題上，形成新的共同表述」。周志懷並表示，大陸構建兩岸新共識的政策創新動能，並不弱於維護「九二共識」的決心。[62]

這個重點的確已不在「九二共識」是否可有更擴大解讀的空間？而在「九二共識」一詞是否可建立具有創造性的替代性共識？在這裡，周志懷的建議可解讀為：一方面替民進黨鋪陳出一條「不願接受具有國共共識影子名詞」的下台階，另方面也是提供民進黨可以自行創造一個與北京達成新的共同表述，同時名稱也可另行塑造。但是，周志懷在建議之後還是補上一句條件，就是這個兩岸新共識的核心內容，必須框在「大陸與台灣同屬一個國家的內涵」前提下。周的說話原文是：「九二共識」的文字表述方式雖然可以被替代，但新共識中的核心要素，即「大陸與台灣同屬一個國家的內涵」卻具有不可替代性。新共識無論如何表述，都不可能將兩岸關係表述成「兩個國家」或「一中一台」！[63]這個前提，勢必考驗民進黨，但也會牽動整個中共涉台政策的重整。

蔡英文在2016年的最後一天「年終談話」裡，提出北京當局將如何看待兩岸關係的未來，是否也願意承擔起責任，與台北「以新的思維和做法，共同擘劃兩岸互動新模式」。[64]接著陸委會主委張小月在年終記者會

62 東沐，〈周志懷：可建立有一中原則內涵的兩岸新共識〉，2016年11月30日，中評網，網址：http://hk.crntt.com/crn-webapp/search/allDetail.jsp?id=104488421&sw=%E6%9D%9F%E6%B2%90+%E5%91%A8%E5%BF%97%E6%80%80。

63 同上註。

64 總統與中外記者茶敘並發表年終談話，2016年12月31日，總統府網站，網址：http://www.president.gov.tw/Default.aspx?tabid=131&itemid=38527&rmid=514。

上，談到未來工作重點的首重，就是審酌國內外情勢，研議落實兩岸互動新模式。她特別提及蔡英文在年終談話曾經提到兩岸應以新的思維和做法、共同擘劃兩岸互動新模式，進而強調陸委會也將配合情勢研議。[65]如果這是一個「開始」，那就表示「新的表述」很有可能在2017年逐漸的浮現出來，如果兩岸當局都能接受，當然整個兩岸關係的發展就會受到影響。

第六節　「九二共識」解讀可擴大、名稱可調整，兩岸關係受到的影響？

　　不過，談「九二共識」可調整到什麼範圍，台灣才可以接受，必須先釐清二個問題：第一，「九二共識」若可以調整內容，能否去除「兩岸同屬一中」、或「一個中國框架」，在現階段不為蔡英文政府所能接受的核心內容？第二，「九二共識」若可以調整名稱，中共最高領導班子，將如何向內部交待2012年為何在十八大政治報告文件要列入這項名稱？又如何向國民黨交待2005年「連胡會」共同發布的五點願景？以及又是如何解釋在2008-2016馬英九八年任內的政治互信基礎可以「改」於一旦？當然，最重要還是北京今後將如何再說服台灣民眾，中共是有立場、是有原則的政黨？

　　所以，蔡英文想繞過「九二共識」這個名稱，基本上她躲不開兩項挑戰：一是她沒有辦法去除「九二共識」的核心內容，因為北京必然堅持。而且2008年以來這個名詞已深植大陸民心，北京不會忽視一旦它接受「名稱去除」，但核心內容仍然模糊不清的情況下所導致的內部反彈；另一是名稱雖改，但若核心內容依然不變，蔡英文根本就是換湯不換藥，其結果將是得不償失。即使蔡英文提兩岸不是「國與國關係」來替代「九二

65　〈行政院大陸委員會年終記者會張主委致詞稿〉，2017年1月11日，陸委會網站，網址：http://www.mac.gov.tw/ct.asp?xItem=116252&ctNode=5650&mp=1。

共識」，她也錯失了最好的時機。

基本上，目前兩岸彼此已失去互信，蔡英文任何替代的說法，除了上述的困難與挑戰之外，都將需付出時間的代價。像1992年香港會談之後達成的九二共識，曾花了十三年（1992至2005）的雙方摸索才有「連胡會」的國共認同，也花了十六年（1992至2008）才有兩岸當局的認可，甚至花了整整二十年（1992至2012），中共才會全盤照收。

其實早在2016年蔡英文就職之前，習近平於2016年3月5日兩會期間參加上海代表團審議座談時，已率先提出「承認『九二共識』的歷史事實，認同其核心意涵，兩岸雙方就有了共同政治基礎，就可以保持良性互動」。[66]在蔡英文就職之後，國台辦主任張志軍也在7月17日北京清華大學主辦的世界和平論壇再度表示：只要承認「九二共識」的歷史事實，認同其核心意涵，都願意同其交往，共同推進兩岸關係和平發展。[67]

這也就是說，大陸決策方面已把「承認九二共識」的原有表述分解為「承認『九二共識』的歷史事實，認同兩岸同屬一中的核心意涵」兩段話，在堅持原則的前提下已經釋放出了巨大的彈性和善意。用不用原來「九二共識」一詞，可能不是主要因素，認同「九二共識」的核心意涵，才是關鍵。這應該是北京當局願意把「九二共識」擴大解讀的最佳例子，若再把周志懷最新的「建立具有創造性的替代性共識」建議列入，那更應是北京降低門檻的用心所在。

如果蔡英文與其民進黨政府，接受了這樣的建議，那麼兩岸關係的和平發展，比較確定的可望像2008年至2016年馬英九時期那樣平穩的現象。但是如果還在拒絕來自北京的建議，恐怕2017年中共十九大舉行之前，兩岸再陷入2000年至2008年的衝突與對抗的情景，看來將很難避免。

---

66 〈習近平參加上海代表團審議〉，2016年3月5日，資料來源：新華網，國台辦網站，網址：http://www.gwytb.gov.cn/wyly/201603/t20160305_11402896.htm。

67 〈張志軍：沒有人比我們更希望維護兩岸關係和平發展與台海和平穩定〉，2016年7月17日，資料來源：中國新聞網，國台辦網站，網址：http://www.gwytb.gov.cn/wyly/201603/t20160305_11402896.htm。

第 10 章

兩岸關係的變數之三：中國國力及國際影響升起的因素

第一節　綜合國力的定義與其可利用的國家戰略資源

一、綜合國力的定義

根據《百度百科》的資料說明，[1]綜合國力（National Power）是衡量一個國家基本國情和基本資源最重要的指標，也是衡量一個國家的經濟、政治、軍事、技術實力的綜合性指標。這也就是說，綜合國力可以簡單地定義為一個國家通過有目的的行動追求其戰略目標的綜合能力。

同時，綜合國力也是一個國家所擁有的生存、發展以及對外部施加影響的各種力量和條件的總和。它包括經濟、政治、科技、軍事、外交、文化、精神等實力，以及其賴以存在的地理環境、自然資源、人口等基礎實力。綜合國力既包括自然因素，又包括社會因素；既包括物質因素，又包括精神因素。是各種因素、各個領域的總和，也是物質力量與精神力量的統一。綜合國力實際上也就是國家實力，但之所以更多地稱綜合國力，主要目的在於強調它不是指單個的某個方面的實力，而是指綜合性的實力。

《百度百科》也指出綜合國力的大小強弱，反映著一個國家的發展水準，決定著它滿足國民需求、解決國內問題的能力，同時，也在根本上決定著它在國際上的地位和作用。所以，每個國家，都不能不以增強自己的綜合國力為追求的目標，因而，也總是在客觀條件所許可的範圍內，用各種方式，盡最大努力發展自己的綜合國力。

　　而且綜合國力不是靜態的而是動態的。它表現在：隨著歷史條件、內外環境的變化，綜合國力，包括單項實力和綜合實力都在不斷地發生變化；綜合國力由潛在形式向現實形式轉化的情況不同，因而在一定時期綜合國力的表現也就不同；綜合國力的作用範圍也經常變動，因而其構成和狀態也有所不同。比如說，經濟資源，是一個國家極為重要的基礎實力，但它只有在得到合理有效的開發後，才能從潛在的實力轉化為現實的實力。在轉化前後它的實際作用是不一樣的。

　　由於這種變動性，綜合國力也就是相對的。所以《百度百科》也提醒：縱向，相對於國家自身不同的歷史時期；橫向，相對於特定時期國際體系中的其他國家。18世紀中葉的荷蘭較之17世紀更為富有，卻失去了大國地位。這是因為它的近鄰英國和法國擁有更大的經濟實力和軍事實力。20世紀的英國較之處於世界巔峰時的維多利亞時代擁有更多的財富，卻淪為二流國家，原因是不少西方國家的實力超過了英國。[2]

二、綜合國力及其可利用的國家戰略資源

　　《百度百科》並將國家戰略資源（National Strategic Resources）定義為一個國家實現本國戰略目標所可以利用的現實的和潛在的關鍵性資源，它們反映了一個國家在全球範圍內利用各種資源的能力，也反映了該國的綜合國力。實際上，綜合國力就是國家戰略資源的分布組合，被動員和利用來實現一個國家的戰略目標。我們所稱的綜合國力，一般指的是各類國家戰略資源之總和；而國家戰略資源一般指的是某一類戰略資源。[3]

　　而國家戰略資源應當包括哪些資源呢？根據《百度百科》，是將國家戰略資源劃分為8類資源和23個指標，這些指標的總和就構成了綜合國力：[4]

2　同上註。
3　同上註。
4　同上註。

1. 經濟資源：經濟資源是指國民生產總值（GNP）或國內生產總值（GDP）。

2. 人力資本：人力資本特別是獲得教育的機會和能力被視為經濟增長過程中決定性作用。

3. 自然資源：通常是指主要自然資源的豐裕程度、品質、可及性和成本。

4. 資本資源：按照哈佛大學蜜雪兒‧波特對資本資源的定義包括三類指標，一是國內投資總額，一個國家經濟中對固定資產追加的支出加上存貨水準的淨變化；二是外國直接投資（FDI），它是指為獲得在一國經濟中經營的某個企業的長期權利權益（10%和更多的有表決權的股份）而投資的淨流入量，它有別於投資人，這是國際收支中股本、收益再投資、其他長期資本和短期資本的總和；三是股票市場市值，也稱為資本市值，是指所有在國內證券交易所上市的公司的資本市值的總和，這一指標反映了一國金融市場的發展規模。

5. 知識技術：知識技術資源包括五個方面的指標：一是科學論文數，包括大約有4800種國際學術刊物所發表的論文，這反映了一個國家的知識創新能力；二是本國居民專利申請數，這反映了一個國家的技術創新能力；三是個人電腦使用數，這反映了一個國家的應用新技術能力；四是網際網路主機用戶數，這反映了一個國家的資訊傳播能力；五是政府用於R&D支出額，這反映了一個國家的潛在的知識技術創新能力。

6. 政府資源：這裡由於受可計算指標的限制，百度百科僅採用了一項指標，即中央政府財政支出，包括經常性和資本性支出，也包括商業服務和社會服務支出，不包括非金融公共事業和公共機構。它反映了一個國家（主要是中央政府）動員與運用資源的能力。

7. 軍事實力：是一個國家綜合國力的重要組成部分之一，反映了該國對內保持社會穩定，制止國家分裂內部能力，也反映了該國對外尋求國家利益最大化的外部實力（External Power）；軍事實力不僅是綜合國力的一個顯函數，也是國家意志的一種表達函數。它包括兩類指標，一是軍

費開支，它包括國防部的軍用開支以及其他部的開支，不包括國防部的民用開支；二是武裝部隊人員，指現役軍人（包括准軍事人員）。

8. 國際資源：它包括四類指標，一是出口貨物和服務貿易額；二是進口貨物和服務貿易額；三是版權和專利收入額；四是版權和專利支出額；五是淨外國直接投資，但第五個指標已經列在資本資源中。所以，第一及第二前兩個指標反映一個國家利用和開拓國際市場的能力，第三及第四後兩個指標則反映一個國家創造和利用國際技術的能力。

　　至於如何去界定和衡量一個國家綜合國力或戰略資源，在本章中將不會專幅來討論。一方面是因為它不是本章的討論主題，另方面也是因為國際上尚無統一的定義和計算方法。

第二節　中國的綜合國力及軍事力量的排名

一、綜合國力的排名

　　中國社科院世界經濟與政治研究所、社科文獻出版社2009年12月25日在北京發布的《國際形勢黃皮書》，[5]其中在《全球政治與安全報告（2010）》中對11個國家（包括西方七國和金磚四國）的綜合國力進行了分析評估，中國在這項評估中排名第七。根據黃皮書，11個國家的綜合國力排名順序為：美國、日本、德國、加拿大、法國、俄羅斯、中國、英國、印度、義大利、巴西。評估的指標體系包括領土與資源、人口、經濟、軍事、科技五個直接構成要素，以及社會發展、可持續性、安全與國內政治、國際貢獻四個影響要素。

　　在《國際形勢黃皮書》裡，是對11個國家綜合國力各項指標都進行了

排名，並進行分析。報告稱，中國排名第七，是因為多數項目的評估居下游，但中國在人口方面有優勢。

　　報告並稱，美國作為超級大國，具有多方面的優勢，與其他國家相比「不在一個檔次上」。美國的經濟、軍事、科技和國際貢獻四項指標都居於首位，資源居第二位。在其他項目上美國基本也都居於前列。在「社會發展」、「可持續性」和「安全與國內政治」三項上，美國得分較低，但如果考慮到美國軍事力量的先進程度，那「領先優勢就更大了」。

　　排名第二的日本在多項指標上也都居於前列。但其領土與資源、人口兩項指標得分極低，軍事指標排名也比較靠後。

　　報告稱，這種數據具有戰略參考意義，但不能說是國力比較的客觀寫照。決策者更應該關注排名如何形成，「關注各國的長項和短項，這樣才能對相關國家的實力地位有更清楚的認識」。

　　不過報告也特別指出，該書對軍事實力的評估「只計算了量的指標而沒有考慮質的因素」，而日本軍事力量具有典型的少而精的特點，「因此日本的軍事地位實際上應比現在的排位更高」。

　　不過，根據《中國財經新聞網》2015年9月2日報導的最新排名，中國已躍升到第三名。2015年統計全球綜合國力的排名是：1.美國、2.俄羅斯、3.中國、4.法國、5.英國、6.法國、7.德國、8.印度、9.巴西、10.加拿大。[6]

二、軍事力量的排名

　　另外，中國社科院12月25日發布的2010年《國際形勢黃皮書》中，[7]對11個大國的綜合國力進行評估後也認為，在軍事指標上，美國、中國和俄羅斯是位列三甲。

6　詳情可參考：〈2015全球綜合國力排名TOP10 2015世界綜合國力排行榜〉，2015年9月2日，中國財經新聞網，網址：www.prcfe.comhttp://www.prcfe.com/web/cjb/2015/09-02/content_73032.htm。

7　〈中國軍力世界排名第二有7580輛坦克8艘核潛艇〉，2009年12月25日，東方網，網址：http://big5.eastday.com:82/gate/big5/mil.eastday.com/m/20091225/u1a4904483.html。

　　黃皮書稱，美國是真正的軍事超級大國，其軍費相當於其他10國軍費總和的132%。俄羅斯在武器裝備上排首位，主要是因其武器裝備數量巨大，特別是坦克總量達22800輛，高居單項榜首，而美、中坦克數量分別只有7000餘輛。

　　黃皮書也稱，中國在軍事總實力上僅次於美國，主要是因中國的軍隊人數和武器裝備數量得分都較高。黃皮書對全球軍力的具體評估包括三個方面：軍費、軍隊人員和武器裝備。評估結果顯示，美國總得分是90.08分，穩居第一。中國排名第二，總得分33.3分，中、美差距顯示非常之大。

三、綜合評估

　　不過，採用來自於《百度百科》的評估[8]，2015年世界各國綜合國力的評估：中國是排名第二，僅次於美國。這其中最重的因索，是中國擁有巨大的經濟總量（2015年是676708億元），是世界第一工業大國、世界第一人口大國，世界第二經濟強國、世界第二人力資源強國、世界第二體育強國、世界第三軍事強國、世界第七科技、教育強國。

　　龐大的軍事力量和巨大的世界影響力，擁有核武器，中國的軍事武器是用於捍衛國家人民利益和領土完整的。軍事工業的科技水準，管理，技術都在高水準。豐富的自然資源，較大的領土縱深，遠大的國際影響力，巨大的發展潛力和強大的軍事實力，較好的國家形象，良好的國民素質，軍事科研水準和軍事裝備先進，國民軍事訓練好，節能環保技術發達，世界第二人力資源強國，人口問題也是中國的主要問題，人均GDP為6877美元（2014），離發達國家還很遙遠。經濟力量：中國具有世界第二的經濟總量，具有健全而獨立的工業體系。是世界最大的商品製造國。

8　〈綜合國力〉，《百度百科》，網址：http://baike.baidu.com/view/59009.htm。

第三節　中國大陸國力及國際影響升起的綜合分析

　　追求國際政治地位和在國際事務中的影響力是綜合國力競爭的主要目標。其追求的過程中，既有合作，也有競爭；會有爭奪，也有交易。有的國家，把謀取聯合國安理會常任理事國和非常任理事國的席位當作政治上的重要目標；有的國家，力圖在某個地區發揮重要的政治影響。對各種國際組織中的席位特別是有主導性的職位，當然更是當仁不讓。對一些熱點地區、熱點事務，也力圖發揮自己的政治影響，以便使事態朝著更加有利於自己的方向發展。因此，要談中國大陸國力及國際影響升起的綜合分析，便要先從中國外交的拓展談起。

一、「全球區域合作」與「新型國際關係」，帶動中國大陸的國際影響力

　　中國的外交分為兩個重要階段，第一階段為中國外交的實力追求階段，這一個階段的中國外交屬於被動參與階段，一方面受制於中國大陸仍在養晦階段，因此對於國際事務並不是太積極，第二階段是追求影響力階段。在中國政治經濟迅速發展以及中國外交進步的情況下，中國作為新興大國崛起改變了國際權力結構對比，隨著中國大陸的經濟實力增強及步入世界貿易組織後，中國大陸的國際影響力在加入WTO後權力及國際的影響力日益彰顯。從參與到國際影響力的重視與中國大陸的經濟崛起相關，對中國大陸來說外交政策的轉變基於三個重要目標，一是基於意識型態的道義；二是基於利益的道義，即道義的理念和原則是基於國家間的經濟和戰略利益及其互惠；三是基於文化的道義。[9]

　　中國自1980年代採取改革開放政策以後，外交與安全思維均產生了基本的變化。它開始致力於思考自身在國際上的定位與發展方向，1986年3月召開的第六屆全國人民代表大會第四次會議通過的工作報告，首次

9　〈邁入追求影響力的中國外交新階段〉，新華網，2016年3月15日，http://news.xinhuanet.com/politics/2016-03/15/c_128801522.htm。

將多邊外交明確列為外交政策的重要工作之一。[10]全球經濟競爭中增強競爭力，並通過集體協作共策安全，走上聯合的道路。在這些區域合作機制帶動下，地區國家不僅在政治上加強對話與合作，對外採取更加協調一致的外交政策。

大陸學者馬振崗曾經認為：中國大陸隨著改革開放政策的貫徹，中國外交經歷了具有深遠意義的偉大變革，取得了輝煌的成就，中國的發展和外交相得益彰，互為促進，中國的發展為外交提供了良好的發展條件。[11]

不過，1990年代中期以後，中國大陸逐漸改變對多邊外交的態度。中國前總理兼外長錢其琛於1996年7月在雅加達舉行的記者會中曾表示，東協區域論壇（ASEAN Regional Forum, ARF）是本地區安全合作的新嘗試，中國大陸著手制定並實施區域內經濟社會一體化發展的相關規劃。為了強化自身的安全和影響力，中國即開始與一些區域組織和國家集團建立聯繫，包括利用國際多邊場合與這些組織舉行政治對話、磋商。此後，中國又向歐盟、東盟等區域一體化組織派駐大使，設立外交使團，處理中國與各一體化組織的關係。進入新世紀以來，在傳統和新興大國紛紛強化或創設與非洲、拉美國家多邊合作平台的背景下，中國大陸開始積極探索建立與這些地區的整體合作外交。[12]

胡錦濤2005年在雅加達召開的亞非峰會上也首次提出「和諧世界」的概念，使得大陸官方的世界觀有了清楚的體現。在台灣，學界評論大多同意這是中國大陸首次清楚的從世界體系成員的身分來思考其與世界的關係。[13]

中國國際問題研究院副院長阮宗澤也認為：中國今天必須思考我們怎麼處理和守成大國美國的關係，中美之間的矛盾不可調和，最後很可能

---

10 〈關於第七個五年計畫的報告〉，《人民日報》，1986年4月14日，版1。
11 馬振崗，〈中國外交的偉大變革〉，《國際問題研究》，第4期，2009年，頁1。
12 李偉健、張忠祥、張春、祝鳴，〈邁向新的十年：中非合作論壇可持續發展研究〉，《西亞非洲》，2010年第9期，頁8。
13 〈中國大陸崛起從經濟權勢的轉移看中國大陸的「階段性崛起」〉，國家政策研究基金會，網址：http://www.npf.org.tw/2/11892。

就是走向一場衝突。所以，阮宗澤特別提醒大家，習近平曾提出來一個新的思路，也就是新型大國關係。阮說習近平在2013年6月8日和美國總統歐巴馬在進行莊園會晤的時候，跟歐巴馬講了一個觀點，探索在中美之間建立「中美新型大國關係」。它的涵義就是，中美兩家不衝突、不對抗、相互尊重、合作共贏。中國和周邊國家以及其他發展中國家的關係，它的內涵都是合作共贏。怎麼做到呢？阮認為相互尊重就是最好的路徑，最佳結果就是合作共贏。新型國際關係它不只是講中美，它還講到中國和其他大國，中國和周邊國家以及其他發展中國家的關係，它的內涵都是合作共贏。[14]

這是近年來，中國得以能在區域合作、新型國際關係的構建中得到成效，並在與美國之間建立「中美新型大國關係」找到「不衝突、不對抗、相互尊重、合作共贏」的空間，進而也提升了中國在國際社會的影響力。

二、經濟實力帶動了綜合實力的提升

國際競爭的目的，說穿了就是為了謀取經濟利益。而競爭的得失成敗也必須以經濟實力為後盾。後冷戰時期，經濟在綜合國力中的地位更是上升，因而，經濟的競爭也就成為國際競爭中最主要的內容。

由於只靠本身國內的資源和市場已經不足以擴大自己的經濟規模，所以，許多國家，特別是一些大國，都力圖在世界範圍內爭取獲得更多的投資、更多的技術、更多的出口市場、更多的貿易順差。許多國家也都調整了外交工作的重心，確立了外交為經濟服務的戰略。

中國大陸自2000年以來隨著經濟及綜合實力的逐漸增強，中國大陸的國際影響力也受全球所注目，根據大陸學者劉宏松在《國際觀察》發表

---

14 中共十八大以來，構建新型國際關係成為中國外交的重要目標。在中美關係方面，中國創造性地提出構建中美新型大國關係，成為發展新型國際關係的重要環節。那麼，新型國際關係理念提出的時代背景是什麼？它有哪些深刻內涵？在北京的《求是訪談》，特邀中國國際問題研究院副院長阮宗澤，詳細介紹新型國際關係提出的時代背景與深刻內涵。可參閱〈阮宗澤：合作共贏是構建新型國際關係的核心〉，來源：求是網，2016年5月3日，中國國際問題研究院，http://www.ciis.org.cn/chinese/2016-05/13/content_8767195.htm。

的論文〈中國的國際組織外交：態度、行為與成效〉，內文中檢討中國大陸對國際組織的參與策略後的分析，其基本態度由「有限參與」逐漸轉變為「積極參與」，其變化始於1990年代。中國大陸態度之所以轉變的基本考量，乃是希望借助國際組織外交，打破1989年六四事件後所面臨的外交孤立，來改善國際形象。一旦確立了「積極參與」的基本態度後，在全球層次上，中國大陸積極參與了政治、經濟、社會、安全、環境和人權等各類國際組織。[15]因此，經濟的拓展也在這樣的概念上求得更深一層的發展。

在2001年至2011年的經濟表現方面，中國GDP年均增長率達到10.2%，而同期發達經濟體、G7國家、新興市場和發展中國家以及全球的GDP年均增長率分別為1.61%，1.33%，6.23%和3.65%。中國的經濟增速不僅遠超發達經濟體，而且在新興市場發展中國家位居前列。據世界銀行計算，2002-2010年，中國占世界GDP比重從4.4%增至9.3%，是對世界GDP量的第一大貢獻國。據高盛公司研究，2001-2011年十年間，中國對全球經濟的累計貢獻率已逾20%，超過美國。[16]除此之外，企業的排名也是影響世界經濟的重要基準，根據《財富》雜誌發布了2016年世界500強排行榜，中國上榜公司數量繼續增長，達到了110家（包括7家台灣企業），入圍企業的比例超過了20%，和美國入圍企業的數量繼續接近。13家中國內地公司首次上榜，其中包括電子商務公司京東集團、家電巨頭美的集團、食品巨頭萬洲國際，以及三大房地產公司：萬科、大連萬達、恆大。[17]

此外，為應對2008年金融危機，中國大陸也做出了積極努力，包括確保國內金融體系穩定、增加金融市場和金融機構的流動性、密切同其他

15 劉宏松，〈中國的國際組織外交：態度、行為與成效〉，《國際觀察》，第6期，2009年出版，頁1-8。
16 〈改革開放的新航程——我國加入世貿組織十週年述評〉，中華人民共和國中央人民政府網站，網址：http://www.gov.cn/jrzg/2011-12/09/content_2015496.htm。
17 〈「財富」世界500強發布：中國公司強勢崛起〉，《每日頭條》，刊登日期：2016年7月21日，https://kknews.cc/finance/8b6z9q.html。

國家宏觀經濟政策的協調和配合，中國大陸藉由擴大國內需求的措施，增加4萬億元人民幣投資用於加快民生工程、基礎設施、生態環境建設和災後重建，增加居民特別是低收入群眾收入，提高居民消費能力。利於促進世界經濟發展。[18]2009上半年全世界主要國家的經濟都還在負成長的階段，中國大陸上半年經濟成長率卻高達7.1%，也讓全球見識到中國大陸的經濟實力。

　　中國目前已超越日本成為世界第二大經濟體，也被評估可能在幾年之內超越美國，成為世界最大經濟體；[19]它同時也是世界最大貿易量的國家，[20]並且自2016年開始，人民幣被納入IMF，成為世界主要的貨幣之一。[21]其整個經濟的綜合國力，可能不容小覷。

三、科學技術的實力和水準，以中國太空技術為例，給中國帶來極高國際聲望

　　科學技術的實力和水準，是一個國家綜合國力的重要體現，又給予其綜合國力以強大的影響。我們試以「中國太空技術的發展」為例，來說明中國目前在這方面的表現，不僅只是僅次於美俄的順序，甚至有些航太項目的發展，已超越美俄，在國際社會中有顯著的影響力。

18　〈胡錦濤在亞太經合組織第十六次領導人非正式會議上的講話（全文）〉，新華網，2008年11月23日，http://news.xinhuanet.com/world/2008-11/23/content_10398335.htm。

19　經過三十年的壯觀成長，中國終於超過日本，成為僅次于美國之後的世界第二大經濟體。日本內閣府發布的資料顯示，日本2010年名義GDP（國內生產總值）為54742億美元，比中國少4044億美元，中國GDP超過日本正式成為第二大經濟體。可參考〈世界第二大經濟體〉，《華人百科》，網址：https://www.itsfun.com.tw/%E4%B8%96%E7%95%8C%E7%AC%AC%E4%BA%8C%E5%A4%A7%E7%B6%93%E6%BF%9F%E9%AB%94/wiki-383712。

20　大陸商務部2014年3月1日引述WTO的統計證實，2013年大陸進出口貿易總額為4.16兆美元，已超越美國的3.91兆美元，首度躍居全球第一，這不僅是中美經貿競賽過程中的一大突破，更是中國對外貿易史上的重要里程碑。可參考梁世煌，〈4.16兆美元 陸躍最大貿易國〉，2014年3月2日，《旺報》，網址：http://www.chinatimes.com/newspapers/20140302000716-260301。

21　國際貨幣基金組織宣布，自2016年10月1日起，IMF將人民幣加入特別提款權（SDR）貨幣籃子，是中國經濟融入全球金融體系進程中的重要里程碑。基金組織認定人民幣可自由使用，這反映了中國在全球貿易中的作用不斷擴大，人民幣的國際使用和交易顯著增加。可參考〈IMF將人民幣加入特別提款權籃子〉，2016年9月30日，國際貨幣基金組織，網址：http://www.imf.org/zh/News/Articles/2016/09/29/AM16-NA093016IMF-Adds-Chinese-Renminbi-to-Special-Drawing-Rights-Basket。

根據《維基百科》的資料顯示：中國航天事業可以追溯到1956年，中國組建了國防部第五研究院，是現在中國國家航天局的前身。經過五十多年的發展，中國已躋身於世界航天大國的行列。從第一顆人造衛星到北斗導航，從第一枚運載火箭到首次載人航天，從天宮一號到嫦娥落月，中國航天取得了舉世矚目的成就。[22]

現在，中國太空技術的發展，更進入「從神舟五號到神舟十一號」的階段，中國人正成為太空的常客。在2016年10月17日7時30分，戈壁深處的酒泉衛星發射中心，長征二號F火箭載著神舟十一號載人飛船飛向太空。神舟五號是中國首次發射的載人航太飛行器，中國繼俄、美後，成為世界上第三個能夠獨立開展載人航太活動的國家。2005年10月，中國第二艘載人飛船神舟六號搭載兩名宇航員升空，驗證了中國「多人多天」的太空飛行能力，標誌著中國人開始真正嘗試太空生活。[23]

而且早在2016年8月16日，中國也在酒泉衛星發射中心成功發射全球首顆量子衛星時，就引發美歐澳日等西方國家的強烈關注。有美國政府背景的美國之音報導稱，中國發射了世界上第一顆量子衛星，它希望通過使用量子技術來確保空地通信能夠抵禦駭客攻擊。網站甚至稱說，「中國的太空技術正在全面超越美國」。[24]

另外，在中國的一個軍事觀察網站《每日頭條》裡，曾引述俄羅斯衛星網發表的一篇文章稱：中國在2016年6月長征七號運載火箭升空的「天源一號」衛星時，因為可以對其他衛星進行在軌加注實驗，所以在一項重要的航天技術中取得重大突破，而此項技術，目前也只有美國航空航天局可以掌握。因而，俄羅斯媒體做出來如下評論：中國航天已經實現了在軌

---

22 〈中華人民共和國航太〉，維基百科，網址：https://zh.wikipedia.org/wiki/%E4%B8%AD%E5%8D%8E%E4%BA%BA%E6%B0%91%E5%85%B1%E5%92%8C%E5%9B%BD%E8%88%AA%E5%A4%A9。

23 〈從神舟五號到神舟十一號，中國載人航太不斷突破國際同行想像〉，2016年10月21日，資料來源：新華每日電訊13版，新華網，網址：http://news.xinhuanet.com/mrdx/2016-10/21/c_135771166.htm。

24 〈大突破西方專家稱中國太空技術全面超美〉，2016年8月17日，多維新聞網，網址：http://china.dwnews.com/big5/news/2016-08-17/59761940.htm。

加注技術的重大突破，而這一核心技術，作為航天大國的俄羅斯尚未能掌握，因此俄羅斯在這方面感到無地自容。[25]

因此，中國在太空探索領域上起步雖然有點晚，卻擁有後發先至的優勢。國際航太界對於中國載人航太的態度以及預測，也經歷了從起初的「謹慎存疑」，到「由衷讚賞」，再到「期待合作」的轉變。《新華每日電訊》引述《紐約時報》的評論說，中國設定了太空探索長期目標，即到2020年建立自己的空間站，之後還將把宇航員送上月球，「這些無疑將給中國帶來國際聲望」。[26]

第四節 中國大陸硬實力增強後，逐漸重視軟實力的發展

一、提高國家「文化軟實力」

中國在傳統經濟、政治、軍事等「硬實力」（hard power）部分，已有顯著增強；而「和諧外交」的提出，也開始重視「軟實力」（soft power）的發展。[27]

哈佛大學教授約瑟夫・奈曾撰文表示：「提升國家軟實力是中國的明智戰略」，從國際民調的情況看，中國目前還沒有像好萊塢那樣規模的全球性文化產業，而且，通過愛國主義提升中國軟實力，尤其發展周邊對外關係，例如透過南海問題，中國大陸可以透過愛國主義激發民眾對政府的

---

25 〈中國又一重大技術突破：讓俄羅斯無地自容了〉，2016年8月9月，軍事網站，《每日頭條》，網址：https://kknews.cc/military/arnxgv.html。

26 〈從神舟五號到神舟十一號，中國載人航太不斷突破國際同行想像〉，2016年10月21日，資料來源：新華每日電訊13版，新華網，網址：http://news.xinhuanet.com/mrdx/2016-10/21/c_135771166.htm。

27 Joseph S. Nye提出「軟實力」概念，他認為軟實力是國家在國際事務中具有吸引力（影響力），而不是透過強制來實現其所期望的目標與結果的能力，代表國家不是停留在硬實力來追求對外政策目標，軟實力包括了價值觀、文化、教育、信息系統等力量。Joseph S. Nye, Jr., Soft Power: The Means to Success in World Politics (New York: Public Affairs, 2004).

支持。[28]

　　前上海國際問題研究院副院長俞新天也認為，軟實力的核心是文化，而且主要是文化中的核心即價值觀。在國際上具有更大的吸引力、說服力和影響力，是國際政治中的國家之間的競爭，軟實力的合作與競爭是文化對國際關係影響增強的表現。[29]另外，台灣學者蔣復華則表示：中共軟實力的影響迅速增強，中國大陸的產品和文化正被越來越多的國家、地區所接受和喜愛。他並表示，亞太國家無論是在政策上還是心理上，都已經將中共當作是亞洲的領導國家。[30]

　　而在中國大陸，「軟實力」一詞2006年首次出現在中共黨與國家的文件報告中。[31]「文化軟實力」也於2007年正式寫入黨的十七大報告裡。2008年胡錦濤在與全國宣傳思想工作會議代表座談時即大力強調，要扎實做好思想宣傳工作並提高國家「文化軟實力」。[32]

　　接下來，可看到中共內部對「文化軟實力」大力推動：2009年中共在召開的「全國對外宣傳工作會議」中，表示將加強對外宣傳中國大陸經濟社會發展情形，並著力建設覆蓋全球的國際一流媒體，藉此提升中國大陸的國際形象。2010年1月李長春更進一步在「全國宣傳部長會議」發表講話，不僅針對爭奪、掌握大陸的「話語權」提出看法，並提出了具體做法。2010年的中國對外會議中，中共中央外宣辦主任王晨：媒體要按照中央確定的經濟工作總體要求和部署，積極對外介紹我國經濟社會發展情況。加強新聞發布體制機制建設，其中也針對國外媒體的管理工作。為提升中國大陸的國際形象，中國大陸必須提升大陸的「軟實力」並樹立良好

28 〈約瑟夫·奈撰文表示：「提升國家軟實力是中國的明智戰略」〉，《人民日報》，刊登日期：2015年2月16日，http://theory.people.com.cn/BIG5/n/2015/0216/c40531-26573926.html。
29 〈《國際關係》〔俞新天〕中國文化軟實力對國際關係的貢獻〉，《太湖世界文化論壇》，http://thffc.com/chubanwu-article.php?id=174。
30 蔣復華，〈中共新的戰略著眼點軟實力的發展〉，《海軍學術雙月刊》，第45卷第5期，2011年，頁53-57。
31 「胡錦濤：扎實做好思想宣傳工作提高國家文化軟實力」（2008年1月22日），2011年1月2日下載，新華網，http://news.xinhuanet.com/politics/2008-01/22/content_7476705.htm。
32 〈胡錦濤在黨的十七大上的報告〉，新華社，刊登日期：2007年10月24日，http://news.xinhuanet.com/newscenter/2007-10/24/content_6938568_6.htm。

的國家形象。[33]同年2月大陸文化部隨即提出「2010年文化系統體制改革工作要點」。[34]

2012年的中共十八大的政治報告中，大陸領導人胡錦濤更表示：「中國大陸的文化軟實力顯著增強。社會主義核心價值體系深入人心，文化產業成為國民經濟支柱性產業，社會主義文化強國建設基礎更加堅實」。[35]從「軟實力」對國際關係的影響來看，夠過軟實力提高國家文化影響性，才能提高國際話語權。因此要加強國際傳播能力建設，精心構建對外話語體系，發揮好新興媒體作用，正面宣傳力度，是傳播的重要性，塑造中國國家形象的發展目標，[36]對中國大陸來說，「軟實力」不僅是塑造中國民眾的愛國及認同心態，另外，中國大陸對於媒體及文化的傳染力更為重視。從國際關係的發展面向來看，文化才能的無形力量代表中國大陸當代無形的觀念，藉由觀念的傳播進而提高國際「話語權」。

2009年，美國著名智庫戰略與國際研究中心發表了一份關於中國軟實力的報告，報告指出：中國文化軟實力滯後歸結為政治差異，認為政治價值觀和政治制度的差異制約了中國文化軟實力。西方的普世價值與中國的價值不同，因而對中國的指責及批判，但這些並不損害中國軟實力的發展，部分學者將中國軟實力的滯後看作是中國人不善於交流、缺乏國際交流的機會，因此文中主張大力推動公共外交，推動公眾之間的跨國交流。[37]

---

33 〈全國對外宣傳工作會議部署今年外宣工作〉，中國共產黨新聞網，刊登日期：2010年1月6日，http://cpc.people.com.cn/BIG5/64107/64110/10713397.html。

34 〈中國文化系統2010年體制改革將圍繞六大重點〉，新華社，刊登日期：2010年2月17日，http://politics.people.com.cn/GB/1027/10980064.html。

35 〈中華人民共和國國民經濟和社會發展第十三個五年規劃綱要〉，新華社，刊登日期：2016年3月17日，http://www.gov.cn/xinwen/2016-03/17/content_5054992.htm。

36 〈提高國家文化軟實力〉，中國共產黨新聞網，刊登日期：2013年12月30日，http://cpc.people.com.cn/xuexi/n/2015/0720/c397563-27331770.html。

37 〈中國文化軟實力面臨的困境及其解決路徑〉，中國評論網，刊登日期：2012年10月25日，http://hk.crntt.com/crn-webapp/doc/docDetailCreate.jsp?coluid=154&kindid=0&docid=102267950。

二、透過結盟及經濟的加深策略，逐步擴大自身影響性

　　大陸研究國際政治學者郭震遠曾經表示中國大陸越來越積極地參與各類全球性問題的解決，有時更是發揮決定性的作用，是中國國際地位和作用突出增強的重要表現之一。[38]其實，作為一個大國及國際成員，中國必須發揮並善盡國際責任。對中國大陸而言，政治外交及經濟外交的手段是不同的路徑，從北京的角度出發，如何與其他國家在現實的利益中透過合作並建立機制，相互分享資源並維持良好的國際關係的重要法則，但又如何避免與美國正面交鋒，維持中國的最大利益，仍須藉由整體思維及利益考量出發。因此未來除了透過經濟結盟，強化中國大陸的國際關係外，藉由經濟投資、結盟，提升中國大陸的國際影響力仍是北京方面追求的目標。

（一）中國大陸透過經濟及相互投資的手段持續擴展中國的影響性

　　中國大陸綜合國力的提升已是不可否認的事實，因此其所認知的世界觀及其自身定位也就同樣備受關注。英國《經濟學人》雜誌在綜合評估長期經濟成長率、通貨膨脹與匯率等因素之後指出，中國大陸的GDP總量將在2018年超越美國。GDP總量往往是用來評估經濟實力的重要指標。[39]對中國大陸而言拉攏周邊國家的認同及經濟上的連結，是中國大陸增強周邊國家認同感的一種方式。中國大陸為推動與相關國家和地區的投資促進合作，積累多雙邊投資促進資源，積極嘗試與國外多雙邊機構的投資促進合作、交流。截至目前，已與50個國家／地區的87家機構簽署85份雙向投資促進合作諒解備忘錄（MOU）。[40]

　　1996年成立上海合作組織（Shanghai Cooperation Organization,

38　〈未來十年清醒認識中國國際地位〉，中國評論網，刊登日期：2010年3月28日，http://hk.crntt.com/doc/1012/4/2/1/101242159_4.html?coluid=7&kindid=0&docid=101242159&mdate=0328000904。

39　"How to get a day"，*The Economist*，刊登日期：2011年12月31日，http://www.economist.com/node/21542155。

40　〈雙向投資促進合作夥伴（MOU）動態信息〉，中華人民共和國商務部，http://www.fdi.gov.cn/1800000121_10000488_8.html。

SCO），原蘇聯解體後，為瞭解決中國同俄羅斯、哈薩克、吉爾吉斯和塔吉克的邊界問題而成立組織，上海合作組織以維護地區安全穩定、促進成員國共同發展繁榮為宗旨，政府首腦理事會每年舉行一次例會，重點研究組織框架內多邊合作的戰略與優先方向，解決經濟合作等領域的原則和迫切問題，並批准組織年度預算。[41]

　　為了提升中國在亞洲的影響力，據中國商務部統計，2008年中國大陸在越南新簽工程承包契約額為19.23億美元。截至2008年12月，中國企業在越直接投資628個專案，協議金額21.98億美元，實際實現金額2.71億美元。[42]中國大陸與東協各國在經貿方面各具優勢，中國大陸與東協貿易快速增長得益於中國大陸－東協自由貿易區的建成，自由貿易區給雙方帶來更多機遇；2013年上半年，中國大陸企業在東協10國投資22.14億美元，其中前五大投資目的地國是新加坡、寮國、柬埔寨、印尼和泰國。[43] 2014年中國、東協雙邊貿易額為4,801億美元，年增8.23%；今年上半年，雙邊貿易額為2,243.8億美元，年增1.6%。整體而言，東協國家約占大陸對外貿易總額的12%。[44]據報導指出：中國對東協的投資近年來發展迅速，2010年以來，對東協新增的投資占中國對外投資總量60%以上；截止2014年底，中國和東協累計雙向投資額超過1,300億美元。[45]

　　面對緬甸這一類需要中國協助發展卻有疑慮的國家，中國採取「睦鄰」策略藉此提升中國及他國的經濟合作。以中緬關係為例，2002年12月，江澤民至緬甸進行國事訪問，公開表示發展「中緬睦鄰友好」是中國

41 〈上海合作組織（上合組織）〉，新華網，網址：http://big5.xinhuanet.com/gate/big5/news.xinhuanet.com/ziliao/2002-06/01/content_418824.htm。
42 〈南中國海爭端對中國亞細亞經貿合作影響〉，中國評論新聞網路版，網址：http://mag.chinareviewnews.com/crn-webapp/mag。
43 〈2013年1至7月中國大陸東協雙邊貿易額達2,477.23億美元〉，《商貿透視》，台北：經濟部，網址：http://www.trademag.org.tw/News.asp?id=617642&url=/default.asp。
44 〈商務部：截至去年中國和東盟雙向投資超1300億美元〉，2015年7月29日，人民網，網址：http://finance.people.com.cn/BIG5/n/2015/0729/c1004-27378764.html。鍾之成，《為了世界更美好：江澤民出訪紀實》，北京：世界知識出版社，2006年，頁579。
45 〈商務部：截至去年中國和東盟雙向投資超1300億美元〉，人民網，2015年7月29日，http://finance.people.com.cn/BIG5/n/2015/0729/c1004-27378764.html。

外交政策的重要部分。[46]對中國而言，因疆界上問題因此間接造成中緬關係的弔詭，但由於經濟上部分層面仍依賴中國大陸的支持，因此在資源及經濟上，中緬兩國有其連結關係，中國能源為求多元化戰略。中緬協議，直接由印度洋經緬甸，再由大陸西南方雲南省瑞麗市進入中國。中國國際問題基金會能源外交研究中心主任王海運指出，中緬天然氣管道打通，是中國能源戰略布局的重大進展，也向外界表明中緬關係依然牢固。[47]根據緬甸新任領導人翁山蘇姬所言，政府決心推動快速的經濟發展，需要中國的協助；她將說服不信任中國的一般民眾。[48]

（二）「一帶一路」：透過經濟及重大建設擴展中國大陸的國際影響性

中國當局並不諱言這個大構想的野心，據新華社報導：「這個計畫預料將透過沿線渴望成長國家的發展，而改變世界政治和經濟的版圖。」習近平則表示，北京期望中國與一帶一路國家間每年的貿易額，「將在約十年間超過2.5兆美元」。在地理上，一帶一路將涵蓋亞洲、非洲、歐洲和毗鄰的海域。陸路連結中國、中亞、俄羅斯和歐洲，以運輸線形成一條「新歐亞陸橋」，沿途有「核心城市」分布。海路從中國經由南海到印度洋，並經由蘇伊士運河連接地中海沿岸。

「一帶一路」的建設勢必將整體帶動中國大陸西部基礎建設的投資，強化內陸鄉鎮相對基建的薄弱，進一步帶動更全面的經濟再次騰飛。學者王琦年表示，江澤民上台之後，中國外交策略的基調成為大陸應適時與其他強權國家（great power）合作，對世界格局的看法也由美國超強（superpower）主導的世界秩序轉為由多極國家主導的局面。進入胡錦濤時代，大陸亦開始視自身為準超強國家（quasi-superpower）。1997年爆

---

46 鍾之成，《為了世界更美好：江澤民出訪紀實》，北京：世界知識出版社，2006年，頁579。

47 〈中緬油氣管開通能源布局新突破〉，《聯合報》，2013年7月30日，A13版。

48 〈中緬關係要多親近？翁山蘇姬的外交第一課〉，《天下雜誌》，網址：http://www.cw.com.tw/article/article.action?id=5075949。

發亞洲金融危機，以及2001年的恐怖主義攻擊美國事件，大陸的整體對外戰略思維也有所轉變，而以「大國崛起」概念作為總結，而「一帶一路」的思維正是中國大陸布局全球經濟戰略的明顯例子。[49]

印度學者拉胡·米什拉（Rahul Mishra）博士日前在美國指出，中國國家主席習近平在2013年提出「一帶一路」的真實意圖是為了擴大影響力，是中國挑戰國際秩序的開端。[50]韓國學者表示，「一帶一路」政策的推行與亞投行、新開發銀行的建設，世界經濟格局和國際政治經濟秩序開始變化了。中國開始對現存國際金融秩序和區域經濟秩序謀求代行方案。而且，中國的這些步伐不僅改變國際金融貿易秩序，還改變了中美關係。[51]

學者孫敬鑫綜合分析國內外媒體及相關文獻後發現，各國的學者認為中國大陸提出「一帶一路」的用意包括：第一，「一帶一路」構想是中國爭取更廣闊的發展空間、融入全球經濟的戰略創新，是中國夢的延伸。第二，幫助中國鞏固世界強國地位。第三，一帶一路將有利於沿線國家經濟發展，第四，將中國與歐洲相連，促進中國與中亞各國的經貿聯繫，為維護與促進地區穩定與和平發揮重要作用。第五，促進中國與其他國家之間的相互合作。但值得注意的是，許多國家將「一帶一路」視為是對抗其他區域組織的戰略計畫，恐將影響中國推動「一帶一路」的進展。[52]

從中國大陸的外交思維來看，中國大陸已經由被動地加入國際組織改為主動出擊的戰略性發展，暫且不論「一帶一路」究竟能為中國大陸帶來多少經濟及政治上的目的，從國際格局的思維來考量，在國際金融及服務

49 〈中國大陸「一帶一路」戰略對全球政經軸心轉移之意涵〉，《展望與探索》，第13卷第3期，2015年3月，頁31-34。
50 〈印度學者：習近平欲借一帶一路挑戰國際秩序〉，《博聞社》，刊登日期：2015年12月18日，http://bowenpress.com/news/bowen_49145.html。
51 〈智庫雜誌：韓國學者稱一帶一路改變政經秩序〉，中國評論網，刊登日期：2015年9月7日，http://www.crntt.tw/doc/1038/6/4/2/103864221_6.html?coluid=7&kindid=0&docid=103864221&mdate=0907002707。
52 〈「一帶一路」建設面臨的國際輿論環境〉，中國共產黨新聞網，2015年4月16日，http://dangjian.people.com.cn/BIG5/n/2015/0416/c117092-26856073.html。

市場中，美國的角色影響極大，中國大陸提倡「亞投行」讓美國不能不警惕中國大陸，亞投行和「一帶一路」，吸引了全球的目光，57個國家申請加入亞投行，成為創始國，這些國家暫且不論是以何種目的加入，中國想要掌握全球市場的意圖不論是「共同發展」、「聯合發展」，對美國而言都是一項挑戰，美國將亞投行視為中國對目前國際金融秩序的挑戰，也就意味未來中國大陸的一舉一動將牽動美國的敏感神經。

第五節　國力升起後，中國對台一些作爲已影響到兩岸關係和平發展

一、九一一事件之後，中國在東亞的勢力提升，兩岸政治上並無互信基礎

2001年九一一事件發生之後又發生了微妙的變化。美國投入了對阿富汗與伊拉克的戰爭，又需要面對北韓、伊朗等國際問題的挑戰；但另一方面，中國的經濟、軍事、外交方面的實力也大幅增進，雖然中國尚難成為一個可以取代前蘇聯的超強，但是美國的地位與影響力卻已經無法與九一一事件之前相比。[53]台灣在區域內的經貿往來密切，無法迴避東亞區域合作所產生的效應；尤其中國已超越日本成為美國與歐盟在東亞最大的貿易國，各國紛紛與其發展合作關係，這突顯出中國在東亞「新區域主義」中崛起的象徵。[54]

在台灣的中國文化大學政治系教授唐欣偉表示，除權力轉移論者外，美國國際關係理論家在21世紀前幾乎都不認為中國的實力會趕上美

---

[53] 吳釗燮，〈主導性霸權的困境九一一後國際局勢與美中台關係演變〉，《東吳政治學報》，2010年，第28卷，第1期，頁1。

[54] Acharyu認為中國的經濟崛起改變東亞區域認同的發展。Amitav Acharya, Constructing a Security Communizty in Southeast Asia: ASEAN and the Problems of Regional Order (London and New York: Routledge, 2000), p.180.

國。直到北京的實力已無法忽視，才將之描繪成美國最大的對手。[55]中國國際影響力大增，對台灣或周邊國家而言都是一個壓力，長久以來，台灣政治安全依靠美國，經濟利益與大陸結合，在立場上是維持不統不獨，以維持現狀為目標。北京希望兩岸能夠簽署和平協議，軍事安全互信機制，但是台灣對於美國《台灣關係法》的依賴已經成為所有台灣安全與發展的一部分，北京如果不能夠在兩岸定位與走向上提供台灣一個可以安心與信任的選擇，在一段時間內，台灣不容易改變其現有的與美國合作的戰略選擇，亦即一方面配合美國「交往政策」，另一方面又執行美國對中國的「遏制政策」。[56]

　　站在台北當局立場，對北京的國力升起，懷有更多的是威脅或施壓開始增加。在陸委會2005年的一篇報告中，曾引述美國「2005年中國軍力報告書」指出，除軍事手段外，中國也以其他不同方式對台灣進行恫嚇與施壓。在政治方面上，中國始終以「一國兩制」作為解決台灣問題的單一選擇，堅持台灣必須接受所謂的「一個中國」原則，才能重啟兩岸對話；另一方面，則加強與台灣內部立場相同者間的聯繫，以便推動有利於「促統」的宣傳。在外交上，繼續打壓台灣活動空間，並進一步限制其他國家與台灣發展任何形式的關係；在經貿方面，中國利用雙方密切的經貿往來，強化其台灣內部政治社會的影響力，一面加強吸引台灣資金、技術投資中國，另一方面則藉機打壓或支持台灣特定政黨與個人的台商。[57]這可說明：中國的綜合國力升起，沒有與它正面形象遞升成正比，可能更多是呈顯負面的影響指數。

55　〈美國國關學界對中國之評估：以攻勢現實主義與權力轉移論為例〉，《政治科學論叢》，第58期，2013年，頁47。

56　〈中國和平崛起的兩岸及文化因素〉，中國評論新聞網，網址：http://hk.crntt.com/doc/1033/0/5/8/103305817.html?coluid=33&kindid=4372&docid=103305817&mdate=0922115158。

57　〈陸委會：中國崛起的危機與風險〉，行政院大陸委員會，2005年10月，陸委會網站，網址：http://www.mac.gov.tw/ct.asp?xItem=61964&ctNode=6226&mp=1。

二、兩岸國際組織共同參與的榮景已經褪色，2016年台灣多次被排拒在門外

　　一篇只在《天下雜誌》網站而不是在雜誌刊出的報導[58]，很傳神的把台灣在2016年6月之後國際參與開始遭遇到中國大陸的強力杯葛，描寫得淋漓盡致。文章說：從520就職演說到雙十國慶講話，蔡英文總統遲遲不願填寫北京的「九二共識」標準答案。兩岸進入冷和階段，外交空間如預期縮緊，成了蔡政府上任後的壓力測試。

　　北京首發的外交戰場，在該篇文章裡的分析，是該年9月底於加拿大蒙特婁舉辦的國際民航組織（ICAO）。2013年台灣曾經首次受邀以觀察員身分出席的「國際民航組織」，當時被視為一次外交突破，2016年卻不再收到過邀請函，前往採訪的媒體也因台灣身分遭拒。新的兩岸關係之下，台灣外交從過去休兵，現在卻邁入白熱化階段。

　　再來，文章尚說11月7日到18日在摩洛哥舉行的「聯合國氣候變化綱要公約」（UNFCCC），台灣環保署官員自1995年的第一次會議（COP1），即以工研院名義申請攤位的模式參加，2009年因為兩岸關係和緩，開始申請到「周邊會議」（Side event），2016年卻是攤位和周邊會議兩頭空。差不多在同一時期，在印尼峇厘島舉行的「國際刑警組織」大會（INTERPOL），雖然美國總統歐巴馬在2016年3月簽署了國會通過的法案，支持台灣以「觀察員」身分加入，但在中國的杯葛下，台灣還是確定無望以觀察員身分參加。

　　即使11月19日在秘魯召開的APEC（亞太經濟合作組織），台灣雖然具有正式經濟體會員身分，可以順利出席，但作為台灣峰會領袖代表的宋楚瑜，20日在企業諮詢會大會前，曾與中國國家主席習近平寒暄約10分鐘，但僅對經貿問題進行交談。對此，作者接受媒體採訪時曾經直言，雙方未正式會談，不代表兩岸關係突破；因為以中共標準用語，「會談」是

58　林怡廷，〈台灣被拒國際組織門外，受害的其實是你我〉，《天下雜誌》網站，2016年10月16日，網址：http://www.cw.com.tw/article/article.action?id=5078874。

有人數規定、議題設定的正式會面，由此觀之，「APEC沒有宋習會」，只有握手寒暄，「這不是一件令人興奮的事」。對於雙方僅談經貿，作者也認為，宋的兩岸觀點因為沒有蔡英文授權，無法傳遞太多蔡英文想表達的訊息。而且作者也強調，即使與宋楚瑜會面，並不代表習近平接受蔡英文可以不承認九二共識的決定。[59]

　　作者的評估是，這樣一連串台灣企圖參與國際組織的挫折，不僅是說明了台北一直採取的親美、依賴美國支持之政策已徹底破局，而且也突顯了中國在國際社會與國際組織上確有巨大影響力，可以阻擋台北任何的嘗試，驗證了沒有遵守北京的遊戲規則，台北顯示的是所有出擊都是徒勞無力。

三、隨之中國綜合國力升起，武力統一台灣論也逐漸興起

（一）金燦榮的觀點：最快2021年武力解決台灣[60]

　　中國人民大學國際關係學院副院長、北京智庫金燦榮教授於2016年7月23日在廣州演講「中美戰略哲學」時，針對兩岸關係提出見解。根據中國《博聞社》的報導，金燦榮表示中國最快在2021年搞定南海爭議後，就會用武力解決台灣。

　　金燦榮表示，中國大陸將會以四階段「觀察、施壓、對抗、衝突」來處理台灣問題，第一階段，先觀察蔡英文上任後的態度，如果到了明年蔡英文還不承認九二共識，屆時就會進入第二階段：施壓期；金燦榮提到，第二階段陸方將取消單方面讓利的23項兩岸協定，這個階段將會持續一段時間，不過金指出，這階段應該無法對蔡英文的堅持有所撼動。

　　金燦榮說，第三階段對抗期，則非常可能是在蔡英文第一任期的最後

---

59 符芳碩，〈學者直言：不代表兩岸關係突破〉，2016年11月21日，蘋果日報網站，網址：http://www.appledaily.com.tw/appledaily/article/headline/20161121/37458903/學者直言：不代表兩岸關係突破。

60 〈北京智庫金燦榮：習近平任期結束時會把南海和台灣問題一並解決〉，2016年8月28日，中國博聞社，網址：http://bowenpress.com/news/bowen_123480.html。

半年開始，除了有一定的經濟制裁，在外交方面，不僅不幫台灣參加世界七項組織、衛生組織，還會挖台灣邦交國的牆角，把22個邦交國拿掉一部分。

依照目前台灣政治局勢，金燦榮表示，蔡英文應該會順利連任進入第二任期，在蔡英文這個任期的某個時間點，大陸將實施第四階段，也就是走向兩岸衝突武力解決；金燦榮說，過程中會流血，而且主要是台灣人流血，推算最快是2021年。

金燦榮提到，當走到第四階段，大陸方面已經將南海爭議解決，到那個時候，相當於包圍台灣。

（二）李毅接受美國之音主持人樊冬寧的採訪：再談和平統一已無可能[61]

李毅的武力統一論的落實日期，是比金燦榮講的2021年，要提前兩、三年。但他的觀點則是：認為一些大陸人相信，通過北京「施壓」，兩岸原有的23項協議以及台灣22個邦交國都將受衝擊。在此壓力之下，蔡英文或許會回頭承認兩岸同屬一中，承認九二共識。李毅對此表示悲觀。

李毅的論據建立在下面的看法：一是1994年以來，李登輝、陳水扁、蔡英文，成功修改了台灣的大中小學教材。在新教材中強力灌輸去中國化、兩國論、一邊一國論、仇中反中、鼓吹台獨、反對統一，取得了圓滿的成功。現在，反對統一的人，只會越來越多；擁護統一的人，只會越來越少。時間，在蔡英文一邊。台海形勢，十分險惡，和平統一，已無可能。

另一支持他的看法是「統一台灣，不可能依靠提高大陸吸引力」。因為「秦統一六國，不能靠提高秦國的吸引力。林肯統一南方，不能靠提高北方的吸引力。毛澤東百萬雄師過大江，統一江南、統一大陸，不能靠提

---

61 〈李毅接受美國采訪：再談和平統一已無可能！〉訪談全文，2016年9月5日，123美文網，網址：http://www.wxmw123.com/chat/20160905/583919.html。

高江北的吸引力」。在這種形式下，說大陸統一台灣，要靠提高自身吸引力，完全是不著邊際的說法。

雖然李毅與金燦榮的說法，是與中共黨中央目前所講的「和平發展」主調有所迥異，但是也不能忽略的，就是他們的聲音可能正在反映了大陸一部分民眾對台灣內部不肯接受「九二共識」，以及兩岸發展現狀的不滿。如果這樣的聲音持續擴張，對兩岸關係今後的發展絕對充滿了負面的因素。

（三）武力統一台灣論，正反映出大陸的民粹主義因國力強盛而升高

引發金燦榮有這樣「武力統一台灣論」的聯想，就是因為大陸國家主席習近平在聯合國大會表示，中國將組建8000人維和部隊。金燦榮就分析，這是中國外交轉向積極的重要訊號，因習近平目標是將中國打造成與美國一樣的世界大國，其中的重要內涵是結束國家分裂，因此習近平很可能「在其任內解決台灣問題」，完成中國統一。

金燦榮另外在2016年8月29日在北京接受《旺報》訪問時也指出，過去中共對中國的自我定義有四點，包括地區性的大國、發展中的國家、共產黨一黨領政的國家，以及分裂中的國家；未來則要邁向世界性的國家、已開發的國家、中共黨內多元化及統一的國家。[62]

四、遼寧航母艦隊三度通過台灣海峽，意指什麼？

根據台灣國防部的說法，遼寧號及護航艦艇，在2017年1月11日早晨7時經由台灣海峽進入台灣防空識別區，12日清晨6點30分就駛出海峽，

62 金燦榮的說法，可參考下列三個媒體報導：〈陸學者：最快2021年武力解決台灣〉，2016年8月30日，三立新聞網，網址：https://www.msn.com/zh-tw/news/national/%e9%99%b8%e5%ad%b8%e8%80%85%e6%9c%80%e5%bf%ab2021%e5%b9%b4%e6%ad%a6%e5%8a%9b%e8%a7%a3%e6%b1%ba%e5%8f%b0%e7%81%a3/ar-AAiesoF；〈武力對台？陸學者：最快2021年解決台灣〉，2016年8月30日，聯合新聞網，網址：http://udn.com/news/story/4/1929089；羅印沖，〈陸學者：習造大國任內拆統一〉2015年9月30日，《旺報》，網址：http://www.china-times.com/newspapers/20150930000777-260301。

繼續向北返回母港，航路一直維持在海峽中線以西。[63]

　　這是遼寧艦於2012年11月服役之後，第三次經由台灣海峽的航行。在2013年11月27日，曾第一次通過台灣海峽南下，以加入南海艦隊進行冬季訓練。2014年1月1日則再次向北通過台灣海峽，返回駐港。但這兩次通過海峽的航線，加上日前的第三次航行，都是維持在中線以西，亦未在海峽水域進行戰術科目操演。而且北京外交部副部長劉振民也表示，台灣海峽是大陸與台灣共用的國際水道，遼寧艦訓練過程中往返台灣海峽是正常的，對兩岸關係不會有任何影響。[64]

　　看來好像都是依規範航行，而且艦隊都堅守在中線以西，確是在默認兩岸曾有的共識，應該不具任何的挑釁成分才對，但是為什麼台北的因應方案，會升高到備戰狀態？譬如說，台北各監偵系統均透過「迅安」資料鍊，將遼寧艦的動向向已進入衡山指揮所的國防部長馮世寬「現場直播」？[65]

　　但是原南京軍區副司令員王洪光，2017年1月16日在環球時報的一篇撰文終於把中共的企圖說個清楚。他說：中國大陸的航母編隊和轟6K，最終是要占據台灣島東邊300-500千米南北一線的陣位，對日本和從第二島鏈開來的美航母戰鬥群形成威懾。同時在一兩年內，王洪光說，外界就能看到在這一片海域，中國大陸空海軍和戰略火箭軍的聯合訓練。他也說，遼寧艦和未來新建的航母，在大陸即將武力收復台灣時，先占此地，

63　程嘉文，〈國防部：遼寧艦預計12日清晨離開台灣海峽〉，2017年1月12日，聯合新聞網，網址：https://udn.com/news/story/1/2224663。

64　其中提問實錄中有提到台灣中央通訊社：有兩個問題。第一，遼寧號航空母艦去年抵赴西太平洋和南海海域訓練，外界相當關注。據台灣方面掌握，遼寧號編隊今年早上7點已經進入台灣海峽向北航行，不知道部長能不能證實此事。另一方面，在川普當選之後，中方的艦機頻繁地在東海、南海甚至西太平洋的海空域開展所謂的例行訓練，請問這些行動是否有利於中國推動亞太安全合作？劉振民：剛才這兩個問題，應該就在外交部新聞發布會上都提過。首先遼寧艦是中國的第一艘航空母艦，近幾年一直在訓練。台灣海峽是大陸與台灣共用的海域，也是國際水道，所以遼寧艦訓練過程中往返台灣海峽是正常的，對兩岸關係不會有任何影響。這些內容可見〈外交部副部長劉振民出席《中國的亞太安全合作政策》白皮書發布會並回答記者提問實錄〉，2017年1月12日，中國外交部網站，網址：http://www.fmprc.gov.cn/web/wjbxw_673019/t1429884.shtml。

65　程嘉文，〈國防部：遼寧艦預計12日清晨離開台灣海峽〉，2017年1月12日，聯合新聞網，網址：https://udn.com/news/story/1/2224663。

形成對內對外正面，將台海戰場包圍於內，將西太平洋阻隔於外。王洪興結論是：台灣當局想當然的「堅守待援」，應是沒有任何希望。[66]

所以，美國的態度應是可以用來說明的例子。美國國務院副發言人唐納10日就嚴肅表示，美方肯定不想看到任何武力展示或任何形式的提升緊張。[67]

另外一個例子，則是2013年到2014年年初，遼寧號曾經二度進出都經由台灣海峽，但這一次，遼寧艦在去年12月25日經由宮古水道穿出第一島鏈，到海南是航行台灣東側海域，但回程青島時卻經台灣海峽，而且又是在蔡英文不在國內期間，時間上的巧合不得引發外界敏感？

五、面對中國的國力躍升，台灣也早就開始存在「自我危機」

台北陸委會在2005年曾發表一份說帖，[68]由於在時間上當時剛好就是民進黨執政的時期，面臨來自對岸的壓力，是否也像蔡英文目前所踫到的狀況，因此對於現在中國綜合國力的高漲地位，民進黨政府應該對當時的變局要有所參考。

陸委會的說帖是說：所謂「中國崛起」，原本是指中國的經濟在國際間有越來越重要的影響力與地位。但當前國際對「中國崛起」的認知，已經明顯融入「中國威脅」的概念。而美、日等相關國家認為「中國崛起」造成兩岸軍力逐漸失衡，已對東亞區域的安全與穩定產生威脅。

在說帖中提到「中國崛起」對台海及區域安全威脅與風險這一段

---

66 〈中將：遼寧艦戰時應搶占台灣東部陣位阻絕美日〉，2017年1月16日，環球網，網址：http://mil.huanqiu.com/observation/2017-01/9951837.html。

67 QUESTION: Do you see this operation as escalating or de-escalating tensions?
MR TONER: As I said, I hope not. Part of our overall strategy within that area of the Pacific and Asia is to try to de-escalate, is to – we want to, as I said, create mechanisms for governments, for countries, to talk through some of these issues that they have with – regarding claims and whatever, and to try to create, as I said, diplomatic mechanisms to deal with these issues. We certainly don't want to see shows of force or any kind of escalation. Please see Mark C. Toner, Deputy Spokesperson, Daily Press Briefing, Washington, DC. January 10, 2017, https://www.state.gov/r/pa/prs/dpb/2017/01/266773.htm.

68 〈陸委會：中國崛起的危機與風險〉，2005年10月，陸委會網站，網址：http://www.mac.gov.tw/ct.asp?xItem=61964&ctNode=6226&mp=1。

時，陸委會是認為：近十年來，中國利用兩岸間在政治立場上的歧異，大肆在國際上強化其對台灣主權的主張，刻意打壓台灣參與國際活動，持續以武力攻台的威脅，作為對台灣內部民主深化的回應。同時，明顯提增了針對台灣的軍事部署，造成兩岸關係無法有長期、穩定的發展，也成為區域安全上最大的變數。

另外，比較值得關心兩岸關係發展者注意的是，2005年的陸委會曾相當堅持的認為，中國在國際糾紛時，往往利用大陸人民的民族主義情緒，製造對方壓力。例如2001年美國與中國軍機在南海發生空中擦撞，在中國當局的授意與默許下，大陸各大城市上萬民眾舉行大規模反美示威遊行，甚至包圍毀損美國駐北京大使館；2005年4月起，因為日本首相參拜靖國神社、修改教科書、爭取成為聯合國常任理事國等事件，大陸再度爆發反日浪潮。中國當局鼓動與利用民族主義情緒，來達到其外交目的的作法，讓相關國家引以為憂。同樣的比喻來看目前大陸的武力統一論紛紛出籠，以及大陸民調有85%的支持率來統一台灣，台灣的陸委會是否也有這樣的解讀？因為一旦解讀有誤判，會否導致兩岸的互信全損，反而引發更多衝突的危機。

第六節　中國的國力及國際影響升起，對兩岸關係的實質影響

一、作為強權，中共在忙於繁瑣的國際事務之際，台灣將不再是桌上的重要議題

如果比起江澤民與胡錦濤的時代，現在的習近平、與他在政治局常委會的六個夥伴，可能更忙於在國際的會議參與或在國內對前來訪問貴賓的接待。[69]因此對於台灣問題，雖然他們仍然會繼續聚焦，但絕對不再是常

---

69 說會見外賓，這個就太多了。以2016年的G20主場外交為例，就是重中之重。2016年9月4日

委會上最優先要處理的議題。

從本書前章提到「中共對台政策是否持續不變」會是個重要變數，並需要特別注意之後，實際上，兩岸關係今後的發展，在本章提及「中國綜合國力升起之後」，是否會有所影響的這一問題上，實際上已可得出初步的結論：1.首先是中共對台政策中「兩岸關係和平發展」的目標，只要持續不變，那麼中國在國際社會中任何地位的遞增，將都不會影響到兩岸關係的發展。2.另外二個因素：蔡英文不接受「九二共識」、或傾向台獨的發展，是會影響到兩岸關係和平發展的潛因，但那將基於是中共對台政策全盤調整的基礎，而不是中國國力強盛、國力升起的原因導致。

實際上我們可以看到，即使美國布魯金斯研究院專研中國及兩岸問題的季北慈也早在2005年已經指出，「和平崛起這個概念表明，中國國際地位的上升必須走和平的道路，原因正是它的領導人知道，他們必須把精力集中在應付國內的挑戰上。國內政治、經濟、社會等各種問題，確實會影響中國國際地位的提升，而至少在十年之內，這些問題仍將是中國領導人的主要擔憂」。所以季北慈再指出：「領土問題是這種擔憂的一個重要成分，台灣問題首當其衝。而台灣問題又是目前世界頭號強國美國和中國關係中的一個重要內容」。[70]

以作者的角度來看，季北慈點出一個重要論點：就是中國國際地位的上升必須走和平的道路，這是它面對國際社會與兩岸必須有所交待的立場。但另方面，也是很微妙的一點，就是「國內政治、經濟、社會等各種問題」，這當然包括了像台灣這樣的領土問題，是中國領導人的主要擔

到5日，習近平就在杭州，迎來另外19個國家的領導人，出席二十國集團領導人峰會，具體來說就是G20第十一次峰會。至於出訪：2015年，習近平共出訪8次，行程長達42天，足跡遍布亞、歐、非、美四大洲14個國家，既完成了對世界部分大國、周邊國家和一些重要建交國家的訪問，又活躍在多邊會議和國際組織會議中。2014年，7次出訪，46天，18個國家。2013年，5次出訪，39天，14國。可參閱〈習近平今年的時間將如何安排？〉，2016年1月1日，《文匯報》，網址：http://news.wenweipo.com/2016/01/01/IN1601010026.htm。

70 王戎，〈特寫：中國國際地位的提升〉，中國國慶五十五週年系列：西方學者看中國，2004年10月1日，BBC中文網，網址：http://news.bbc.co.uk/chinese/trad/hi/newsid_3700000/newsid_3705800/3705882.stm。

憂，又確實會影響中國國際地位的提升。那麼取捨之間，北京又是怎樣來
做出一個選擇，這剛好正是這個主題被討論的焦點所在。

二、美國可能會爭相取寵中國，台灣會否是大國利益交易中的犧牲籌碼

　　在台灣元智大學及國立台灣大學任教的胡逢瑛教授，在一篇題為
〈中美俄爭霸亞洲新秩序？試論俄羅斯在中美輿論宣傳戰中的角色〉的期
刊論文裡，曾「檢視了俄羅斯在中美輿論衝突中的角色，認為考慮美俄是
否有聯手可能來圍堵中國的問題，關鍵仍在於中國對俄羅斯關係的強化，
如果中國新任領導人習近平上任之後加強中俄關係，那麼，此時俄羅斯在
上海合作組織當中的主導地位將有可能逐漸獲得提高；如果中俄關係得到
近一步的加強，那麼，美俄關係是否有可能會趨於惡化？此時，俄羅斯如
果在獲得上合組織石油戰略利益的主導權當中傾向支持中國，如此，中國
將有可能在美俄重返亞洲的爭霸過程當中得到喘息」。[71]在這篇文章中，
我們可以發現：中美俄三者還是強國，但任何二方因利益趨向而聯手交易
的結果，都可犧牲到第三方；如果說，任何三方的組合是個不均衡的三
角，譬如說是美中台，中美兩強的利益交易，最弱的一方台灣是否就是籌
碼的犧牲者？在這篇論文裡已可得到驗證。

　　在另一篇由國立中正大學政治系助理教授蔡榮祥所發表的期刊論文
——〈小布希政府時期之美中台三角關係的持續與變遷〉裡，也是有提到
中美台這個不均衡的三角關係。蔡教授說，在他的論文中主要的發現是：
1.小布希政府時期，結合國內和國際雙元平衡的架構，是促成美中台三角
關係和平及穩定之最主要的驅動因素；2.台灣之於美國的戰略利益，不只
是可以維護美國在亞洲的名聲利益而已，而且其也是美國維繫亞洲霸權的
試金石；3.美國支持去建構一個軍事雙重嚇阻的戰略布局，亦即台灣對中

---

71 胡逢瑛，〈中美俄爭霸亞洲新秩序？試論俄羅斯在中美輿論宣傳戰中的角色〉，《Intercul-
 tural Communication Studies》，XXII: 1，2013年，網址：http://web.uri.edu/iaics/files/5Feng-
 Yung-Hu.pdf。

國的直接嚇阻，以及加上美國對中國的間接嚇阻之雙重嚇阻會比美國單方面嚇阻中國對台動武更為有效；4.美中台三角關係的現狀是一種穩定而暫時的均衡。[72]當然，這是美國為了它在亞太的戰略布局，企圖拉攏台灣來牽制中國，使得台灣即使再弱，但得到美國的利益交易，也能來玩博奕。

但是，再假設今天的美中台三角，是美中兩強的利益交易，台灣是否輕易就變成另二者之間的籌碼交換？理論上是可以如此的運用，而實際上在2016年美國總統大選，共和黨提名的川普贏得大選後，由於他的亞太政策，是異於當時民主黨籍總統歐巴馬所推動的「美國在亞太再平衡」的理念，因此，共和黨入主白宮後的美中台三角，會否因中國是目前在各方面都是僅次於美國的強權，為了拉攏中國，很可能讓過去以來一直是美國盟友的台灣，就成為中美利益交易的籌碼？

在這個關注點上，聯合報駐華盛頓記者張加曾為文做了一段分析。他說：因為川普競選期間說，「TPP謀殺美國經濟」，所以他明確表態反對TPP，毫無轉圜餘地。如果美國主導的TPP斷了線，由中國大陸主導的區域全面經濟夥伴協定（RCEP）開始強力運作，台灣如果不得其門而入，將會落入邊緣化的危機。因此張加認為：台美經濟交流若不符合美國利益，商人出身的川普難保不會改變目前美台關係，甚至進一步調整美中台關係架構；張加並引述日前美國一位政治學者的看法來支持這個論點：若川普執政，台灣很可能成為美中交易的籌碼，因為川普信奉的就是一切以美國的利益至上。[73]

同樣的在台灣，前立法委員、現為「國家政策研究基金會」國安組召集人的林郁方認為，對台軍售問題不是那麼單純的問題，不管是誰擔任下一任美國總統，都不會馬上做決定，因為它一定要先釐清與中國大陸之間的關係；而軍售給台灣只是美國手上的籌碼，所以一定要讓美中之間的關係釐清後，才會決定對台灣的軍售。林郁方也認為，不必有太多不切實際

72 蔡榮祥，〈小布希政府時期之美中台三角關係的持續與變遷〉，《台灣國際研究季刊》，第3卷第1期，2007年／春季號，頁71-98。
73 張加，〈台恐成美中交易籌碼〉，2016年11月10日，《聯合報》，A8版。

的期盼，對美國來講，最重要的還是要與中國大陸維持怎樣的關係，但不管怎樣，川普與中國大陸的關係，肯定是比希拉蕊好的，因此川普當選，最高興的會是俄羅斯與中國大陸。[74]

不過，對川普的對台措施，大陸學者就更以「交易論」來觀察。中國人民大學國際關係學院副院長金燦榮在美國大選之後指出，川普奉行孤立主義，也有商人性格，加上中國大陸手上有牌，中美之間可能透過某種「交易」，來換取美國承諾「棄台」，即不再承諾對台有防衛之責。[75]金燦榮於11月9日在北京接受《旺報》訪問時也是作這樣表示，北京手上有很多籌碼，能打的牌太多，在台海問題上，中美可能達成一種交易，就是「一旦大陸真的出手，美國保持不干預的立場，也不承諾對台有防衛之責」，因為這也是一種「棄台」手法。[76]

另一位是北京大學國際關係學院教授的梁雲祥，他分析說，美國仍會繼續對台售武，因為這對美國經濟有利，不過在軍事上就不會有進一步的承諾，這符合川普的政策，把責任丟還給盟友。但是，梁雲祥說，川普上任後，雖然會更多轉向美國自身事務，但不至於會走向「棄台」；川普是孤立主義，但不會走太遠，美國仍有基本國家利益考量，加上美國媒體也滿親台，「但台美關係有可能更疏遠」。[77]

從川普宣布勝選，習近平隨即致電道賀，而賀電中裡面有段話：「我高度重視中美關係，期待同你一道努力，秉持不衝突、不對抗、相互尊重、合作雙贏的原則，拓展兩國在雙邊、地區、全球層面各領域合作，以建設性方式控管分歧」，[78]大致已經可以端倪出「未來中美合作」的影子。台灣會不會是中美利益交易下的籌碼？恐怕台北本身需更多的警覺，畢竟中國國力的興起，已經是個不爭的事實。

74　〈川普當選 林郁方：談新軍售約一年後的事〉，2016年11月9日，中央社，網址：http://www.cna.com.tw/news/aipl/201611090361-1.aspx。

75　藍孝威，〈川普上台，台獨不敢妄動〉，《中國時報》，2016年11月10日，A7版。

76　羅印沖，〈川普爆冷勝選，美中台迎大海嘯〉，《旺報》，2016年11月10日，A2版。

77　藍孝威，〈川普上台，台獨不敢妄動〉，《中國時報》，2016年11月10日，A7版。

78　〈習近平致電祝賀特朗普當選美國總統〉，2016年11月9日，新華網，網址：http://news.xin-huanet.com/world/2016-11/09/c_1119882357.htm。

三、國力強盛，人民的自信益強，對台灣問題的看法是「放鬆」還是「緊縮」？

中國的國力開始強盛，大陸民眾的自信也因而益發強烈，進而對台灣問題的解決看法到底是「緊縮」還是「放鬆」，就會是個值得探討的問題。不過，在作者收集相關的資料裡，是發現近年來大陸民眾對於本身的自信也的確益發強烈，所以在邏輯推理上，是可以歸因到「中國逐漸在國際社會展現主導的角色」。但是由於在中國大陸對這方面的民意調查推出的報導並不是很多，加上民調中也沒特別提出「人民自信」是否與「國力強盛」有互動關係的問題，是很難揣測。因此，在下面這一段的分析裡，也只能就作者現有蒐集的資料，來做些有限度的探討。

（一）1990年代興起的「新民族主義」，所強調的是「如何體現富強」

首先，我們可能需要瞭解的，是民眾會對自己充滿自信，很多是呈顯在國家的強盛、民族主義的興起，以及民族主義所要追求的目標裡。

汪宏倫在他的一篇期刊論文——〈理解當代中國民族主義：制度、情感結構與認識框架〉裡，曾提到說：從1990年代以來，民族主義在中國快速升溫，成為一股令人無法忽視的重要力量，有學者以「新民族主義」稱之。像鄭永年就指出，1990年代出現的這一波「新民族主義」，與清末至五四時期的「舊民族主義」是有所區別。「舊民族主義」的核心問題是「如何達致富強」，新民族主義所強調的則是「如何體現富強」。[79]

所以，汪宏倫認為：中國民族主義基本上是對西方列強壓迫所產生的反作用力，但是因為外在情勢的改變，「新民族主義」與「舊民族主義」，已有顯著不同。他引述吳國光教授的看法，從物質條件、合法性、以及對傳統文化的態度三者來比較，指出五四時期中國處於落後地位，1990年代的中國則是處於崛起狀態；過去的民族主義著重社會革命／改

---

[79] 汪宏倫，〈理解當代中國民族主義：制度、情感結構與認識框架〉，《文化研究》第19期2014年秋季，頁191。

革，新的民族主義則是以政治穩定、國家強盛為訴求；舊的民族主義對傳統文化抱持批判否定的態度，新的民族主義則是重新回過頭來擁抱傳統文化。[80]

　　這段引述可以如此解讀，人民會充滿自信，跟國家富強，追求強盛有一定互動的關係。反過來說，只要國家富強，並追求強盛，必然會培養出人民的自信。在這段分析中，就是設法先去瞭解這樣的互動的關係。

（二）當大陸人民面臨中國崛起，成熟大國需有理性心態，但是否也會有感性演出

　　中國人民大學國際關係學院副院長金燦榮，2012年9月17日在《人民網—人民論壇》發表專文說：當今中國正在走向世界舞台的中心，從「群眾演員」發展為「配角」、「最佳配角」，然后是「主角」，未來很可能是「核心主角」，一定要樹立理性、成熟的大國心態。

　　什麼是大國心態呢？依金燦榮的看法，至少應從如下方面理解：比如，大國心態應該是更趨樂觀、自信，更具責任心，能夠更客觀、更理性地看待中國與世界，坦然面對勝負，體現出與大國地位相稱的寬廣胸懷，讓世界看到中國人的團結、理性、智慧與勇氣，讓世界看到中國的開放、包容、自信與自強。既不盲目自大，也不妄自菲薄，努力想辦法擺脫「百年國恥」情結，而不是在自卑和自信兩端之間搖擺，應該具有一個大國應有的平常心。

　　而且，金燦榮尚補充說，成熟的大國是理性的，會堅持自己的原則，不會隨波逐流，懂得「知己」才能更好地「知彼」，我好、世界才能更好的道理。心態決定認識，認識影響行動。目前，中國的國民心態處在一個調整適應期，此時樹立大國心態十分必要。[81]

　　但是強調「國力興起，必須理性看待其他對手」的金燦榮，卻在本章

---

80 汪宏倫，〈理解當代中國民族主義：制度、情感結構與認識框架〉，《文化研究》第19期2014年秋季，頁191。
81 〈金燦榮：成熟的大國是理性的——鬥智鬥勇不鬥氣(3)〉，2012年9月17日，人民網—人民論壇，網址：http://theory.people.com.cn/BIG5/n/2012/0917/c40531-19025384-3.html。

前文提到「武力統一論」的分析裡，有表示出：中國最快在2021年搞定南海爭議後，就會用武力解決台灣。

而另外一個例子，則是曾任國台辦副主任、海協會副會長，現任全國台灣研究會副會長的王在希，在「台灣問題該如何解決」的訪問中，就表示兩岸統一本質上是一場實力的較量。王說：1950和1960年代我們實力不夠，現在中國的綜合實力已經非常強大。與十六年前陳水扁上台時相比，今天兩岸的實力對比也已經發生根本變化。軍事上大陸更是占據絕對優勢。凡是中國歷史上燦爛輝煌的朝代，都是國力強盛、國家大一統。今天的中國不是一百年前的中國，我們已經有這個實力，有這個能力，也有這個自信。[82]

這就是一個典型例子的說明：只要國家富強，並追求強盛，必然會培養出人民的自信。而對於「台灣問題該如何解決」的這個問題，不論是金燦榮或王在希，當他們非常瞭解到本身的實力與自信後，就會傾向用實力來解決這個懸而未決的問題，實際上，這也會是「感性」多於「理性」來看這個問題。

（三）從大陸少數的民調中發現，大陸人民對台灣問題解決的看法就是選擇「緊縮」

1. 中國民眾如何看待兩岸問題？

《環球時報》與上海社科院合作，於2016年4月25日推出「民意線上民調」，調查大陸網友如何看待未來兩岸關係。[83]問卷推出後至4月26日上午已有3.8萬人填答。這項調查，除了個人基本資料外，問卷共有21題，後半段問題幾乎全聚焦在「武力統一台灣」上。

---

82 〈解決台灣問題要有緊迫感兩岸統一不能只靠等〉，2016年5月31日，新浪軍事網，網址：http://mil.news.sina.com.cn/china/2016-05-31/doc-ifxsqxxu4802079.shtml。

83 這項原先2016年4月25日由環球時報所作的報導，目前已被刪除，但在台灣的三立電視台，曾翻攝自環球時報紙面的民調結果，因此也可以參考。請見大陸中心，〈三到五年內？中國官媒民調，逾85%支持「武力統一台灣」〉，2006年4月26日，三立新聞網，網址：http://www.setn.com/News.aspx?NewsID=141456。

　　在「武力統一台灣」這個問題上，就有高達85.1%受訪者支持以武力統一台灣，而且尚有近六成網友認為五年內就是武力犯台的最佳時機。在當時距520即將政黨輪替之際，這項調查針對蔡英文政府意味濃烈。另外也有近63%的人認為中國在對台作戰中「絕對有把握」取勝；約35%的人贊成三到五年內進攻台灣。

　　此外，這個問題也顯示，比例最高的是贊同中國不惜進入全面戰爭者，占61.1%；其次是19.3%，認為戰爭應侷限於福建一帶，否則大陸會得不償失。調查也詢問網友個人願意做出怎樣程度的犧牲，結果「願意忍受長期處於戰爭狀態的痛苦」居首，占35.0%，而「獻出自己的生命」居次，占34.7%。

　　在「兩岸關係」這個問題上，則有97%受訪者認為台灣是中國不可分割的一部分，但卻也有82.3%網友體認到，台灣支持獨立者只會更多；同時還有超過70%的人認為兩岸和平統一的可能性很低。

　　對於「台灣政黨統獨走向」的問題上，問卷中有一題是問到「是否贊同民進黨是明獨，國民黨是暗獨，兩者並沒有本質區別」，而贊成兩黨無區別者，比例也竟然高達85.5%。

　　這項民調的使用方法、問卷設計、甚至隨機抽樣，可能比較粗糙，說明不太容易呈現出整面的反應。而且這項民調或因議題敏感，調查到了4月26日傍晚，已無法再即時查看調查結果。就是因為新聞刊登的時間，接近520蔡英文上台的敏感時刻，又被台灣和世界其他媒體大幅報導，中共網信辦5月9日約談環球時報、環球網相關主管，在12日就向大陸各大新聞網站通報：環球網「嚴重違反報導紀律，限1個月整改」。[84]但是不管品質如何，它的「調查結果」仍然值得台灣來參考，至少它反應了在現階段，大陸人民多數對「台灣問題該如何解決」的問題，還是較傾向用武力的手段。

---

84 藍孝威，〈刊武統民調，陸網信辦：環球網違紀〉，2016年5月13日，《工商時報》，網址：http://www.chinatimes.com/newspapers/20160513000097-260203。

2. 中國民眾如何看待美國和中美關系？

對「台灣問題該如何解決」，大陸人民多數是較傾向用武力的手段。那麼轉個面，大陸人民又是怎麼看待美國與中美關係？理論上，美國這個國家目前仍是中國在世界上最強勁競爭的對手，大陸人民應該不會太過於正面回應才對。但透過《環球時報》於2006年3月17日，就此問題連續第二年進行民意調查的結果發現，中國人還是很樂觀看待中美關係，這個結果相當令人意外。[85]

2006年的調查也是在北京、上海、廣州、重慶、武漢5個大城市開展的，每個城市的樣本量約230人，調查對象全部隨機抽樣確定。這次調查是由慧聰國際資訊媒體研究中心協助執行，而民調結果於2006年3月17日正式公布。調查數據顯示出一個突出的變化：與一年前進行的調查相比，中國城市居民對中美關系的滿意率上升了約9個百分點，對美國人的好感率也提高了約13個百分點，兩個比率都接近80%。民調主辦單位《環球時報》並說：許多研究國際問題的專家在瞭解了整個調查實施的詳細情況後，認為這項由專業機構運作的民調是科學的、可信的，較為真實地反映了當前中國人對美國和中美關系的看法。

民調發現，和去年一樣，這次在受訪者中，對中美關系表示一般滿意、滿意和非常滿意的人分別占60%、19.1%和0.7%，加起來的滿意率高達79.8%，與此相關，承認自己喜歡和一般喜歡美國人的被訪者也有近八成，確切的比率是79%，比去年提高了約13個百分點。

但是美國畢竟是中國的主要競爭對手，在判斷「美國是否在遏制中國」時，是有近六成的受訪者選擇了「是」，和去年的比例非常接近。不過，持相反看法者的比率，今年比去年上升了6個多百分點，已經超過了受訪者的四分之一。而回答「不知道」的人則有相當程度的減少。

這個結果相當令人意外，因為即使有六成的受訪者認為「美國是在

---

85 程剛，〈中國人樂觀看待中美關系〉，2006年3月17日，人民網／環球日報，網址：http://www.people.com.cn/BIG5/paper68/17127/1501712.html。

遏制中國」，加上問到「對美國政府哪一點最為不滿」，選擇「向台灣售武」的人都是最多的。至於「中美未來會不會因台灣問題發生衝突」，認為會的人占14.9%，認為也許會的占45.4%，加起來超過六成。儘管如此，大陸對美國的好感率竟然接近80%，對中美關系表示滿意的也高達79.8%。這是不是表示，國力強盛、人民自信，並不一定導致對「對象」的完全敵視。至少看完這項民調結果，可以定論：對美國的態度似乎完全不能與對台灣的看法等同相比。

3. 國力強盛、人民自信，因有實力，則一定可培育對「對象」的完全敵視

雖然上文說：國力強盛、人民自信，並不一定導致對「對象」的完全敵視。而且看完前面兩項民調結果，可以初步結論：對美國的態度似乎完全不能與對台灣的看法等同相比。

但是，作者必須指出：「美國」與「台灣」，在大陸人民心目中，應該是不能放在同一個天秤上來衡量，因為他們會認為：一個是中國的競爭對手，另一個則是中國不可分割的領土。如果二者都與中國有爭論或瓜葛，前者本不屬於中國，可失去當也可爭取，後者因屬於中國，固可爭取但千萬不可失去。

另外，在心態上對待「美國」與「台灣」，大陸人民似乎也有層次上差別：像美國會是「競爭對手」但也可是「合作夥伴」，當中國崛起，它已有能力採「和平相處」或「實力以對」，這個時候大陸人民有選擇權，就會選擇一個最有利中國的方向；但台灣畢竟是中國領土一部分，「和平統一」只是在有耐心下的選擇，但如果面臨長期下來的「懸而未決」，或是「走向分離」，那種感受上的反彈，有時真的是會用「武力解決」來宣洩。

所以中國國力強盛、讓大陸人民充滿自信，因有實力，則一定程度上可培育出對「對象」的完全敵視。

第 11 章

兩岸關係的變數之四：川普尋求兩岸、對台戰略思考的因素

美國2016年11月總統大選，代表共和黨出來競選的川普（Donald J. Trump），在選前沒有被看好的情況下，卻意外擊敗了選前熱門、由民主黨提名的希拉蕊（Hillary Clinton）。這場勝選，讓川普獨特的言論以及不按牌理出牌的個性，不僅扭轉了美國傳統社會的形象，同時也顛覆了美國傳統的外交政策，特別是置放在亞洲、兩岸，以及台灣的戰略思考，掀起了多年來難得一見的風浪。

本章將專注在川普贏得大選之後，尋求兩岸、對台的戰略思考主要內容，一方面這是符合本書的主題，來探討代表美國的川普，將如何在兩岸關係上扮演一個重要影響的角色；並分析他的對華政策，將是如何在兩岸關係上形成一個關鍵的變數。

但這裡有個不可否認的現實問題存在，那就是在本書截稿之前，川普尚未就職美國總統也是個事實。如何在川普勝選之後、但就任之前，就能觀察到未來美國在兩岸及台海問題上扮演重要的關鍵角色，的確不是件容易的事。因此，本書在這個層面上，是有它的缺憾所在。

第一節 川普2016年大選前後對兩岸、中國以及台灣的政治立場

一、川普2016年大選時對台灣支持的政治立場

川普勝選之後，他身邊第一位來台訪問並會晤蔡英文的幕僚是葉望

輝，他也曾經是2016年共和黨黨綱（Republican Platform 2016）起草國家安全部分的共同主席，他把雷根時期對台灣的六項保證（Six Assurances）納入黨綱，包括：對台軍售不設定限期；不為台海兩岸做調人；不施加壓力要求兩岸談判；未改變對台灣主權的長期立場；不計畫修改《台灣關係法》；以及對台售武之前不會徵詢北京。

黨綱中並強調任何關於台灣未來的議題，都要以和平、對話且獲台灣民眾同意的方式解決；如果中國方面違反此原則，美國將依《台灣關係法》協防台灣。同時也支援台灣參與世衛組織（WHO）、國際民航組織（ICAO）與其他國際多邊組織。[1]

即使不是川普的幕僚，像是喬治華盛頓大學中國問題專家沙特（Robert Sutter）就曾經觀察到，川普對台政策的變數比希拉蕊當選更大。他是根據2016年共和黨黨綱表現出的對中強硬、對台支持，顯示出川普政府準備改變對台政策的意向。[2]

但是，曾擔任過陳水扁副手的呂秀蓮則有另一番精闢的見解，值得外界在解讀川普對台政策會一面倒支持時的省思。她說：川普參選之初，美國共和黨通過對台十分有利的黨綱，並於蔡川熱線後派前副總統錢尼的國安顧問葉望輝來台訪問。但是，葉望輝不等於川普，川普本人在競選期間從未提過台灣，也鮮少談到民主人權道德等價值理念。他為什麼要對台灣送暖和仗義執言呢？[3]

這也告訴台灣，沒有川普親口說出對台灣的支持，很難斷定未來的川普政府一定會對台友好。更何況，在美國不管是共和黨或民主黨的黨綱，過去很少見到它們能全部轉化到未來的政策推動。基本上，美國政黨的黨綱一般來說「聽聽就好」，太嚴肅去看待，可能會帶來更多的失落。

1 這是引用台灣《新新聞》週刊總主筆顧爾德，為英國《金融時報》中文網所撰寫的稿子，請見顧爾德，〈特朗普電話的「現實主義」〉，2016年12月5日，《金融時報》中文網，網址：http://www.ftchinese.com/story/001070420。
2 羅曉媛，〈川普政府對中國將是「低調與尊重」，對台政策則變數大〉，2016年11月9日，聯合新聞網，網址：http://udn.com/news/story/1/2095449。
3 呂秀蓮，〈川普海嘯，浪襲「一中」。呂秀蓮：台灣人眼睛亮了心頭熱了〉，2016年12月14日，三立新聞網，網址：http://www.setn.com/News.aspx?NewsID=207055。

二、川普陣營的幕僚與台灣關係十分友好

傳統上，台灣與美國共和黨的關係比與民主黨密切，川普陣營的幕僚與台灣的關係也不淺。包括2015年10月和葉望輝一起訪台的共和黨全國委員會主席、川普任命的白宮幕僚長蒲博思（Reince Priebus），和台灣長期關係友善，當時他們就拜會了蔡英文。[4]

加上葉望輝任職的傳統基金會（Heritage Foundation）一向是共和黨的重要智庫。基金會創辦人佛訥（Ed Feulner）也是川普政權交接團隊的一員，他在2015年10月訪台拜會蔡英文。從台灣國安外交方面傳出的消息是，他是安排蔡英文與川普通話的關鍵人物，但這項傳聞未獲佛訥本人證實。佛訥過去常來台灣幫傳統基金會募款，2011年訪台之後，他投書《華盛頓時報》（Washington Times），批評美國不出售F-16 C/D型戰機給台灣的決定。他當時說，此事不僅關係台灣防衛能力，也攸關美國信譽與亞太安全。[5]

2016年曾經訪問台灣的川普高級顧問納瓦羅（Peter Navarro）也表示，美國應更致力於現代化台灣的防禦能力，幫助台灣發展潛艦，以反制中國崛起而在東海及南海的激進行為。他認為，維持台灣的親美與獨立盟友關係，對從戰略上制衡日益軍事化的中國非常關鍵。他也建議美國儘可能幫助台灣加入更多國際組織，停止犧牲像台灣這樣的盟友，安撫正從貿易夥伴兼戰略對手，而轉向敵對（hostile enemy）的中國。儘管他是川普團隊中為數不多、頗瞭解中國的經濟學家，曾作有中國的書籍與電影。不過，《聯合報》這篇分析報導說：川普正式就職後會否聽取其建議，目前還難以從這位最不可預測的總統身上找到答案。[6]

納瓦羅在回美之後還在保守派刊物《國家利益》（The National Inter-

4　這是台灣《新新聞》週刊總主筆顧爾德，為英國《金融時報》中文網所撰寫的稿子，請見顧爾德，〈特朗普電話的「現實主義」〉，2016年12月5日，《金融時報》中文網，網址：http://www.ftchinese.com/story/001070420。

5　同上註。

6　羅曉媛，〈川普政府對中國將是「低調與尊重」，對台政策則變數大〉，2016年11月9日，網址：http://udn.com/news/story/1/2095449。

est）發表「美國不可放棄台灣」（America Can't Dump Taiwan）一文。文章中他一方面強調，美國沒有必要稱台灣是個國家而「激怒熊貓」（poke the panda），但必須承認台灣是民主的「政治實體」（political entity）；此外，美國不應該承認「一國兩制」，也不要再提「一個中國」政策。同時，美國要提供台灣更好的防衛武器。他也批評過去的美國總統只把台灣當作與中國交涉的籌碼。[7]

川普另一個中國政策重要幕僚白邦瑞（Michael Pillsbury），也是對中國採鷹派立場的資深中國通。他在尼克森主政時就參與中美關係正常化談判。2015年，他為著作《2049百年馬拉松：中國稱霸全球的祕密戰略》（The Hundred-Year Marathon: China's Secret Strategy to Replace America as the Global Superpower）中文版在台灣出版而來台。該書的基調是：半個多世紀以來，中國老是在騙美國，他要美國不要再被中國「不稱霸」的說詞所惑。白邦瑞訪台時還建議台灣：「最好想辦法很具體的提出建議：台灣願意參加美國的再平衡政策，……最好仔細說出台灣能夠提供的東西」。這句話其實很像川普對盟國的要求：多「貢獻」一些保護費，台灣也得準備更多銀兩向美國購買軍備。[8]

上述幾位重要策士對台灣的言論、態度，加上他選擇兩個鷹派，佛林（Michael Flynn）和馬蒂斯（James Mattis），分別擔任國家安全顧問和國防部部長，似乎可以發現川普陣營的外交戰略似乎朝向「攻擊性現實主義」（Offensive Realism）的方向前進。[9]

三、川普的「攻擊性現實主義」的政策可能對中國的影響

「攻擊性現實主義」代表人物之一米爾斯海默（John J. Mearsheimer），在川普當選後曾於《國家利益》發表文章，鼓吹川普要

7　顧爾德，〈特朗普電話的「現實主義」〉，2016年12月5日，《金融時報》中文網，網址：http://www.ftchinese.com/story/001070420。

8　同上註。

9　同上註。

放棄美國長期採行的自由主義霸權（liberal hegemony）想法，而採取現實主義的外交政策。他認為在過去自由主義霸權思想下，美國到處去推翻集權政府、建立民主政權，結果大多失敗；如今美國要尊重各主權國家，不要試圖去推動各國內部的社會改造。[10]

這種想法看似符合中國的利益，其實不然。兩年前，米爾斯海默在日本一場由「東京財團」（東京基金會）主辦的演講中，巧妙地把中國崛起和烏克蘭危機連結在一起。他認為與美國利害關係最重大的三個區域是歐洲、波斯灣與東亞。而在歐洲與波斯灣，美國都沒有面臨足夠強大的對手，只有崛起中的中國才會挑戰到美國霸權。[11]

雖然俄羅斯不足以與美國抗衡，但是當北約（NATO）想把勢力伸入喬治亞與烏克蘭，俄羅斯當然無法容忍而反擊。同時，北約的動作反而加強了俄羅斯與中國的結盟，這也幫助了中國的崛起。此外，美國也需要俄國在敘利亞與阿富汗等地區的合作。米爾斯海默認為，美國應該和俄羅斯建立較和緩的關係，而重點放在東亞防堵中國崛起。[12]

顧爾德的看法是：如果從米爾斯海默的觀點來解讀川普與蔡英文的通話，以及同一天與一向對美國出言不遜的菲律賓總統杜特蒂（Rodrigo Duterte）的通話（杜特蒂稱川普支持他的掃毒行動，這項行動被歐盟與歐巴馬批評為違反人權），並同時與阿富汗、新加坡這兩個與美國有戰略利害關係的領導人通話，可以比較合理解釋川普的意圖。[13]

四、台灣的學者及專家怎麼來看川普對兩岸、中國以及台灣的政治立場

儘管如此，由於台灣對川普的瞭解不深，他的幕僚的友台態度是否可以順利轉移到川普的身上，恐怕也很難說得清楚。加上川普可能會繼續將

10　同上註，引用顧爾德，〈特朗普電話的「現實主義」〉，2016年12月5日，《金融時報》中文網，網址：http://www.ftchinese.com/story/001070420。

11　同上註。

12　同上註。

13　同上註。

台灣視作棋子一般看待，所以台灣在沒能全部擄獲川普的關注之前，仍然存有危機。

　　曾經擔任過馬英九執政時期國安會秘書長的蘇起就指出，川普的勝利是建立在當前美國社會嚴重的分裂情勢上，它反應出美國人民對二戰後的國際主義與全球化的反彈，他的施政勢必以修補內政為主，台灣須好好研究美國的內政，因為川普的對外政策很大部分衍生自其內政的需求；此外，美中關係將進入新的磨合階段，不論北韓、南海、東海、中東或烏克蘭等國際爭端出現時，美國對中施壓，中國有可能就會把台灣扯進來。[14]

　　蘇起也指出，他不認為短期內會出現「棄台論」，不必嚇自己，但「可能性比以前高」，他對這個趨勢很警覺，全球問題很多，而美國的掌控力降低，台灣是中國最大的籌碼，但在美國民意中的重要性是蠻低的，國安單位必須整體評估，全盤思考，重新檢討台灣在東亞的定位及未來的新作為。[15]

　　同樣曾在馬英九執政時期擔任過國安局長的蔡得勝指出，台灣對川普的瞭解，可能是有史以來對美國總統候選人團隊最陌生的一次，而川普對台灣的瞭解也很少，甚至可以說是陌生的；在美中關係或美國需要中國協助處理問題時，台灣必定浮上檯面，而台灣問題甚至「不是一個議題」，而只是「一個籌碼」。蔡得勝表示，川普講的是利益，在利益至上的考量下，只要符合美國利益，都可談，商人就是要談出結果，在此前提下，川普的手段是可預料的，台灣有多少利益讓美國關心台灣，「棄台論」會不會成為氣候，都值得思考。[16]

---

14 石秀娟，〈蘇起：台灣國安情勢惡化〉，2016年11月11日，風傳媒，網址：http://www.storm.mg/article/188432。
15 同上註。
16 同上註。

第二節　川普及其競選團隊對兩岸與對台的戰略思考

一、美國過去以複雜化的概念處理對華政策，現在川普開始趨向用簡單化的邏輯

　　川普及其競選團隊到底對中國大陸、兩岸以及台灣的戰略思考會是如何？平心而言，如果探討它的戰略思考，必須從美國在國民黨政府撤退來台後的對華政策追溯說起，這當然是個極其複雜的問題，那不僅需面對一段很長期間的史實，而且還得區隔每任總統對政策處理的不同風格。不過，還是有些例子可用來說明當時政策運作的複雜性：譬如說自1949年以來，美國對台海兩岸事務處理的立場，就經常可「時左時右」。在杜魯門總統執政時期的1950年，當其政策偏袒到大陸時，竟然可以在1月份於白宮及國務院重大政策發言時，宣稱台灣是中國的一部分，但到了6月當韓戰爆發時，美國又可宣稱台灣法律地位的未定論。又譬如說在尼克森總統執政時期的1972年，當時美國還與中華民國維持了正常的外交關係，但其卻在中國大陸，與尚未建交的中華人民共和國簽署了一份具有官方性質的「上海公報」。更嚴肅的來說，當1972年美國在台北尚設有大使館時，竟然也可在北京設置了官方的聯絡處，這種對國際法遵守的觀念，可以說全以「模糊」來論。

　　但是就川普現在對中國大陸、兩岸以及台灣的戰略思考來說，卻轉型到是一個極其簡單的問題，因為他所有的思考，就只為川普所謂的「美國國家利益」來服務。當拉攏中國大陸可以助益川普所謂的「美國國家利益」時，台灣對川普而言，是籌碼效益用盡，甚至都可捨棄；但反過來說，當北京不願因而遷就時，台北就因而受到川普及其競選團隊的垂青，特別是台灣在兩岸之間仍具籌碼功能之時。這樣的邏輯在下面所舉的例子裡，可充分的說明。

二、川普處理台灣的例子：「川蔡通話」說起

頗能解讀川普這樣立場變遷邏輯的第一個例子是在2016年12月2日，蔡英文於台灣時間晚上11時（美東時間2日上午10時）與美國新任總統當選人川普，進行了一場的越洋電話談話。

根據總統府網站的公布，蔡英文總統除了祝賀川普順利當選之外，比較引發外界關注的是「兩人簡短對亞洲區域情勢交換意見」。對於台美間的未來關係，總統「期盼能強化雙邊的互動與聯繫，建立更緊密的合作關係」。總統也向川普總統當選人表達，「希望未來美方能持續支持台灣在國際議題上有更多參與及貢獻的機會」。[17]

這通電話前後大約10分鐘的時間，在這樣有限的時間裡，談的內容也必然有限。理論上，這通電話並沒有觸及實質的結論，甚至都沒看到川普的回應與答覆的內容，因此最多只能用「寒暄」二字可形容，但電話上的「川蔡會」，卻掀起了台海兩岸與美中台三角這近幾十年來罕見的風波，可能是下列二個原因：

第一，自1979年以來，台美之間這樣高層通話的鏡頭，的確很難見到，所代表的「政治意義」，可能對台北來說，是深具意義，但對北京而言則是極具挑釁。但實際上，在1979年之前，台北又能有多少次機會，讓它的領導人與美國領導人能通上電話？

第二，北京最不能接受是川普稱蔡英文是「台灣總統」，這是官式上不適當的稱呼，因為「台灣」只是地名，但川普刻意如此稱呼，這不但突顯「一中一台」，而且推翻「一中原則」，直接挑戰中共最後底線。

可是北京的反應卻又非常簡短，但非常強烈，短短一百多字外交部的聲明，而且還是應記者要求而作的答覆，是說：「我們敦促美國有關方面信守奉行一個中國政策、遵守中美三個聯合公報原則的承諾，謹慎、妥善

---

17 〈蔡總統與美國總統當選人唐納川普（Donald J. Trump）先生越洋電話談話〉，2016年12月3日，總統府網站，網址：http://www.president.gov.tw/Default.aspx?tabid=131&itemid=38402&rmid=514。

處理涉台問題」。[18] 國台辦則在稍後回應，特別提醒「台灣方面的小動作不可能改變台灣是中國一部分的地位，也不可能改變國際社會普遍承認一個中國的格局」。[19]兩個部會的聲明，可以明顯感到，川蔡這通電話固是破壞了中美之間「一中原則」的承諾，但在國際社會它是不會改變「普遍承認一個中國」的格局。

美國白宮與國務院都發表聲明，表達對「英川通話」的不滿。當時尚在任內的美國總統歐巴馬，甚至親自出馬在記者會上對川普的立場作出抨擊的動作。歐巴馬說：我已經給總統當選人建議了，當他開始有大量與外國政府的互動時，除了一般禮節性的通話外，他應該要在他團隊完全到位的情況下，來充分聽取團隊的簡報介紹，瞭解到過去的陷阱可能在哪裡？但未來的機會又在哪裡？他們是否學到了我們過去八年外交處理的經驗？唯有這樣，他才能在外交政策中找出一個新的方向，做出正確的決定。[20]

華盛頓郵報尚引述消息人士說法報導說，美國候任總統川普與蔡英文總統通話，是川普幕僚暗中擘劃對台新政策並商議數月的成果，準備工作甚至在川普還沒贏得共和黨總統提名時即已展開。這次通話是刻意挑釁，證實川普想以有別於現任總統歐巴馬的做法，處理與台灣和與中國大陸的關係，反映出強硬派幕僚認為川普一開始就該對大陸硬起來的想法。[21]但值得在這項報導後面附註的，是川普在2016年2月11日播出的福斯新聞專訪中的澄清，他本月稍早和台灣總統蔡英文通話，並不是幾週前就事先計畫好的事，他是在通話前一到兩小時才知道此事。[22]

18 〈外交部發言人耿爽就美國當選總統川普同台灣地區領導人蔡英文通電話答記者問〉，2016年12月3日，中國外交部網站，網址：http://www.fmprc.gov.cn/web/wjdt_674879/fyrbt_674889/t1421084.shtml。
19 〈國台辦：台方小動作不可能改變台灣是中國一部分的地位〉，2016年12月3日，資料來源：新華網，國台辦網站，網址：http://www.gwytb.gov.cn/wyly/201612/t20161203_11642733.htm。
20 "Press Conference by the President", *The White House*, 12,16, 2016, 網址：https://www.white-house.gov/the-press-office/2016/12/16/press-conference-president。
21 李京倫，〈華郵：這通電話 川普幕僚暗擘劃〉，2016年12月6日，聯合新聞網，網址：http://money.udn.com/money/story/7307/2150516。
22 'China official says Trump's Taiwan comments cause "serious concern"', Fox News.com, December 12, 2016, http://www.foxnews.com/politics/2016/12/12/chinese-media-calls-trump-ignorant-after-taiwan-comments.html.

　　川蔡通話之後，大家開始關心川普就任之後對台以及兩岸的動作與走向，但作者只是作了些補充，與其說是「分析」，還不如說是「提醒」，一是因為兩岸關係實在是太過於複雜；另一原因則是通話之時，川普畢竟尚不是當今的美國總統：

　　（一）川普尚未就任，加上個性善變，等到明年初就職之後，是否仍對台灣如此「厚愛」，恐有待觀察。至少川普在競選之時與勝選之後，很多主張已經更弦，甚至調整，他對台灣的態度，在面臨更多來自中國大陸的壓力後，是否還能維持原狀，作者是持保留態度。

　　（二）但川普本次與蔡英文與話，恐怕不見得只是即興之作，因他在推特上撰文，說有人在電話事後告訴他，恐會激怒中國，但他不以為然，這可能表示電話之前應經過思考。作者的解讀是，他在競選時，是力爭中國。勝選後，則力貶中國。他這次電話，是否有意把台灣當成中美之間的棋子，可以再進行觀察。

　　（三）誰先打電話去，另有深層意義。這次是蔡先打去，表達致賀，但川普肯接來自台灣的電話，就是政治意義。但當天其他國家元首也有致電川普，以菲律賓總統去電為例，川普肯聆聽，並邀他前來美國訪問，表示川普有亞太戰略布局的考量。沒同樣邀蔡英文，表示川普十分瞭解中國會強烈反彈。

　　（四）北京看來是相當謹慎應對，目前沒有馬上翻臉。在距川普就任尚有一段時間之時，北京相信還可以長時間觀察一番。但對蔡英文，北京應該準備將大門完全關上。

三、川普處理中國大陸的例子：「一中政策」的態度

　　再來說明川普對兩岸戰略思考的第二個例子，就是川普對北京「一中政策」的態度，明的來說，這看起來像是「挑戰」，但在核心內容裡，這卻更像是項「買賣」。

　　川普在2016年12月11日播出的福斯新聞專訪中說，和蔡英文通話這件事，「我不要中國指揮我」。聽起來，他像是在維護他的尊嚴與美國的

國格。但是下面一段話，卻立即反映出他商人的性格，川普說：如果中國大陸沒有在貿易或其他問題上讓步，他不知道美國為什麼還要遵循「一個中國」政策。這是不是在暗示：如果中國大陸在貿易或其他問題上會對他或美國做了讓步，美國就會要遵循「一個中國」政策？事實上，他與蔡英文的通話、對「一個中國」的挑戰，整個戰略思考不就是：想運用台北這個籌碼，在匯率、貿易出超等議題上向中國施壓。要不然，他又何需說出：「除非我們和中國就包括貿易在內的事情達成協議，不然我不知道我們為何必須被一個中國政策束縛」。[23]

　　說它是項「買賣」，也可以看一下這段說明：過去從未有一名美國總統或總統當選人像川普這樣，把美國的一中政策如此直接拿出來，作為與中國討價還價的籌碼。美國有線電視新聞網（CNN）指出，這顯示川普不怕激怒中國，有意迫使中方接受新協議，但不清楚他是否準備廢除一中政策。[24]

　　實際上，川普是否完全在挑戰北京，外界的觀察尚需有一段時間才能完全消化。像亞洲協會美中關係中心主任夏偉（Orville Schell）就認為，川普對中國的立場充滿矛盾，先是與蔡英文總統通電話，仿若是賞北京一拳，而接著又提名布蘭斯塔德出任駐中國大使，則無疑是向北京示好擁抱，「但現在我們又看到另一記重拳」。夏偉形容，川普的行為是令人「難以置信的挑釁」。[25]

　　果然不出所料，就在本書截稿前一刻，川普2017年1月14日接受《華爾街日報》一個小時的專訪，再度對延續美國歷任政府的「一個中國」政策保留彈性，他並表示，在看到北京當局改善貨幣及貿易作法前，他不會

23　'China official says Trump's Taiwan comments cause "serious concern"', Fox News.com, December 12, 2016, http://www.foxnews.com/politics/2016/12/12/chinese-media-calls-trump-ignorant-after-taiwan-comments.html.

24　這段論述，引用於江靜玲、王嘉源、楊家鑫，〈川普嗆一中，當談判籌碼〉，2016年12月13日，中時電子報網站，網址：http://www.chinatimes.com/newspapers/20161213000333-260108。

25　同上註。至於愛荷華州州長布蘭斯塔德與習近平結識於1985年，習近平當時因姐妹州互訪而首度訪問愛荷華州。自此以後，布蘭斯塔德與習近平又多次重聚，所以友情深厚。

承諾恪遵長期以來的「一中」政策。但川普也作了補充說明，「一切都可以磋商，包括『一個中國』」（Everything is under negotiation including One China）[26]。不過，針對川普宣稱，正在與北京商討「一個中國原則」，中國大陸外交部在北京時間14日深夜發表嚴正聲明，強調一中原則是中美關係的政治基礎，是不可談判的，台灣是中國的一部分，中華人民共和國政府是代表中國的唯一合法政府，任何人都無法改變。[27]看起來，川普這套「談判思維」，特別涉及到中國最敏感的主權與領土問題上，恐怕會有所觸礁。而最後是否川普必須讓步？以便中美關係仍能正常運作，台灣是「棋子」或是「籌碼」的戲碼最後終將上演。

第三節　川普的思考，一旦形成政策，對兩岸關係發展影響的分析

中國時報有篇社論，認為預測川普的政策走向可有六個著眼角度去觀察，內容很是精彩，作者特別予以引用，以增加讀者對川普目前對大陸及台灣的思考，一旦將來形成政策，對兩岸關係發展的影響可有所瞭解。這六個著眼角度是下列的分析：一是美國民意，這次大選美國主流民調全盤失準，但不表示民調全無參考性，川普施政可能更重視民意，民調還是評估民意最重要的憑藉。二是媒體，美國主流媒體大多不挺川普，雖沒有阻擋川普總統之路，但媒體對美國政治影響力仍然強大，媒體態度也將左右川普政策。三是競選承諾，川普在選前對國內國外都做了許多會「翻天動

---

26 Trump said he wouldn't commit to America's agreement with China that Taiwan wasn't to be recognized diplomatically, a policy known as "One China," until he saw what he considered progress from Beijing in its currency and trade practices. See "Trump open to shift on Russia sanctions, 'One China' policy", http://www.wsj.com/articles/donald-trump-sets-a-bar-for-russia-and-china-1484360380。2017/1/13. 但因為上鎖，所以該網址僅有部分的內容，詳細的內容請見路透社，https://www.rt.com/usa/373657-trump-interview-ussia-sanctions-one-china/，2017年1月14日。

27 連雋偉，〈川普頻挑戰 陸：一中不可談判〉，2017年1月16日，中時電子報網站，網址：http://www.chinatimes.com/newspapers/20170116000334-260108。

地」的承諾，勝選後雖然大為收斂，但他仍須向支持者交代，這些承諾不管執行或不執行，都將對美國及世界帶來極大衝擊。四是國會，美國參眾兩院，共和黨雖雙雙囊括多數，表面上川普完全執政，但川普和共和黨的理念仍有許多待磨合之處，未來參眾兩院對川普的態度是觀察指標。五是體制，川普是以打破建制為主訴求而當選總統，但仍須接受體制。六是幕僚與執政團隊，各界最擔心川普上任後會不會變成「暴走總統」，幕僚與執政團隊將扮演關鍵角色。[28]

　　在本章裡，我們可能無法一一引述出上面每個環節的動態因素去解析，但給我們的反思，是覺得應該可以建立起一些假設命題，來預測川普的未來政策，到底對兩岸關係可能導致的影響會是什麼？

　　至少在本書截稿之前，我們已經見到擔任中國大陸國務院國務委員的楊潔篪，在2016年12月9日已與川普國安顧問人選佛林（Michael Flynn）會面，這個行程也得到中國外交部證實；[29]另方面，台灣國安會秘書長吳釗燮，也在12月初前往美國並訪問紐約與華府，與川普陣營人士見面。[30]形成兩岸外交高層都有赴美求援，尋求與川普團隊會面及溝通的情況。

　　但是，川普畢竟在那個時段尚未就任總統，他所有已經對兩岸或台灣的敘述，都必須再經過他上任之後所推出的政策來驗證。但是我們若能假設幾個川普可能會推動的政策走向，希望籍此能來探討美國下一任總統對兩岸關係的發展應是會有多大的影響。

一、川普如果捨棄「一個中國」政策立場，對兩岸及台灣所造成的影響

　　川普在2016年12月11日播出的福斯新聞專訪中曾說，如果中國大陸

28　〈社論：評這個所謂最會溝通的政府—台美篇 台美溝通先打造六道橋梁〉，2016年11月19日，中時電子報網站，網址：http://opinion.chinatimes.com/20161119003415-262101。

29　〈外交部發言人耿爽主持例行記者會〉，2016年12月12日，中國外交部網站，網址：http://www.fmprc.gov.cn/web/wjdt_674879/fyrbt_674889/t1423456.shtml。

30　汪莉絹、賴昭穎，〈兩岸要員赴美 向川普傳遞訊息〉，2016年12月13日，聯合新聞網，網址：http://udn.com/news/story/9828/2165383。

沒有在貿易或其他問題上讓步，他不知道美國為什麼還要遵循「一個中國」政策。接著他再重提：「除非我們和中國就包括貿易在內的事情達成協議，不然我不知道我們為何必須被一個中國政策束縛」。[31]

雖然這個「捨棄一中與否」的說法都有個前提：「如果中國大陸沒有在貿易或其他問題上讓步」或「除非我們和中國就包括貿易在內的事情達成協議」，但是一旦球到了中國大陸這一邊，北京如果也是和川普一樣，把民族尊嚴與國家國格掛在最前面，並拒絕在貿易或其他問題上向美國讓步，那麼川普會是如何走出處理善後的一步，就值得關注。實際上以中國目前對美外交的運作來看，它可以不甩南海裁決書的仲裁，也不配合美國呼籲朝鮮六方會談的建議，在強大的內部民意的壓力下，很有可能就把川普這個討價還價的叫買，置於一旁予以冷處理。換過來說，萬一川普不能為自己設下台階，那麼不再採取「一個中國」政策立場的美國，將會對兩岸及台灣造成什麼樣的影響？這顯然是個相當嚴重的強權衝突的問題。

曾經促成1972年尼克森訪問中國大陸，並簽署「上海公報」的美國共和黨大老季辛吉，在2016年12月14日向華裔美人組織「百人會」（Committe of 100）演說時表示，他自己抱持希望、樂觀且有信心，認為川普會堅守「一個中國」政策，避免與台灣開啟外交或正式關係。季辛吉指出：「新政府都還沒上任，應再給這些議題一點時間。自1971年以來，每一位美國總統及兩黨都接受（一中政策）這個架構，只要（川普新政府）仔細考量這個架構，我不預期它會被推翻」。[32]

不只共和黨大老如此認為，在民主黨執政時期曾經擔任過美國在台

---

31 'China official says Trump's Taiwan comments cause "serious concern"', December 12, 2016, Fox News.com, http://www.foxnews.com/politics/2016/12/12/chinese-media-calls-trump-ignorant-after-taiwan-comments.html.

32 Speaking to the Committee of 100, a non-profit that works on improving U.S.-China relations, Kissinger said he is "hopeful, optimistic, and confident" that Trump will uphold the decades-old "One-China" policy and avoid diplomatic or formal relations with an island that China considers part of its territory. Please see Sangwon Yoon, 'Kissinger at 93 expounds on Tillerson, "One-China" and Trump', quoted from the Associated Press, *The Journal*, http://www.thejournal.com/article/20161214/ap/312149776/kissingerat93expoundsontillersononechinaandtrump.

協會理事主席，現為布魯金斯研究所東亞研究中心主任的卜睿哲（Richard Bush），在2016年12月13日也發表一封「致川普的公開信」指出，在「一中政策」上與中國大陸進行談判，將創造不確定性，把台灣置於險境。他說，不論美中關係現在面臨什麼樣的問題，背棄美中協議中有關台灣的部分，不會讓在雙方的貿易、北韓及南海等議題產生槓桿作用，反而更可能撼動整個關係架構，讓北京再思考尋求和平統一的政策；更糟的狀況是，台灣將連帶受害。[33]

卜睿哲還特別提醒川普：「一中政策」是美國自己採用並堅持，北京並沒有強求。[34]這個說法過去在台灣比較少聽到，一般人可能比較直覺的想到：如不是北京強迫與要求，美國又怎會去遷就一中的問題？現在由擔任過台灣事務的美國前官員說出口，說服力就會強很多。其實美版的「一中政策」就與北京的「一中原則」有很大程度的差別，所以美國在1972年之後就一直奉行不踰。

另一種是來自賓州巴克納爾大學（Bucknell University）一位華裔學者Zhiqun Zhu的看法。他說：川普在競選時的承諾，包括要把工作機會帶回美國，並指控中國操縱貨幣，同時對中國進口的產品要加徵45%關稅。但是大家可能不太會注意到競選言詞與現實之間往往有巨大差距。川普在長時間後，他可能會意識到美國的未來仍將牢固地繫於中國，如果沒有中國的合作，他許多國內和外交政策的目標，從國際安全、創造就業機會，將很難實現。[35]

台灣在這個問題上該是如何作為？基本上，台北當局目前為止是保持一種不矜喜、也不急躁的立場，是對自己權益有所保護。作者認為，川普會把「一中政策」當作交易手段，就不會把「一中」問題嚴肅看待，等惹

33　Richard Bush, 'An open letter to Donald Trump on the One-China policy', December 13, 2016, Brookings, https://www.brookings.edu/blog/order-from-chaos/2016/12/13/an-open-letter-to-donald-trump-on-the-one-china-policy/.

34　Ibid.

35　Zhiqun Zhu, 'The Trump Challenge in US-China Relations', December 14, 2016, Ippreview, http://www.ippreview.com/index.php/Home/Blog/single/id/307.html.

火上身，他或可脫身，但台灣如果太趨於樂觀或動作太過於積極，很可能最後是被犧牲的籌碼。

假設說，川普將來必須向現實屈服，他那套不切實際的幻想必須調整，他可能就會「髮夾彎」來做改變，但那時候已經緊隨他的台灣，也可以說彎就彎嗎？恐怕北京屆時已不會允許有空間給它了。

二、川普的「棄中」言論，導致歐巴馬更深一層對台海現狀的解讀

美國總統歐巴馬2017年12月17日在白宮記者會中表示，「有關中國，就讓我們舉台灣為例。基本上中國與美國之間，及和台灣在某種程度上，長期以來都有共識，就是不要改變現狀。台灣的運作方式與中國大陸不同。中國視台灣為中國的一部分，但也承認，必須將台灣視為自有一套運作方式的實體（entity）來接觸交往」。歐巴馬也說：「台灣人同意，只要能以某種程度的自治（some agree of autonomy）持續運作，他們就不會猛向前衝宣布獨立（won't charge forward and declare independence）。雖然這種現狀無法讓涉及的任何一造都完全滿意，但這一直以來維繫了和平，並讓台灣成為相當成功的經濟體，而台灣人民也得以享有高度的自決（a high agree of self-determination）。就我所瞭解的中國來看，台灣議題與他們記事表上的任何事情都同等重要」。[36]

正如台灣聯合報在一項報導中有提醒，歐巴馬上任八年來很少談論台灣問題，即便談到台灣也幾乎是照稿聲明；但歐巴馬17日在白宮舉行記者會，卻首度談論總統當選人川普日前與台灣總統蔡英文通話，以及川普質

---

[36] 歐巴馬總統在記者會上關於這一段的原文是：And with respect to China－and let's just take the example of Taiwan－there has been a longstanding agreement, essentially, between China, the United States, and, to some degree, the Taiwanese, which is to not change the status quo. Taiwan operates differently than mainland China does. China views Taiwan as part of China, but recognizes that it has to approach Taiwan as an entity that has its own ways of doing things. The Taiwanese have agreed that as long as they're able to continue to function with some degree of autonomy, that they won't charge forward and declare independence. See: "Press Conference by the President", *The White House*, December 16, 2016, https://www.whitehouse.gov/the-press-office/2016/12/16/press-conference-president.

疑「一中政策」後的美中台關係，更罕見的深談兩岸關係。[37]

　　但是歐巴馬這段談話對「台海現狀」的認定，以及代表北京來說明其對台灣政治定位的看法，還是引發了一些爭論：第一，美方的「台海現狀」，是否與北京、及台北的認定有相同之處？如果不完全相同，美國只是用它的角度來解讀，兩岸當局是否會予以認同？第二，歐巴馬認為「中國視台灣為其一部分，但承認自己必須視台灣為一個可以用自己方式做事的「實體」（entity）來接觸」，是否符合北京對台政策的核心意涵，恐需深入探討。第三，歐巴馬認為「台灣人同意，只要他們能繼續以某種程度的自治（autonomy），就不會猛向前衝宣布獨立」。這恐怕是另一種爭議，現今的台灣當局，有多少真實的可能在兩岸之間會接受僅只是「自治」的狀態？

　　（一）過去一段時間以來，研究兩岸或美中台關係的人都瞭解，美國、中國，以及台灣，對「台海現狀」的解讀都有不同：美國的現狀是根據三個公報與台灣關係法，現有的兩岸狀態不能由任何一方單方面來改變；中國大陸的現狀，是1949年之後國民黨政權退居台灣，但是並不代表「中國領土和主權的分裂，而是中國內戰遺留並延續的政治對立」；至於台灣所定的現狀，恐怕國民黨與民進黨的看法都有不盡相同之處。前者是根據中華民國憲法，把台海現狀看作是一個國家兩個地區，後者也根據中華民國憲法，但更偏重增修條文意涵，認定「台海現狀」是二個國家存在的狀態。

　　（二）北京一直「視台灣為其一部分」，歐巴馬這個代言是說對了；但是北京有無「承認自己必須視台灣為一個可以用自己方式做事的「實體」（entity）來接觸」？至少在它的官方文書上從沒如此表過。最接近的一次說法，是胡錦濤在2008年12月所提「大陸和台灣儘管尚未統一，但不是中國領土和主權的分裂，而是中國內戰遺留並延續的政治對

37 張加，〈歐巴馬：只要能維持某種程度自治 台灣就不會宣布獨立〉，2016年12月17日，聯合新聞網，網址：http://udn.com/news/story/9828/2174933。

立」，胡並且說「為有利於兩岸談判，可以就在國家尚未統一的特殊情況下的政治關係展開探討」。[38]這個「尚未統一的特殊情況下的政治關係」，只留下想像空間。所以，歐巴馬如果改用是「兩岸默契」一詞，恐怕更契合現實的狀態。

（三）至於說，以歐巴馬原文來看，「台灣人同意，只要他們能繼續以某種程度的自治（autonomy），就不會猛向前衝宣布獨立」，這個說法可能就不符合民進黨的內心想法，首先1999年「台灣前途決議文」目前還在有效階段，因為追求台灣獨立建國仍是該黨終極目標。更何況，民進黨建黨以來，所有重大文件以及決議文，從來沒有設定過所謂「自治」可以是它最終標或階段性目標。而且，從李登輝、陳水扁到蔡英文都曾朗朗說上一句「台灣是一個主權獨立的國家，依目前憲法稱為中華民國」，即使名字叫中華民國，它也強調與中華人民共和國互不隸屬，而且也與中國大陸隔分為二。

儘管美國布魯克林研究所東亞研究中心主任卜睿哲在接受中央社訪問時表示，歐巴馬談台灣確實在用字遣詞上有點不精確，但「這不代表什麼」。[39]作者的看法可能與卜睿哲有點不一樣，至少會認為歐巴馬貴為美國總統，他的說法一定有權威的資訊來源，不可能說只是在用字遣詞上有點不精確。至少在過去，中國大陸以及台灣的官員，是否曾經在不公開的情況下，有提供過美方很真誠的政治立場說明，才會讓歐巴馬有那麼多外界都缺乏瞭解的「對台海兩岸情況的認知」。

而且，歐巴馬尚說了下列這段話，更證明了他是十分瞭解兩岸問題。他說「中國不會以處理其他問題的方式對待台灣問題；這已經進入他們如何看待自己的核心，而他們對這件事的反應可能非常重大」。[40]

---

38 〈紀念《告台灣同胞書》三十週年，胡錦濤發表重要講話〉全文，請見中共國台辦，2008年12月31日，國台辦網站，http://www.gwytb.gov.cn/speech/speech/201101/t20110123_1723962.htm。

39 〈楊明暐，歐巴馬用詞不精確，核心訊息正確〉，《中國時報》，2016年12月19日，A3版。

40 "Press Conference by the President", *The White House*, December 16, 2016, https://www.whitehouse.gov/the-press-office/2016/12/16/press-conference-president.

三、如果川普是以商人思維在思考他的對華政策，台灣會是如何？

（一）台灣會否是個「籌碼」角色？

　　台灣前外交部長程建人在一場座談會上曾經說過，他不認為美國會放棄台灣；首先，1978年美國與台灣斷交，算不算棄台，很難界定放棄的意義，不過，親疏可能有所不同，台灣也是美國的籌碼，美國為何不用，美國不是傻瓜，但對台灣來說，「若一廂情願靠向一邊，就是傻瓜」。[41]

　　大陸清華大學國際問題研究院院長閻學通2016年12月16日也強調，菲律賓南海立場轉向，很難再成為美國制衡北京的施力點，取而代之的將是台灣，加上台灣不少綠營人士甘作美國棋子。[42]

　　《紐約時報》2016年12月11日在引述歐巴馬政府前國家安全會議亞洲事務資深主任麥艾文（Evan Medeiros）的看法也指出，自1972年（美中簽定《上海公報》）來，八位歷任美國總統都倚賴一中政策，這絕對有好的理由，如今「川普拿一中待價而沽（up for grabs），將會把美中關係的氧氣給抽乾，最終可能為了換取另一美國利益，而賣掉美國對台灣的支持（trading away U.S. support for Taiwan）」。[43]

　　麥艾文的前任貝德（Jeffrey Bader）也表示，一中政策是中美關係的基礎，如今川普卻把它視為交易的一部分。貝德認為，這種把貿易與北京視為主權問題的議題混為一談，可能會引發中國大陸的大反彈，從而同時搞砸兩個議題。[44]

　　認為台灣會是籌碼角色的，幾乎涵蓋美中台三地的官員與學者，說明這樣的看法有普遍化的趨勢。

41 石秀娟，〈蘇起：台灣國安情勢惡化〉，2016年11月11日，風傳媒，網址：http://www.storm. mg/article/188432。
42 陳梢廷，〈英川通話結果 閻學通：「台灣將成制約北京的籌碼」〉，2016年12月17日，中時電子報網站，網址：http://www.chinatimes.com/newspapers/20161217000357-260108。
43 Mark Landler, 'Trump Suggests Using Bedrock China Policy as Bargaining Chip', The New York Times, Dec. 11, 2016, http://www.nytimes.com/2016/12/11/us/politics/trump-taiwan-one-china.html.
44 Ibid.

（二）台灣會否到時是「兩頭皆空」？

針對川普表示美國不一定要受一中政策之約束，紐約時報引述專家警告，此舉的風險是「美國為了以一中交換其他利益，最後將美國對台灣的支持賣掉」。[45]

《紐約時報》也指出，這並不是首次有美國總統對一中政策表示質疑，雷根在競選期間，曾大力抨擊美國與台灣斷交，並邀台灣代表團參加他的就職典禮。但1982年雷根就任後，仍得遵循1979年的《中美建交公報》，甚至還簽訂《八一七公報》，後者影響對台軍售甚鉅，可說是前車之鑑。[46]這是台灣在討好美國之時，沒得到應有的回饋不說，結果連本來沒有失去的，也一併被丟悼，這正是所謂的「兩頭皆空」最佳例子。[47]

前副總統呂秀蓮2016年12月14日在一個電子媒體的一篇論壇文章中曾說：在川普蔡英文熱線通話之前，北京就以海霸王為祭旗，向蔡英文進逼。我們可以預見「以商逼政」、「窮台政策」加上「外交三光」與「共機繞台」等戰略，今後必將變本加厲。尤其後者，北京從東海及南海，並且跨越台灣本島展現它的空軍實力以及主權宣示，挑戰的不只台灣，而是美日安保。在這裡，作者願意補充呂秀蓮沒有說到的：就是當台灣沒有攫獲美國的關注時，反而來自中國大陸的「攻擊」更勝於以往。呂秀蓮在文章中並建議蔡英文：嚴肅面對即將襲捲而來的風浪，延攬學有專精的各界賢能，殫思竭慮如何善用台灣的戰略優勢，發揮台灣的柔性國力，引領台灣扮演「和平中立」的角色，徹底結束「人為刀俎，我為魚肉」的歷史宿命。[48]

45 Mark Landler, 'Trump Suggests Using Bedrock China Policy as Bargaining Chip', The New York Times, Dec. 11, 2016, http://www.nytimes.com/2016/12/11/us/politics/trump-taiwan-one-china.html.
46 Ibid.
47 Ibid.
48 呂秀蓮，〈川普海嘯，浪襲「一中」。呂秀蓮：台灣人眼睛亮了心頭熱了〉，2016年12月14日，三立新聞網，網址：http://www.setn.com/News.aspx?NewsID=207055。

四、川普的重商保護主義，對台灣可能產生的影響

從選舉到勝選，我們看到的川普是強烈的經濟民族主義者，認為TPP是糟糕的協議，他反對自由貿易協定，主張保護主義。而且他在選戰時打出「讓美國再次偉大」（Make America Great Again）口號，他的「百日新政」包括清除華府腐敗以及與特殊利益的勾結行為；主張重新談判北美自由貿易協定、退出TPP等保護美國工人措施；遣返非法移民，全力資助美墨邊境築牆，減少國際協防支出等計畫，句句打動民心。

川普高級顧問納瓦羅（Peter Navarro）曾表示，不同於歐巴馬政府高調宣布重返亞洲，川普政府對中國將是低調與尊重。對於被視為遏制中國的跨太平洋夥伴協定（TPP），納瓦羅也曾表示，川普政府將取消談判，但會與亞洲國家洽談其他貿易協定。如果中國繼續操縱貨幣，或在貿易方面有任何舞弊行為，川普政府為保護美國人民的利益，也只能對此採取行動。[49]

美國哈佛大學費正清中國研究中心主任、也是東亞語言與文明系教授宋怡明（Michael Szonyi）在川普勝選之後，剛好在台北旅途中，接受媒體訪問也發表看法，認為經濟上川普對中國曾表不滿，加上台灣對中依賴，若美提出限制性的貿易措施，台灣則會連帶受影響。[50]

的確從美國選舉結束後，民族主義及保護主義已被川普推至高峰，短期要回頭並不容易，前行政院長陳冲雖然相信川普的執政幕僚會規勸川普重新考慮TPP案，因為TPP對美國是有好處；但眼前TPP，依陳冲來看，算是「躺在加護病房」，最後雖未必救不回來，為了面子問題，川普一定會擱置TPP一段很長時間。[51]

對川普不會接受TPP，陳冲直言，「產業會跑掉」。他指出，新政府

---

49 羅曉媛，〈川普政府對中國將是「低調與尊重」，對台政策則變數大〉，2016年11月9日，聯合新聞網，網址：http://udn.com/news/story/1/2095449。

50 唐詩，〈川普當選美國總統 哈佛大學教授宋怡明：對台2個不利〉，2016年11月9日，《民報》，網址：http://www.peoplenews.tw/news/04e4e434-5106-4761-ae09-97c1e858af01。

51 呂雪彗，〈TPP躺加護病房 陳冲兩岸陷僵局 台商出走恐更多〉，2016年11月11日，中時電子報網站，網址：http://www.chinatimes.com/newspapers/20161111000347-260118。

一味扛著「反中、抗中」的神主牌，把兩岸關係弄僵，要與各國洽簽雙邊協議，各國反而有所顧忌。過去這二年台灣之所以能和星紐兩國洽簽雙邊協議，就是因為兩岸氣氛平和，星紐認為和台灣洽簽雙邊經濟合作協議不會有副（副作用）、負（負面）效果。但是，現在可能不同了，陳冲表示，台灣企業如果要保持在全球價值鏈之中，但另方面若設在台灣又不能享受多邊協定降稅等好處，企業一定外移至有多邊協定好處的地方；若台灣因兩岸僵局，加入區域整合持續拖下去，台灣企業勢不耐而出走，如此台灣就不在全球價值鏈之中了。[52]

也有媒體認為，類似保護主義和孤立主義，未來一定是川普政府奉行的政策，不僅TPP，台灣在美豬和基改食品的壓力會更大，一位對此嫻熟人士所言，「台灣蔡英文政府恐怕得為此付出重大政治成本」。[53]

五、川普的攻擊性現實主義，對兩岸關係的影響

前文我們已經討論過攻擊性現實主義，如果未來四年美國朝這個方向走，對中國而言不會是個好消息。中國也肯定會從整國際戰略格局來思量川普與蔡英文的通話，所以並沒有在第一時間倉促回應。

而對台灣而言，或許在國際上多了一些操作空間，但主動權並不大，而且美國在經濟議題與軍費上對台灣的壓力也會加大。因此，蔡英文政權對雙方通話雖然高興卻也未高調宣揚。正如葉望輝對《美國之音》說：「川普非常愛美國，將美國利益放在第一，也許他的對台政策會變成對於台灣政府的一個挑戰，但是他一定對中國大陸的領導人來說代表一個更大的政治挑戰」。[54]

在台灣，前國安局局長蔡得勝已經看出，川普目前對中國嚴厲的批評可能只是作態，多年來美中在經濟及國際上已建立共生關係，不可能因領

---

52 同上註。

53 江靜玲，〈川普百日考題：美豬、軍售、TPP，小英如何接招？〉，2016年11月11日，中時電子報網站，網址：http://www.chinatimes.com/newspapers/20161111000362-260118。

54 顧爾德，〈川普電話的「現實主義」〉，2016年12月5日，《金融時報》中文網，網址：http://www.ftchinese.com/story/001070420。

導人更換而出現大逆轉；而中國在選前對川普上台有所提防與準備，中國在外交上也趨於靈活，習近平目前的重心在十九大，近年來中國與俄羅斯總統普丁關係不錯，未來習、普丁、川普合作的可能性不能排除，如果是這樣，壓力最大的可能是日本和台灣。[55]

---

55 石秀娟，〈蘇起：台灣國安情勢惡化〉，2016年11月11日，風傳媒，網址：http://www.storm.mg/article/188432。

第 12 章

兩岸關係的變數之五：「台灣意識」繼續抬高的因素

　　當本章主要討論「台灣意識」在2016年之後的攀升，是否有可能達到中共眼中的「台獨」的尺度，將導致兩岸關係更加的惡化，這是這一章討論裡很關鍵的重點。但是，這種僵局形成之時，可能也要考慮另一種的情況，那就是兩岸關係的惡化，是否也會導致台灣本土意識更上一層的提高，進而形成可能是「台獨走向」結果更糟的惡性循環？因為這也是一種互為因果的互動關係。

　　雖然說，兩岸關係會僵持與惡化，是有很多不同的背景因素所形成的。而其中「台灣意識」在台灣內部的升高與變質，就是一個值得去深入探討的因素。另方面，「台灣獨立」的主張與行動、或「分離主義」的鼓吹與推行，在法理上，既不受中華民國的憲法及法律的保障，也會受到對岸「反分裂國家法」的牽制與懲罰，同時其破壞兩岸關係和平發展的影響已是十分彰顯。因此，這樣的情況下，對「台灣獨立」或「分離主義」本來就不必在本章中再詳加討論，只要針對「台灣意識」一事予以探討就可。

　　但是，關鍵是「台灣意識」的界定並不是十分明確，而且它與「台灣獨立」或「分離主義」之間，也經常只隔有一條非常模糊的界線。但是它們——包括「台灣意識」、「台灣獨立」、或「分離主義」，又是對兩岸關係的正常發展，帶來很大的負面影響。因此在本章裡，「台灣意識」之所以列為討論主題的主要原因就在此，而且也會來論及在台灣卻被視為「台灣意識」的主張，到了北京是否會被認為是「台獨或獨台」的行為？

　　所以，本章在進行「台灣意識」對今後兩岸關係和平發展的影響，到底是形成「負面影響」或「排斥因素」分析之時，將先從台灣內部滋生的

「認同因素」，可能對兩岸談判產生排斥做例子予以分析，因為對兩岸談判有排斥心態，就有可能導致兩岸關係惡化的結果。繼之則是對「台灣因素」目前在台灣發展或推動的探索，希望能找出它對兩岸關係進一步惡化的肇因。最後才是解讀北京會對「台灣意識」應是如何的定位及其可能採取的反制，將這項可能導致兩岸關係劇涉變動的變數，放到應該就是什麼的位置上。

當然，為了更清楚定位本文的研究範圍，就必然要先對「台灣意識」這個主題所引用的一些名詞予以界定，一方面在於希望能規範這項研究的範圍所在，另方面也希望避免不必要的誤讀。

第一節　「台灣意識」和「台獨」、「獨台」之間不同的分析

一、名詞界定：台灣本土意識

「台灣本土意識」的界定主要建立在二個認知基礎上：一是將台灣民主發展等同本土化，另一則是將本土意識政治化。

把台灣民主發展等同於本土化，最早應該是始於蔣經國時代的「重用台籍人才」政策，而最後集其成則是在李登輝時代。李登輝曾說台灣人民多年來一直為外來政權所壓迫，直到逐步推動民主化，才使台灣人民成為真正的主人。[1]因此在一篇博士論文中曾因此而指稱，依據李登輝的邏輯，台灣政治局勢的轉變，是經由台灣的民主化而本土化，並經由本土化讓台灣人民認同台灣。[2]

李登輝在這樣基於「民主化就是本土化」的認知下，對「台灣本土意識」的界定就可解釋成台灣國際地位必須明確化，卻不一定拘泥於獨立，

1　李登輝，中島領雄，路文森、楊明珠譯，《亞洲的智略？》，台北：遠流，2000年，頁35-36。

2　劉文斌，〈台灣國家認同變遷下的兩岸關係〉，博士論文，政治大學中山所，2004。

反而是將「中華民國」或是「台灣的中華民國」實質化才是當務之急。而李登輝在推動政治改革時，曾提出「中華民國在台灣」，將台灣統治權限定在台灣、澎湖、金門與馬祖，暗示不及於中國大陸。李主張台灣必須先明確本身的認同，並取得國際間的認同與地位，才可以考慮與大陸以後的問題。[3]

把本土意識政治化，或者外界把台灣本土意識解讀政治化，則開始於2000年民進黨贏得總統大選之後的執政時代。舉凡在教育方面上的「史地教本本土化」、「教學語言閩南化」與「同心圓概念的提出」，文化政策上的「拼音通用化」、「文學戲劇鄉土化」與「國史研究台灣化」，均在陳水扁總統希望「台灣站起來」後開始付諸實施。這樣本土化的措施中有很大的部分是實際上在追求「去中國化」。當然這樣非常加強台灣本土意識的政策在推動時，難免導致其本身充滿了「政治」的考量，被外界解讀時就有「政治化」的意味。

實際上當民進黨政府決定將中華民國護照上加諸「台灣」兩字時，已可清楚發現，這樣的決策的基礎雖被說成是因為要「便民」，希望藉此能讓其他國家機場港口的入關審查官員區分得出持「中華民國」護照與「中華人民共和國」之間的不同，但另方面，這樣的措施又何嘗不是希望突顯出「台灣」與「中華民國」的等同，以及表現出是「台灣」與「中國」的不同。其實，當一個「台灣本土意識」措施在推動時給予異常的強調，就具備了「政治」考量。而外界解讀時又無法剔除「政治化」的有色眼鏡，進而「本土意識政治化」就形成無法避免的趨勢。

因此，基於在「台灣民主發展等同本土化」與「台灣本土意識解讀政治化」二項指標，所有在本文所提到的「認同意識」，不論是「國家認同」、「族群認同」、「政治信仰認同」、「政黨認同」或是「台灣本土意識」及「去中國化意識」，均將在上述兩個指標規範下的範圍中被界定。

3 李登輝，《台灣的主張》，台北：遠流，1999，頁62-63。

二、名詞界定：台灣意識

根據維基百科，台灣意識早期被提及，是因為1983年至1984年間主張台灣本土意識及台灣獨立的台灣知識份子及政治運動人士通過黨外雜誌進行的一場思想論戰，主題在於台灣人應抱持怎樣的國族認同。[4]

後來「台灣意識」在1990年代之後再被提起，而台灣也因政治解嚴，原有的國家定位、國家認同、族群認同、及政黨認同驟然解體，社會學、政治學者也開始加入研究的行列。[5]但它含義逐漸模糊，有定位在鄉土、或文化認同上的「台灣本土意識」，也有定位在國家認同上的「台灣獨立建國」。台灣大學教授黃俊傑，在他所著的《台灣意識與台灣文化》這本書上，終於有了較清楚的分類。他說：所謂「台灣意識」內涵複雜，至少包括兩個組成部分：「文化認同」與「政治認同」，兩者之間有其不可分割性，亦即「文化認同」與「政治認同」互為支援，不可分離；兩者之所以不可分割，乃是由於華人社會中的國家認同是透過歷史解釋而建構的。[6]

台灣東華大學教授施正鋒，在他任職於淡江大學時曾在台灣獨立建國聯盟網站上發表「台灣意識的探索」一文，也對「台灣意識」（Taiwanese consciousness）這個名詞做了一個明確的定義。施教授說：「台灣意識」表面上是不說自明（defined by default），其實是含混籠統、卻又從未經過嚴謹地定義。簡單來說，台灣意識就是「感覺自己是台灣人的意識」（the consciousnes of being Taiwanese），也就是「台灣認同」或是「台灣人認同」（Taiwanese identity）。不過，施教授認為，台灣意識獨特之處，在於它是一種多面向（muliti-dimensional）、多層次（multi-layered）的集體認同（collective identity），因此會作多形式的呈現；其

4　〈台灣意識論戰〉，維基百科，網址：https://zh.wikipedia.org/zh-tw/%E5%8F%B0%E7%81%A3%E6%84%8F%E8%AD%98%E8%AB%96%E6%88%B0。

5　施正鋒，〈台灣意識的探索（上&下）〉，台灣獨立建國聯盟，網址：http://www.wufi.org.tw/%e5%8f%b0%e7%81%a3%e6%84%8f%e8%ad%98%e7%9a%84%e6%8e%a2%e7%b4%a2%ef%bc%88%e4%b8%8b%ef%bc%89/。

6　黃俊傑，《台灣意識與台灣文化》，台北：國立台灣大學出版中心，2006年。

界定的因素會隨著時空的推移而有所遞嬗，其構成的要素之間並不一定會相互調和。由於我們在定點看到的認同是局部的、割裂的，因此不同的人對它當然有片斷的、選擇性的、甚至迴異的詮釋；譬如有人視之為族群意識；也有人將之矮化為地方意識、鄉土認同，因此從屬於中國意識、或至少不會水火不容；而更多的議者尊崇為民族意識，與中國意識互相排斥。[7]

因此，若從國民黨角度來看，又是另一種說法。他們認為：兩岸隔海分治多年，自然而然會衍生出台灣是我們的母親（嚴格來說應該是台、澎、金、馬是我們的母親）、所以我們要立足台灣、愛鄉愛土、並且要台灣人民當家作主的「台灣意識」。但是，國民黨說：「台灣意識」絕不同於「台獨意識」，「台灣意識」是在中華民國、中華民族及中華文化的基礎上發展，與要消滅中華民國、否定中華民族、剷除中華文化，以及與中共來場毀滅性台獨戰爭的「台獨意識」是完全不同。[8]

民進黨並沒有特別的對「台灣意識」下過定義，其實1991年的「台獨黨綱」與1999年的「台灣前途決議文」裡，民進黨早就把「台獨意識」與「台灣意識」混合使用。比較有意思的，是自由時報發自日本的一篇報導，把這樣的「混合」說得更為清楚：「2016年台灣大選結果出爐，在大選中慘敗的不只是國民黨，把台灣看成『中國的一部分』的共產黨，也是另外一個敗者，這是日本媒體對此次台灣選戰的重要觀察點，這個觀察點的關鍵詞是「台灣意識」，也就是台灣選民很明確地向毫無節操往中國一面倒的國民黨大聲說『不』」。[9]

至於北京的看法，可由社科院台研所研究員王建民的一篇論文，[10]作

7　施正鋒，〈台灣意識的探索（上&下）〉，台灣獨立建國聯盟，網址：http://www.wufi.org.tw/%e5%8f%b0%e7%81%a3%e6%84%8f%e8%ad%98%e7%9a%84%e6%8e%a2%e7%b4%a2%ef%bc%88%e4%b8%8b%ef%bc%89/。

8　鄧岱賢，〈「台灣意識」絕不同於「台獨意識」〉，2007年9月14日，財團法人國家政策研究基金會，網址：http://www.npf.org.tw/1/2985。

9　駐日特派員張茂森，〈《東京觀察》台灣意識用選票打臉中國〉，2016年1月18日，自由時報網站，網址：http://news.ltn.com.tw/news/world/paper/950188。

10　王建民，〈台灣意識異化與台灣主體意識的危害性〉，2008年11月14日，摘自於「王建民個

為代表性的敘述，從中也可看出一些端倪，到底北京當局是怎麼來定位「台灣意識」。王說：「意識」本是一種哲學範疇，加上「台灣」兩字變為「台灣意識」，就變為政治學與社會學範疇，是一種社會意識。社會意識則是社會存在反映，具體地講是一個國家或地區歷史發展過程中形成的一種「集體記憶」。「台灣意識」是台灣民眾對台灣（社會）的一種心理感知與認同，主要包括了地域認同、情感認同、群體認同、身分認同、政治認同等五個層次。1980年代末期前後，「台灣意識」的研究曾達到一個高潮。

而在台灣社會與政治發展進展中，王建民說，「台灣意識」的概念與內涵是發展變化的，而不是固定不變的。傳統的「台灣意識」，或者說民進黨執政前的「台灣意識」更多的是一種愛鄉愛土的地域情感意識，較少有身分認同與政治認同問題，也沒有政治認同危機問題。

但1980年代中期後，王建民補充說，台灣民主化發展，「台灣意識」與「民主意識」相互結合與滲透，「民主意識」與「本土意識」相滲透，「台灣意識」開始發生異化，被注入新的內容與內涵，有了新的意義，即政治身分的認同超越地域情感的認同，「台灣意識」開始與「中國意識」產生分化與對立，「台灣意識」開始被賦予更高的政治意義，台灣政治認同成為「台灣意識」的核心，已不再包含對中國的認同。可以說，台灣的政治民主化過程，因「台灣意識」被擴大，被政治化，逐漸從量的變化發展到質的變化，逐漸向「獨台意識」或「台獨意識」轉化，「台灣意識」有了特定的政治涵義。

基本上，本章探討的「台灣意識」，不排除黃俊傑教授所說的「文化認同」與「政治認同」互為支援，也是施正鋒教授所說的，是「感覺自己是台灣人的意識」，也就是「台灣認同」或是「台灣人認同」，與中國意識互相排斥。但反映北京立場的王建民看法更需要被重視，那就是「台灣意識」，是政治身分的認同超越地域情感的認同，「台灣意識」開始與

人空間」，華夏經緯網，網址：http://big5.huaxia.com/gate/big5/blog.huaxia.com/html/97/8397_itemid_159。

「中國意識」產生分化與對立，台灣政治認同成為「台灣意識」的核心，已不再包含對中國的認同。

三、名詞界定：台獨與獨台

　　為了有別於「台灣意識」與「台獨及獨台」之間的混淆，作者也將「中國台灣網」給後者二個名詞的定位特別列出，主要用意就是希望讀者能夠有所瞭解並予以區隔，千萬不要將上面這些用詞混為一談，而且也能分辨出「台獨」或「獨台」，在北京當局政策上，是如何的視待。

　　根據「中國台灣網」的說明：「台獨」，即「台灣獨立運動」的簡稱，特指第二次世界大戰以后，由外國勢力策動和扶持，存在於台灣及海外的一種分裂主義思潮和運動。「台獨」的實質，就是企圖借助於外國勢力的支持，以建立「台灣共和國」為最終政治目的，把台灣從中國版圖中分裂出去，把台灣人民從中華民族大家庭中分裂出去。

　　「台獨」勢力炮製的「理論」主要是：第一，鼓吹「台灣法律地位未定」，「台灣不是中國領土，台灣問題不是中國內政問題」，主張台灣問題國際化，引進外力達成「台灣獨立」；第二，宣揚「台灣文化不是中國文化的一支」，「台灣人不是中國人」，鼓吹「台灣民族論」，企圖割斷台灣與祖國的一切聯繫；第三，歪曲國際法關於殖民地人民民族自決的原則，提出「台灣住民自決獨立」或「台灣前途由全體住民自決」，「建立一個新而獨立的國家」。

　　「獨台」是指堅持「分裂分治」立場，推行「一個中國，兩個對等政治實體」或「階段性兩個中國」政策的台灣當局，其所奉行的路線亦被稱為「B型台獨」、「國獨」。「獨台」的表現為，台灣當局在國家觀念上，堅持自1949年10月以後就不復存在的「中華民國法統」，但又以「目前治權不及於中國大陸」，海峽兩岸處於「分裂分治」狀態為藉口，以台澎金馬地區為「中華民國」的「統轄區域」，聲稱「中華民國在台灣是一個主權獨立的國家」。

　　「獨台」對內通過「修憲」、直接民選「總統」、廢除台灣省建

制、實行單一「國會」等手法，突顯台灣的「主權」和「國家」型態；對外在國際上大肆進行「務實外交」活動，謀求「雙重承認」、「重返聯合國」，企圖使台灣獲得獨立的、完整的「國際人格」，成為與大陸平起平坐並受國際承認的「對等政治實體」，從而使兩岸的暫時分離狀態固定化、「合法化」、永久化。

「獨台」實際上是一種由台灣當局推進的經過包裝的分裂路線，與「台獨」沒有本質區別。[11]

四、「台灣意識」與「台灣本土意識」，以及「台獨」、「獨台」的異同之處

有些中共官方的說法值得在此一提：譬如說，在2008年12月31日，中共中央總書記胡錦濤在紀念《告台灣同胞書》發表三十週年座談會上的重要講話中指出：「台灣同胞愛鄉愛土的台灣意識不等於『台獨』意識」。[12]接著2009年7月11日，全國政協賈慶林主席在第五屆兩岸經貿文化論壇開幕式上的演講中再次指出：「台灣同胞因近代以來特殊的歷史遭遇而形成的台灣意識，反映的是愛鄉愛土的熾熱情懷和自己當家作主的樸素願望，這與圖謀分裂中華民族的所謂『台獨』意識有著本質區別，不容歪曲和利用」。[13]其實，把『台灣意識』與『台獨意識』區別開來，反映了大陸對台政策中更加深刻認識台灣民意，更加深入理解台灣特殊歷史的方向。

所以，廈門大學台灣研究院政治所所長張文生教授也指出，台灣意識與「台獨」意識有著本質區別，不可混為一談。[14]

---

11 〈台獨與獨台〉，資料引述於「中國台灣網」，2001年11月21日，人民網，網址：http://tw.people.com.cn/BIG5/14864/14920/860177.html。

12 〈紀念《告台灣同胞書》三十週年，胡錦濤發表重要講話〉全文，2008年12月31日，國台辦網站，網址：http://www.gwytb.gov.cn/speech/speech/201101/t20110123_1723962.htm。

13 〈賈慶林在第五屆兩岸經貿文化論壇開幕式上的演講〉，2009年7月11日，國台辦網站，網址：http://big5.gwytb.gov.cn/zt/hu/201101/t20110125_1732455.htm。

14 〈台灣意識≠「台獨」意識〉，2014年7月31日，華夏經緯網，網址：http://big5.huaxia.com/tslj/jjsp/2014/07/4005357.html。

　　但中國社科院台灣研究所資深研究員王建民卻不是如此認為。他說：「台灣意識」原本是一種地域鄉土意識，是相對「中國意識」而言的區域意識，政治色彩不濃，但在台灣社會巨大變遷與政治轉型過程中，逐漸異化，演變成為具有高度政治涵義的社會主流意識，成為一種代表台灣價值的「本土意識」，轉化為「台灣國家化意識」，成為台獨分裂勢力發展的重要社會思想基礎。「台灣主體意識」是在「台灣意識」基礎上發展起來的，更強調台灣價值、台灣利益、台灣優先與台灣主體性的一種社會意識，具有某種程度的「台灣國家化意識」，可以說是一種「獨台意識」，是當今台灣社會的主流價值，成為台灣當局處理兩岸關係憑藉的重要民意基礎與手段。「台獨意識」是一種強烈追求與認同台灣為一個主權國家的思想或社會意識，具有謀求「台灣法理獨立」的思想意識，是最危險的一種思想意識，但尚不是台灣社會的主流意識。[15]

第二節　台灣的「認同意識」影響到兩岸談判的分析

　　台灣目前尚沒有學者分析過「認同意識」對兩岸談判影響的專著，即便在一般民調裡，也沒有做過類似主題的問卷設計。因此本文嘗試先從「認同意識」與「政治參與」相互影響的解析做起，再導引出「認同」與「談判」的互動關係。

一、認同意識與政治參與的相互影響

　　從台灣歷次不同性質、不同主題的民調中都可以發現「認同意識與政治參與」的相互影響。舉例來說，族群意識的分類固可從民族的認同指標中去分辨，譬如說，是中國人、或是台灣人、或是中國人也是台灣人的認同，但是族群意識也可在族群意識的認同指標中去區分，譬如指出自己是

15　王建民，〈台灣意識異化與台灣主體意識的危害性〉，2008年11月14日，王建民個人空間，華夏經緯網，網址：http://big5.huaxia.com/gate/big5/blog.huaxia.com/html/97/8397_itemid_1591.html。

閩南人、是客家人、是外省人或是原住民的分類。不過一般來說，這種認同指標往往會是散布在問卷上的題目，如中國人與台灣人的自我認定，或是問卷中雖未被詢問，但問卷所提供的資訊仍可得悉出有關他本身族群的認同。至於這樣族群認同指標的不同，到底對其政治參與產生什麼程度的相互影響，下面有三個具體例子可充作說明。

（一）族群認同程度最強烈者，其參與政治活動的程度就越呈正比

最顯著的例子便是在2004年台聯與民進黨共同發起的「二二八牽手護台灣」的活動，據主辦單位本身估計，報名參加者達120萬人，而自動自發參加者約有80萬人，TVBS在事後3月1日進行的一項民意調查中發現，有18%的受訪者表示有參加這次活動，就單一活動而言，民眾的參加意願相當高，而且這18%表明參加活動的受訪者，在政黨傾向較靠近民進黨，其政治立場較傾向台灣獨立，而在族群意識上更較認定自己是本省人；在民調裡出席參加活動的18%人中，有89%是本省人（包括閩南人與客家人）；而在外省人分類上，參加「牽手活動」的比率則是非常之少。[16]

（二）族群認同程度越高，其支持的候選人特定徵兆越加明顯

政治大學劉義周的一項調查報告中曾經引用政大選舉研究中心的調查結果，顯示在1994年的台北市長選舉，候選人的忠貞支持者（選前及選後表明投票對象不變），陳水扁有85%是閩南人，黃大洲有62.3%是閩南人，趙少康有56.7%是外省人。[17]

同年度的選舉，中國時報也發現在多次省市長的選情調查後綜合結果中顯示，在表態的選民中，省長與高市的外省選票傾向支持執政黨候選人（宋楚瑜與吳敦義），但在台北市，趙少康對外省族群反而較具號召力。此外民進黨候選人在票源結構上，仍以閩南選票為主，不過卻只有台北市

---

16 〈二二八後調查〉，2004年3月1日，《TVBS民意調查中心》。
17 〈劉義周「我們」v.s.「他們」：情感面的台灣族群意識〉，發表於「變遷中的台灣社會研討會」，中央研究院民族所主持，1995年6月8-10日，南港：中央研究院，頁2。

陳水扁能夠在閩南族群中掌握優勢票源。至於客家票源傾向則全支持國民黨候選人。[18]

（三）不同族群若各自認同程度越強，其對同一主題或政見的認同，就越形歧見

2002年8月陳水扁提出「一邊一國」論調，以及「公民投票決定台灣前途」的建議，不同的族群就會對此主題呈現不同的分歧。依TVBS在該年8月4日進行的一項民意調查可發現，本省閩南人多數（58%）同意一邊一國的說法，而外省籍則有49%表示不同意此一說法，儘管它尚有41%是認同的。至於是否以公民投票來決定台灣前途的看法，表達同意的閩南與客家的族群分別有66%與63%的支持度，而表達反對的外省族群也有56%的支持率。雙方對主題的分歧看法相當明顯。若再提到統獨問題，在TVBS同一項民調裡，族群意識的差異更是這項涉及國家認同的主題有分歧的情況。譬如說，閩南族群約有50%支持台灣獨立，約高於總體的看法45%，而外省族群則有49%支持台灣與大陸統一，也高於總體看法的30%，當然值得注意的是，統獨問題的問卷，由於設計時對「統」與「獨」的定位並沒有交代清楚，所以也可發現大約總有四分之一的受問者（閩南23%、客家25%、外省33%），表示無法表達立場，以致多數回答多選擇不知道或投廢票。[19]

政大政治系教授盛杏湲在討論「統獨議題」時，就解析了這項議題對台灣民眾的侵蝕性。她說，統獨議題之於台灣，就類似種族議題之於美國，是一個簡單議題，因為政治人物的作為、台灣與中國大陸之間的互動、媒體的報導，以及省籍對立與族群衝突的切身經驗在在使台灣民眾不需負擔太多資訊成本，也不需要太多認知與概念技巧，即可將自己、主要政黨以及候選人擺放在統獨光譜上，而這些都為台灣選民的統獨議題投票建立了一個先決條件。而不同的族群對於統獨議題的取捨更是明白的突顯

---

18 〈省市長選舉三大族群各有偏愛〉，《中國時報》，1994年11月19日。
19 〈陳總統一邊一國論民意調查〉，2002年8月4日，《TVBS民意調查中心》，網址：http://www.tvbs.com.tw/code/tvbsnews/poll/2002-08/20020805/020805.asp。

了他們的政治立場，這也就是說，在統獨的光譜中，外省與本省的族群就會站上兩端的位置，不過年紀越輕，民眾的政治立場就會越淡。[20]

二、認同意識與兩岸談判的互動關係

由上敘述以及進一步分析所得，可以瞭解「認同意識」的確存在於台灣地區。但是認同意識的差異，固可影響到他們各自對政治活動參與、候選人認同及主題政見認同產生取捨，但是更重要的是，是否如此現象存在也影響到對兩岸談判取捨的實質效果？在邏輯推理上，可透過下列二個層面去解析：

（一）兩岸談判在廣義上是可歸類到「政治活動」的層面，因此「認同意識」的差異性在理論上來說應該可以反射到「兩岸談判」的取捨考量。舉例來說，對「國家認同」、「族群認同」、「本土化意識認同」，甚至於「政黨認同」有定見者，對「兩岸談判」這項主題必然有較強的看法。一般來說，對「台灣獨立」傾向較強，對「閩南族群」認知較偏，對「台灣本土走向」認同較深，以及對「民進黨」或「台聯黨」支持較多的民眾可能對「兩岸談判」這項發展，會比「贊同統一」、「外省族群」、「反對本土走向」以及「國民黨」或「親民黨」的支持者來得更為「排斥」與反應「消極」。因為傳統上前一類的民眾與中國大陸的淵源一直不深，根本缺乏臍帶效應，而且觀察中國大陸的角度也較從負面來看，當然無法產生「正面視待」效果。加上「本土意識」在政治化運作後所產生的「分離意識」，配合民進黨或台聯黨多年倡導的「台灣實質獨立」主張，就更使得這些民眾覺得與中國大陸談判只會讓台灣利益受損，或者更誤解在兩岸官方進行接觸時以為主題就是在談「兩岸統一事宜」，因此「反對」或「排斥」的心理充斥期間，實際上這也是這些民眾一種心理上極其自然平常的反應。

（二）另外，兩岸談判在選舉季節時常常可成為一位候選人或政黨的

---

20 盛杏湲，〈統獨議題與台灣選民的投票行為：1990年代的分析〉，《選舉研究》，第9卷第1期，2002年，頁53。

特定見。當候選人與政黨對「兩岸談判」有其偏好或排斥的傾向時，當然其支持者在受到候選人或政黨的立場影響時，就會呈現自己本身的喜惡。在這樣推論的基礎下，就能得出一種結論：那就是具有濃厚台獨色彩的候選人，以及黨綱中都確定台灣與中國大陸目前為分離走向的「民進黨」與「台聯黨」，當對「兩岸談判」這項主題有其「保留」或「排斥」的傾向時，當然就會對其支持者產生一種導引作用。

　　從上面「兩個層面」說明對「認同意識」以及對「政黨及候選人支持」可能產生對「兩岸談判」的影響之邏輯推理來看，應該有很明顯的結論可以提出；那就是對「認同意識」與對「政黨及候選人支持」有立場的民眾，包括台獨走向比較明顯、福佬沙文主義認同比較突出，以及對本土意識較強的政黨或候選人比較支持等等，這些都可以與「台灣本土意識」掛鉤，比較會讓台灣民眾走向對「兩岸談判」的「排斥」或「反對」。這樣的論證在初步分析中可以支持第一個假設命題，那就是「認同意識」是可演變成「台灣本土意識」，進而意識其中對「中國大陸」的排斥，就反射到對「兩岸談判」的反對，因此將「台灣本土意識」從「認同意識」演變的結果，認定為「兩岸談判」中的一種障礙，基本上這種理論是可以成立的。

第三節　「台灣意識」排斥到兩岸談判意願的分析

一、民眾自我認定對兩岸談判的態度

　　在「名詞界定」下談到的「台灣意識」與「去中國意識」，已經是十分清楚地與「台灣獨立意向」或「分離意識」的名詞在內涵上有某種程度的關聯。不過需要在此強調的一點：就是台獨走向與分離意識的認同絕對含有「台灣意識」與「去中國化意識」在內。但是具有「台灣意識」或「去中國化意識」觀念的民眾，則並不見得一定有「獨立」或「分離」的傾向。我們試以一般民調中以「中國人」、「台灣人」、「中國人也是台

灣人」及「台灣人也是中國人」的認定分類來做分析，就會發現一些有趣
的事實：

（一）當回應「中國人」或「台灣人」的歸類時，他們對統獨政治
立場傾向就十分明確，因為在有「中國人」的選項題目裡，卻選擇了「台
灣人」的答案，排斥中國或統一的心態已無庸置疑。我們試以2003年4月
14日TVBS民調中心有關政治態度與投票行為的一份問卷交叉分析結果來
看，顯然看到一個有趣的現象：那就是在「國族認同」問題上答是「台
灣人」的民眾相較於另外可供選擇的「中國人」，「都是（是台灣人也是
中國人）」等項目，其中贊同「獨立」（另外尚有「統一」、「維持現
狀」、「不知道／無意見」等項目），是占所有選項的31.4%，可是等到
反過來去檢驗選擇「獨立」的「國族分類」時，卻發現自認台灣人的歸類
高達68.2%。證明對「台獨」傾向的支持者也可推論為排斥中國或統一的
心態，在所謂「國族分類」裡是以「台灣人」居多。

（二）其實在回答是兼具「中國人」與「台灣人」的問題時，願意
選擇將「中國人」或「台灣人」置於較前項位置的應答者，其實他的心態
也已對統獨立場做了呈現。因此，民調中雖然沒有問起這些自我歸類者對
「兩岸談判」的看法，但是就自己定位在「台灣人」的答卷者心態來說，
由於「台灣人」一詞在對比「中國人」之後，其定義已不再僅只是族群或
省籍的代表，在某種程度上甚至可能已有「國家認同」的象徵，或者說至
少已有剔除對中國大陸臍帶相連的情感，因此，這種「台灣人」的屬性，
在這裡就會被歸類到有「台獨傾向」與有「分離主義想法」的「台灣意
識」，當然他們對「兩岸談判」這樣的一個主題就不會有強烈的意願去推
動。

二、「統獨議題」對兩岸談判的影響

再就民調中「統獨議題」的問卷設計來看，其實也是非常清楚可以歸
納出結論：那就是選擇獨立取向的受訪民眾，已經表明要與中國大陸的整
合完全切斷。因此在目前仍視「兩岸談判」為兩岸整合措施中一個重要程

序的前提下，選擇了「獨立」選項，當然就間接排斥了「兩岸談判」的可能性。

與這項民調統獨議題有關的另一種取向是「維持現狀」。其實「現狀」的定義在兩岸，甚至在美中台三角關係中都有不同的解讀。就台灣來說，多數民眾所認定的「現狀」，應著重兩岸目前分裂分治互不隸屬的事實。而外界對台灣自己認定的「現狀」，則認為是與「台灣獨立」有所區隔。其實有意思的是，「現狀」與「台獨」除了在名詞上有所差別之外，其餘在內涵的實質層面上幾乎重疊。因此選擇「現狀」的民眾，只是對台灣在法理上或實質上獨立採取比較保留或溫和的看法而已，但是在認定與中國大陸特別是中共政權並沒有任何牽連與掛鉤，卻是十分明確。所以在圈選「維持現狀」這個選項時，千萬不能完全排除它與「獨立」在某些心態上的考量應是一致的。

以「統」與「獨」而論，主張「獨」的民眾當然絕對具有「台灣意識」，不願與中國大陸走上可能涉及「統一」或「整合」結果的「談判」或「接觸」是可以理解的。同樣道理，主張「維持現狀」或「永遠維持現狀」的民眾，至少在現階段裡與主張「台獨」民眾一樣，保持與中共政權的距離與區隔，也是可以推論的。那麼在此情況下，說明願意把台灣定位在「獨」的民眾，當然也可包含部分主張「維持現狀」的民眾，而他們對於「去中國化意識」的措施，可能不會表示任何反對的態度，而這樣推論也是可以被允許存在的。因此，依此推論「台灣意識」與「去中國化意識」應尚可構成兩岸談判的障礙的說法，基本上就可成立。

三、民調數據的支持論證

即使在民調方面，有些調查的結果也可用來作為支持上述推論的論證。根據政治大學選舉研究中心歷年來所公布「重要政治態度趨勢分布」資料顯示，台灣民眾對於自我認同的看法呈現相當幅度的變化。譬如說，認為自己是台灣人的比例，從1992年的17.3%上升至2003年的41.5%，成長幅度達2.3倍，而自認中國人的部分則從1992年的26.2%驟降至9.9%，

而自認為既是台灣人也是中國人的比例則維持在45%上下（表12-1）。這
些數據應可說明台灣在推動兩岸政治性談判時的消極與緩慢原委所在。

表 12-1　台灣民眾對「台灣人／中國人」認同趨勢分布（1992-2003）

	1992/06	1996/06	1999/12	2000/06	2001/06	2003/06	2003/12
台灣人	17.3	23.1	39.3	37.3	40.6	41.5	43.2
都是	45.4	50.9	44.1	46.3	43.9	43.8	42.9
中國人	26.2	15.8	10.7	9.1	10.9	9.9	7.7
無反應	11	10.2	5.9	7.2	4.6	4.9	

資料來源：政治大學選舉研究中心「重要政治態度趨勢分布」。

　　相較於台灣民眾自我認同在近十年的大幅變化，對於兩岸最終走向究
竟是統一或獨立的選擇依舊平穩，倒是並未有太明顯的變動。選擇維持現
狀者，長期以來在30%至39%之間徘徊，不過值得注意的則是主張永遠維
持現狀者一直有上升趨勢，已從1994年不到10%的支持率升高到2003年的
16.6%，另外，讓人比較有深刻印象的是主張儘快統一與儘快獨立的部分
則分別有下降和上升的趨勢，儘管主張獨立的支持率約在20%上下，但加
上主張永久維持現狀的民眾計算在內，已有全體民眾三成五的比例，不得
不謂之偏高。總的來說，這十年間台灣民眾對於統一的立場傾向並未有明
顯增減，但是勇於表態支持獨立的民眾則有上升的趨勢（見表12-2）。這

表 12-2　台灣民眾「統獨立場」趨勢分布（1994-2003）

	1994/12	1996/06	1999/12	2000/06	2003/06	2003/12
儘快統一	4.4	2.2	1.7	1.8	2.1	1.8
偏向統一	15.6	18.1	18.7	17.2	14	11.4
維持現狀再決定	38.5	29.9	31.5	29.5	37.2	34.4
永遠維持現狀	9.8	16.2	17.3	19.6	16.6	18.2
偏向獨立	8	9.3	14.2	12.5	13.7	14.8
儘快獨立	3.1	3.6	5.6	3	5.1	6.5
無反應	20.5	20.9	10.9	16.3	11.3	12.9

資料來源：政治大學選舉研究中心「重要政治態度趨勢分布」。

數據可以用以證明「獨立與現狀」的支持者可能對兩岸談判推動缺乏興趣的關鍵所在。

四、「台灣意識」對兩岸談判的反彈

對於民調上「台灣民眾自我認定」與「統獨議題」的結果，可以得出幾點看法：

（一）台灣民眾的「自我認定」，已非過去單純的從歷史、文化與血緣來認定，而是更深刻認同自己所處所在的這塊土地。認同自己是台灣人的比例上升，就是台灣主體意識深化深耕的結果。當這種對台灣主體認同的意識上升起來，就會和中共要訴求者與民族情感的統一談判產生對抗，因此也會導致對談判或接觸的排斥與反彈。

（二）對於「統獨議題」中選擇「獨立」與「現狀」的比例可高達到七成以上時，實際上已說明台灣對北京一直堅持一中原則以及不願承認兩岸目前現狀的事實，產生了一種對「兩岸談判」觀望不願意前進的心理。當前文所敘的「台灣本土意識」多少都會呈現在選擇獨立或現狀的民眾心理上，當然這也間接證實了「台灣本土意識」會造成兩岸談判一個障礙的原委所在。

第四節　「台灣意識」倡導動機與「兩岸談判」排斥反應間因果關係

一、「台灣意識」倡導之時與兩岸關係情勢變化的互動關係

在探討這樣兩個可互為「主變項」與「依變項」的互動關係之時，在民調上可以發現下列一些有趣的現象，我們試以陸委會歷年所做的民調結果作為分析基礎來證實這些假設：

（一）在兩岸關係進展顯現有僵持或是跌落谷底之時，也可能剛好是正值台灣政治人物鼓吹「本土化」與「台灣意識」的高峰時期。早期

的例子是1994年4月的「千島湖事件」，當一些台灣人到大陸旅遊遇害之後，台灣內部對大陸的敵意與仇恨升高是極其自然的回應，影響所及，根據香港中國旅行社「申請台胞證前往大陸人次」的統計，1994年只有139萬人次，不僅比前一年152萬少了近14萬人次，而且也是歷年來首次負成長。[21]導致台灣當局藉用雙方關係惡化，台灣民眾又極度厭惡中共政權之時，在該年7月公布了「海峽兩岸關係說明書」，這是台北官方立場首度抽象化「一個中國」意涵到血緣、歷史、地理語文化的層面，而且正式宣告台北將不在國際上與北京爭奪「中國代表權」，企圖塑造台灣的獨立主體性十分明顯。[22]

（二）台灣政治人物可再倡導一些主張可促進「台灣意識」的深根之時，當就使得兩岸關係更形惡化。

最明顯的二個例子是1999年7月李登輝倡導的「特殊兩國論」，與2002年8月陳水扁倡導「一邊一國」主張，[23]就會發現事後當時台灣內部偏向台灣獨立，自認自己是台灣人的數字開始均呈顯偏高，而民眾不看好兩岸關係發展的比例也增加很多。

根據陸委會的統計，在1999年8月，與2002年12月的二次民調中，可以看得出來在李登輝提出特殊兩國論的一個月後，台灣內部民眾主張儘快宣布獨立的比例是12.2%，是陸委會歷年來調查中唯一超過二位數的一次。另外也可在發現在陳水扁提出「一邊一國」主張之後的四個月，台灣民眾主張儘快宣布獨立也有5.9%，但認為維持現狀以後獨立的答詢者也創歷年新高的21.5%。[24]這些數據均可證明與「台灣意識」有契合關聯的

21　〈大陸情勢〉，2004年1月，《行政院大陸委員會》，頁91。
22　〈海峽兩岸關係說明書〉全文內容，可見於陸委會網站，網址：http://www.mac.gov.tw/big5/mlpolicy/mlp2.htm。
23　〈李登輝特殊兩國論〉，接受德國之聲專訪時的全文內容，可見於總統府網站，網址：http://www.president.gov.tw/php-bin/prez/shownews.php4。
　　〈陳水扁總統在8月3日談話之說帖〉，2002年8月6日，陸委會網站，網址：http://www.mac.gov.tw/public/mmo/mac/%E6%94%BF%E5%BA%9C%E5%A4%A7%E9%99%B8%E6%94%BF%E7%AD%96%E9%87%8D%E8%A6%81%E6%96%87%E4%BB%B6(93.2)%20mp08.htm。
24　〈大陸情勢〉，2004年1月，《行政院大陸委員會》，頁85。

「台獨主張」，是有受到台灣政治人物主張的影響。

　　然後連帶所及，台灣民眾也對「兩岸關係」的發展不持正面態度看待。以1999年8月的那份民調的結果而言，就顯現出在「特殊兩國論」之後的一個月，台灣民眾認知「大陸民眾對我政府敵意態度」趨升至歷年來最高為88.5%，反彈至對「一國兩制」模式認為可解決兩岸問題的不贊同看法也竄升至歷年來新高，為87.2%。影響所及則是民眾對兩岸交流開始持保留看法，當時民調認為兩岸交流速度過快的民眾也有23.5%，比起前一年15.6%的數字確是明顯上升。[25]

　　（三）這樣「主變項」與「依變項」的互動關係，就可以歸納這樣的看法：即當「兩岸關係」是主變項時，作為依變項的「台灣本土意識」可隨著兩岸關係的情勢好壞研判，再由政治人物採取不同的政治主張而加深或放淡它的色彩。而另一方面當政治人物有意以其主張來加強「台灣本土意識」之時，這樣的主變項就會使得「依變項」的「兩岸關係」走向惡化。顯見政治人物可以視主客觀環境因素，運用對自己有利的時機與言行，來主導對「兩岸關係」與「台灣意識」的主張以及影響。

二、政治人物「台灣意識」倡導與「兩岸談判」的互動關係

　　政治人物到底是因為要運用「兩岸關係」的惡化時機而倡導「台灣意識」，或是因為倡導「台灣意識」而導致「兩岸關係」情勢的惡化，其實在前文中已有提及，那是基於他自己判斷何者是最有利的時機及條件而定。但是，「兩岸談判」與「台灣意識」的倡導是否有互動的關係則需要用另一種邏輯推理的方式來驗證，主要原因是這方面兩個主題的互動沒有民調數字可以佐證。我們設法在邏輯推理上做下列方式的嘗試分析：

　　（一）兩岸關係惡化時，固然可讓台灣政治人物有機會更加深對「台灣意識」的倡導，因為那個時候台灣民眾對大陸既缺乏信任，又對中共政權充滿敵意，當然一種對「自我」意識的認同，以及對台灣感情培養

25　〈大陸情勢〉，2004年1月，《行政院大陸委員會》，頁86。

的一種呼籲是相當容易打動人心。但是這樣的趨勢發展固然對「兩岸談判」的阻撓與杯葛會產生某種程度的效應，但並不見得是絕對。像1994年4月的「千島湖事件」雖然導致稍後7月的「海峽兩岸關係說明書」的發表，但是兩岸一旦僵局化解，該年7月30日至8月7日，海協會常務副會長唐樹備與海基會副董事長焦仁和就展開了第一階段的「焦唐會談」，而且唐樹備還親自來到台北與會。

（二）但是政治人物刻意倡導「台灣意識」，不惜兩岸關係會因而惡化，進而導致兩岸復談無望，這應是本文探討中相當重要的推論。

1999年的李登輝特殊兩國論提出，形式上是希望賦予兩岸政治定位，但是這項理論提出時機正值1998年辜汪會晤後汪道涵要回報來台的前夕，最後因這樣的觀點導致中共取消汪道涵的台北之行，確是很難不將李登輝不希望兩岸復談的想法與「特殊兩國論」提出的動機畫上等號。

另外則是2002年的陳水扁「一邊一國」主張的提出，也正值兩岸傳聞要進行三通的談判之時。最能支持這樣說明的例子是在同年7月當陳水扁面對時任中共副總理錢其琛當時提出「只要把三通視為國內事物，就可儘早實施」的談話時，就反駁說：「這是不可以的」。他認為，大陸如果把「三通」視為「國內事物」，就是一種預設的前提。[26]不到一個月，陳水扁就提出「一邊一國」主張，這種企圖排斥與阻擋兩岸即將可能進行三通談判的心態是相當明顯。

因此，邏輯上借用「台灣意識」的推動，既鞏固台灣內部對中共推動促談予以拒絕的心防，又能惡化兩岸關係的情勢，導致兩岸任何對話與談判的破局，真正是說明了「台灣意識」應是「兩岸談判」開展的障礙存在。其實解釋這樣的道理非常簡單，除了「特殊兩國論」與「一邊一國主張」之外，凡所有目前在台灣推動「本土意識」的措施與教育，如「去中國化」的史地教材編纂、「通用化」的拼音措施、「方言化」的語言政

---

26 陳水扁總統在2002年7月結束在非洲馬拉威的訪問行程，轉往史瓦濟蘭，在赴機場前夕，舉行了一場記者會，在回覆記者問及錢其琛建議時所表達的看法，請參閱《中國時報》，2002年7月8日，頭版。

策、「台灣化」的護照加蓋、「本土化」的故宮形象塑造、「制憲化」的憲政改造等，均會導致北京的反彈與激怒，進而形成兩岸關係進一步探討的惡化。將上述如此的措施定位在「台灣意識」的強化，進而形成為「兩岸談判」的障礙恐怕並不為過。而再進一步探討對「兩岸政治性談判」的影響，這些極具挑釁性質的「台灣意識」措施，實際上就像是在兩岸談判的途上撒滿鐵釘，使得任何開拓的建議都會鎩羽而歸。

第五節　「台灣意識」目前在台灣發展或推動的探索

　　作者在本章使用的用詞，一直是「台灣意識」。其實，在台灣之外的地方，會觀察台灣政治走向的政治觀察家或學界人士，已經很少提到「統一」一詞，更多的反而是「獨立」用詞，其實標示的就是「台獨」。當然，比較學術化的用詞，像是「台灣意識」，或「台灣本土意識」的說法，已經更少會被運用到一般網路、雜誌或報紙的論壇文章上去。

　　依現在大陸的看法，當他們緊盯蔡英文在2016年「520」之後或之前的所有言行，可以說已經細分到像是用顯微鏡在觀察。根據台北《旺報》的一篇報導，綜合大陸學界與官方的看法，已將台獨細分為柔性、文化、或戰略的台獨，並列舉出20多項「事證」來支持。譬如說，談到文化台獨：就舉出如反對課綱微調、去孫中山、《促轉條例》等例子；談到戰略台獨：是憂心蔡政府聯美親日過中的一些作為；談到柔性台獨：則如對太陽花學運撤告、在巴拿馬簽名寫台灣總統，甚至連廢止《紅十字會法》，也被陸方納入柔性台獨的一種。[27]在大陸眼裡，因為台灣目前正在進行所有措施，都往「台獨化」的方向邁進之中，所以「台灣意識」在目前根本是沒有、也不會被提到。

---

27 陳君碩，〈盯蔡搞台獨陸列20多項事證〉，2016年7月18日，《旺報》，網址：https://tw.news.yahoo.com/%E7%9B%AF%E8%94%A1%E6%90%9E%E5%8F%B0%E7%8D%A8-%E9%99%B8%E5%88%9720%E5%A4%9A%E9%A0%85%E4%BA%8B%E8%AD%89-215003256--finance.html。

　　即使不是在兩岸的學術界人土，是在其他地方專門研究兩岸關係或中國大陸的專家，一般看法也很少用「台灣意識」一詞，取而代之的就是「獨立」，或「台獨」的用詞。像新加坡國立大學東亞研究所所長鄭永年的看法就是一例。他說：大陸面臨的是台灣漸進獨立還是激進獨立的問題。激進獨立比較困難，但漸進獨立也是一個比較麻煩的事情。鄭永年補充說，「現在台獨力量主要有三股：一是老一代的台獨派，這股勢力還是很強，大概占了30%。二是前幾年太陽花運動出現的年輕一代，他們成立了新政黨『時代力量』，現在也是立法會裡面的一個黨。他們號稱是『天然獨』，他們是所謂『認同政治』的產物。這些年輕人只認同台灣，對大陸沒有任何認同感。三就是蔡英文和其領導集團本身。很多人都說蔡英文是溫和派，但如果從她個人奮鬥歷史來看，她可能只是一個更有經驗的台獨者。蔡英文本身也是台獨運動的產物。從李登輝的『兩國論』、『一邊一國論』到現在的很多民進黨的政策，她都是操刀手。蔡英文的意識型態和政治理念就是要走台獨這樣一個方向，這個大陸要警惕」。[28]

　　美國戰略與國際問題研究中心（CSIS）高級研究員葛來儀（Bonnie S. Glaser），已經算是美國少數的兩岸通。但是她還是認為，現在大陸對蔡英文政府處在一個深層疑慮（against the background of deep suspicion）的觀察期。大陸方面並不信任蔡英文，對蔡英文的評估也不甚正確，看待她做的每一件事時都不免帶上了她過去所作所為的影子。當然，最糟糕的結果是，大陸判定蔡英文政府的言行是變相的台獨。[29]這段話也可以看出，美國的學者同樣從不去注意，台獨的分類其實很多，因為連大陸學者都開始懂得要細分；而台獨的過程更是少不了要經歷「台灣意識」從萌芽到結果的階段。

　　但是，在本章中，作者仍然將「台灣意識」一詞用到章節的分析

28　〈蔡英文打開了漸進台獨的一扇門〉，2016年5月20日，鳳凰網，網址：http://news.ifeng.com/opinion/shouxipinglunyuan008/1.shtml。

29　〈讓大陸相信不會走向台獨 美智庫：蔡英文已採取行動〉，2016年7月27日，東森新聞雲，網址：：，http://www.ettoday.net/news/20160727/742982.htm。

裡，當然是因為在台灣很多台獨化的措施多數仍源自於「台灣意識」，是很難、也很不容易把它在分析上完全的剔除；另外一個重要的原因，也是因為「台灣意識」與「台獨」、或與「獨台」，仍然存在一個模糊而且難以區隔的界線，若把「台灣意識」一詞完全剔除，台灣真的除了「台獨」、或「獨台」之外，已經沒有第三種分類的生存空間。

因此，作者希望能將「台灣意識」目前在台灣發展或推動，做一個深度的探索，也希望能藉此瞭解到現階段「台灣意識」在台灣，已發展成什麼樣的狀況，然後才能進一步發現，是否「台灣意識」的發展，已經導致未來兩岸關係可能走上更為緊張的局勢：

一、雖是「台灣意識」的表態，但卻是「台獨化」的表達

（一）文化台獨化

根據維基百科的解釋：文化台獨，是源自於中共新聞媒體的一個政治術語。他們認為台灣內部那些以民主進步黨為首的台獨份子，希望經由推動廢除馬英九政府所做的微調課綱、重塑台灣主體意識，以及本土化運動的再紮根，形成徹底的去中國化，這將使台灣在文化上脫離中國大陸，成為一個獨立的政治實體，進而推動實際的法理台獨，在國際法上成為一個獨立國家。[30]

再根據政治大學台史所教授薛化元在2007年一篇期刊論文的看法，也會發現教育與文化確實是攸關到「台灣是個國家」的認同之重要因素。他說：直到目前為止以台灣為主體的教育文化內涵，雖然大有發展，與十年前已不可同日而語。但是其主導地位仍然未能確立，而有待官方與民間繼續努力。而在此一層面的改革，由於攸關國民的養成、國家定位（認同）、意識型態與未來國家發展，在台灣內部政治爭議甚大，不但僅僅是教育主管機關未必能有力運作，也是一般民間教育改革運動有意無意之間

30 「文化台獨」，維基百科，網址：https://zh.wikipedia.org/zh-tw/%E6%96%87%E5%8C%96%E5%8F%B0%E7%8D%A8。

較為忽略的部分。[31]

　　而等到2016年「520」之後，鄭麗君先被委任為文化部長，潘文忠接著也接任教育部長。對很多憂慮蔡英文政府會走向「文化台獨」路線的知識份子來說，這就是個「台獨走向的訊號」。譬如說，台大政治系教授張亞中曾經提醒：鄭麗君是內閣中意識型態上最獨的部長。民進黨內對歷史課綱問題著墨最深、動作最大的，鄭麗君絕對是箇中翹楚，而就在人事公布前幾天，她還跟幾位獨派學者一起，要求馬政府立即撤廢微調課綱，這當然不只是在向馬政府示威，也是代表新政府傳達訊息。因此可以斷言，在鄭麗君主政下的文化部，顯然必將是「文化台獨」的急先鋒。[32]

　　至於另外一位教育部長潘文忠，張亞中也說，馬英九八年任內，文史課綱調整大概分為兩個階段，前一半只約完成課綱修訂的工作，而真正開始落實新課綱則已進入馬的第二個任期。在課綱落實的過程中，潘文忠剛好擔任了國家教育研究院副院長，這是一個對課綱而言，十分關鍵的職位，因為新課綱通過後，新版教科書就交由國家教育研究院負責審查，而此一工作就是潘文忠所主管。當時，潘文忠聘請了多位獨派的學者擔任歷史科審查委員，以致新版教科書幾乎維持了陳水扁時期的內容。像這樣掌握關鍵職位的技術官僚，以其意識型態在行政過程中上下其手，正是馬政府在課綱問題之撥亂反正上，一事無成的關鍵性因素之一。

　　因此，張亞中才說：由於兩個關乎文化意識型態的職位，都已由「文化台獨」傾向甚明的人所擔任，也因此幾乎可斷言，無論蔡英文未來會在政治上或口頭上做多少的妥協與修飾，但「文化台獨」的政策走向是昭然若揭的。[33]

---

31 薛化元，《建構台灣主體性與國家認同，正常化》，新世紀智庫論壇，第40期，2007年12月30日。頁70-74。

32 張亞中，〈危險的文化台獨路線〉，2016年4月23日，中時電子報網站，網址：http://www.chinatimes.com/newspapers/20160423000411-260109。

33 張亞中，危險的文化台獨路線，2016年4月23日，中時電子報網站，網址：http://www.chinatimes.com/newspapers/20160423000411-260109。

（二）學運台獨化

2014年3月18日至4月10日間，由台灣的大學生與公民團體共同發起占領立法院的社會運動事件，俗稱「太陽花學運」。形式上，它是對立法院缺乏程序正義的抗議，後來則演變成對「兩岸服貿協議」的反對，最後，才展現出來的是台灣年輕一代的「反中情緒」。有學者甚至認為：太陽花學運是「台灣民族國家形成的某種徵兆」。[34]

政大國關中心研究員吳東野對此有深刻的認知，他說：反體制和民粹風潮對台灣影響很大，自李扁時代開始的課綱調整，已逐漸影響台灣青年世代的想法，才會有現在轉型正義的衝突與對立產生；他認為，兩岸間除非從文化、教育開始調整，否則兩岸青年世代的差異恐將無法扭轉。他進一步分析，台灣青年世代之所以反中，表面上是馬政府施政效率不彰及兩岸和平紅利未均分所致，但真正原因在於李扁時代的「課綱調整」，影響台灣青年世代對兩岸關係的認知。[35]

其實「課綱調整」，或文化「去中國化」，就民進黨來說，這或許只是「台灣意識」的培植，其實這樣的政策走向，必然會更進一步造成兩岸的認同斷裂。當兩岸的認同被顛覆，當然所謂的「兩岸和平發展」就不可能再延續下去。

（三）體育台獨化

一般來說，體育涉及政治化，一定比賽的雙方，或支持的球迷，在認同上有了非常強烈的分歧。下面二個例子或可說明，在台灣連體育都可台獨化：

一是第三十八屆威廉瓊斯盃籃球國際邀請賽，2016年7月23日在新莊體育館開打，場內比賽打得激烈，場外則出現抗議事件，台獨團體認為瓊

34 陳彥廷，〈太陽花學運週年／吳叡人：台灣民族國家形成的徵兆〉，2015年3月15日，自由時報網站，網址：http://news.ltn.com.tw/news/politics/paper/862973。
35 蔡浩祥，〈文化台獨讓兩岸青年認知差很大〉，2016年6月29日，《旺報》，網址：http://www.chinatimes.com/newspapers/20160629000736-260301。

斯盃中華隊使用「中華台北」是自降國格、貽笑國際，更嗆聲不要再辦「自嗨」的瓊斯盃。自由台灣黨黨主席蔡丁貴並率領西門町台獨旗隊等組職，手舉「台灣就是台灣」、「台灣獨立」等旗幟，並高喊「台灣中國，一邊一國」、「台灣就是台灣，不是中華台北」口號，發表訴求。[36]

　　另一則在2016年6月2日，高雄國家體育場舉行2019亞洲盃男足資格附加賽首輪台灣與柬埔寨之戰，因球場懸掛具政治性的台灣獨立旗幟，亞洲足球聯盟（Asian Football Confederation，簡稱亞足聯）6月8日因此來函，依據亞足聯規章判罰中華足協，這成為台灣主辦比賽卻因旗幟問題遭罰錢的首例。而主辦賽事因政治性訴求遭罰款也不是對台灣的特例，最著名是去年歐洲冠軍盃決賽時，因為巴塞隆納的球迷舉著加泰隆尼亞（Catalonia）獨立旗和「加泰隆尼亞不是西班牙」等標語，最後巴塞隆納足協也被歐洲足球聯盟判處約109萬元台幣罰款。[37]

（四）柔性台獨化

　　蔡英文就任總統一職之後，曾在2016年6月出訪並參觀巴拿馬運河，但在留言簿上卻署名「台灣總統（中華民國）」引發爭議。中國外交部因而回應，反對「台獨」和「一中一台」。國台辦新聞發言人安峰山也回應，以一個中國原則對待台灣對外交往問題，堅決反對任何企圖在國際上製造「兩個中國」、「一中一台」和「台灣獨立」的行徑。[38]這就是中國大陸所稱的柔性台獨。

　　或許這是蔡英文的一時疏忽，但作為中華民國元首，這是不能原諒的錯誤。當中華民國竟然縮寫成R.O.C，而且還是蔡英文括號內的備註，當

36　〈台獨社團號召百人為瓊斯盃正名應為台灣隊〉，2016年7月23日，中時電子報網站，網址：http://www.chinatimes.com/realtimenews/20160723003682-260403。

37　〈主場被掛台獨旗足協挨罰〉，2016年6月14日，蘋果日報網站，網址：http://www.apple-daily.com.tw/appledaily/article/headline/20160614/37268268/。

38　〈蔡英文出訪巴拿馬署名「台灣總統」惹爭議 中國外交部：堅持反台獨〉，2016年6月29日，《南華早報》，網址：http://www.nanzao.com/tc/hk-macau-tw/1559a674edf42d1/cai-ying-wen-chu-fang-ba-na-ma-shu-ming-tai-wan-zong-tong-re-zheng-yi-zhong-guo-wai-jiao-bu-jian-chi-fan-tai-du。

然沒有人能夠認同。甚至，也會讓人聯想到是否這就是蔡英文內心的真正想法。

二、雖是「台灣意識」的表態，但不知不覺已踩上「戰略台獨」的紅線

（一）戰略台獨：利用「維持現狀」一詞，推動實質台獨

前總統李登輝在2016年6月17日，出席了台北教育大學台灣文化研究所舉辦的「人權文學講堂——打破暗暝見天光」活動，並登台致詞。李登輝表示，有超過八成的國人希望台灣與中國「維持現狀」，而這現狀就是指：台灣不隸屬於中國，是獨立的狀態，而台灣的中華民國，與中華人民共和國，都是個別的存在。他又說：「我從未主張過『台灣獨立』，因為，台灣已經實質獨立」。他並進一步強調，有有心人士想利用威權時代用來鞏固大中國意識的政權，顛覆已經民主化、本土化的現代台灣，例如逼蔡英文去承認從來不存在的九二共識，是想把台灣的民主鎖進一個中國的框架裡。[39]

（二）戰略台獨：入聯訴求、另一種實質台獨化

台灣前駐日本代表許世楷於2015年8月在一場座談會當中表示，2016年民進黨如果重新執政，應該繼續推動以台灣的名義加入聯合國。他說：「大家記得2007年，陳水扁總統曾經做過，以台灣的名義申請加入聯合國，這個事情應該繼續做下去，讓台灣在國際社會當中站起來」。[40]

這個以「台灣的名義加入聯合國」的推動，與台獨會有直接關係的邏輯推理，就是不管成功與否，或根本就會被中共以「否決權」否決，但是把台灣當作一個新的國家名義，申請加入以「國家」（State）為單

39　〈從未主張台獨李登輝：因台灣已實質獨立〉，2016年6月17日，自由時報網站，網址：http://news.ltn.com.tw/news/politics/breakingnews/1733292。
40　〈台獨籲蔡英文若執政當推動台灣入聯合國〉，2015年8月31日，《美國之音》，網址：http://www.voacantonese.com/a/taiwan-independent-groups-on-dpp-and-election-20150831/2939138.html。

位的聯合國這樣的國際組織，不管是過程或是結果，當然是一種「實質台獨」。

（三）戰略台獨：利用公投，推動台獨

前副總統呂秀蓮創辦的台灣心會台中市分會，2016年6月19日在舉辦「小秀才學堂」成立十週年感恩奉茶活動，同時舉辦她新書《非典型副總統》的簽書會時，她在會上強調預估一年後立法院將降低公投法門檻，屆時將提案台灣變成中立獨立國家。[41]

其實，2016年2月，民進黨立委葉宜津、高志鵬及林淑芬已經提出的「公投法」修正草案，都主張可就憲法變更、領土變更，及主權讓渡案進行公投，其中高志鵬版及林淑芬版，是對憲法領土變更公投設定較一般公投略高的門檻，至於葉宜津版對一般公投及憲法領土變更公投，訂定相同的通過門檻。[42]更具台獨目標性的時代力量黨團提案，則說明「依據憲法增修條文第一條規定，憲法修正案、領土變更案應由公民複決，即體現主權在民之精神，並明訂應以公民投票方式為之。然現行條文僅針對前者做明文規範，為求法律之明確性，保障直接民權行使之完整，爰將領土變更案增列至公民投票適用事項」。[43]

因此，利用公投，來推動實質台獨，不僅是民進黨或時代力量的戰略目標，而且也是他們的戰術布局。

---

41 〈明年提案台灣變中立獨立國家〉，2016年6月19日，中時電子報網站，網址：http://www.chinatimes.com/realtimenews/20160619002929-260407。

42 葉宜津版，〈立法院議案關係文書〉院總第1574號委員提案第18203號，2016年2月17日，http://lci.ly.gov.tw/LyLCEW/agenda1/02/pdf/09/01/01/LCEWA01_090101_00007.pdf；陳亭妃版，〈立法院議案關係文書〉院總第1574號委員提案第18218號，2016年2月17日，http://lci.ly.gov.tw/LyLCEW/agenda1/02/pdf/09/01/01/LCEWA01_090101_00022.pdf；高志鵬版，〈立法院議案關係文書〉院總第1574號委員提案第18279號，2016年2月24日，http://lci.ly.gov.tw/LyLCEW/agenda1/02/pdf/09/01/02/LCEWA01_090102_00047.pdf；林淑芬版，〈立法院議案關係文書〉院總第1574號委員提案第18285號，2016年2月24日，http://lci.ly.gov.tw/LyLCEW/agenda1/02/pdf/09/01/02/LCEWA01_090102_00053.pdf；李昆澤版，〈立法院議案關係文書〉院總第1574號委員提案第18322號，2016年2月24日，http://lci.ly.gov.tw/LyLCEW/agenda1/02/pdf/09/01/02/LCEWA01_090102_00079.pdf。

43 〈立法院議案關係文書〉院總第1574號委員提案第18719號，2016年3月24日，http://lci.ly.gov.tw/LyLCEW/agenda1/02/pdf/09/01/06/LCEWA01_090106_00072.pdf。

（四）戰略台獨：不接受「九二共識」，就是暗示兩岸已經是「國與國」的關係

蔡英文就任以來，不接受「九二共識」，也不說出這四個字。因為很重要的是，「九二共識」的核心意涵，在北京看來，就是體現兩岸同屬一個中國的精神。對此，蔡英文一再的拒絕認同，是否暗示兩岸就是國與國的關係，當然引發北京的疑慮，甚至認為蔡英文內心裡根本就在否定兩岸是在一中框架之下。

所以習近平在「洪習會」講話中對於「九二共識」，曾經是四度提起，顯示對它的特別重視。而且再次重申「承認不承認體現一個中國原則的『九二共識』，關係認定兩岸是一個國家還是兩個國家的根本問題」。並且結語中尚強調：「在這個大是大非問題上，我們的立場不可能有絲毫模糊和鬆動」。這樣的說話，實際上已限縮了蔡英文對此問題採模糊應對的空間。

三、在「台灣意識」與「台獨意識」之間，蔡英文的立場是什麼？

儘管對兩岸有深刻研究的新加坡國立大學東亞研究所所長鄭永年曾經認為：蔡英文本身也是台獨運動的產物。從李登輝的「兩國論」、「一邊一國論」到現在的很多民進黨的政策，她都是操刀手。蔡英文的意識型態和政治理念就是要走台獨這樣一個方向，這個大陸要警惕。[44]

其實，早在2015年總統候選人辯論會後的記者會上，蔡英文曾被媒體逼問，「若主流民意支持台獨妳會怎麼處理？」蔡閃避說，「很多問題不是只有一個答案」，她會在兩岸的許多選項中嘗試找出一個最好的平衡點，來維持兩岸的和平和平衡。[45]顯然她非常清楚：「台灣意識」在2016

---

44 〈蔡英文打開了漸進台獨的一扇門〉，2016年5月20日，鳳凰網，網址：http://news.ifeng.com/opinion/shouxipinglunyuan008/1.shtml。

45 〈如果民意挺台獨？蔡英文：尋求平衡點〉，2015年12月27日，聯合新聞網，網址：http://udn.com/news/story/1/1404625-%E5%A6%82%E6%9E%9C%E6%B0%91%E6%84%8F%E6%8C%BA%E5%8F%B0%E7%8D%A8%EF%BC%9F-%E8%94%A1%E8%8B%B1%E6%96%87%EF%BC%9A%E5%8B%B0%E6%B1%82%E5%B9%B3%E8%A1%A1%E9%BB%9E。

年之後，看來將會逐漸的升高；而「台獨意識」的選擇，她在大陸與美國之間，都沒有考量的空間，所以她能做的，就是閃避。

雖然《日經亞洲評論》專文指出，多年來民進黨對中國的態度慢慢演化，從蔡英文刻意與陳水扁的法理獨立立場保持距離，可見一斑。蔡英文更專注於維護台灣民主體制政府，以及事實上的獨立。這種取向目標在極小化與北京或美國方面的衝突，同時依然支持台灣逾半民眾的信仰，也就是將她推向勝選的選民的主張。[46]所以，她會堅持「台灣意識」多於「台獨意識」，畢竟前者在推動之際，蔡英文還有一個模糊空間可以迴旋。

第六節　「台灣意識」的升高對兩岸關係的實質影響

一、解讀北京會對「台灣意識」是如何的定位

中共總書記習近平在九十五週年中共黨慶上指出，堅持九二共識、反對台獨是兩岸關係發展的基礎。如果台灣走向分裂，習強烈提醒：「13億中國人民、整個中華民族都絕不會答應！」語畢停頓，全場鼓掌長達十秒鐘。習近平說，兩岸是骨肉兄弟，血濃於水的一家人，兩岸應為中國夢攜手打拚。[47]

對此，南京大學台灣研究所所長劉相平表示，習近平在講話中涉及兩岸關係，重申了堅持「九二共識」、反對「台獨」是兩岸關係和平發展的政治基礎，卻特別強調了「對任何人、任何時候、以任何方式進行的分裂國家活動，13億多中國人民、整個中華民族都絕不會答應」，這表明大陸對台灣新當局耍小聰明、使小動作等行為的忍耐是有限度的。他強調，由

46　〈日經：蔡英文務實推動台獨理想〉，2016年1月22日，《天下雜誌》，網址：http://www.cw.com.tw/article/article.action?id=5074118。

47　〈台獨 習近平：13億中國人絕不答應〉，2016年7月2日，聯合新聞網，網址：http://udn.com/news/story/9263/1801383-%E5%8F%B0%E7%8D%A8%EF%BC%9F-%E7%BF%92%E8%BF%91%E5%B9%B3%EF%BC%9A13%E5%84%84%E4%B8%AD%E5%9C%8B%E4%BA%BA%E7%B5%95%E4%B8%8D%E7%AD%94%E6%87%89。

於台灣的新領導人仍未對兩岸關係的根本性質、對兩岸關係發展的基礎作出明確、正確的表述，劉相平最後表示，兩岸關係發展的試卷已經擺在民進黨新當局面前，「交卷的鈴聲」即將響起，「民進黨新當局將交出一份什麼樣的答卷，我們拭目以待」！[48]

中國社科院台灣研究所所長周志懷近來也表示，兩岸關係已由之前的「機遇管理期」進入「危機管控期」，正朝著「大衝突、小合作」、甚至是「無合作」的方向滑落。對於蔡英文的「柔性台獨」，大陸當然不會視而不見。所以，周說「習近平總書記在紀念中國共產黨成立九十五週年講話中特別強調，『對任何人、任何時候、以任何形式進行的分裂國家活動，13億多中國人民、整個中華民族都絕不會答應』。這番講話立場之堅定、態度之鮮明，值得蔡英文當局與民進黨深刻思考。[49]

至於新加坡大學東亞所所長鄭永年對未來兩岸關係的發展也表達了擔憂，他指出蔡英文的演說模糊了「九二共識」，大談「憲政」其實是為台灣的漸進獨立開了一扇門。他進一步表示，中華民國憲法包含了一個中國的涵義，而提憲政則意味著她為獨立開了一扇門，因為憲政包括公投、台灣人民的決定等含義。特別是她提到了「台灣民主原則及普遍民意」，這都包含了公投的含義。[50]

二、北京對台灣逐漸升高的「台灣意識」，恐怕已開始認定就是「台獨意識」

習近平在2016年即將結束之前，有二次重要的對台政策談話，明顯的是對台灣逐漸走向台獨的步伐，表達了憂心。因為在過去，他的講話主調總還提及「兩岸關係的和平發展」或提醒「九二共識」的接受，但這二

---

48 〈劉相平：習對台獨釋警訊交卷鈴聲將響起〉，2016年7月2日，中評社，網址：http://hk.crntt.com/doc/1042/9/1/8/104291870.html?coluid=5&kindid=23&docid=104291870&mdate=0702003350。

49 〈周志懷，蔡英文出訪首秀，台獨心機遮不住〉，2016年7月6日，環球網，網址：http://opinion.huanqiu.com/1152/2016-07/9128173.html。

50 〈蔡英文打開了漸進台獨的一扇門〉，2016年5月20日，鳳凰網，網址：http://news.ifeng.com/opinion/shouxipinglunyuan008/1.shtml。

次講話重點，全部移到對「台獨」的不滿。

　　一是在11月1日於北京會見中國國民黨主席洪秀柱，進行「洪習會」時，曾發表他堅決反對「台獨」分裂勢力及其活動看法。[51]

　　另一是11日11日在北京出席「紀念孫中山先生誕辰一百五十週年大會」上，習近平再次在會中強調，「我們絕不允許任何人、任何組織、任何政黨、在任何時候、以任何形式、把任何一塊中國領土從中國分裂出去！」[52]

　　這幾乎是在密集的時間內，對一個話題，由中共最高領導人重複的提出，算是相當罕見。這是否意味著北京對台灣逐漸升高的「台灣意識」，恐怕已開始認為就是「台獨意識」的操作，進而醞釀對台的政策要做調整？

三、2017年中共十九大舉行之前，北京對台政策是否要進行調整？

（一）自2012年以來，堅持並持續推動的「兩岸關係和平發展」的政策會否調整？

　　至於說，2012年以來，北京「兩岸關係和平發展」的政策，是否會因台灣內部變局而有所調整？就看下列中共領導人在蔡英文勝選之後的一連串的談話有逐漸調整與改變的痕跡，可得到一個基本認知的輪廓：

　　2016年2月2日中共中央政治局常委俞正聲出席「對台工作會議」所發表的講話，由於時機正逢台灣總統大選之後，民進黨重新獲得政權之際，所以，俞正聲陳述的北京對台政策，呈顯了非常清晰而且堅定的立場。俞正聲說：儘管事實證明，兩岸關係和平發展是一條正確道路，兩岸關係向前發展的大趨勢誰也擋不住。但俞也強調：「我們堅決反對和遏制任何形式的台獨分裂活動，堅決維護國家主權和領土完整，維護兩岸關係

51　〈習近平總書記會見中國國民黨主席洪秀柱〉，2016年11月1日，資料來源：新華社，國台辦網站，網址：http://www.gwytb.gov.cn/wyly/201611/t20161101_11610932.htm。

52　〈習近平：絕不允許任何一塊中國領土從中國分裂出去〉，2016年11月11日，資料來源：人民網，國台辦網站，網址：http://www.gwytb.gov.cn/wyly/201611/t20161101_11610932.htm。

和平發展和台海和平穩定」。[53]「兩岸關係和平發展」的政策，也開始套上了前提條件。

由於蔡英文仍然堅拒接受「九二共識」，2016年3月5日北京兩會期間，習近平就說了重話，但依然強調「對台大政方針是明確的、一貫的，不會因台灣政局變化而改變」的重申。而且習近平也再度強調：北京「仍將堅持『九二共識』政治基礎，繼續推進兩岸關係和平發展」。[54]

但是，蔡英文在2016年「520」就職演說中，還是沒有接受「九二共識」，發言的層級就降到涉台系統。國台辦說：沒有明確承認「九二共識」和認同其核心意涵，沒有提出確保兩岸關係和平穩定發展的具體辦法。這是一份沒有完成的答卷」。[55]雖然沒有馬上撕破臉，但強調多年，而且過去是有問必答「兩岸關係和平發展」的說法，開始在國台辦發言人記者會中消去。甚至提出兩岸官方之間聯繫機制的反制措施。

值得提醒的是，2016年7月1日習近平在慶祝中國共產黨成立九十五週年大會的致詞，有再提到「繼續確定『九二共識』是兩岸關係和平發展的政治基礎」。[56]但這說法也引發了另外的聯想：如果台灣方面或蔡英文沒有繼續確定「九二共識」，是否北京「兩岸關係和平發展」的政策，將不再持續？這一點習近平沒有明說，國台辦也沒有提及，但是筆者的觀察是，已經沒有了兩岸關係和平發展的政治基礎「九二共識」，「兩岸關係和平發展」的政策，北京將如何持續？

以這個態勢來看，在2017年中共「十九大召開之前，勢必要重新檢討過去這年的對台政策，甚至要給予定調，以便寫入十九大的「政治報

53　〈俞正聲出席2016年對台工作會議並作重要講話〉，2016年2月2日，資料來源：新華網，國台辦網站，網址：http://www.gwytb.gov.cn/wyly/201602/t20160202_11380942.htm。

54　〈「九二共識」的核心意涵不能迴避〉，人民網，刊登日期：2016年3月7日，http://paper.people.com.cn/rmrb/html/2016-03/07/nw.D110000renmrb_20160307_3-04.htm。

55　〈中共中央台辦、國務院台辦負責人就當前兩岸關係發表談話〉，2016年5月20日，來源：新華網，國台辦網站，網址：http://www.gwytb.gov.cn/wyly/201605/t20160520_11463128.htm。

56　〈習近平：在慶祝中共產黨成立九十五週年大會上的講話〉，新華網，刊登日期：2016年7月1日，http://news.xinhuanet.com/politics/2016-07/01/c_1119150660.htm。

告」裡，以作為未來五年中共對台灣問題解決的遵循。而「兩岸關係和平發展」政策是持續還是調整，也需要做個決定。

（二）針對台灣一些台獨傾向的措施，會否啟動「反分裂國家法」的法源？

再假設說，「兩岸關係和平發展」的政策不再持續，北京針對台灣一些台獨傾向的措施，會否啟動「反分裂國家法」的法源？

為什麼有這樣的假設議題被提及，其中原因之一是中國大陸的民意對於「武力統一台灣」這個問題上，《環球時報》的「民意線上民調」，就有高達85.1%受訪者支持以武力統一台灣，而且尚有近六成網友認為五年內就是武力犯台的最佳時機，在本書第十章上曾討論到這個問題。[57]另一個便是：在大陸的確已經有很多人開始思考，台灣問題到了非解決不可的時候。其中屬於軍方的可能更積極思考這個問題。筆者引用一位曾任雲南軍分區司令的作者，在現役或退休將領最喜發表看法的《前線報》上一篇專文，他所持的理由，就是台灣問題和平解決的可能性渺茫。無論是「急獨」還是「漸進式獨立」，民進黨謀求台灣獨立的立場不會變；國民黨謀求和平地存在與發展的方針也不會變。[58]

這樣的假設命題，在中國大陸是相當獲得人民的認同。而且前文已經提到：沒有了「九二共識」，兩岸關係和平發展的政治基礎就不復存在，當然兩岸關係和平發展政策就不會持續。那麼沒有「九二共識」的台灣，北京的認定可能就往「台獨」的方向去思考。在「反分裂國家法」條文中的相關規範，也清楚的應證了北京有極大的可能性，會採用此法解決台灣的問題。

譬如說，「反分裂國家法」第2條清楚說明：「世界上只有一個中

---

57 這項原先2016年4月25日由環球時報所作的報導，目前已被刪除，但在台灣的三立電視台，曾翻攝自環球時報紙面的民調結果，因此也可以參考。請見大陸中心，〈3到5年內？中國官媒民調，逾85%支持「武力統一台灣」〉，2006年4月26日，三立新聞網，網址：http://www.setn.com/News.aspx?NewsID=141456。

58 羅富強，〈台灣問題到了非解決不可的時候了〉，《前線報》，2016年12月7日。

國，大陸和台灣同屬一個中國，中國的主權和領土完整不容分割。維護國
家主權和領土完整是包括台灣同胞在內的全中國人民的共同義務。台灣是
中國的一部分。國家絕不允許『台獨』分裂勢力以任何名義、任何方式把
台灣從中國分裂出去」。那以什麼方式來處理呢？「反分裂國家法」第8
條就規定：「台獨」分裂勢力以任何名義、任何方式造成台灣從中國分裂
出去的事實，或者發生將會導致台灣從中國分裂出去的重大事變，或者和
平統一的可能性完全喪失，國家得採取非和平方式及其他必要措施，捍衛
國家主權和領土完整。並且「依照前款規定採取非和平方式及其他必要措
施，由國務院、中央軍事委員會決定和組織實施，並及時向全國人民代表
大會常務委員會報告」。[59]

　　這是本章在分析「台灣意識」在2016年之後的持續攀升，有可能達
到中共眼中的「台獨」的尺度，將導致兩岸關係更加的惡化的結果論斷。

---

59 反分裂國家法（2005年3月14日第十屆全國人民代表大會第三次會議通過2005年3月14日中華
　人民共和國主席令第34號公布），2011年1月23日，國台辦網站，網址：HTTP://www.gwytb.
　gov.cn/gjstfg/xfl/201101/t20110123_1724057.htm。

國家圖書館出版品預行編目資料

蔡英文時代的兩岸關係(2016-2020)／邵宗海
著. －－初版. －－臺北市：五南, 2017.02
　　面；　公分
ISBN 978-957-11-9006-8 (平裝)

1.兩岸關係　2.兩岸政策

573.09　　　　　　　　　　105025113

1PS7

蔡英文時代的兩岸關係（2016-2020

作　　者 ― 邵宗海（148）

發 行 人 ― 楊榮川

總 編 輯 ― 王翠華

主　　編 ― 劉靜芬

責任編輯 ― 吳肇恩

封面設計 ― P.Design視覺企劃

出 版 者 ― 五南圖書出版股份有限公司

地　　址：106台北市大安區和平東路二段339號4樓

電　　話：(02)2705-5066　　傳　　真：(02)2706-6100

網　　址：http://www.wunan.com.tw

電子郵件：wunan@wunan.com.tw

劃撥帳號：01068953

戶　　名：五南圖書出版股份有限公司

法律顧問　林勝安律師事務所　林勝安律師

出版日期　2017年2月初版一刷

定　　價　新臺幣420元